Manual Avanzado de

Java 2 v5.0

MANUAL AVANZADO

RESPONSABLE EDITORIAL:
Víctor Manuel Ruiz Calderón
Susana Krahe Pérez-Rubín

DISEÑO DE CUBIERTA:
Cecilia Poza Melero

Manual Avanzado de

Java 2 v5.0

Felipe Lima Díaz

ANAYA
MULTIMEDIA

Juan Ignacio Luca de Tena, 15. 28027 Madrid
Depósito legal: M-41.379-2005
ISBN: 84-415-1946-3
Printed in Spain
Imprime: Artes Gráficas Guemo, S.L.
Febrero, 32. 28022 Madrid.

Dedico este libro a mi hijo Daniel

Agradecimientos

Quiero agradecer a mi familia, a mis amigos y a mis compañeros de trabajo el apoyo que me han dado para escribir este libro. Ante todo agradecer a Marina Santos Zambrano haber dedicado un gran número de horas a la lectura y corrección de este libro.

A mis compañeros: César Jiménez, José Andrés Félix de Sande, Ignacio Guillén, María del Carmen Camberos y José Luís Huertas, las numerosas sugerencias técnicas que han mejorado la calidad de este libro.

Y, como no, agradecer a la mujer que más quiero y a mi niño, la paciencia que han tenido durante el tiempo de desarrollo de este libro, y todos los fines de semana que hemos pasado sin estar juntos.

Índice

Cómo usar este libro

Destinatarios del libro

El libro está dirigido a todas aquellas personas que, con unos conocimientos básicos del lenguaje y de la programación orientada a objetos, quieran obtener unos conocimientos avanzados de éste para su mejora en el puesto de trabajo actual o como salida profesional.

El libro no sólo abordará las tecnologías mas usadas en la plataforma Java, si no que nos introducirá en el uso de algunos de los *frameworks* más utilizados en el mundo empresarial: Struts y JUnit. El primero como referencia actual en el desarrollo Web y el segundo como *framework* de uso para garantizar la calidad de un proyecto.

El libro también nos introducirá en la administración de proyectos y en la automatización de procesos con Maven. Por tanto, este libro no es un simple libro de Java, sino que está dirigido a aquellas personas que quieren utilizar la plataforma Java de una forma totalmente práctica y orientada al mundo laboral. Todos los capítulos del libro abordan las nuevas características incluidas en la versión Java 2 v5.0.

Organización del libro

El manual que tiene entre sus manos se encuentra organizado en dieciséis capítulos más un apéndice con el contenido del CD-ROM.

La organización del libro no obliga al lector el seguir el orden de los capítulos, ya que no hay que tener ningún conocimiento de un capítulo previo para leer el siguiente, la lectura, por tanto, no tiene que seguir un orden secuencial. El lector puede ir al capítulo que aborde le tema que más le interese, eso sí, como recomendación, la lectura del capítulo inicial nos permitirá tener una visión de las nuevas características incorporadas en la versión Java 2 v5.0 del lenguaje, y para comprender mejor el capítulo de JSP, se recomienda, leer antes el capítulo de Servlets.

Convenios empleados

- Las combinaciones de teclas que en la pantalla aparecen relacionadas con el signo más, como por ejemplo **Ctrl+U**, en este libro aparecen relacionadas con un guión e impresas en negrita, por ejemplo, **Control-U**.

- Los nombres de botones, herramientas y combinaciones de teclas aparecen en negrita para facilitar su identificación; por ejemplo, el botón **Guardar**.
- Los nombres de cuadros de diálogo, menús, submenús y fichas aparecen en tipo de letra Arial para facilitar su identificación, por ejemplo, el menú Ventana.
- Los comandos consecutivos para seleccionar aparecen separados por el signo mayor que (>) y en el orden de la selección. Por ejemplo, Archivo>Guardar como.
- Elementos como funciones, palabras clave del lenguaje, comandos de programación y en general todo lo relativo a código aparecerá destacado con un tipo de letra `Courier`.

En el libro aparecen resaltados una serie de temas o acontecimientos extraordinarios de la siguiente forma:

Nota:

Comentarios o noticias fuera de texto.

Advertencia:

Información importante a tener en cuenta para la integridad del trabajo o del sistema.

Truco:

Consejo o información que puede facilitar un trabajo.

Introducción

Java es, por hoy, el lenguaje por excelencia para el desarrollo de todo tipo de aplicaciones. Desde un inicio aposté por este lenguaje en contra de las opiniones existentes. Fue con la versión 1.0 en 1997. En aquel momento el lenguaje se orientó principalmente a la creación de pequeñas aplicaciones gráficas, (Applets, AWT). Hay que tener en cuenta que Java fue creado, inicialmente, para la programación de chips en electrónica de consumo. Por aquel entonces era impensable que este lenguaje se situase como uno de los principales lenguajes de desarrollo, de cara a ofrecer servicios del lado servidor.

Todos los arquitectos de software, se basaban en el rendimiento, para no incorporar el lenguaje como un motor de servicios dentro de un servidor de aplicaciones. Esto en sí, era lógico, ya que Java es un lenguaje interpretado, y los rendimientos que daba la máquina virtual no eran óptimos para la creación de aplicaciones servidoras. Pero lo que nadie parecía pensar, es que Java acababa de dar sus primeros pasos y estaba en su versión inicial, y que tenía que evolucionar, ya que se trataba de un lenguaje abierto y de libre distribución.

Poco a poco, el lenguaje Java se fue incorporando al mundo empresarial, propulsado, claro está, por Sun Microsystems. Hoy por hoy, el lenguaje ha evolucionado muchísimo logrando posicionarse en el mercado como uno de los mejores lenguajes de programación orientados a objetos, por no decir el mejor. La versión 1.2, conocida como Java 2, fue en donde se introdujeron mejoras a todos los niveles del lenguaje, consiguiendo hablar de Java, no como un lenguaje, sino como una plataforma. Dentro de este cambio se dividieron los paquetes, o conjuntos de tecnologías, en las ya conocidas siglas: J2SE (*Java 2 Standard Edition), J2EE (Java 2 Enterprise Edition*) y J2ME (*Java 2 Micro Edition*).

La evolución continúo desde la versión 1.2 (Java 2) a la versión 1.3 (Java 2 v 3.0), que incluyó muchas correcciones y mejoras en el rendimiento. La aparición de la versión 1.4 (Java 2 v 4.0) también conocida como Merlin supuso la incorporación de nuevas tecnologías y, como no, una mejora en el rendimiento.

La versión Java 2 v5.0 es la que se comenta en este libro, más conocida como Tiger, es la versión que más ha aportado al lenguaje desde la aparición de la versión 1.2 en 1999. Actualmente, son unos 131 paquetes y más de 2600 clases las que incorpora esta versión.

Este libro se centrará en las tecnologías que aporta Java del lado servidor, teniendo en cuenta el lado del cliente para la creación de aplicaciones distribuidas.

Objetivos

La realización de este libro se marca los objetivos de:

- Ver las nuevas características incorporadas en Java 2 v5.0.
- Entender los distintos mecanismos que nos provee Java para la construcción de aplicaciones: tratamiento de excepciones, E/S en Java, el API Logging para la realización de trazas, el API de red y el uso de encadenamientos.
- Usar las interfaces de comunicación con las bases de datos (JDBC) y con las aplicaciones nativas (JNI).
- Crear nuestras primeras aplicaciones del lado cliente, dentro de un servidor Web, con las tecnologías de Servlets y JSP.
- Aplicar la seguridad que ofrece Java utilizando las tecnologías JCA, JCE y JASS.
- Administrar los proyectos que estemos desarrollando con Java utilizando Maven.
- Conocer el *framework* Modelo Vista Controlador (MVC) más utilizado en el mundo Java: Struts.
- Generar calidad en todos los proyectos Java, aprendiendo a construir pruebas unitarias con JUnit.
- Comprender como Java es uno de los mejores lenguajes para la creación de aplicaciones distribuidas con RMI.
- Conseguir desarrollar nuestras primeras aplicaciones del lado servidor, dentro de un servidor de aplicaciones, utilizando la tecnología EJB.

Como se puede ver el objetivo de este libro, es puramente práctico y orientado al mundo laboral, ya que, hoy por hoy, estos mecanismos y tecnologías son los más demandados por todas la empresas que desarrollen sus aplicaciones utilizando la plataforma Java.

Contenido del libro

A continuación, se hará una breve descripción del contenido de cada uno de los capítulos:

- **Nuevas Características:** Describirá las mejoras incluidas en el lenguaje para la versión Java 2 v5.0. Concretamente, se centrará en las mejoras que facilitan el desarrollo al programador. Se verán los tipos genéricos, el autoboxing, mejoras en los bucles, tipos enumerados, importaciones estáticas, argumentos variables y la entrada/salida formateada. Se hará principal hincapié en el tema de las anotaciones, llegando a ver cómo procesar dichas anotaciones con la herramienta APT. Por último, se verá muy por encima las mejoras en la concurrencia, en la monitorización y en la máquina virtual.
- **Las Excepciones:** Este capítulo nos permitirá tratar el tema de excepciones dentro de nuestras aplicaciones. La gran mayoría de aplicaciones no tienen un buen tratamiento de excepciones. Veremos cómo incorporar dicho tratamiento de excepciones a nuestras aplicaciones. Este capítulo se centrará en ver ¿Qué excepciones puede lanzar una aplicación?, ¿Cuando van a lanzarse?, ¿Dónde van a lanzarse? y ¿Qué acciones realizar cuando capturamos una excepción?
- **E/S en Java:** Toda aplicación en Java, tiene en algún momento que trabajar con los flujos de entrada/salida. Sin duda alguna, hoy en día existen multitud de API que nos permiten trabajar con los flujos de datos de forma totalmente encapsulada, sin embargo, es obligatorio tener un conocimiento de estos flujos para poder entender cómo trabaja Java con la transferencia de información.
- **API Logging:** Nos permitirá incorporar, dentro de nuestras aplicaciones, trazas para realizar los procesos de seguimiento. Este capítulo se ofrece como una alternativa de trazabilidad para nuestras aplicaciones. Hoy en día existen muchas API que realizan esta función, pero casi todas son muy parecidas.
- **Java y la red:** Éste es uno de los capítulos de obligada lectura si se quiere comprender cómo trabaja Java en la red. Al igual que con los anteriores capítulos, existen multitud de API que lo encapsulan. Los conceptos utilizados en este capítulo, nos permitirán comprender cómo poder crear aplicaciones en red de una forma rápida y sencilla.
- **Thread:** Es el mecanismo que utiliza Java para realizar la programación concurrente. Desde el inicio de Java se daba la posibilidad de realizar aplicaciones concurrentes, fue sin duda una de las principales características que más adeptos captó. Se podía desarrollar aplicaciones concurrentes con Java de una forma muy sencilla. Este capítulo cuenta el uso de encadenamientos (Thread) desde la versión inicial de

Java hasta la versión actual, viendo todas las novedades incluidas en la versión Java 2 v5.0.

- **Acceso a las bases de datos con Java:** En este capítulo se sentarán las bases de uso de JDBC como interfaz de conexión a las base de datos (*Java Database Connectivity*). JDBC es una de las tecnologías más usadas en el mundo Java, debido a que la gran mayoría de aplicaciones utilizando algún mecanismo de persistencia. Para realizar esa persistencia, dentro de nuestras aplicaciones, utilizaremos directamente JDBC, y para ello, veremos cómo conectarnos a una base de datos, cómo realizar consultas y cómo realizar actualizaciones de datos. Al final del capítulo, se desarrollará un ejemplo para realizar el mantenimiento de una base de datos, utilizando el motor de base de datos SimpleSQL.
- **JNI:** Es el capítulo que nos permitirá realizar la conectividad con aplicaciones nativas (*Java Native Interface*). JNI es la tecnología que nos permitirá reutilizar componentes desarrollados en otros leguajes. El capítulo se centrará en ver cómo poder conectar una aplicación en Java con una librería en C y viceversa.
- **Servlets:** Es la primera tecnología que veremos del lado cliente. Se describen sus características, la arquitectura que utiliza y cómo implementar Servlets basados en HTTP. Al final del capítulo, se desarrollará un ejemplo utilizando Tomcat como servidor Web y el motor de base de datos SimpleSQL para la obtención de datos persistentes a través de JDBC.
- **JSP:** Junto con la tecnología de los Servlets, serán las tecnologías del lado cliente las que se verán en este libro. Veremos cuáles son sus características, qué componentes definen una JSP y los dos modelos de aplicaciones que define Sun. Se verá el modelo de dos capas, en el cual la tecnología protagonista es JSP, y se verá el modelo de n capas, basándonos en el patrón Modelo Vista Controlador (MVC – *Model View Controler*), en el cual se juntan las tecnologías de Servlets y JSP. Se realizarán ejemplos para ambos modelos.
- **Seguridad en Java:** La seguridad en Java es, hoy por hoy, uno de los aspectos más importantes a tener en cuenta para el diseño de cualquier aplicación. En este capítulo descubriremos la arquitectura de criptografía en Java (JCA – *Java Cryptography Architecture*), su extensión (JCE – *Java Cryptography Extension*) y el servicio de autentificación y autorización en JAAS (*Java Authentication and Authorization Service*).

- **Maven:** Este capítulo nos permitirá administrar cualquier aplicación en Java, en forma de proyecto. Para realizar esta administración utilizaremos la herramienta Maven. Hoy en día se está convirtiendo en la herramienta más utilizada para la administración de un proyecto debido a su simplicidad y al tiempo mínimo que se requiere para configurar un proyecto con Maven. Éste es uno de los capítulos que nos permitirán tener un exhaustivo conocimiento de una herramienta que es, o va a ser en un futuro muy cercano (Maven 2), la herramienta más utilizada para la administración de proyectos desarrollados en Java.
- **Struts:** Es sin duda el *framework* Web que implementa el patrón MVC (Modelo Vista Controlador) más utilizado en el mercado. Esto es debido a que existen multitud de desarrolladores con experiencia en este *framework*. El conocimiento de Struts, no sólo nos permitirá mejorar nuestro curriculum, si no que nos introducirá en el mundo de los *frameworks* Web, que es sin duda, un mundo muy demandado, hoy en día, por cualquier empresa que desarrolle en Java.
- **JUnit:** Al igual que Struts, hoy en día, es el *framework* Web rey en el mercado, JUnit es, y tiene muy buenas perspectivas de ser el *framework* estándar para el desarrollo de pruebas unitarias. Las pruebas unitarias de componentes nos permitirán asegurar la calidad del producto o aplicación que estemos desarrollando. Las empresas que se dediquen al desarrollo en Java, realizando Ingeniería del Software incluyen, de forma obligatoria, en el ciclo de vida del desarrollo, las pruebas unitarias. Por tanto, un conocimiento de JUnit nos permitirá realizar este proceso, y lo que es mejor, nos va a permitir comprender qué es una prueba unitaria y qué alcance tiene dentro de un proyecto.
- **RMI:** Este capítulo será una introducción de cómo realizar aplicaciones distribuidas en Java. Se verá como utilizar la tecnología RMI (*Remote Method Invocation*) dentro de nuestras aplicaciones para construir objetos distribuidos. Veremos cuál es la arquitectura que define RMI, cómo definir objetos basados en RMI y, por último, veremos un ejemplo que realice un acceso a datos utilizando llamadas RMI.
- **EJB:** Es la tecnología que permite declarar objetos Java en el lado del servidor (*Enterprise Java Beans*). Es una de las apuestas para Java, que hizo Sun Microsystem, en el lado del servidor. Sin duda alguna, es una tecnología muy demandada por todas las empresas, pero también es

una tecnología muy criticada por el mundo Java. Veremos cuál es su arquitectura, qué tipos de EJB existen y lo más importante de todo, veremos cuándo utilizarla.

El libro contiene un gran número de ejemplos para practicar los conceptos que se van introduciendo en cada uno de los capítulos.

Todos los ejemplos, los podremos encontrar en el CD-ROM que acompaña al libro, organizados por capítulos y preparados para ser administrados como proyectos utilizando la herramienta Maven.

Siempre se espera de un manual que los ejemplos expuestos en él, sean ampliados por el lector en base a sus necesidades y a los requerimientos que pueden tener en el mundo laboral.

Capítulo 1

Nuevas características Java 2 v5.0

En este capítulo aprenderá a:

- La construcción de tipos genéricos.
- La técnica de autoboxing.
- El uso de enumeraciones.
- La mejora incluida para la generación de bucles.
- La utilización de importaciones estáticas.
- El uso de argumentos variables.
- La entrada/salida formateada.
- El uso y manejo de las anotaciones

Introducción

En este capítulo, veremos las principales novedades incluidas en la versión 1.5 del JDK, conocida por Java 2 v5.0. Debido a que en la versión 1.5 se han incluido hasta 15 componentes JSR (*Java Specification Requests*) y que estos, a su vez, han generado un gran numero de actualizaciones en la plataforma y en el lenguaje, en este capítulo, nos centraremos en las características que permiten o facilitan el desarrollo al programador, comentando al final del capítulo, otro tipo de mejoras, como pueden ser las de monitorización y rendimiento.

Simplificación del desarrollo

Dentro de este punto veremos cómo las nuevas características, incluidas en la versión cinco de Java, facilitan la vida al programador.

Tipos Genéricos

Desde hace mucho tiempo, la comunidad demandaba la inclusión de los tipos genéricos dentro del lenguaje. Sin duda alguna, es una de las principales características incluidas. Esta inclusión pertenece a una de las 15 JSR incluidas, concretamente es la JSR 14.

Para muchos lectores que tengan conocimiento de C++, verán que su construcción es muy similar a los templates de C++. La mejor forma de poder ver la potencia del uso de tipos genéricos en el lenguaje, es observar un ejemplo de uso anterior a la versión cinco de Java, y posteriormente realizar otro, utilizando los tipos genéricos.

A continuación, veremos un ejemplo típico de manejo de listas utilizando la versión 1.4.2:

```
ArrayList lista=new ArrayList();
lista.add(new String("Primer Elemento"));
String valor=(String)lista.get(0);
```

Como podemos observar, un objeto de tipo `ArrayList` permite la introducción de cualquier tipo de objeto, en nuestro caso, hemos decidido introducir un objeto de tipo `String`, pero por definición, podríamos insertar, en cualquier momento, cualquier otro tipo de objeto. De esta forma, cada vez que queramos obtener un objeto de la lista, tendremos que realizar un *cast* al tipo de objeto que vayamos a utilizar.

Como se pude apreciar en la gran mayoría de los casos, por no decir en todos, cuando utilizamos este tipo de colección (`ArrayList`), siempre de antemano, sabes que tipo de objetos vamos a insertar, por tanto, sabemos que tipo de objetos vamos a obtener. De ahí que no tenga sentido realizar en todo momento un *cast* sobre el objeto, si sabemos que es lo que contiene.

Los tipos genéricos, nos van a permitir eliminar un error en tiempo de ejecución, ya que si definimos exactamente que es lo que queremos, no tendremos en tiempo de ejecución ningún tipo de excepción.

Basándonos en el ejemplo anterior vamos a incorporar los tipos genéricos de la versión cinco de Java:

```
ArrayList<String> lista=new ArrayList<String>();
lista.add("Primer Elemento");
String valor=lista.get(0);
```

Como vemos, hemos creado una variable que es un `ArrayList` de tipo `String`, por tanto, estamos diciendo que hemos creado una variable de tipo `ArrayList` que contendrá objetos de tipo `String`.

Podemos observar en el listado anterior, que no es necesario realizar un *cast* a `String` para obtener un valor del `ArrayList<String>`.

Desde luego, de una forma sencilla, hemos ahorrado un gran número de inicializaciones y *cast*, algo que hasta ahora, eran de obligado cumplimiento, y que la gran mayoría de programadores realiza sin preguntarse ¿Por qué? Ahora la pregunta es ¿Por qué no han aparecido antes los tipos genéricos? Esto es una breve introducción de lo que es un tipo genérico. A continuación, veremos cómo poder aprovechar al máximo su uso, y sin duda alguna, veremos qué nos pueden aportar.

Construcción de tipos genéricos

Veremos mejor cómo se ha definido la interfaz `List` dentro del lenguaje, para poder ver cómo generar o construir nuestros propios tipos genéricos:

```
public interface List<E> extends Collection<E> {
void add(E element);
}
```

Como se puede ver, la sintaxis del lenguaje se ha tenido que adaptar a la inclusión de tipos genéricos. En este caso, podemos definir a nivel de interfaz una lista (`List`) que puede contener un conjunto de tipos genéricos.

¿Que pasaría si tuviésemos que definir una lista que contuviese una serie de objetos que no tenemos definidos? Para ello utilizaríamos el símbolo "?" que indicaría que el objeto a introducir no es conocido en tiempo de compilación. Por ejemplo:

```
void getDatosLista(ArrayList<?> datos){...}
```

Esto en principio sería retornar al pasado, ya que de esta forma estamos indicando que el método `getDatosLista()` tiene como parámetro un objeto de tipo `ArrayList`, que contiene tipos de objetos no definidos, por tanto, para la obtención de un tipo por defecto tendríamos que realizar un *cast* sobre el objeto. En el siguiente listado podemos ver un claro ejemplo que nos daría un error en tiempo de compilación:

```
ArrayList<?> lista=new ArrayList<String>();
String valor=lista.get(0); //error en tiempo de compilación
```

Veamos, en un ejemplo, cómo utilizar la potencia del tipo "no definido o desconocido <?>" para definir un `ArrayList` que, sin tener en cuenta de qué tipo es, sí podemos indicar de quién extiende:

```
public void getDatosLista(ArrayList<? extends MiObjeto> lista){...}
```

Ahora podemos observar el potencial de los tipos genéricos, podemos, de alguna forma, controlar en todo momento qué colecciones queremos crear. De esta forma, en tiempo de compilación nos aseguramos que los objetos que deseemos insertar, deben ser del tipo genérico especificado.

Nos estamos centrando en el tipo `ArrayList` para construir listas de tipos genéricos, pero claro está, esto es aplicable a cualquier objeto de colección. Vamos a ver un ejemplo utilizando un tipo genérico que nos permite introducir más de un tipo de argumento. Para ello utilizaremos los objetos de tipo `Map`:

```
public void getDatos(Map<String,? extends MiObjeto> datos){,,,}
```

Una vez que hemos visto cómo construir tipos genéricos, vamos a ver en la tabla 1.1 cómo afecta la construcción de los tipos genéricos a la sintaxis del lenguaje:

Tabla 1.1. Construcción de tipos genéricos.

Tipos	Sintaxis
Variables	ArrayList<String>arrayString = new ArrayList<String>
Interfaces	interface MiArrayList<Element>implements MiInterface {...}

Tipos	Sintaxis
Clases	class MiArrayList<Element>{...}
Métodos	String getElement(ArrayList<String>lista)

Hasta ahora, hemos visto cómo podemos construir colecciones de tipos genéricos, e incluso hemos utilizado la sintaxis `<? extends X>`, para determinar que el tipo es desconocido pero hereda de la clase `X`. Dentro de la sintaxis de los tipos genéricos podemos indicar que el tipo no es conocido pero es supertipo de `X`, para ello utilizaremos la sintaxis `<? super X>`.

Advertencia:

A la hora de realizar un "`instanceof`" o un cast *sobre un tipo genérico, tenemos que tener en cuenta que no es posible realizar un "`instanceof`" sobre un tipo genérico, ya que nos daría un error en tiempo de compilación. Lo mismo pasaría si realizamos un* cast, *en este último caso nos daría una advertencia de tipo* "warning unchecked"*:*

```
Collection coleccion=new ArrayList<String>();
if (coleccion instanceof Collection<String>){} //Error
tiempo de compilación
Collection<String>caux=(Collection<String>)colección;
```

A lo largo del libro, pondremos en práctica el uso de tipos genéricos. Estoy seguro de que el uso de esta nueva mejora, incluida en la versión cinco de Java, es la que más fácilmente vamos a incluir en nuestros desarrollos.

Autoboxing/unboxing

Dentro de la JSR 201 se han incluido un gran número de cambios:

- Autoboxing.
- Mejoras en los bucles.
- Tipos enumerados.
- Importaciones estáticas.
- Argumentos variables.
- Entrada/Salida Formateada.

Una de las mejoras incluidas es el *autoboxing* que permite convertir tipos primitivos en objetos y viceversa. El *autoboxing* permite convertir de forma automática datos primitivos en sus correspondientes tipos de objetos.

A la realización de la conversión automática se la conoce como "*boxing conversión*" y "*unboxing conversión*".

El *autoboxing* es el proceso en el cual, un simple tipo en Java (`int`, `long`, `double`, etc.), es automáticamente transformado (*boxed*) en su equivalente clase de envoltura (`Int`, `Long`, `Double`, etc.).

El *autounboxing* es el proceso en el cual, el valor de una clase de envoltura, es extraído sin tener que llamar, por ejemplo, a los métodos `intValue()` o `longValue()`.

Realizaremos un ejemplo de uso anterior a la versión cinco de Java y posteriormente veremos el mismo ejemplo, utilizando esta técnica de conversión en la versión cinco de Java:

```
public Map conversionAnterior1_4(ArrayList lista){
   Map valores=new TreeMap();
   for (int i=0;i<lista.size();i++){
        String valor=(String)lista.get(i);
        valores.put(new  Integer(i),(!valor.startsWith("-
        ")?valor:"Error"));
   }
   return valores;

}
public Map<Integer,String> conversionAutoboxing(ArrayList<String>
lista){
   Map<Integer,String> valores=new TreeMap<Integer,String>();
   int i=0;
   for (String valor:lista){
        //Realizarmos el autoboxing del tipo primitivo int a Integer
        valores.put(i++,(!valor.startsWith("-")?valor:"Error"));
   }
   return valores;
}
```

Como hemos observado, esta nueva mejora se basa en la nueva característica de tipos genéricos (JSR 14), de esta forma, nos podemos hacer una idea de la importancia de la incorporación de los tipos genéricos en el lenguaje.

También hemos visto cómo se ha realizado a nivel de sintaxis una mejora en la forma de generar los bucles, esta nueva característica la veremos a continuación.

Mejoras en los bucles

Esta mejora es incluida también en la JSR 201, y permite al desarrollador realizar sentencias de bucle más claras y sencillas. Como hemos visto en el punto anterior, la incorporación del *autoboxing* nos permitirá convertir de forma automática, tipos primitivos en sus tipos de objetos de envoltura, esto nos permitirá generar bucles de una forma rápida, sencilla, y por supuesto, clara.

A continuación, veremos cómo generar diferentes formas de bucles. La forma más sencilla de generar un bucle utilizando los tipos genéricos es:

```
Collection<String> coleccion=new ArrayList<String>();
for (Iterator<String> i=coleccion.iterator();i.hasNext();){
...
}
```

Otra forma aún más sencilla sería:

```
Collection<String> coleccion=new ArrayList<String>();
for (String i: coleccion){
...
}
```

Como podemos observar, se ha simplificado la construcción de bucles basados en tipos genéricos. No sólo podemos utilizar la simplicidad de estos bucles en tipos genéricos, si no que podemos utilizarla para los tipos primitivos:

```
int[] lista=new int[10];
for (int i: lista){
...
}
```

Tipos enumerados

Los tipos enumerados al igual que los tipos genéricos tienen una sintaxis muy parecida a otros lenguajes:

```
public enum Marcas{SAMSUNG, HP, COMPAQ, AIRIS}
```

Los tipos enumerados se van a comportar como variables estáticas y finales. Una de las principales características de los tipos enumerados, es que cada uno de los valores incluidos tienen sus propios métodos `toString()`, `hashCode()` y `equals()`.

Los tipos enumerados implementan las interfaces `Serializable` y `Comparable`, y como comentamos anteriormente son finales.

Los tipos enumerados poseen los métodos `values()` y `valueOf()`. Ambos nos permitirán obtener cada uno de los valores incluidos en el tipo enumerado.

El método `values()` nos retornará todas las constantes incluidas en el tipo enumerado, y el método `valueOf()` nos retornará la constante del tipo enumerado correspondiente al valor pasado como parámetro.

Veamos un ejemplo de impresión de valores utilizando el método `values()`:

```
Marcas[] marcas=Marcas.values();
for (Marcas marca: marcas){
   System.out.println(marca);
}
```

Importaciones estáticas

La declaración de importaciones estáticas, dentro de nuestras clases, nos permitirá incluir los métodos y atributos estáticos de las clases, o interfaces, que se importen.

Veamos un ejemplo utilizando tipos enumerados. Para ello, crearemos una clase que contenga un tipo enumerado:

```
package com.anaya.java5.cp01;
public class Portatil {
   public enum Marcas{SAMSUNG, HP, COMPAQ, AIRIS}
}
```

Si ahora queremos utilizar el tipo enumerado `Marcas` desde cualquier clase, deberíamos realizar la siguiente importación: `import com.anaya.java5.cp01.*`, y realizar una referencia a la clase `Portatil` para obtener el tipo enumerado `Marcas`. Sin embargo, si lo que queremos es incorporar el contenido del tipo enumerado `Marcas` y que sea accesible, desde nuestra clase, deberemos de realizar una importación estática de la clase `Portatil`, y de su tipo enumerado `Marcas`:

```
package com.anaya.java5.cp01.listados;

import static com.anaya.java5.cp01.Portatil.Marcas.*;

public class ListadoPortatiles {

   public void lanzarListado(String marca){
```

```
        ...
        if (marca.equals(SAMSUNG)){
            ...
        }
    }
}
```

En este ejemplo, hemos visto cómo, mediante las importaciones estáticas, podemos acceder a los campos estáticos de cualquier clase. También, podremos acceder a los métodos estáticos de otra clase, como si éstos estuviesen implementados en la nuestra.

Un ejemplo claro de uso de los métodos estáticos de otra clase es cuando queremos realizar cálculos utilizando la clase `Math` de `java.lang`. Para ello, importaremos de forma estática todos los métodos estáticos. Veamos un ejemplo de uso de la clase `Math`, para realizar el cálculo del máximo de dos precios:

```
import static com.anaya.java5.cp01.Portatil.Marcas.*;
import static java.lang.Math.*;
public class ListadoPortatiles {
    public void lanzarListado(String marca){
        //...
        if (marca.equals(SAMSUNG)){
            //...
            // max(a,b) de la clase java.lang.Math
            max(precio,precioOferta);
            //...
        }
    }
}
```

Argumentos variables

Hasta ahora, siempre que teníamos que pasar a un método argumentos variables, realizábamos una parametrización del método para obtener un array de objetos, o incluso si los parámetros eran de tipo texto, pasábamos un `String` y posteriormente lo descomponíamos (`StringTokenizer`).

El lenguaje con esta nueva característica, nos permite el paso de parámetros variables. Veamos un ejemplo:

```
public class ParametrosVariables {

    public static void print(String... cadenas){
     for (String valor:cadenas){
         out.println(valor);
```

```
        }
      }
      public static void main(String[] args) {
           ParametrosVariables.print("Param1","Param2","Param3");
      }
   }
```

Entrada/Salida Formateada

Desde la versión cinco de Java ya podemos realizar una entrada/salida formateada, al igual que ocurre en otros lenguajes como C.

Podremos realizar la salida utilizando el método `printf` () de la clase `PrintStream`. Este método acepta como parámetros el texto formateado, y los valores a incluir. Como los valores a incluir no los conoce, utiliza los ya conocidos argumentos variables:

```
public PrintStream printf(String format, Object ... args) {…}
```

Nota:

Para aplicar el formato, el lenguaje utiliza la clase `java.util.Formatter`. *Para poder utilizar toda la potencia que nos ofrece esta clase, sería recomendable mirar la documentación en el API del JDK.*

Veamos un ejemplo de uso de salida formateada:

```
System.out.printf("Ejemplo formateo%n");
System.out.printf("%s %2d - %1d","Valor:",100,200);
------
Ejemplo Salida:
Ejemplo formateo
Valor: 100 - 200
```

Una vez que hemos visto la salida formateada, veremos cómo el lenguaje nos provee, también una entrada formateada. Para ello utilizaremos la clase `java.util.Scanner`, que nos permitirá realizar una comprobación de la entrada. Este escaneo de la entrada, lo realiza utilizando expresiones regulares.

```
Scanner s=new Scanner(System.in);
String nombre=s.next();
int valor=s.nextInt();
s.close();
```

```
System.out.printf("Nombre: %s - Valor: %s",nombre,valor);
------
Ejemplo Salida: Introduciendo por teclado Terra, y posteriormente
el valor 11 saldría
Nombre: Terra - Valor: 11
```

En el listado anterior lo que obtenemos de la entrada, en primer lugar, es una cadena, y posteriormente, un número, si no fuese en este orden provocaría una excepción (`java.lang.InputMismatchException`).

Anotaciones

Una anotación es un meta dato, que nos permitirá incluir información adicional en nuestras clases, interfaces, métodos, etc. Con esta información adicional, podremos generar, posteriormente, información que nos permita tratar estas anotaciones.

El concepto de anotación ya existía en Java, pero no eran posibles modificarlas ni adaptarlas, por ejemplo, cada vez que solicitamos a la máquina virtual que uno los campos de una clase no se serializase, utilizamos la anotación `transient`. Con Java 2 v5.0 se nos va a permitir generar anotaciones basadas en tipos de anotaciones.

Podríamos clasificar las anotaciones en tres tipos:

1. Anotaciones en el código para realizar análisis.
2. Anotaciones de chequeo de compilación.
3. Anotaciones de documentación.

A continuación, veremos estos tres grupos de anotaciones, pero antes veremos qué es una anotación y qué es un tipo de anotación.

Inclusión de anotaciones en el código

Para incluir una anotación en el código, bastará con incluir el nombre de la anotación precedido del símbolo (@), que ya es conocido por todos nosotros, para las anotaciones de código que utiliza la herramienta `javadoc` para la generación de la documentación.

Podemos definir tres tipos de anotaciones:

1. **Anotaciones de marca:** Las anotaciones de marca nos permitirán, como su nombre bien indica, realizar una marcación sobre alguna parte de

nuestro código. Por ejemplo, si quisiésemos realizar una marcación sobre un método para indicar que su retorno es dummy (tapón) y que no realiza ningún proceso interno de negocio, podríamos utilizar la siguiente anotación:

```
@Dummy
public Object getDatos(Object…parámetros){…}
```

2. **Anotaciones con un solo valor:** Nos permitirá establecer un valor dentro de una anotación simple. La sintaxis de este tipo de anotación es `@SimpleAnotación("valor")`. Veamos el ejemplo anterior pero utilizando una anotación simple:

```
@Dummy("Falta realizar la conexión a BD")
public Object getDatos(Object... parametros){…}
```

3. **Anotaciones con múltiples valores:** Cuando queremos pasar más de un valor a una anotación tendremos que realizar el paso de valores separados por comas. La sintaxis sería: `@MultipleAnotacion(valor1= "Datos valor1", valor2="Datos valor2", valor3="Datos valor3")`. Partiendo del ejemplo anterior:

```
@Dummy(autor="Juan",descripcion="Falta realizar la conexión a BD")
public Object getDatos(Object... parametros){…}
```

Hemos visto, hasta ahora, los tres tipos de formas para generar un tipo de anotación, y cómo rellenar la anotación en función de sus parámetros. A continuación veremos cómo crear un tipo de anotación, continuando para ello con el ejemplo de la anotación `@Dummy`.

Crear un tipo de anotación

Para crear un tipo de anotación, simplemente, tendremos que definir la anotación como si de una interfaz se tratase, marcando dicha interfaz con el símbolo (@). Vamos a crear los tres tipos de anotaciones utilizados en el punto anterior:

```
public @interface Dummy{} //Anotación simple

public @interface Dummy{ //Anotación con un solo valor
   String value();
}
public @interface Dummy{ //Anotación con múltiples valores
   String autor();
   String descripción();
}
```

Como se puede apreciar, crea un tipo de anotación es muy sencillo, sea del tipo que sea. Más adelante veremos cómo crear más tipos de anotaciones, y veremos qué nos puede ofrecer esta nueva característica incluida en Java 2 v5.0.

Nota:

Hay que tener muy claras las diferencias que existen entre una anotación y un tipo de anotación. Un tipo de anotación es una clase (interfaz) y una anotación es la instancia de un tipo de anotación.

Anotaciones de chequeo en compilación

Existen una serie de anotaciones incluidas en lenguaje que permitirán realizar chequeos al compilador, para identificar, por ejemplo, que un método es sobrecargado, que está deprecado, o que no debe emitir un advertencia al realizar el proceso de compilación.

Anotación Override

La anotación `@Override` nos permitirá indicar al compilador que el método sobrecarga un método de la clase padre. De esta forma, no generamos una relación directa con el método padre, si no que le indicamos al compilador que el método que contenga la anotación, deberá tener una implementación en el padre, en caso contrario, el compilador nos dará un error en tiempo de compilación.

Esta anotación es muy útil, ya que en ocasiones nos encontramos con que la clase padre implementa un método, y lo sobrecargamos pero, sin embargo, si la clase padre sufriese una modificación, por ejemplo, de algún parámetro, nuestro método en la clase hija no se enteraría. A la hora de depurar un error de este tipo, te puedes volver loco.

Con este tipo de anotación nos aseguramos que el método que contenga esta anotación, tendrá sobrecargado un método de la clase padre (superclase).

Como es lógico, este tipo de anotación sólo es usado a nivel de método. En el siguiente ejemplo, veremos una clase padre y otra hija, en la cual, la sobrecarga no es correcta utilizando la anotación `@Override`.

```
public class ClasePadre {
public Object getDatos(String dato1,int dato2){
      ...
```

```
}
}

public class ClaseHija extends ClasePadre{
   @Override
   public Object getDatos(String dato1) //Da un error de compilación.
   {
        ...
   }
}
```

Veamos ahora un ejemplo de sobrecarga de métodos:

```
public class AnotacionOverride {
   @Override
   public String toString(){
    ...
   }
}
```

Como hemos podido observar este tipo de anotación es de marcación, ya que no acepta parámetros.

Anotación Deprecated

Al igual que `@Override`, la anotación `@Deprecated` es de tipo marcación, y nos permitirá realizar una marcación del método que se encuentre anticuado o en desuso, informando al usuario de ello mediante una advertencia del uso de ese método en tiempo de compilación.

```
@Deprecated
public String getDescripcionValores(String[] codigos){
...
}
```

Anotación SupressWarnings

Esta anotación permite al desarrollador tener un control total sobre las advertencias (*warnings*) que se produzcan en tiempo de compilación. Permitirá eliminar dichas advertencias, o un conjunto de ellas.

Es una anotación de tipo simple, que puede contener un solo valor, pero éste es de tipo array.

Veamos la implementación de esta anotación en el código fuente del JDK:

```
public @interface SuppressWarnings {
    String[] value();
}
```

Veamos ahora un ejemplo de uso de esta anotación. Vamos a forzar que el compilador nos dé una advertencia de tipo "*unchecked*":

```
@SuppressWarnings(value="unchecked")
public ArrayList<String> getDescripcionValores(ArrayList<String>
codigos)
{
   ...
ArrayList valores=new ArrayList(); //No especificamos el tipo
//Advertencia una advertencia de inserción si no especificamos
//la anotación @SuppressWarnings
   valores.add("Terra");
   ...
}
```

Al incluir la anotación `@SupressWarnings`, el compilador no nos advertirá del problema en tiempo de compilación.

Como hemos visto antes, este tipo de anotación es de un solo valor, pero el valor es un array, por tanto acepta varios parámetros. Podemos pasar más de una supresión de advertencia con esta anotación. Si el método diese más de una advertencia, podríamos establecer la siguiente anotación:

```
@SuppressWarnings(value={"unchecked","otraadvertencia"})
public ArrayList<String> getDescripcionValores(ArrayList<String>
codigos)
{
   ...
ArrayList valores=new ArrayList();
   valores.add("Terra");
...
}
```

Anotaciones para el análisis de código

Cualquier tipo de anotación que creemos, nos permitirá realizar análisis de dichas anotaciones. Ya hemos creado anteriormente una anotación llamada `@Dummy` que nos permitiría ver qué métodos han sido implementados sin acceder, por ejemplo, a una base de datos, o a un sistema externo. Vamos a ampliar esta notación, para que nos permita analizar, qué parte de un proyecto está con *dummys* y así poder estimar qué cantidad de desarrollo tenemos que realizar en la fase, por ejemplo, de integración. Vamos a ampliar la anotación `@Dummy` y vamos a incluir un nuevo concepto, que es el de establecer valores por defecto dentro de una anotación:

```
public @interface Dummy {
   enum Estados{DESARROLLO,FINALIZADO,ELIMINANDO}
```

```
    String autor();
    String descripcion();
    String sistema();
    Estados estado() default Estados.DESARROLLO;
    int tiempo();
}
```

El campo `autor` contendrá el nombre del autor de la *dummy*, el campo `descripción` indicará qué es lo que realiza el método, el campo `sistema` nos indicará a qué sistema debería ir realmente (base de datos, sistema externo, etc.), el valor `estado` nos dirá el estado actual de la *dummy*, y por último el `tiempo`, que nos indicará el tiempo de desarrollo total de la *dummy*. Los valores que podrá tomar el campo estado serán los que incluye el tipo enumerado `Estados`:

1. `DESARROLLO`: La *dummy* está en fase de desarrollo.
2. `FINALIZADO`: La *dummy* está finalizada y puede ser usada.
3. `ELIMINANDO`: Se está eliminando la *dummy* para obtener los datos del origen real.

Hemos establecido el estado por defecto a `DESARROLLO`. Veamos ahora un método de ejemplo con la anotación `@Dummy`.

```
@Dummy(
    autor="Juan",
    descripcion="Conexión sistema bancario, cuenta cliente",
    sistema="Middleware Banco X",
    tiempo=0,
    estado=Dummy.Estados.DESARROLLO //No haría falta ponerlo, es por
    defecto
)
public String getCuentaCliente(int codigoCliente){
...
}
```

Más adelante analizaremos un proyecto que utilice estas anotaciones, pudiendo obtener cuantos métodos tienen *dummys* en fase de desarrollo, cuanto tiempo llevan desarrollándose, quién esta realizando *dummys*, y en definitiva, vamos a obtener un informe basándonos en las anotaciones.

A continuación, veremos otras anotaciones, que nos permitan establecer el alcance de dichas anotaciones, así como sus restricciones.

Anotación Target

Esta anotación nos permitirá establecer que elementos de un programa pueden incluir una anotación, junto con la anotación `Retention` es una de las meta-anotaciones (anotación de anotaciones). Los posibles elementos que puede contener un programa para la anotación `@Target` son los incluidos en el tipo enumerado `ElementType` que vemos a continuación:

```
public enum ElementType {
TYPE,
FIELD,
METHOD,
PARAMETER,
CONSTRUCTOR,
LOCAL_VARIABLE,
ANNOTATION_TYPE,
PACKAGE
}
```

Como podemos observar en el listado anterior, podríamos especificar el alcance de un tipo de anotación utilizando el tipo enumerado. Hay que tener en cuenta, que si no especificamos un elemento dentro de la anotación `@Target`, no podremos crear una anotación para ese elemento. Por ejemplo, supongamos que establecemos como `@Target` sólo a los elementos de tipo `FIELD`, para la anotación `@Dummy`.

Si insertamos dicha anotación en un método el compilador nos dará un error, indicándonos que no es posible establecer esa anotación para el método.

Estableceremos el alcance de la anotación `@Dummy` para:

```
@Target({ElementType.FIELD,
        ElementType.METHOD,
        ElementType.CONSTRUCTOR,
        ElementType.ANNOTATION_TYPE})
public @interface Dummy {
   public enum Estados{DESARROLLO,FINALIZADO,ELIMINANDO}
   Estados estado() default Estados.DESARROLLO;
   String autor();
   String descripcion();
   String sistema();
   int tiempo();
}
```

Anotación Retention

Esta anotación también es una meta-anotación, ya que nos permite establecer una anotación de retención sobre cualquier tipo de anotación.

Las anotaciones por defecto sólo se incluyen en el código fuente, si queremos incluirlas también en las clases (código compilado) tendremos que utilizar esta anotación. Hay veces que nos interesará incluir la anotación en la clase, por ejemplo, cuando por *Reflection* queramos obtener las anotaciones de las clases.

Esta anotación nos permitirá establecer el nivel de inclusión de la anotación, existen tres niveles:

1. Retención de la anotación en la clase y cargada la primera vez que se carga la clase (`RUNTIME`).
2. Retención de la anotación en la clase, pero ignorada en tiempo de ejecución (`CLASS`).
3. Retención de la anotación solo en el código fuente (`SOURCE`).

La anotación `@Retention` utiliza el tipo enumerado `RetentionPolicy`, que contiene estos tipos de retenciones:

```
public enum RetentionPolicy {
    SOURCE,
    CLASS,
    RUNTIME
}
```

Nuestra anotación `@Dummy` completa:

```
@Retention(RetentionPolicy.RUNTIME)
@Target({ElementType.FIELD,
         ElementType.METHOD,
         ElementType.CONSTRUCTOR,
         ElementType.ANNOTATION_TYPE})
public @interface Dummy {
   public enum Estados{DESARROLLO,FINALIZADO,ELIMINANDO}
   Estados estado() default Estados.DESARROLLO;
   String autor();
   String descripcion();
   String sistema();
   int tiempo();
}
```

Anotaciones de documentación

Las anotaciones por defecto no son incluidas dentro de la documentación (`javadoc`) del proyecto, por tanto, si queremos insertar la anotación en la documentación tendremos que utilizar la anotación de marcación `@Documented`.

```
@Documented
@Retention(RetentionPolicy.RUNTIME)
@Target({ElementType.FIELD,
```

```
            ElementType.METHOD,
           ElementType.CONSTRUCTOR,
           ElementType.ANNOTATION_TYPE})
  public @interface Dummy {
    public enum Estados{DESARROLLO,FINALIZADO,ELIMINANDO}
    Estados estado() default Estados.DESARROLLO;
    String autor();
    String descripcion();
    String sistema();
    int tiempo();
    }
```

Anotación Inherited

Cuando desarrollamos una clase y establecemos anotaciones sobre ella, éstas se realizan sobre la clase.

¿Qué pasa si desarrollamos una clase que extienda de otra clase que tiene anotaciones? Si deseamos propagar la anotación deberíamos utilizar la meta-anotación `@Inherited`.

Procesamiento de anotaciones con APT

Vamos a realizar un ejemplo de análisis de código utilizando las anotaciones. Para el análisis de código vamos a utilizar una herramienta nueva incorporada en Java 2 v5.0, que permite procesar anotaciones.

Utilizaremos la herramienta `apt` (*Annotation Process Tool*). Esta herramienta nos permitirá ejecutar procesos para el tratamiento de anotaciones.

Los pasos que sigue la herramienta son:

1. Ver que anotaciones están incluidas en el código fuente.
2. Obtener qué factorías de procesos han sido creadas para el tratamiento de las anotaciones.
3. Solicitar a la factoría que anotaciones desea procesar.
4. La factoría se basa en procesos que trabajan sobre las anotaciones.
5. Si se generan nuevos fuentes durante el proceso, `apt` realizará los mismos pasos sobre dichos fuentes.

Para realizar todo esto, `apt` se basa en el API Reflection. Existen cuatro paquetes fundamentales sobre los que se basa `apt`:

- `com.sun.mirror.apt`: Definición de las interfaces que interactúan con `apt`.

- `com.sun.mirror.declaration`: Declaraciones de campos, métodos, clases, etc.
- `com.sun.mirror.type`: Tipos que pueden ser encontrados en el análisis del código fuente.
- `com.sun.mirror.util`: Utilidades para el procesamiento de anotaciones.

Nota:

Los paquetes `com.sun.mirror.*` *están incluidos en el JAR* `tools.jar` *del JDK. Podemos localizar este JAR en el directorio* `lib`.

Creación de un proceso en APT

Cuando queramos desarrollar un proceso, deberemos implementar la interfaz `AnnotationProcess`, e implementar el método `process()`. Un proceso podrá analizar más de un tipo de anotación.

Antes de crear el proceso, debemos de generar la factoría de procesos, que será con la que se comunique la herramienta. Para ello, crearemos una clase que implemente la interfaz `AnnotationProcessorFactory` e implementaremos el método `getProcessorFor()`, que será el encargado de lanzar el proceso. Una vez que es llamado el método `getProcessorFor()` obtenemos el `Environment`, éste nos permitirá tener un control total: podremos obtener la estructura del proyecto, realizar una comunicación con la herramienta para generar nuevos ficheros, o incluso generar errores o advertencias (*warnings*).

Veamos un ejemplo de uso de factorías y procesos con `apt`:

```
import java.util.Collection;
import java.util.Collections;
import java.util.Iterator;
import java.util.Map;
import java.util.Set;

import com.sun.mirror.apt.*;
import com.sun.mirror.declaration.*;
import com.sun.mirror.util.*;

public class EjemploFactoriaAPT implements
AnnotationProcessorFactory
{
```

```
    private static final Collection<String> anotacionesSoportadas=
Collections.singletonList("com.anaya.java5.cp01.Dummy");
    private static final Collection<String> opcionesSoportadas=
    Collections.emptySet();

    //Retornará las opciones soportadas.
public Collection<String> supportedOptions() {
        return opcionesSoportadas;
    }

    //Retornará las anotaciones soportadas.
public Collection<String> supportedAnnotationTypes() {
        return anotacionesSoportadas;
    }

    //Retornará la clase encargada de realizar el proceso.
public AnnotationProcessor getProcessorFor(
            Set<AnnotationTypeDeclaration> atd,
            AnnotationProcessorEnvironment env) {

        return new EjemploProcesoDummy(env);
    }

    private class EjemploProcesoDummy implements AnnotationProcessor
    {
        private AnnotationProcessorEnvironment env;
        private AnnotationTypeDeclaration tipo;
        EjemploProcesoDummy(AnnotationProcessorEnvironment env){
            this.env=env;
            this.tipo=(AnnotationTypeDeclaration)env.get
            TypeDeclaration("com.anaya.java5.cp01.Dummy");
        }
        public void process() {
            //Obtenemos todas las declaraciones de tipo Dummy
            Collection<Declaration> declaraciones=
                    env.getDeclarationsAnnotatedWith(tipo);

            for (Declaration declaracion:declaraciones)
            {
                procesarDummy(declaracion);
            }
        }
        private void procesarDummy(Declaration declaracion)
        {
            //Obtenemos todas las anotaciones de la declaración
            Collection<AnnotationMirror> anotaciones=
            declaracion.getAnnotationMirrors();
            for (AnnotationMirror anotacion:anotaciones)
            {
```

```
                Map<AnnotationTypeElementDeclaration,
                AnnotationValue> valores=
                      anotacion.getElementValues();

                   Iterator<AnnotationTypeElementDeclaration>
                   iterator=anotacion.getElementValues().keySet
                   ().iterator();
                   while (iterator.hasNext())
                   {
                      AnnotationTypeElementDeclaration key=
                      iterator.next();
                      System.out.print(key.getSimpleName());
                      System.out.println("\t "+valores.get(key).
                      getValue());
                   }
                }
             }
          }
       }
```

Este ejemplo mostrará por pantalla los datos de todos lo métodos que tengamos marcados con la anotación `@Dummy`.

Para poder lanzar el ejemplo debemos generar un archivo `JAR` con la factoría y el proceso. Para este ejemplo, no es necesario compilar los fuentes que contengan anotaciones de tipo `@Dummy`.

Para ejecutar la herramienta `apt`, debemos de pasar como parámetro la factoría, el `JAR` donde está ubicada y las fuentes a analizar. Para pasar la factoría utilizaremos el parámetro `-factory`, para pasar el `JAR` utilizaremos el parámetro `-cp` indicando la ruta del `JAR`. Por último, indicaremos las fuentes a analizar. Para que la aplicación no realice la compilación, utilizaremos el parámetro `-nocompile`:

```
apt -nocompile -cp miFactoria.jar -factory
com.anaya.java5.cp01.EjemploFactoriaAPT
com\anaya\java5\cp01\*.java
```

En el ejemplo anterior, hemos visto directamente todas las anotaciones de un determinado tipo, ya que el entorno nos provee el método `getDeclarationsAnnotatedWith()`, pero podríamos haber realizado una consulta, por ejemplo, de todas las clases. Para realizar esto podemos genera un bucle que nos permita realizar una "visita" por todos los elementos de un componente en concreto. Para ello utilizaremos el patrón `Visitor`, basado en GoF (*Gang of Four*), que realizará este trabajo.

Utilizaremos el método `getDeclarationScanner()` de la clase `DeclarationVisitors`, y lo incluiremos en el método `process()` del proceso. Este método nos permitirá generar un trazado de todas las declaraciones de clases, métodos, campos, etc.

```
public void process() {
  for(TypeDeclarationtipos:env.getSpecifiedTypeDeclarations()){
  tipos.accept(DeclarationVisitors.getDeclarationScanner(
  new  EjemploVisitor(),DeclarationVisitors.NO_OP));

        }
}
private class EjemploVisitor extends SimpleDeclarationVisitor
{
public void visitClassDeclaration(ClassDeclaration d) {
        System.out.println(d.getSimpleName());

        }
}
```

Nota:

En el ejemplo anterior, hemos incluido como anotaciones soportadas, la anotación `@Dummy`*, para ello, hemos especificado la interfaz* "`com.anaya.java5.cp01.Dummy`"*. Si quisiéramos establecer todas las anotaciones, deberíamos haber incluido un "*". Si deseamos incluir sólo las anotaciones de un paquete, pondríamos* "`com.anaya.java5.cp01.*`".

Advertencia:

Si no le pasamos el parámetro `-nocompile` *a la herramienta,* `apt` *realizará una llamada al comando* `javac`*, si éste retornase un error lo devolvería a la herramienta* `apt`*. Al principio, no se sabe si es un error de la herramienta* `apt` *o de* `javac`*, por tanto, recomiendo realizar, primero, una compilación con el comando* `javac` *y, posteriormente, ejecutar* `apt`.

Otras mejoras

A parte de las mejoras incorporadas para hacer más fácil la vida del desarrollador, SUN ha incluido en el lenguaje, mejoras centradas en el rendimiento, escalabilidad del lenguaje, monitorización, etc. Veremos a continuación, muy por encima, estas mejoras.

Encadenamientos

Han incluido mejoras en el manejo de encadenamientos, generando, para ello, utilidades que mejoran y clarifican el acceso concurrente a los recursos. Como veremos en el capítulo de encadenamientos, se han incluido una serie de clases e interfaces en el paquete `java.util.concurrent`. Por ejemplo, se ha incluido la clase `Semaphore` que nos permitirá tener un acceso controlado a los hilos que acceden de forma concurrente a un recurso compartido:

```
Semaphore semaforo=new Semaphore(1);
try{
semaforo.acquire(); //Bloqueamos
contador=contador+100; //Valor protegido
}
catch (InterruptedException i){ …
}finally {
semaforo.release(); //Liberamos
}
```

Monitorización

Se han incluido en el API, la posibilidad de realizar monitorizaciones, por ejemplo, para inspeccionar el estado de la máquina virtual de Java, para ello, se ha incluido la tecnología JMX (*Java Management Extensions).*

JMX es el API que se ha introducido en Java 2 v5.0 para poder monitorizar recursos, como pueden ser otras aplicaciones, dispositivos, etc.

Para que nos hagamos una idea, JMX es el API que normalmente, o seguramente, estamos utilizando para monitorizar nuestras aplicaciones. JMX es ya utilizado por la gran mayoría de fabricantes como estándar de monitorización de, por ejemplo, los servidores de aplicaciones.

Pero a su vez estos fabricantes nos proveerán un acceso a sus aplicaciones, para que nosotros podamos obtener aquellos datos de monitorización que nos interesen, pudiendo realizar acciones en base a la monitorización.

Una de las cosas que ha incluido SUN es la posibilidad de realizar una monitorización de la maquina virtual, junto al JDK podemos encontrar una demo de uso de JMX para comprobar el estado de la maquina virtual. Para ello una vez instalado el JDK ejecutaremos el siguiente comando:

```
java -jar <JDK_HOME>/demo/management/ MemoryMonitor /
MemoryMonitor.jar
```

Podemos ver un ejemplo de resultado de esta aplicación de monitorización en la figura 1.1.

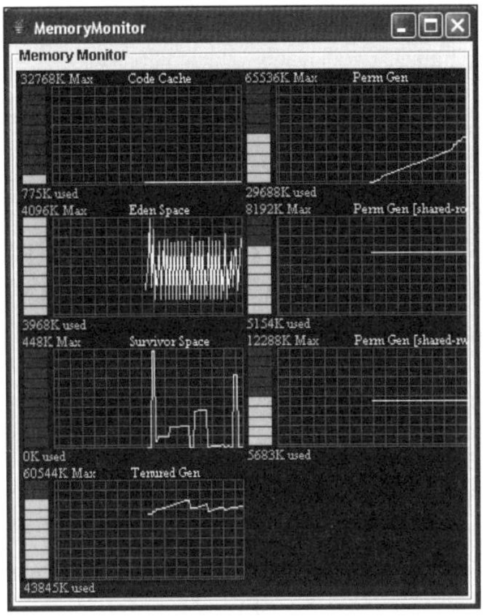

Figura 1.1. Ejemplo monitorización utilizando JMX.

El ejemplo utiliza la interfaz `MemoryPoolMXBean` incluida en el paquete `java.lang.management`. Veamos un pequeño ejemplo de uso de esta interfaz para la monitorización de la memoria de nuestra maquina virtual.

```
import  java.lang.management.*;
import java.util.*;
public class EjemploMonitorizacion {

   public static void main(String[] args) {
   List<MemoryPoolMXBean>  poolMemoria=ManagementFactory.get
   MemoryPoolMXBeans();
   for  (MemoryPoolMXBean pool:poolMemoria){
        System.out.printf("Tipo: %s -- usada: %s %n",pool.getType(),
        pool.getUsage());
   }
   }
}
```

Mejoras JVM

Otra de las recientes mejoras incluidas (basadas en la JSR 163) es la inclusión de nuevas características en la llamadas nativas que realiza la maquina virtual, incluidas éstas en el API de JVMTI (*Java Virtual Machine Tool Interface*).

Una de estas mejoras es la inclusión del paquete `java.lang.instrument` que nos permitirá realizar modificaciones en tiempo de ejecución del *bytecode* generado por una clase.

Al permitirnos realizar modificaciones, lo que nos está permitiendo, entre otras muchas cosas, es redefinir nuestras clases en tiempo de ejecución.

Para la redefinición de una clase deberemos utilizar la clase `Instrumentation`, pero antes debemos crearnos un agente que nos permita definir quien se va a encargar de redefinir la clase. Para permitir una comunicación entre la máquina virtual y el agente se deberá incluir el método `premain()`:

```
public static void premain(String agentArgs, Instrumentation inst);
```

Podremos especificar a la maquina virtual (JVM) qué agentes vamos a utilizar dentro de nuestra aplicación, pudiendo claro está, definir más de uno.

Cuando la JVM es inicializada irá llamando uno por uno al método `premain()` de cada agente, siguiendo el orden de parametrización en la JVM.

Construiremos un agente y una clase que lo utilice para ver todas las clases que tiene cargada la JVM.

Para ello crearemos una clase llamada `MiAgenteJVMTI`, y una clase `TestJVMTI`:

```
public class TestJVMTI {
   public static void main(String[] args) {
             try {
                   Class[]  clases=MiAgenteJVMTI.get
                   Instrumentation().getAllLoadedClasses();
                   for (Class clase:clases)
                   {
                         System.out.printf("Clase %s %n: ",clase.get
                         Name());
                   }
             } catch (Exception e) {
                   e.printStackTrace();
             }
   }

}
import java.lang.instrument.Instrumentation;

public class MiAgenteJVMTI {
```

```
    private static Instrumentation ins=null;
    public static void premain(String options,Instrumentation inst){
         ins=inst;
    }
    public static Instrumentation getInstrumentation(){
         return ins;
    }
}
```

Nota:

Para poder lanzar el agente, deberemos pasarlo como parámetro de la máquina virtual. El comando a ejecutar sería:

```
java -javaagent:<jarpath>
```

Para ello deberemos primero generar el `JAR` *incluyendo en el fichero* Manifest

```
Premain-Class: com.anaya.java5.cp01.MiAgenteJVMTI
```

Para generar el archivo `JAR` *utilizaremos el siguiente comando:*

```
jar -cvfm miagente.jar manifest.mf TestJVMI.class
```

Una vez compiladas las dos clases, vamos a ejecutar el agente de la siguiente forma:

```
java -javaagent:Miagente.jar TestJMVTI
```

Mediante la interfaz `Instrumentation` podemos realizar modificaciones en nuestras propias clases en tiempo de ejecución utilizando el método `redefineClasses()`.

Advertencia:

Antes de intentar realizar una redefinición de una clase, debemos comprobar si la JVM nos permite redefinir clases, ya que la posibilidad de redefinir una clase es algo opcional en la implementación de una JVM, para realizar esta comprobación utilizaremos el método `isRedefineClassesSupported()`.

Capítulo 2

Las Excepciones

En este capítulo aprenderá a:

- El concepto de excepción en Java.
- El uso de los bloques `try`, `catch` y `finally` para controlar una excepción.
- El tratamiento de excepciones.
- La creación de nuevas excepciones.

Introducción

Toda aplicación desarrollada va a dar errores; es imposible generar una aplicación que no sea susceptible a dar errores. Por ejemplo, si tenemos una aplicación sencilla que accede a una base de datos y, en un momento determinado, esta base de datos deja de funcionar, la aplicación comenzará a lanzar errores relacionados con este problema. Es nuestra obligación, antes de comenzar a diseñar una aplicación, pensar qué errores vamos a controlar, esto vendrá determinado por el tipo de aplicación. Debemos ser capaces de diseñar:

- **¿Qué errores debemos de controlar?:** Realizaremos un estudio de los posibles errores que podamos tener. Siempre teniendo en cuenta que, durante el ciclo de vida de un proyecto, pueden aparecer nuevos tipos de errores.
- **¿Cuándo y dónde pueden producirse esos errores?:** Tenemos que ser conscientes de que no es sólo necesario saber qué errores van a surgirnos, si no cuándo y en qué momento, en qué capas o módulos de la aplicación se van a dar esos errores, por ejemplo, si tenemos un aplicación que se conecta con un sistema externo para la obtención de los datos bancarios, ya estamos detectando que una caída del sistema bancario, o de sus interfaces, puede provocarnos un error, por tanto, será en la capa de integración con otros sistemas dónde nos encontraremos este tipo de error, y será en el momento de la llamada cuando se lance este error.
- **¿Qué acciones realizar con el error?:** Una vez que sabemos cuál es el error, cuándo va a darse y en qué proceso, debemos saber cómo vamos a actuar. Tomando el ejemplo anterior de la comunicación con el sistema bancario, si ésta falla, podremos informar al usuario de que en estos momentos no existe comunicación con el sistema bancario, y que lo intente más adelante (por ejemplo).

El ¿qué?, ¿cuándo?, ¿donde? y ¿qué realizar? Es lo que se llama tratamiento de errores y excepciones. A lo largo de este capítulo veremos cómo localizar, controlar, lanzar y crear nuestras propias excepciones.

Truco:

Siempre que diseñamos un tratamiento de excepciones lo debemos realizar desde dos perspectivas, la de la clase que lanza la excepción y la del usuario final que recibe el error. Esto es muy impor-

tante, ya que en la gran mayoría de los casos la perspectiva del usuario final no se tiene en cuenta, y es muy importante, ya que será el encargado de aplicar las acciones oportunas para eliminar el error que ha provocado la excepción.

¿Por qué se lanza una excepción?

Existen tres causas principales por las cuales se puede lanzar una excepción:

1. Cuando la ejecución de forma síncrona de la aplicación provoca un error que no permite su continuación. Estas excepciones son del tipo `RuntimeException` y `Error`. Un ejemplo de excepción de tipo `RuntimeException` es la división por cero, esta excepción, en concreto, es `ArithmeticException`.
   Una excepción de `Error` ocurre cuando en un error de la maquina virtual, no nos permite realizar una recuperación, como ejemplo tenemos cuando nos quedamos sin memoria para continuar, esto sería un error del tipo `OutOfMemoryError`.
2. Cuando la excepción es lanzada mediante la sentencia `throw`. Más adelante, veremos cómo lanzar excepciones con esta sentencia.
3. Cuando la ejecución de forma asíncrona provoca una excepción. Por ejemplo, si tenemos un hilo y, en un momento determinado, lo paramos, generará de forma asíncrona una excepción.

Existen a su vez, diferentes tipos de excepciones, aquéllas que podemos controlar en tiempo de compilación y aquéllas que sólo podemos obtener en tiempo de ejecución.

Excepciones en tiempo de compilación

Cuando realizamos una compilación podemos determinar qué excepciones debemos controlar, si existe una excepción que debemos controlar, y no lo realizamos, el compilador nos forzará a realizar un control de esta excepción.

Para realizar esta función, el compilador analiza las clases que contienen alguna cláusula `throws`, para ello analiza los constructores y métodos, luego, realiza un análisis de las clases que hacen uso de los constructores y métodos, y verifica si éstos tienen un control de las excepciones.

Excepciones en tiempo de ejecución

Existen una serie de excepciones que el compilador no puede controlar, estas excepciones son del tipo `RuntimeExceptions` y de sus subclases. Ocurre lo mismo con las excepciones del tipo `Error` y sus subclases.

Las excepciones de tipo `Error` no son chequeadas porque no es posible conocer en tiempo de compilación que éstas se lancen en un momento determinado. Este tipo de excepciones no tiene fácil recuperación, existiendo algunos subtipos de esta excepción que obligan a tener que cerrar la aplicación, o incluso, provocan el cierre de la misma de forma incontrolada.

Las excepciones de tipo `RuntimeException` y sus subclases no pueden ser tampoco analizadas en tiempo de compilación, es una labor del diseñador de la aplicación controlar este tipo de excepciones. Existen algunos subtipos de esta excepción que deben ser controlados por el programador, como es el `NullPointerException` que, sin duda alguna, es la excepción que más se repite en la vida de un programador, y que, simplemente, se provoca por no inicializar un objeto antes de utilizarlo.

Los bloques try, catch y finally

El bloque `try` es un bloque de intento, es donde se ha de insertar el código que puede producir alguna excepción. Su sintaxis es la siguiente:

```
try {
         ...
  /*Sentencias que pueden lanzar una excepción*/
          ...
        }
```

El bloque `catch` es el que especifica la excepción que se puede atrapar. Es el bloque encargado de tratar la excepción lanzada en el bloque `try` que le precede. Este bloque contendrá el código necesario para manejar la excepción. Su sintaxis es la siguiente:

```
catch (ClaseExcepcion variable){
   ....
   /*Tratamiento de la excepción*/
   ...
   }
```

El bloque `finally` es el bloque que siempre se ejecuta, independientemente de si una excepción se ha lanzado o no. En este bloque, podremos insertar el código que nos permita liberar los recursos. Su sintaxis es la siguiente:

```
finally{
   ...
/*Sentencias que se ejecutan antes de transferir el control*/
   ...
}
```

Cuando aparece un bloque `try` en nuestro código, debe estar seguido de uno o más bloques `catch` que manejen las posibles excepciones que se den en el bloque `try`. A su vez el bloque `finally` es opcional, por tanto, puede o no aparecer.

Cuando se está ejecutando un bloque `try` y éste lanza una excepción, se pasarán a examinar los bloques `catch` que le preceden. Se elegirá aquel bloque `catch` que controle la excepción. En el caso de que no se lance ninguna excepción en el bloque `try`, ninguno de los bloques `catch` se ejecutará, pero en el caso de existir un bloque `finally`, éste se ejecutará haya o no haya sido lanzada la excepción.

Jerarquía de objetos

La clase principal de la cual derivan todas las excepciones es `Throwable`, esta clase deriva directamente de `Object`. De ella derivan las excepciones de tipo `Exception` y `Error`.

La excepción `RuntimeException` deriva de `Exception`. Si creamos una excepción propia que derivase de la clase `RuntimeException` no permitiríamos al compilador realizar un chequeo de control de excepciones.

En la figura 2.1 podemos ver la jerarquía de clases de tipo `Throwable`.

Cuando creamos una excepción nueva, derivamos de la clase `Exception`, por tanto podemos decir que la clase `Exception` para el diseñador es la superclase para la generación de excepciones.

¿Cómo lanzar una excepción?

En este punto se verá cómo poder lanzar una excepción en tiempo de ejecución. Mediante la cláusula `throws`, se pueden especificar las excepciones que un método lanza. Las excepciones se podrán lanzar en un cualquier punto de una aplicación. Se llama "punto de lanzamiento" a aquel punto de la aplicación desde donde se ejecuta el `throw`.

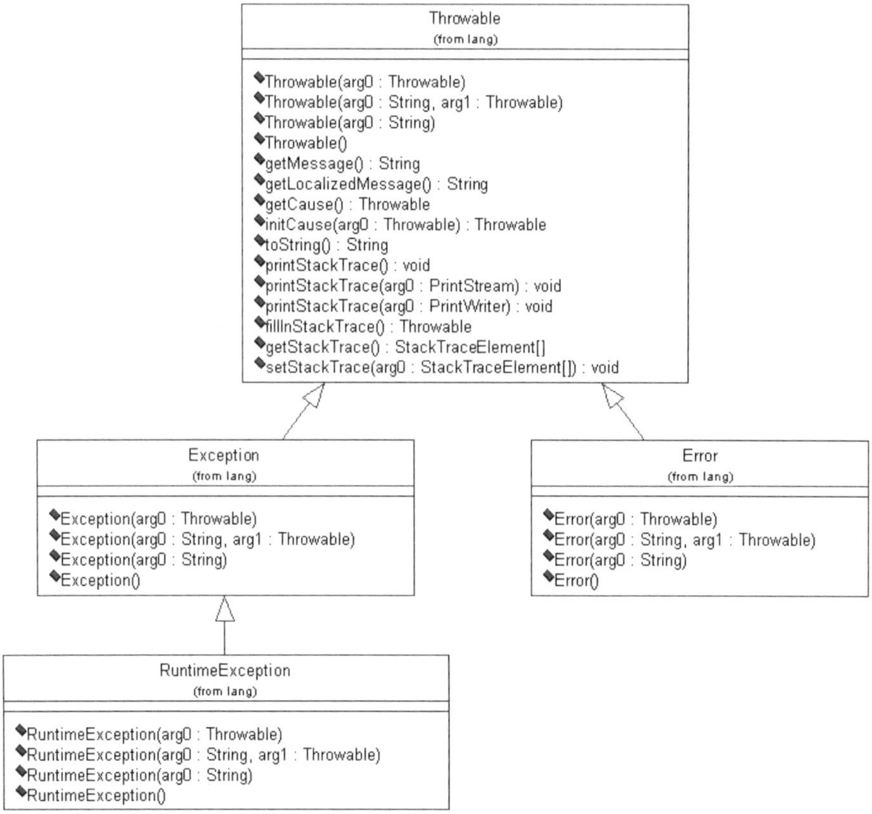

Figura 2.1. Jerarquía de clases Throwable.

Nota:

Hay que tener en cuenta que cuando se lanza una excepción, y ésta termina, el control no vuelve al punto de lanzamiento.

Veamos un ejemplo que puede producir una excepción de división por cero:

```
public class DivisionPorCero {
 public static void dividirPorCero(int numerador,
                            int denominador){
 int resultado=numerador/denominador;
 }
 public static void main(String args[]){
```

```
    DivisionPorCero.dividirPorCero(10,0);
  }
}
```

La ejecución del método `main()` nos dará una excepción no controlada del tipo `java.lang.ArithmeticExcption` (*by cero*). Para solucionar esto, podemos crear un bloque `try` y `catch` en la división. Esto es a modo de ejemplo, ya que lo lógico, sería comprobar antes de realizar la división, que el denominador no sea igual a cero.

```
public static void dividirPorCero(int numerador,
                          int denominador){
  try{int resultado=numerador/denominador;}
  catch (ArithmeticException e){ System.out.println("Excepcion
capturada."); }
}

public static void main(String args[]){
DivisionPorCero.dividirPorCero(10,0);
}
```

Truco:

Si podemos saber de antemano la excepción que se puede lanzar, una vez que se está ejecutando el código, por ejemplo, en la división por cero, es conveniente que intentemos que no se lance ninguna excepción ya que así, conseguiremos agilizar la aplicación. En nuestro ejemplo, sería intentando que el denominador nunca sea cero.

Si sabemos que puede existir un punto determinado en nuestro código, que puede crear una excepción, podemos realizar un lanzamiento de la excepción. Vamos a suponer que el lenguaje no nos aporta la excepción `ArithmeticException`, y que queremos crear esta excepción y lanzarla cuando se realiza una división por cero.

```
public static void divisionPorCeroControlada(int numerador,
                               int denominador)
   throws ArithmeticException{
   ...
   /*
    * Lanzamos la nueva excepción.
    * Para ello creamos una instancia de la clase ArithmeticException.
    */
```

```
    if (denominador==0) throw new ArithmeticException();
    ...
}
```

Atrapar una excepción

Como bien hemos comentado anteriormente, para capturar una excepción se ha de utilizar el bloque `catch`. En este punto veremos un poco más a fondo su funcionamiento.

A la instrucción `catch` le deben seguir unos paréntesis, como si de un método se tratase. En el interior de dichos paréntesis debe encontrarse el tipo de excepción que se desea atrapar (clase en Java), así como su nombre de parámetro asociado. Como por ejemplo:

```
catch (ArithmeticException excepcion){
//Cuerpo que trata la excepción
  }
```

El tipo de excepción que atrapará este bloque `catch` será del tipo `ArithmeticException`, el parámetro es `excepcion`. Podremos hacer referencia al objeto atrapado por el manejador de excepciones mediante dicho parámetro.

Existe un manejador que siempre se activa o se ejecuta cuando se lanza una excepción (objeto del tipo `Exception`). Este manejador es el siguiente:

```
catch(Exception e)
```

Este bloque atrapará todas las excepciones.

Advertencia:

Si colocamos el bloque `catch(Exception e)` *seguido del bloque* `try` *y antes que los demás manejadores (*`catch`*) de objeto del tipo* `Exception`*, existirá un error de sintaxis. Por tanto, el bloque* `catch (Exception e)` *se ha de colocar como último manejador (bloque* `catch`*) de un bloque* `try` *asociado.*

Como es normal es posible que se lance una excepción y que ningún bloque `catch` la atrape, debido a que el tipo de excepción no está controlado.

Al igual que ocurre cuando se lanza una excepción y nadie la captura, también puede ocurrir que se lance un tipo de excepción y a su vez existan varios bloques `catch` que la pueden capturar. La pregunta ahora podría ser: ¿Cómo puede ocurrir que dos bloques `catch` puedan capturar la misma excepción? Una excepción, como ya dijimos, no es más que un tipo dado de objeto, por tanto, aplicando los conocimientos de herencia que tenemos, sabemos que el manejador que implementa una subclase de un tipo de excepción, podrá atrapar una excepción de ese tipo de subclase, y que también si un manejador implementa un tipo de superclase de ese tipo de excepción, podrá atrapar la excepción de ese tipo de superclase y de las clases derivadas de esa superclase.

Antes, se vio que el bloque `catch(Exception e)` captura todas las excepciones del tipo `Exception`, por ejemplo, si colocamos un bloque `catch(ArithmeticException e)` y un bloque `catch(Exception e)`, y lanzamos una excepción del tipo `ArithmeticException`, entonces tenemos dos bloques `catch` que están capacitados para capturar la excepción dada, en este caso, el orden de captura vendrá determinado por el orden de colocación de los bloques `catch` (manejadores).

Nota:

Al igual que `catch(Exception e)` *captura todas las excepciones del tipo* `Exception`, `catch(Error e)` *captura todas las excepciones del tipo* `Error`, *y* `catch(Throwable e)` *captura todas las excepciones del tipo* `Throwable`.

Volver a lanzar una excepción

Podemos encontrarnos con la situación de que un bloque `catch` no esté capacitado, o en la fase de diseño se establece que él no es el responsable de procesar o manejar la excepción lanzada. Por tanto, necesitamos de un mecanismo que nos permita volver a lanzar esa excepción.

Es muy importante en tiempo de diseño determinar la responsabilidad de qué excepciones vamos a crear, y quién será el encargado de tratarlas. Ésta es una de las tareas que más problemas pueden dar a lo largo de un proyecto.

Imaginemos que tenemos que conectarnos con un sistema bancario, y éste es susceptible de poder lanzar una excepción, en tiempo de diseño creamos esa excepción y todos los componentes que usen el sistema deberán tratar la excepción. Si una vez que comenzamos la fase de diseño técnico del componente, vemos que el sistema bancario debe lanzar más de un tipo de excepción deberemos modificar las clases (o diseños de clases) que se comunican con él. Esto es a modo de ejemplo, ya que lo lógico sería aplicar un patrón fachada o *proxy* por delante del sistema bancario, pero aún así, tendríamos que modificar las clases que hemos generado de fachada al sistema bancario, adaptando dichas clases a las nuevos tipos de excepciones, generando por tanto, la lógica de tratamiento de la nueva excepción. Esto es costoso y nada deseable en la vida de un proyecto.

En el ejemplo siguiente vamos a ver:

1. ¿Qué excepciones pueden lanzarse?
2. ¿Cuándo van a lanzarse?
3. ¿Dónde van a lanzarse?
4. ¿Qué acciones hemos realizado?

Crearemos primero la excepción que llamaremos `SistemaBancarioException`:

```
public class SistemaBancarioException extends Exception{
    public SistemaBancarioException(String message) {
   super(message);
    }
      public  SistemaBancarioException(String  message,  Throwable
      cause) {
        super(message, cause);
    }
}
```

Crearemos ahora la clase responsable de realizar la llamada al sistema bancario, suponemos que esta llamada se realiza utilizando RMI, y por tanto, es susceptible a dar un excepción del tipo `java.rmi.Exception`. Encapsularemos esta excepción dentro de la excepción `SistemaBancarioException` y lanzaremos la nueva excepción generada:

```
import java.rmi.RemoteException;
public class SistemaBancario {
   public String getCuentaCliente(int codCliente)
         throws SistemaBancarioException{
         String cuenta="";
         try{
               //Realizaremos la conexión con el sistema.
               ...
               /*
                * Existe un problema y el sistema lanza una excepción
                * de tipo java.rmi.RemoteException.
                */
```

```
        }catch (RemoteException remote){
             throw new SistemaBancarioException("Error obtener
             cuenta");
        }finally{
             //Liberamos los recursos.
        }
        return cuenta;
    }
}
```

Veamos ahora, un ejemplo de aplicación que realice una llamada al sistema externo:

```
public class AplicacionEjemplo {
   public static void main(String[] args) {
        SistemaBancario sistema=new SistemaBancario();
        try {
             sistema.getCuentaCliente(7829);
        } catch (SistemaBancarioException e) {
             e.printStackTrace();
        }
   }
}
```

Como podemos observar en la cláusula `catch` de la clase `SistemaBancario`, hemos creado una nueva excepción del tipo `SistemaBancarioException`, y hemos establecido el mensaje que deseamos enviar al cliente. Este tipo de propagación de excepciones elimina la cola de llamadas completa que hemos realizado al sistema externo, si lo que queremos es mantener la cola de llamadas completa, deberemos pasar como parámetro la cola de llamadas actual.

```
catch (RemoteException remote){
   throw new SistemaBancarioException("Error obtener cuenta",
                              remote);
}
```

Si visualizamos la pila de llamadas, comparando las dos formas de lanzar la excepción, veremos que de esta forma se propaga el mensaje al usuario, y a su vez permite tener un control de donde exactamente se ha producido la excepción.

¿Qué excepciones pueden lanzarse?

Cuando hemos analizado el sistema bancario, nos hemos dado cuenta de que puede lanzar una excepción de tipo `java.rmi.RemoteException`, y por tanto, hemos creado una clase que encapsule esta excepción dentro de nuestro sistema.

¿Cuándo van a lanzarse?

Tenemos en todo momento control de cuando va a lanzarse; en nuestro ejemplo, sólo se lanzará en el momento en que la aplicación solicite la cuenta de un cliente. Será en este preciso instante cuando deberemos controlar la excepción utilizando los bloques `try` y `catch`.

¿Dónde van a lanzarse?

La excepción se lanzará en el método `getCuentaCliente()` localizado en la clase `SistemaBancario`. Éste será el método responsable de encapsular y propagar la excepción. Utilizará la cláusula `throws` para indicar, en tiempo de compilación, que este método puede lanzar una excepción. A su vez, en tiempo de compilación se verificará si las clases que acceden, o hacen uso de este método, tienen controlada la excepción.

¿Qué acciones hemos realizado?

En el ejemplo, la única acción que hemos realizado es imprimir la cola de llamadas provocada, si ocurre la excepción, en una aplicación real deberíamos tratar esta excepción para informar al usuario del problema que existe con el sistema bancario.

Advertencia:

Es una práctica peligrosa declarar más de tres excepciones en una cláusula `throws`*, ya que la clase que realiza la llamada deberá controlar todos los tipos de excepciones que hemos declarado.*

Como ya hemos comentado anteriormente, la perspectiva del usuario es muy importante, es muy normal encontrarse con excepciones que no aportan al usuario la información suficiente para que pueda emprender acciones de corrección, es más, es muy normal que ni incluso el idioma del mensaje encapsulado en la excepción sea el idioma nativo del usuario, con lo cual, no se entera en la gran mayoría de los casos de lo que ocurre.

Debemos intentar no introducir los mensajes asociados a la excepción directamente en el código fuente, si no que tendremos que internacionalizar y sacar los mensajes utilizando algún recurso que nos permita de forma sencilla traducir el mensaje a los diferentes idiomas que soporta la aplicación (Internacionalización).

Visualizar la pila de llamadas

Las excepciones como bien sabemos derivan de la clase `Throwable`. Esta clase ofrece al programador el método `printStackTrace()` que imprime la pila de llamadas a métodos. La utilización del método `printStackTrace()`, es bastante útil a la hora de probar y depurar las aplicaciones.

Para poder ver la información que se almacena en el objeto `Exception` existe el método `getMessage()`. Veamos un ejemplo:

```
public class EjemploPilaLlamadas {
   public static void metodo1()
   throws Exception{
       metodo2();
    }
   public static void metodo2()
   throws Exception{
    metodo3();
    }
   public static void metodo3()
   throws Exception{
       throw new Exception("Error metodo 3");
    }
   public static void main(String args[]){
     try{
        metodo1();
      }
      catch (Exception e){
            System.out.println("Excepcion: "+e.getMessage());
            System.out.println("La pila de llamada es:");
            e.printStackTrace();
      }
    }
}
```

La salida de la ejecución anterior sería:

```
Excepcion: Error metodo 3
La pila de llamada es:
java.lang.Exception: Error metodo 3
```

```
at com.anaya.java5.cp02.EjemploPilaLlamadas.metodo3(Ejemplo
PilaLlamadas.java:14)
at com.anaya.java5.cp02.EjemploPilaLlamadas.metodo2
(EjemploPilaLlamadas.java:10)
at com.anaya.java5.cp02.EjemploPilaLlamadas.metodo1
(EjemploPilaLlamadas.java:6)
at com.anaya.java5.cp02.EjemploPilaLlamadas.main
(EjemploPilaLlamadas.java:18)
```

Como se ve en el listado del programa, el método `main()` llama al `metodo1()`, éste a su vez, al `metodo2()`, éste al `metodo3()` y, por último, el `metodo3()` es el que se encarga de lanzar la excepción. Una vez que se lanza la excepción, que es del tipo `Exception`, el bloque `catch` del método `main()` es la que se encarga de capturarla, imprimirá la información del objeto `Exception` mediante el método `getMessage()` y, por último, visualizará la pila de llamadas a los métodos.

Capítulo 3

E/S Java

En este capítulo aprenderá a:

- Los principales flujos de entrada/salida.
- La creación de ficheros.
- La transferencia de información utilizando ficheros.
- Las diferentes formas de tratar ficheros en Java.
- La utilización de buffer y canales para la transmisión masiva de información.

Introducción

Los flujos de datos permiten tanto la transferencia de información a archivos como a redes. Cada vez que enviamos algún tipo de información lo hacemos a través de los flujos de salida, y cada vez que recibimos una información lo hacemos a través de los flujos de entrada. En este capítulo daremos una gran variedad de tipos de flujo. Comenzaremos viendo los flujos de datos estándar, y continuaremos viendo el paquete `java.io` que contiene una serie de flujos mucho más completo y complejo. Para ello, comenzaremos por los dos principales, `InputStream` y `OutputStream`, para luego poder ver y comprender todos aquellos flujos que heredan de estos dos. Por último, veremos el nuevo API de entrada/salida denominado NIO (*New I/O*), que fue incorporado en la versión 1.4 del JDK.

Flujos de datos estándar

Para sacar por pantalla algún tipo de resultado, se utiliza el método `System.out.println`. El paquete `java.lang.System` nos ofrece una entrada y una salida estándar.

Java posee tres tipos de flujos estándar:

- **Flujo de datos de entrada:** Ésta se realiza mediante la clase `System.in.`, suele recibir los datos del teclado. Utiliza el método `read()` para conseguir leer los caracteres del teclado. Durante el desarrollo de las aplicaciones, en vez de utilizar estos flujos de entrada de datos estándar utilizaremos los gestores de eventos que facilitan en gran medida la entrada por teclado.
- **Flujo de datos de salida:** Ésta se realiza mediante la clase `System.out`, suele enviar los datos a la pantalla. Utiliza para la salida por pantalla los métodos: `print()` y `println()`. La diferencia entre los dos es que el primero muestra una línea, y el segundo muestra también una línea, pero está seguida de un fin de línea.
- **Flujo de datos de error:** Ésta se realiza mediante la clase `System.err`. Hay veces que, utilizando la salida estándar, corremos el riesgo de que sea dirigida a un fichero y no al monitor, por tanto, mediante el flujo de error estándar aseguramos que la salida va a estar redirigida al monitor. Se suele utilizar este tipo de salida para enviar mensajes de error al usuario.

Los flujos que ofrece java.io

Cuando intentemos recibir datos procedentes de equipos remotos o de ficheros se nos presentarán muchas dificultades. Para ellos, existen dentro del paquete `java.io` cuatro clases fundamentales que son: `java.io.InputStream`, `java.io.OutputStream`, `java.io.Reader` y `java.io.Writer`.

Las clases `InputStream` y `OutputStream` nos permitirán trabajar con flujos de bytes, mientras que las clases `Reader` y `Writer` nos permitirán trabajar con flujos de caracteres.

Durante casi todo el capítulo, describiremos cada una de las subclases que dependen de estas cuatro.

Primero describiremos las dos primeras clases fundamentales (`InputStream` y `OutputStream`), ya que su comprensión facilitará en gran medida la comprensión de las subclases derivadas.

La clase java.io.InputStream

Esta clase es abstracta y describe cómo se reciben los datos de entrada. Siempre que se estudia la comunicación de datos entre ordenadores, uno se da cuenta de que lo importante es recibir y no de saber de quién se recibe o cómo se recibe.

Esta clase se basa en ese fundamento, le da igual recibir datos de un archivo local o de una red. En la tabla 3.1, se ilustran los métodos y constructores de la clase.

Pasaremos a describir sólo los métodos que son de gran interés para la recepción de datos.

Tabla 3.1. Métodos de la clase InputStream.

Métodos	Descripción
InputStream()	Constructor de la clase.
read()	Nos devuelve el byte de datos leído, en caso de encontrarse el final del flujo devuelve un –1.
read(byte array[])	Devuelve el array de bytes leídos. Retornará el número de bytes leídos.

Métodos	Descripción
read(byte array[],int com,int max)	Rellena el array de bytes con tantos bytes como pueda, retornará el número de bytes leídos. El parámetro `com` indica desde dónde debe comenzar la lectura, y el parámetro `max` indica el número máximo de bytes que se pueden leer.
skip(long cantidad)	Avanza una cantidad de bytes específicos, retorna el número de bytes que se han pasado por alto.
available()	Devuelve el número de bytes que pueden leerse sin que exista bloqueo.
close()	Cierra el flujo.
mark(int cantidad)	Marca una posición del flujo. Se deben especificar la cantidad mínima de bytes que deben leerse antes de que se pierda la marca.
reset()	Nos devuelve el flujo desde la última posición marcada.

read()

Vamos a describir los tres métodos que aparecen en la tabla 3.1. La diferencia entre los tres se puede apreciar en cómo toman los parámetros de entrada:

- El primero, que a su vez, es el más básico permite leer un solo byte.
- El segundo nos permite rellenar el array de bytes a partir del flujo de entrada. Devolverá un -1 en el caso de que el array no haya sido rellenado completamente. Este -1 no significa que no se haya leído del flujo de entrada, sino que no se ha llenado el array con todos los datos que nosotros queríamos.
- El tercero intenta solucionar los problemas del segundo. Los dos parámetros indican: la posición del array donde se desea comenzar y las posiciones del array que se desean rellenar.

skip()

Nos permite un mecanismo de salto en el flujo, o sea, facilita el eliminar o pasar por alto aquellos bytes que no deseemos leer.Para ello, simplemente se le pasa el número de bytes que no queremos leer.

```
flujo.skip(200); /*avanzara 200 bytes en el flujo de datos de
entrada*/
```

available()

Este método intenta solucionar el problema de saber cuándo tenemos que dejar de leer, se dice que intenta solucionarlo ya que existen muchas clases derivadas, como veremos más adelante, que no lo implementan y, por tanto, continuamos con ese problema. Por tanto tendremos que saber de antemano qué tipo de flujo estamos manejando, conociendo si implementa este método o no, ya que si llamamos a una función que no implementa este método, dicha función nos devolverá un número erróneo.

mark() y reset

El método `mark()` permite marcar una posición en el flujo de datos para después recuperarlas mediante la función reset().

```
flujo.mark(128);   //hemos marcado el byte 128 del flujo.
// Realizamos cualquier operación
flujo.reset();     //Retorna al byte 128 y comienza de nuevo el
flujo desee ese punto
```

Truco:

Debido a que no todas las clases derivadas de `InputStream` *implementan el método* `mark()`*, existe un método llamado* `markSupported()` *que devolverá* `true`*, en caso de existir el método* `mark()` *en la clase de flujo con la que estemos trabajando.*

close()

Como es lógico, cada vez que se abre un flujo de datos es necesario cerrarlo. Esta función nos permite un mecanismo de cierre del flujo de datos.

El recolector de basura también se encarga de cerrar los flujos de datos abiertos pero es conveniente cerrarlos ya que si intentamos volver a abrir un flujo de datos que ya ha sido abierto pero que a su vez el recolector de basura no ha cerrado, nos puede generar una excepción.

La clase java.io.OutputStream

Al igual que la `InputStream`, la `OutputStream` es una clase abstracta. La tabla 3.2 recoge los métodos fundamentales de esta clase.

Tabla 3.2. Métodos de la clase OutputStream.

Métodos	Descripción
OutputStream()	Constructor de la clase.
write(int b)	Escribe un byte en el flujo.
write(byte array[])	Escribe un array de bytes en el flujo.
write(byte array[],int com,int max)	Escribe un el array de bytes desde la posición `com`, y tantos como indique `max`.
flush()	Escribe los datos almacenados en un buffer.
close()	Cierra el flujo.

write()

Los tres métodos que se utilizan para mandar datos mediante el flujo de datos se quedarán bloqueados hasta que los datos se escriban realmente.

- El primero escribe un único byte.
- El segundo nos permite escribir un array de bytes.
- Y el tercero nos permite escribir una parte de un array de bytes.

Estos métodos realizan las operaciones inversas a los métodos vistos anteriormente (los *read*()). Escribiremos un pequeño programa que lea caracteres del teclado y los envíe mediante el primero método `write`(), se dejarán de leer caracteres cuando se encuentre un fin de línea.

```
byte tecla;
while((tecla=System.in.read())!=-1)
flujo.write(tecla);
flush();
```

Este método ofrece al programador un mecanismo que permite escribir un flujo de bytes que estén almacenados en memoria. Permitiendo, por ejemplo, realizar transacciones de memoria a disco, o de memoria a la red.

close()

Al igual que ocurre en `InputStream`, se ha de utilizar el método `close`() para asegurarse de que se cierra el flujo de datos. Este método, por tanto, permite el cierre del flujo de datos para la clase `OutputStream`.

Las interfaces Closeable y Flushable

Estas dos interfaces han sido añadidas en la versión 1.5 del JDK (J2SE 5). No aportan ninguna funcionalidad nueva, simplemente ofrecen la posibilidad de marcar aquellas clases que las implementen, con la obligación de implementar el método `close()` para la interfaz `Closeable`, y la obligación de implementar el método `flush()` para la interfaz `Flushable`. Son interfaces de marcación, el código interno de la interfaz `Closeable` es:

```
public interface Closeable {
    public void close() throws IOException;
}
```

La interfaz `Closeable` será implementada por todas las clases del paquete `java.io` que abran un flujo de salida y éste a su vez pueda ser cerrado.

El código interno de la interfaz `Flushable` es:

```
public interface Flushable {
    void flush() throws IOException;
}
```

La interfaz `Flushable` será implementada por todas las clases del paquete `java.io` que escriban en un flujo.

E/S en Archivos

En la mayoría de las aplicaciones se necesita la entrada-salida en archivos. Java ofrece dos clases especiales, la clase `FileInputStream` y la clase `FileOutputStream`. A su vez, existen dos clases que también se utilizan para hacer referencia a archivos de disco:

- La clase `File` que nos permite la gestión de archivos, como puede ser la de ver si existe un directorio o un archivo.
- La clase `RandomAccesFile` que es la clase que se utiliza para la realización de lecturas y escrituras en un archivo, es útil para aplicaciones que necesitan realizar un acceso directo a los archivos.

La clase FileInputStream y FlieOutputStream

Las clases `FileInputStream` y `FileOutputStream` nos permiten procesar archivos secuenciales.

Nota:

El método `avaible()` *funciona de forma correcta en esta clase, debido fundamentalmente a que podemos conocer el tamaño de los ficheros de antemano.*

La clase `FileOutputStream` realiza el proceso inverso a la clase `FileInputStream` ya que crea un flujo de salida.

Por tanto, para abrir un archivo, ya sea para leer o escribir, se ha de crear un objeto de la clase de flujo `FileInputStream` o de la clase `FileOutputStream`.

Cuando se abre un flujo mediante un objeto del tipo `FileOutputStream` se ha de pasar al constructor el nombre del archivo. En caso de no existir este archivo se crea uno con el nombre que se le pasa al constructor y, en caso de existir, el archivo existente se trunca, es decir, se pierden todos los datos que contenga éste.

Advertencia:

Cuando surge algún problema al crear un flujo con la clase `FileOutputStream` *se genera una excepción del tipo* `java.io.IOException`.

Debido a que el procesamiento de datos se hace de forma secuencial, la perdida de rendimiento de las aplicaciones que utilizan estos tipos de flujos se deriva cuando se desea realizar alguna actualización en los archivos. Para poder realizar dicha actualización se han de seguir los siguientes pasos:

1. Abrir el archivo a modificar mediante un objeto de la clase `FileInputStream`, de esta forma creamos un flujo de entrada.
2. Crearnos un nuevo archivo mediante un objeto de la clase `FileOutputStream`, consiguiendo un flujo de salida hacia ese nuevo archivo.
3. Ir leyendo del archivo que queramos modificar pasando los datos al archivo nuevo creado, hasta encontrar el registro que queramos modificar.
4. Insertar en el archivo nuevo la modificación.
5. Continuar traspasando toda la información que quede del archivo que se quiere modificar al archivo nuevo.

6. Renombrar el archivo nuevo con el del archivo que se quiere modificar.
7. Cerrar los dos archivos o flujos abiertos.

Para poder realizar más fácilmente actualizaciones deberemos usar un objeto de la clase `RandomAccessFile` que veremos más adelante.

E/S con tipos

Para poder realizar operaciones de E/S con tipos de datos primitivos se utilizan objetos de la clase `DataInputStream` y `DataOutputStream`.

Las clases DataInputStream y DataOutputStream

Estas dos clases como hemos comentado antes nos permiten realizar operaciones de lectura/escritura utilizando tipos de datos primitivos. Por ejemplo, al escribir un `int`, estamos enviando al archivo cuatro bytes, cuando leemos un `long` estamos obteniendo ocho bytes del archivo.

La clase `DataInputStream` nos permite crear un flujo de datos de entrada. Los métodos asociados a esta clase se encuentran en la tabla 3.3.

Tabla 3.3. Métodos de la clase DataInputStream.

Métodos	Descripcion
DataInputStream (InputStream in)	Crea un flujo de entrada, utilizando para ello el flujo de entrada pasado como parámetro.
read(byte array[])	Lee datos en un array de bytes.
readBoolean()	Lee un `booleano`.
readByte()	Lee un `byte`.
readChar()	Lee un carácter.
readUTF()	Lee una cadena en formato UTF.
readDouble()	Lee un `double`.
readFloat()	Lee un `float`.
readFully(byte array[])	Lee un array de bytes, bloqueándose hasta que se hayan leído todos los bytes.
readInt()	Lee un entero.
readLong()	Lee un `long`.
readShort()	Lee un `short`.

Métodos	Descripcion
readUnsignedByte()	Lee un byte sin signo.
readUnsignedShort()	Lee un `short` sin signo.
skipBytes(int n)	Deja pasar n bytes pos alto, efectuando un bloqueo hasta que pasen.

A su vez la clase `DataOutputStream` nos permite crear un flujo de datos de salida. Los métodos asociados a esta clase se encuentran en la tabla 3.4.

Tabla 3.4. Métodos de la clase DataOutputStream.

Métodos	Descripción
DataOutputStream (OutputStream out)	Crea un flujo de salida, utilizando para ello el flujo de entrada pasado como parámetro.
flush()	Vacía el flujo.
size()	Retorna el número de bytes leídos.
write(int b)	Escribe un byte.
writeBoolean(boolean b)	Escribe un `booleano`.
writeByte(int b)	Escribe un byte dado.
writeBytes(String cadena)	Escribe una cadena dada, como si se tratase de una secuencia de bytes.
writeChar(int b)	Escribe un carácter dado.
writeUTF(String c)	Escribe una cadena en formato UTF.
writeChars(String cadena)	Escribe una cadena dada, como si fuera una secuencia de caracteres.
writeDouble(double b)	Escribe un `double` dado.
writeFloat(float b)	Escribe un `float` dato.
writeInt(int b)	Escribe un entero dado.
writeLong(long b)	Escribe un `long` dado.
writeShort(int b)	Escribe un short dado.

Advertencia:

Los métodos `readFully()` *producen una excepción del tipo* `EOFException` *si encuentran un final de fichero* (EOF) *antes que el array de bytes este completo.*

Nota:

Los métodos descritos en la tabla leen y escriben variables de flujo de la misma forma en que están representados en la memoria de la máquina virtual de Java.

Una vez conocidas las clases `FileInputStream`, `FileOutputStream`, `DataInputStream` y `DataOutputStream` realizaremos un ejemplo de creación y lectura de un archivo secuencial. Primero veremos cómo se crea un archivo de acceso secuencial, insertando en este una serie de registros.

Supongamos que tenemos que informatizar una biblioteca. Imaginemos que tenemos que guardar sólo la información de cada libro. Dicha información esta compuesta de:

- Título del libro. (`String`).
- Nombre del autor. (`String`).
- ISBN. (`String`).
- Año de publicación del libro. (`int`).

Suponemos que el archivo está ordenado por el campo ISBN. En el ejemplo que desarrollemos supondremos además que las inserciones se hacen en orden, así nos ahorraremos tener que reorganizar el archivo.

Crearemos una clase Registro que guarde los datos del libro, y que a su vez nos permita visualizar estos datos.

```
public class Registro {
    private String titulo;
    private String autor;
    private String isbn;
    private int year;
    public Registro(String isbn,String titulo,
                        String autor,int year) {
          this.isbn=isbn;
          this.titulo=titulo;
          this.autor=autor;
          this.year=year;
    }
    public String getISBN(){
          return isbn;
    }
    public String getTitulo(){
          return titulo;
    }
```

```
    public String getAutor(){
         return autor;
    }
    public int getYear(){
         return year;
    }
}
```

Como se puede apreciar existen cuatro métodos que nos devuelven los datos que contenga el registro. El constructor simplemente inicializa estos datos. Ahora declararemos una clase `FicheroEscritura` que se encargará de: abrir el fichero, cerrar el fichero e insertar registros en el fichero.

```
import  java.io.DataOutputStream;
import java.io.FileOutputStream;
import java.io.IOException;
public class FicheroEscritura{
    private DataOutputStream salida;

    public FicheroEscritura (String nombre){
         try{
              salida=new DataOutputStream(
                             new FileOutputStream(nombre));
         }
         catch(IOException e){
              e.printStackTrace();
         }
    }
    public void insertar(Registro reg){
         try{
              salida. writeUTF (reg.getISBN());
              salida.writeUTF(reg.getTitulo());
              salida.writeUTF(reg.getAutor());
              salida.writeInt(reg.getYear());
         }
         catch(IOException e){
              e.printStackTrace();
         }
    }
    public void cerrar(){
         try{
              salida.flush();
              salida.close();
         }
         catch(IOException e){
              e.printStackTrace();
         }
    }
}
```

El constructor de esta clase crea un flujo DataOutputStream mediante la clase FileOutputStream, de esta forma podremos abrir el fichero. A su vez, esta clase contiene un método insertar(), que acepta como parámetro un registro, y que se encarga de escribir los datos del registro en el fichero.

Nota:

Los bloques try *y* catch *se encargan de comprobar si hay o no algún tipo de error al escribir en el fichero.*

El método cerrar() realiza las operaciones de cerrado del fichero, primero vacía el flujo y después cierra el flujo. Para probar todo esto crearemos una clase de prueba llamada EjemploEscrituraRegistroSecuencial.

```
public class EjemploEscrituraRegistroSecuencial{

   public static void main(String[] args) {
        Registro reg;
        FicheroEscritura fichero=new
FicheroEscritura("biblio.txt");
        reg=new Registro("84750","Escuela de Robinson-
        es","J.Verne",1985);
        fichero.insertar(reg);
        reg=new  Registro("84751","La  isla  del  Tesoro","R.L.
        Stevenson",1984);
        fichero.insertar(reg);
        reg=new Registro("84752","Aventuras de Arturo Giordon
        Pym","E.Allan  Poe",1985);
        fichero.insertar(reg);
        fichero.cerrar();
   }
}
```

Esta clase crea un archivo llamado biblio.txt mediante la instanciación de la clase Fichero pasándole como parámetro el nombre del archivo. Luego crea una serie de registros que va insertando una vez que se van creando. Por último cierra el archivo. Cuando ejecutemos esta clase veremos cómo se nos crea en nuestro directorio actual el fichero biblio.txt con los datos introducidos.

Nota:

Se nos creará el fichero biblio.txt *sólo en el caso de que no exista. En caso de existir se borrará su contenido, actualizándose con los datos nuevos introducidos.*

Una vez visto cómo se puede crear un archivo de acceso secuencial, veremos cómo se puede leer dicho archivo.

Utilizaremos para ello la clase `Registro` vista en el ejemplo anterior. Nos crearemos una clase `FicheroLectura` que va a ser muy parecida a la anterior, con la diferencia de que ésta ahora va a contener un flujo de entrada en vez de uno de salida.

También contendrá un método que nos indicará si nos encontramos al final del fichero (*EOF*). Por último, contendrá un método que nos permita leer un registro del fichero.

```
import java.io.DataInputStream;
import java.io.EOFException;
import java.io.FileInputStream;
import java.io.IOException;

public class FicheroLectura{
   private DataInputStream ent;
   private boolean fin;
   public FicheroLectura(String nombre){
         fin=false;
         try{
               ent=new DataInputStream(
                           new FileInputStream(nombre));
         }
         catch(IOException  e){
         e.printStackTrace();
        }
     }

   public boolean isEof(){
         return fin;
   }
   public Registro leer(){
         Registro reg=null;
         try{
               reg=new Registro(ent. readUTF (),ent.readUTF(),
                           ent.readUTF(),ent.readInt());
         }
         catch(EOFException eof){
               fin=true;
         }
         catch(IOException e){
               e.printStackTrace();
         }
         return reg;
    }
    public void cerrar(){
```

```
        try{
            ent.close();
        }
        catch(IOException e){
            e.printStackTrace();
        }
    }
}
```

Como se ve esta clase es muy parecida a la vista en el ejemplo anterior. Al igual que en el ejemplo anterior crearemos una clase que pruebe lo que hemos hecho.

```
public class EjemploLecturaRegistroSecuencial {
  public static void main(String args[]){
       Registro reg;
       FicheroLectura fichero=new FicheroLectura("biblio.txt");
       reg=fichero.leer();
       while (!fichero.isEof()){
            System.out.println("ISBN  : "+reg.getISBN());
            System.out.println("Titulo: "+reg.getTitulo());
            System.out.println("Autor : "+reg.getAutor());
            System.out.println("Año   : "+reg.getYear());
            reg=fichero.leer();
       }
       fichero.cerrar();
  }
}
```

Esta clase crea un flujo de entrada llamado fichero cuyo nombre de archivo es "`biblio.txt`", y visualiza todo su contenido.

Nota:

Este último ejemplo de lectura en un archivo secuencial permite visualizar los registros que introdujimos en el ejemplo anterior de creación.

La clase File y RandomAccesFile

La clase `File` la utilizaremos para la gestión de archivos. Dicha gestión puede consistir, por ejemplo, en la simple comprobación de la existencia de algún fichero, o de la creación de algún directorio.

En la tabla 3.5, se ilustran los constructores y algunos métodos relacionados con esta clase.

Tabla 3.5. Métodos de la clase File.

Métodos	Descripción
File(String rutaacceso)	Crean un objeto `File` a partir de la ruta de acceso.
File(String dirección, String nombre)	Crea un objeto `File` a partir de la dirección y nombre del archivo.
File(File fichero, String nombre)	Crea un objeto File utilizando un objeto File y un nombre de archivo.
File(URI uriFichero)	Crea un objeto `File` a partir de una URI.
exists()	Retorna la existencia o no de un archivo.
getPath()	Devuelve la ruta de acceso por la que se ha construido el objeto.
isAbsolute()	Retorna si la ruta de acceso es absoluta.
getAbsolutePath()	Devuelve la ruta de acceso absoluta.
getParent()	Devuelve la ruta absoluta del directorio padre. Nos devolverá un `null` si el directorio padre resulta inaccesible.
delete()	Elimina el archivo. Retorna si ha habido o no éxito en la operación.
renameTo(File nuevo)	Cambia el nombre del archivo. Retorna si ha habido o no éxito en la operación.
mkdirs()	Crea un directorio. Retorna si ha habido o no éxito en la operación.
list()	Muestra los archivos del directorio.
list(FilenameFilter filtro)	Muestra los archivos del directorio aplicándoles un filtro de entrada.
canWrite()	Retorna `true` si existe algún archivo que pueda escribirse.
canRead()	Retorna `true` si existe algún archivo que pueda leerse.
lastModified()	Devuelve la fecha de la última modificación.
length()	Devuelve la longitud del archivo.
isHiden()	Comprueba si el fichero es un fichero oculto.
setLastModified(long tiempo)	Establece fecha y la hora de la última modificación del fichero o directorio.

Métodos	Descripción
setReadOnly()	Establece el fichero o directorio como de solo lectura.
createNewFile()	Crea un nuevo fichero.
createTempFile()	Crea un nuevo fichero en el directorio temporal.
deleteOnExit()	Borra el fichero, una vez que se finalice la ejecución de la aplicación.

Se puede utilizar la clase `File` para comprobar si un archivo existe, por tanto, cuando utilicemos la clase `FileOutputStream` para obtener un flujo de salida deberemos utilizar la clase `File` para verificar si el archivo existe, ya que si éste existiera y posteriormente abriésemos el flujo de salida hacia ese archivo perderíamos los datos contenidos en él.

Para no perder los datos que contiene un archivo al generar un flujo de salida mediante un objeto de la clase `FileOutputStream`, se puede utilizar la clase `RandomAccessFile`. La clase `RandomAccessFile` nos permite procesar archivos de acceso aleatorio, por tanto, es útil para aplicaciones de acceso directo. Con esta clase se pueden insertar datos en un archivo sin destruir éste, se pueden modificar o eliminar los datos de un archivo, e incluso también se puede leer los datos del archivo tanto de forma secuencial como de forma aleatoria. La clase `RandomAccesFile`, al igual que las clases `DataOutputStream` y `DataInputStream`, tiene la capacidad de leer o escribir tipos de datos primitivos.

Debido a que Java no impone ningún tipo de estructura para los archivos, cuando se desea utilizar una aplicación que utilice acceso aleatorio se han de crear estas estructuras. La creación de dichas estructuras permitirá al programa calcular la posición exacta de los registros con mayor facilidad.

Truco:

A la hora de crear algún tipo de estructura, es aconsejable que éstas sean de tamaño fijo. Siempre que se desee un acceso inmediato a unos registros, y que a su vez, este acceso sea rápido crearemos una estructura de longitud fija.

Una vez conocida las clase `RandomAccessFile`, crearemos un archivo de acceso aleatorio, escribiremos datos en él y leeremos datos del archivo.

Al igual que hicimos cuando vimos las clases `DataInputStream` y `DataOutputStream` primero crearemos un archivo, luego lo leeremos y por último, lo modificaremos e insertaremos nuevos registros.

Supongamos que tenemos que crear una aplicación que permita tener almacenados a los alumnos de un curso. El número de alumnos va a estar limitado a 50. Los datos que hay que almacenar sobre el alumno son los siguientes:

- El nombre del alumno (`String`).
- El primer apellido del alumno (`String`).
- La edad del alumno (`int`).

El nombre y el apellido no podrán exceder de 10 y de 15 caracteres respectivamente.

Como se ve los campos en donde vamos a almacenar los datos del alumno son de longitud fija, ya que tenemos limitado el número de caracteres para el nombre y para el apellido. En la figura 3.1 se puede ver claramente la estructura de los campos. La longitud de los campos es de 33 bytes:

- 10 bytes por el nombre, más 2 bytes para la longitud de información (UTF).
- 15 bytes por el apellido, más 2 bytes para la longitud de la información (UTF)
- 4 bytes por la edad (`int`).

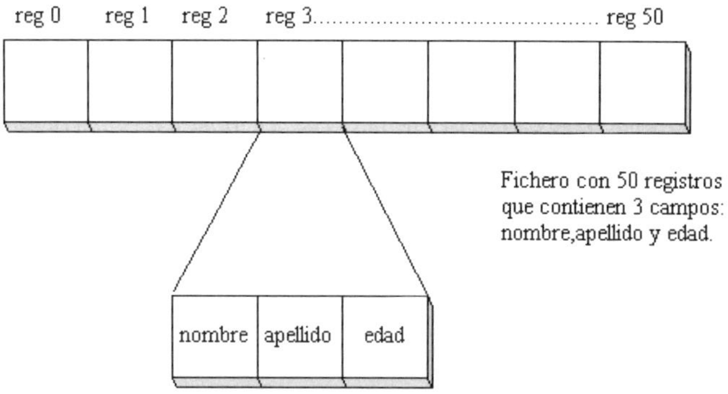

Figura 3.1. Estructura Fichero.

Una vez sabido el tamaño de los campos el acceso a cada uno de ellos lo podremos hacer de una forma inmediata.

Primero crearemos una clase `RegistroAlumno` que nos permita guardar los datos de cada alumno. A su vez, esta clase deberá retornar los datos del alumno utilizando para ello tres métodos que devolverán el nombre, el apellido y la edad del alumno.

```
public class RegistroAlumno{
   private String nombre,apellido;
   private int edad;
   public RegistroAlumno(int edad,String nombre,
            String apellido){
        this.edad=edad;
        this.nombre=nombre;
        this.apellido=apellido;
   }
   public String getApellido() {
        return apellido;
   }
   public int getEdad() {
        return edad;
   }
   public String getNombre() {
        return nombre;
   }
}
```

Crearemos la clase `FicheroAleatorio` que comentaremos a fondo posteriormente.

```
import java.io.IOException;
import java.io.RandomAccessFile;

public class FicheroAleatorio{
   private RandomAccessFile salida;
   public FicheroAleatorio(String nombre,String modo){
        try {
             salida=new RandomAccessFile(nombre,modo);
        }
        catch(IOException e){
             e.printStackTrace();
        }
     }
    public void crear(){
         try{
              for (int i=1;i<51;i++){
                   salida.writeInt(0);
                   salida.write(new byte[10]);
                   salida.write(new byte[15]);
              }
```

```
            }
            catch(IOException e){
                  e.printStackTrace();
            }
      }

      public RegistroAlumno leer(int numero){
            int edad=0;
            String nombre="",apellido="";
            try{
                  salida.seek((long)(numero-1)*33);
                  edad=salida.readInt();
                  nombre=salida.readUTF();
                  apellido=salida.readUTF();
            }
            catch(IOException e){
                  e.printStackTrace();
            }
            return new RegistroAlumno(edad,nombre,apellido);
      }

      public void insertar(RegistroAlumno reg,int numero){
            try{//Calculamos la posición del registro
                  salida.seek((numero-1)*33);
                  salida.writeInt(reg.getEdad());
                  salida.writeUTF(reg.getNombre());
                  salida.writeUTF(reg.getApellido());
            }
            catch(IOException e){
                  e.printStackTrace();
            }
      }
      public void cerrar(){
            try{
                  salida.close();
            }
            catch(IOException e){
                  e.printStackTrace();
            }
      }
}
```

Veremos uno por uno todos sus métodos:

- **El constructor de la clase:** Tiene como parámetros el nombre del archivo que se quiere abrir y el modo en que se quiere abrir ("r" de solo lectura, "rw" de lectura/escritura, "rws" de lectura/escritura actualizando al instante cualquier cambio de un dato o metadato y "rwd" de lectura/escritura actualizando al instante cualquier cambio de un dato). El constructor simplemente crear un flujo de salida mediante el constructor de la clase RandomAccessFile, pasándole a éste los parámetros de entrada del constructor.

- **El método crear():** Reserva espacio en el archivo para 50 alumnos. Teniendo en cuenta que el nombre tiene como máximo 10 caracteres y que el apellido tiene como máximo 15 caracteres.
- **El método leer():** Tiene como parámetro de entrada un número. La función de este método es la de situarse en una determinada posición del fichero y devolver los datos del alumno. Para buscar dicha posición utiliza el método seek() que establece la posición del apuntador del archivo en una posición específica relativa al principio del archivo. Una vez leídos los datos, mediante los métodos read() correspondientes, retornaremos el registro.
- **El método insertar():** Tiene como parámetros el registro que se desea insertar y la posición en donde se desea insertar. Este método lo primero que hace es posicionarse mediante el método seek() en la posición en donde se desea insertar. Mediante los método write() correspondientes escribe en el fichero.
- **El método cerrar():** Simplemente cierra el flujo de datos.

Por último, crearemos una clase de prueba que llamaremos Ejemplo. Esta clase creará un fichero de acceso aleatorio. Insertará tres alumnos en el fichero en diferentes posiciones.

Y visualizará uno de los alumnos accediendo al fichero de forma directa.

```
public class Ejemplo {
    public static void main(String args[]) {
        RegistroAlumno reg;
        /* CREACION DEL FICHERO CON 50 ALUMNOS */
      FicheroAleatorio fichero = new FicheroAleatorio("lista.txt",
        "rw");
         fichero.crear();
        fichero.cerrar();

        /* INSERCION EN EL FICHERO DE ALUMNOS */
        fichero = new FicheroAleatorio("lista.txt", "rw");
        reg = new RegistroAlumno(Integer.MAX_VALUE, "1234567890",
        "123456789012345");
         fichero.insertar(reg, 2);
        reg = new RegistroAlumno(28, "Maria", "Iglesias");
        fichero.insertar(reg, 1);
```

```
            reg = new RegistroAlumno(1, "Daniel", "Lima");
            fichero.insertar(reg, 2);
            reg = new RegistroAlumno(16, "Estefanía", "Lima");
            fichero.insertar(reg, 4);
            fichero.cerrar();

            /* BUSQUEDA EN EL FICHERO DE ALUMNOS */
            fichero = new FicheroAleatorio("lista.txt", "r");
            reg = fichero.leer(1);
            System.out.println("Su edad es      : " + reg.getEdad());
            System.out.println("Su nombre es    : " + reg.getNombre());
            System.out.println("Su apellido es  : " + reg.getApellido());
            fichero.cerrar();
        }

    }
```

Nota:

El registro inicial ocupará todo su espacio reservado, de esta forma probamos que el registro leído está contenido dentro de sus 33 bytes correspondientes.

Otras clases de java.io

Las clases ByteArrayInputStream y ByteArrayOutputStream

Utilizaremos estas clases cada vez que queramos crear un flujo de datos de entrada o de salida utilizando un array de bytes.

Estas clases permiten el uso del método `avaible()` debido a que el tamaño de un array es conocido, pero a su vez no permiten el uso de marcadores. El método `reset()` nos permitirá devolver el control al comienzo del flujo.

Las clases PipedInputStream y PipedOutputStream

Los tubos son canales de comunicación sincronizados entre encadenamientos Estas dos clases por tanto establecen la comunicación entre dos encadenamientos.

Nota:

Un encadenamiento no es más que un `thread`. *Éstos los veremos más detenidamente en el capítulo dedicado a los encadenamientos.*

Un encadenamiento manda datos a otro encadenamiento mediante un conducto que crea instanciando un objeto de la clase `PipedOutputStream`. Un encadenamiento puede obtener la información de una tubería, o conducto, mediante la instanciación de un objeto de la clase `PipedInputStream`.

Vamos a crearnos dos tuberías de la siguiente forma:

```
PipedInputStream  tuberiaentrada=new  PipedInputStream()
PipedInputStream  tuberiasalida=new   PipedOutputStream(tubentrada)
```

De esta forma cuando un `thread` lee de la `tuberiaentrada` está leyendo datos de otro `thread` que ha escrito en la `tuberiasalida`. Y también a la inversa, o sea, cuando un `thread` está escribiendo datos en la `tuberiasalida` está proporcionando datos de entrada a otro `thread`.

Las clases FilterInputStream y FilterOutputStream

La clase `FilterInputStream` nos permite filtrar un objeto de la clase `InputStream`, y la clase `FilterOutputStream` nos permite filtrar un objeto de la clase `OutputStream`.

Cuando hablamos de filtrar nos referimos a almacenar datos temporalmente, saber los números de línea de un archivo o también poder combinar los bytes de datos en unidades de datos primitivos, etc. Las clases que derivan de estas dos las veremos a continuación.

Las clases BufferedInputStream y BufferedOutputStream

Estas dos clases utilizan una técnica que es el almacenamiento temporal que mejora el rendimiento en las operaciones de entrada/salida.

La clase `BufferInputStream` es una subclase de la clase `FilterInputStream`. Cuando se leen datos de un archivo en una sola operación de entrada física de un dispositivo, se colocan en un buffer de la memoria. Este buffer es utilizado cuando un programa solicita un nuevo segmento de datos. Sólo cuando el buffer queda vacío se solicitan nuevas entradas físicas al dispositivo. Por tanto, el número de entradas físicas disminuye utilizando un buffer, lo que da lugar a un mejor rendimiento de la aplicación.

La clase `BufferOutputStream` crea un objeto que nos permite enviar a un dispositivo los datos que contiene el objeto una vez que el buffer este lleno. Esto se realiza mediante una llamada al método `flush()`:

```
BufferOutputStream flujo=new BufferOutputStream(flujo del tipo
OutputStream, número de bytes del buffer);
flujo.flush();
```

La clase PrintStream

Esta clase la hemos estado utilizando en el desarrollo de la mayoría de los ejemplos que hemos visto hasta ahora en el libro.

Cuando usamos un objeto de la clase `PrintStream` simplemente estamos realizando salidas a la pantalla (suponiendo que ésta sea la salida estándar). Por tanto, el `System.out` y el `System.err` son `PrintStream`. Esta clase proporciona una serie de métodos, algunos de estos métodos los podemos ver en la tabla 3.6.

Tabla 3.6. Métodos de la clase PrintStream.

Métodos	Descripción
write(int b)	Escribe el byte.
flush()	Vacía el flujo.
close()	Cierra el flujo.
checkerror()	Vacía el flujo de impresión. Retorna si ha habido o no un error en el flujo de salida.
print(String cadena)	Imprime una cadena. También puede imprimir un objeto, un array de caracteres, etc.
println(String cadena)	Imprime una cadena seguida de una nueva línea. Al igual que `print()`, `println()` permite imprimir un objeto, un array de caracteres, etc.

Métodos	Descripción
printf(String format, Objetc... args)	Imprime una cadena con un formato determinado.
append(char c)	Añade un carácter.

Las clases Reader y Writer

A partir de estas dos clases abstractas se crean las subclases que nos permiten trabajar con flujos de entrada/salida basados en caracteres.

Para leer caracteres se han de utilizar los métodos de las clases que derivan de `Reader`.

Las clases que derivan de ésta son:

- `BufferedReader`: Esta clase es la encargada de leer texto de un flujo de entrada de caracteres y almacenar dicho texto en bloques mediante un buffer. La función de la mayoría de los métodos de esta clase es idéntica a la función de los métodos descritos por la clase `BufferedInputStream` ya que la única diferencia es que la clase `BufferedReader` lee caracteres y la clase `BufferedInputStream` lee bytes.
- `LineNumberReader`: Su función es idéntica a la de la clase `LineNumberInputStream`, o sea, lee caracteres de un flujo de entrada pero además lleva la cuenta de los números de línea.
- `CharArrayReader`: Lee caracteres como arrays.
- `PushBackReader`: Su función es idéntica a la de la clase `PushBackInputStream`, o sea, lee caracteres permitiendo al programador releer el último carácter.
- `FilterReader`: Permite filtrar flujos de entrada, muy parecida a la clase `FilterInputStream`.
- `InputStreamReader`: Leer flujos de bytes y los transforma en flujos de caracteres. Esta clase sin duda la utilizaremos en la mayoría de los constructores de la clase `Reader` ya que lo que se suele abrir siempre es un flujo de caracteres.
- `PipedReader`: Utiliza las pipes (pipas) como entrada para leer caracteres. La utilización de las pipas se vio en la clase `PipedInputStream`.
- `StringReader`: Lee flujos de caracteres desde cadenas.

La clase `Writer` es la encargada de crear flujos de caracteres de salida. Los nombres de las subclases de `Writer` son idénticos a los de las subclases de `Reader`, ya que la única diferencia que existe es que en vez de tratar con flujos de entrada, la clase `Writer` trata con flujos de salida.

La única subclase de `Writer` que no aparece en la clase `Reader` es la clase `PrintWriter` que nos permite escribir representaciones de objetos en la salida estándar. La función de esta clase es la de sustituir a la clase `PrintStream` que dimos anteriormente.

La utilización de estas dos clases permitirá a nuestras aplicaciones ser aun más independientes de la plataforma, ya que el paso de bytes a caracteres, se realizará de una forma más correcta si utilizamos flujos de datos específicos para los caracteres.

Muchos de los métodos que pertenecen a las subclases de `InputStream` y `OutputStream` que transforman bytes en caracteres se encuentran desaprobados o anticuados. Por ejemplo, el método `readLine()` de la clase `DataInputStream` se encuentra desaprobado debiendo utilizar el método `readLine()` de la clase `BufferedReader`.

Nota:

Sin duda alguna estas dos clases se han creado con el fin de que no se cometan errores de lectura o escritura por parte de nuestras aplicaciones al transformar los bytes en caracteres o los caracteres en bytes, pero si nuestra aplicación va a correr en una determinada plataforma no existe ningún inconveniente en utilizar los métodos de las subclases de `InputStream` *y* `OutputStream` *aunque éstos se encuentren desaprobados (*deprecated*).*

El análisis de flujos mediante la clase StreamTokenizer

Esta clase es muy parecida a la clase `StringTokenizer`, nos permitirá descomponer un flujo de datos en token.

Al usar un objeto de la clase `StreamTokenizer` no se podrá utilizar los métodos de la clase `InputStream` ordinarios en la clase `StreamTokenizer` ya que la clase `StreamTokenizer` no hereda de la clase `InputStream`. La clase `StreamTokenizer` nos permite leer algunos tipos de datos primitivos como pueden ser las cadenas o los números de coma flotante.

Esta clase reconoce el fin de línea (*EOL*), el fin de fichero (*EOF*), el carácter, los números, las palabras y los caracteres ordinarios. Por tanto si tuviésemos una frase como "Java5: El lenguaje del año 2000" entonces: "Java", "El", "lenguaje", "del" y "año" serían reconocidos como palabras o cadenas, el "2000" sería reconocido como un número y por último el ":" sería reconocido como un carácter ordinario. El método `nextToken()` retorna un número que corresponde a enteros estáticos representados de la forma `TT_*`. Por tanto, retornará:

- `TT_WORD`: Si la expresión es una palabra. La cadena real se colocar en la variable `sval` del `StreamTokenizer`.
- `TT_NUMBER`: Si la expresión es un número. El doble real se coloca en la variable `nval` de la clase `StreamTokenizer`, que es del tipo `double`.
- `TT_EOL`: Si la expresión es un fin de línea.
- `TT_EOF`: Si la expresión es un fin de fichero.

Los números se consideran como una sucesión de dígitos que pueden tener, o no, una coma decimal, y que a su vez, están delimitados en sus extremos por un espacio en blanco o algún carácter ordinario.

Las cadenas se consideran como una secuencia de caracteres que, o bien están delimitados por caracteres en blanco o una serie de caracteres, o bien están en el interior de unas comillas simples o dobles.

Por defecto, `StreamTokenizer` reconoce como caracteres ordinarios a: #, ?, : y !. Esta clase también permite ignorar los comentarios que se encuentren en el flujo, dichos comentarios serán del estilo "/*...*/" o "//...". Aunque se pueden definir el tipo de comentario a ignorar. Veamos un pequeño ejemplo, supongamos que tenemos los siguientes datos:

```
#El algoritmo de búsqueda es el siguiente
¿Es x el dato que estamos buscando?
Si
:No seguir buscando:
```

Para leer estos datos creamos un objeto de la clase `StreamTokenizer`.

```
Reader r = new BufferedReader(new InputStreamReader(is));
StreamTokenizer token=new StreamTokenizer(r);
```

Luego establecemos los comentarios, lo que queremos que se acepte como cadena y por último, lo que queremos que delimite las cadenas.

```
token.commentChar('#');
token.wordChars('¿','?');
token.quoteChar(':');
```

Ahora simplemente tendremos que ir leyendo uno por uno los `token` formados, utilizando para ello el método `nextToken()`.

NIO

Dentro del J2SE 1.4, se introdujo por primera vez el concepto de NIO (*New I/O*), en concreto NIO es la nueva funcionalidad de entrada/salida incluida en el paquete `java.nio`. El API NIO se compone en los siguientes paquetes:

- `java.nio`: Es el paquete en el que podemos encontrar los diferentes tipos de buffer que existen dentro de NIO.
- `java.nio.channels`: Define los canales, que son objetos que utilizaremos para transferir datos entre las buffers y los consumidores finales.
- `java.nio.channels.spi`: Define los proveedores de servicio para los canales.
- `java.nio.charset`: Encapsulan conjuntos de caracteres, permitiendo la codificación y decodificación de caracteres en bytes y viceversa.
- `java.nio.charset.spi`: Define los proveedores de servicio para conjuntos de caracteres (`Charset`).

Nota:

Hay que tener muy claro que NIO no intenta reemplazar la entrada/salida (`java.io`) anteriormente vista, simplemente es una alternativa que nos puede venir bien en determinadas circunstancias.

Características

El tratamiento de información de flujos de entrada/salida lo podemos realizar perfectamente con `java.io`, sin embargo, cuando deseamos tratar un volumen alto de información el uso del API `java.io` no da el rendimiento necesario, o digamos, no da el rendimiento esperado en un lenguaje que esta orientado a la red (Internet).

Si tenemos en cuenta que hoy en día la velocidad en Internet se está multiplicando, llega a ser necesario el tener instalado un API de entrada/salida que permita leer y escribir datos a través de la red de una forma rápida y sencilla.

Como veremos más adelante NIO nos permitirá leer y escribir datos, pero para el manejo de estos datos seguiremos utilizando `java.io`.

El corazón del API NIO está en la utilización de buffer como contenedores de datos. Los datos existentes en estos contenedores son transferidos a las fuentes de información utilizando el concepto de canal (`Channel`).

Hasta ahora el paquete `java.io` para la transferencia de información utilizaba flujos de bytes o caracteres (`Reader` y `Writer`), sin embargo, `java.nio` trabaja con bloques de datos (`Buffer`).

Veamos un ejemplo típico de escritura de "Hola Mundo" utilizando NIO:

```
import java.io.IOException;
import java.nio.ByteBuffer;
import java.nio.channels.Channels;
import java.nio.channels.WritableByteChannel;

public class HolaMundo {
   private String saludo="Hola Mundo";
   public HolaMundo() throws IOException{
         ByteBuffer buffer=ByteBuffer.allocate(10);
         buffer.put(saludo.getBytes());
         buffer.rewind();
         WritableByteChannel canal=Channels.newChannel(System.out);
         canal.write(buffer);
         canal.close();
   }
   public static void main(String[] args)
         throws IOException{
         new HolaMundo();
   }
}
```

Buffer

La clase `Buffer` es una clase abstracta. Esta clase es un contenedor de datos, a su vez, cada una de las implementaciones son contenedores de datos de tipos primitivos (byte, char, int, etc).

La clase `Buffer` define una serie de métodos, los más importantes los podemos observar en la tabla 3.7.

En un objeto del tipo `Buffer` la capacidad es el número de elementos que puede contener. El límite es el máximo número de elementos que puede contener, y la posición, es el índice del siguiente elemento que se va a leer o escribir. Cuando se crea un objeto `Buffer`, el límite de elementos se iguala a la capacidad.

Tabla 3.7. Métodos de la clase abstracta java.io.Buffer.

Método	Descripción
capacity()	Contiene la capacidad del buffer.
clear()	Limpia el buffer. Comentaremos más adelante el uso de este método.
flip()	Da la vuelta al buffer. Comentaremos más adelante el uso de este método.
limit()	Retorna el límite del buffer.
limit(int n)	Establece el límite del buffer.
mark()	Marca la posición del buffer, y retorna una referencia del buffer.
position()	Retorna la posición del buffer.
position(int nuevaPosicion)	Posiciona el buffer en `nuevaPosicion`.
remaining()	Retorna el número de elementos que quedan desde la posición actual hasta el límite del buffer.
hasRemaining()	Nos permite saber si existen elementos entre la posición actual del buffer y el límite.
reset()	Resetea el buffer, situándose en la posición marcada.
rewind()	Establece la posición del buffer a cero, retornando una referencia al buffer. Comentaremos más adelante el uso de este método.

Todos los tipos de buffer definen varios métodos `get()` y `put()`, que permiten obtener datos del buffer y establecer datos dentro del buffer.

Para crear un buffer deberemos de utilizar los métodos `allocate(int capacidad)` y `allocateDirect(int capacidad)`. La diferencia entre estos dos métodos, es que `allocateDirect()` permite crear buffer no utilizando la memoria de almacenamiento temporal entre la máquina virtual y el sistema operativo.

```
ByteBuffer buffer=ByteBuffer.allocate(100);
```

Cuando creamos un buffer establecemos la capacidad de información que puede contener el buffer, esta capacidad no podrá ser modificada durante toda la vida del buffer, por tanto, cuando se crea un buffer el límite del buffer será la capacidad, y el valor del índice con la posición del buffer será cero.

Métodos clear(), flip() y rewind()

Estos tres métodos son muy importantes para el manejo de buffers en el sistema de entrada/salida NIO:

- `clear()`: Limpia el buffer. El índice con la posición del buffer se igualará a cero.
- `flip()`: Da la vuelta al buffer. El límite se establece en la posición actual, y el índice con la posición del buffer se iguala a cero. Esto nos permitirá establecer el limite en la posición actual, y rebobinar al principio, es muy útil este método cuando queremos redimensionar el buffer al tamaño que exactamente tiene. Por ejemplo, imaginemos que hemos definido un buffer de 100 bytes pero, sin embargo, hemos insertado 70 bytes, en el momento de la inserción del byte 70 podemos establecer el tamaño del buffer en 70 y no en 100, para ello realizamos una llamada al método `flip()` que situará el limite en 70 y el índice con la posición en cero. Tras la llamada a `flip()` los datos estarán preparados para ser utilizados.
- `rewind()`: Rebobina el buffer, situando el índice de la posición en cero. Tras una llamada a este método los datos del buffer estarán preparados para ser utilizados.

Canales

Un canal representa un conexión abierta a una fuente de entrada/salida. Un dato será leído y escrito en los canales utilizando buffer. Por tanto, en toda comunicación como mínimo existirán dos canales, y la comunicación entre estos dos canales se realizará utilizando buffer.

Los canales están situados en el paquete `java.nio.channels`. Para obtener un canal de una fuente de entrada/salida se ha de utilizar el método `getChannel()`. Este método es soportado por las siguientes clases de entrada/salida:

- `java.io.FileInputStream`
- `java.io.FileOutputStream`
- `java.io.RandomAccesFile`
- `java.net.ServerSocket`
- `java.net.Socket`
- `java.net.DatagramSocket`

Existen los tipos de canales: `FileChannel`, `SocketChannel`, `ServerSocketChannel` y `DatagramChannel`. Como es lógico, las clases correspondientes a `java.io` retornarán un objeto del tipo `FileChannel` al realizar una llamada a `getChannel()`, el tipo `Socket` retornarán un `SocketChannel`, el tipo `ServerSocket` retornará un `ServerSocketChannel` y el `DatagramSocket` un `DatagramChannel`.

Cada uno de ellos definirá un conjunto de métodos `read()` y `write()`, que nos permitirán leer y escribir en el canal.

Charset

El paquete `java.nio.charset`, nos creará una vía para mapear bytes a caracteres. Este paquete nos permitirá codificar y decodificar bytes, para ello, se basa un una serie de objetos *encoder* y objetos *decoder*.

- `CharSet`: Será el encargado de realizar el mapeo de bytes a caracteres.
- `CharsetDecoder`: Será el motor encargado de transformar una secuencia de bytes en una secuencia de caracteres.
- `CharsetEncoder`: Será el motor encargado de transformar una secuencia de caracteres en una secuencia de bytes.

Ejemplo: Lectura de un Fichero

Veamos un ejemplo de lectura de un fichero utilizando NIO.

```
import java.io.FileInputStream;
import java.io.IOException;
import java.nio.ByteBuffer;
import java.nio.CharBuffer;
import java.nio.channels.FileChannel;
import java.nio.charset.Charset;
import java.nio.charset.CharsetDecoder;

public class LeerFicheroNIO {
   public static void main(String[] args) {
         FileInputStream fichero;
         FileChannel canal;
         ByteBuffer buffer;
         try{
               fichero=new FileInputStream("lecturanio.txt");
               canal=fichero.getChannel();

               buffer=ByteBuffer.allocate((int)canal.size());
```

```
            canal.read(buffer);
            buffer.rewind();

            CharsetDecoder decoder = Charset.forName("ISO-8859-
            1").newDecoder();
            CharBuffer cb = decoder.decode(buffer);
            for (int i=0;i<canal.size();i++){
                System.out.print(cb.get());
            }
            canal.close();
            fichero.close();
        }
        catch(IOException io){
            io.printStackTrace();
        }
    }
}
```

Lo primero es obtener el flujo de entrada sobre el fichero "`lecturanio.txt`", para ello utilizamos la clase `FileInputStream`, y mediante el método `getChannel`() obtenemos un objeto del tipo `FileChannel`.

```
fichero=new FileInputStream("lecturanio.txt");
canal=fichero.getChannel();
```

Posteriormente establecemos el tamaño del buffer utilizando el método `allocate`(). El tamaño del buffer será el tamaño del canal.

```
buffer=ByteBuffer.allocate((int)canal.size());
```

Leeremos del canal utilizando el método `read(ByteBuffer)` de `FileChannel`. Para dejar el índice de la posición del buffer al principio utilizaremos el método `rewind`().

```
canal.read(buffer);
buffer.rewind();
```

Para visualizar los datos del fichero utilizaremos un *decoder*, en concreto será `CharsetDecoder` utilizando el conjunto de caracteres "`ISO-8859-1`".

```
CharsetDecoder decoder = Charset.forName("ISO-8859-1").newDecoder();
CharBuffer cb = decoder.decode(buffer);
```

Nota:

El conjunto de caracteres ISO-8859-1 (es una norma de la ISO que define la codificación del alfabeto latino) son necesarios para la escritura de las siguientes lenguas originarias de Europa occidental: afrikáans, alemán, catalán, danés, escocés, español, feroés, finés, francés, gaélico, gallego, inglés, islandés, italiano, neerlandés, noruego, portugués, sueco y vasco. También es conocido como Alfabeto Latino nº 1 o ISO Latín 1.

Por último visualizamos su contenido por pantalla y cerramos el canal y el flujo de entrada (fichero).

```
for (int i=0;i<canal.size();i++){
System.out.print(cb.get());
}
canal.close();
fichero.close();
```

Capítulo 4

API Logging

En este capítulo aprenderá a:

- La creación de trazas.
- El manejo de la jerarquía de trazas.
- El uso y creación de formatos sobre las trazas.
- La posibilidad de filtrar trazas.

Introducción

Siempre que desarrollamos una aplicación tenemos la obligación de generar una serie de registros que permitan:

- Realizar trazas a la hora de verificar el correcto desarrollo de un componente.
- Crear registros que permitan realizar controles en la fase de pruebas de la aplicación.
- Generar registros de los errores que produce la aplicación para su posterior evaluación y corrección.
- Tener un control de lo que realiza la aplicación, por ejemplo, registros para un control de acceso.

Como podemos ver, existen diferentes tipos de registros o trazas que tenemos que generar, y también existen diferentes perfiles que podrán analizar estos registros: desarrolladores, testers, usuarios finales, etc.

De aquí, podemos deducir que la calidad con la que tenemos que generar estos registros, debe ser lo suficientemente alta como para satisfacer a todos los tipos de usuarios, pudiendo en todo momento establecer, dependiendo del tipo de registro, el tipo de log que queremos generar.

Dentro del API Logging se nos ofrecen todos los mecanismos para cumplir con lo anterior.

Para ello ha creado un paquete llamado `java.util.logging`. Dentro de dicho paquete se ha situado todo el API Logging.

La clase encargada de realizar los registros es `Logger`, para ello, esta clase, se basa en objetos del tipo `LogRecord` que contienen la información del registro, a su vez, estos objetos serán enviados a los manejadores de registros de la aplicación (`Handlers`).

Estos manejadores serán los responsables de realizar el registro, también tendrán la posibilidad de crear un formato al registro y de establecer sus propios filtros. Mas adelante, veremos qué es un filtro y cómo y cuándo utilizarlos.

En la figura 4.1 podemos observar el flujo de comunicación desde que la aplicación crea un mensaje (registro) hasta que llega a su destino.

En dicha figura también podemos observar que a nivel de `Logger` y `Handler` se pueden establecer filtros, y que sólo será a nivel de `Handler` donde podamos realizar un formato (`Formatter`) sobre el mensaje.

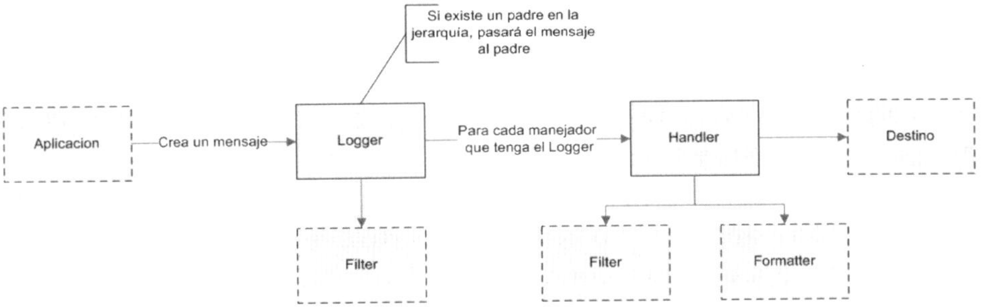

Figura 4.1. API Logging.

El Controlador (Log Manager)

Todo el sistema de `logging` definido dentro de una aplicación es controlado por el objeto `LogManager`. Este objeto sigue el patrón `Singleton`, por tanto sólo existe una instancia por máquina virtual. Dentro del controlador iremos insertando los objetos de tipo `Logger` que vayamos a utilizar en la aplicación. La carga inicial de este objeto se puede realizar:

- Modificando el fichero por defecto, situado dentro del directorio `lib/logging.properties`. Por defecto dentro de este fichero se especifica que el manejador (`Handler`) es `java.util.loggin.ConsoleHandler`, por tanto, la salida de los registro se realizará utilizando `System.err`. También se especifican los filtros y formatos a realizar por la clase `ConsoleHandler`.
- Creando un nuevo fichero de configuración que pasaremos como parámetro a la maquina virtual: `java- Djava.util.logging.config.file=miFicheroDeConfiguracion`.

A continuación, veremos un ejemplo de fichero de configuración:

```
.level= INFO

java.util.logging.FileHandler.pattern = %h/java%u.log
java.util.logging.FileHandler.limit = 50000
java.util.logging.FileHandler.count = 1
java.util.logging.FileHandler.formatter =
java.util.logging.XMLFormatter

java.util.logging.ConsoleHandler.level = INFO
java.util.logging.ConsoleHandler.formatter =
java.util.logging.SimpleFormatter
```

El objeto LogManager podrá contener un número indeterminado de objetos del tipo Logger. Esta clase contendrá el método addLogger(), que insertará un objeto de este tipo dentro de un objeto del tipo Hashtable <String,Logger>, para ello, necesita que se le especifique un nombre único al objeto Logger.

Para obtener un Logger utilizaremos el método getLogger(). La forma de trabajar con este tipo de objetos, por parte del LogManager, va a ser jerárquica, asociando cada Logger a un Logger superior (Logger padre), por defecto el Logger padre será " " (cadena vacía). En la figura 4.2, podemos ver un ejemplo de jerarquía, utilizando los paquetes java.lang.* y com.anaya.java5.*.

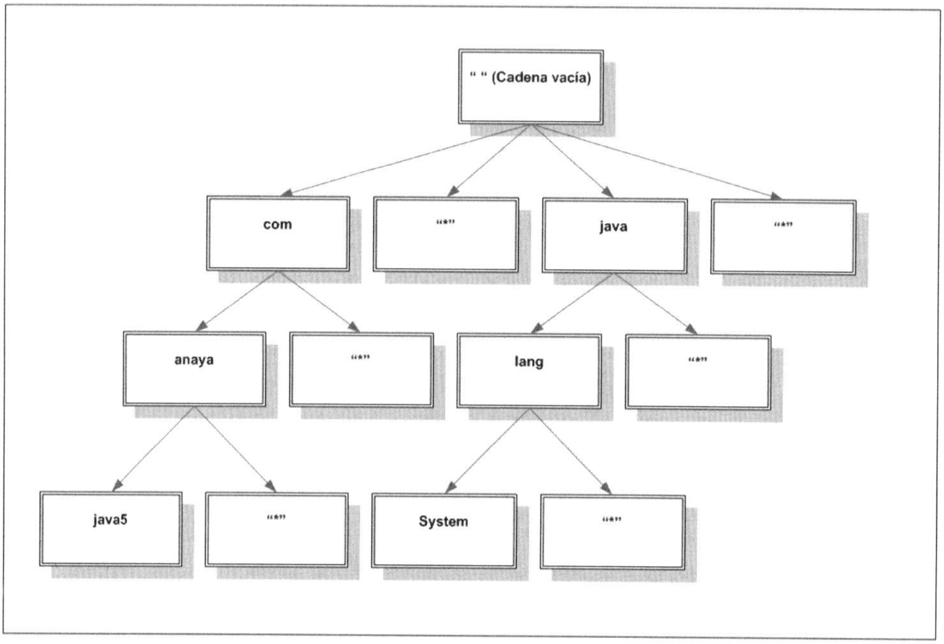

Figura 4.2. Jerarquía java.lang.* y com.anaya.java5.*.

La clase Logger

La clase Logger va ha ser la encargada de proporcionar a la aplicación la funcionalidad de realizar los registros.

Para realizar estos registros, la clase Logger se basa en una serie de niveles y filtros.

Siempre se tiene que establecer un nivel, para ello, por defecto, se configura el nivel en el fichero de propiedades dentro del `LogManager`.

Niveles

Los niveles están configurados en la clase `Level`; son los siguientes:

- `OFF`: No debe realizarse ningún registro.
- `SEVERE`: Es el nivel más alto de registro, y por tanto, el más prioritario.
- `WARNING`: Es el nivel de advertencia de la aplicación, está situado un nivel más abajo que el severo.
- `INFO`: Este nivel nos permitirá establecer que sólo deseamos registrar trazas informativas.
- `CONFIG`: Indicaremos mediante este nivel que queremos visualizar sólo las trazas de configuración de la aplicación.
- `FINE`: Nos permitirá indicar que deseamos visualizar las trazas que den una información de problemas con el rendimiento de la aplicación.
- `FINER`: Se deberán visualizar los errores existentes por la aplicación para poder realizar un seguimiento de los mismos.
- `FINEST`: Alto nivel de detalle en los registros.
- `ALL`: Todos los registros deben realizarse.

Estos niveles los podremos establecer a nivel de `Logger` y a nivel de `Handler`, mediante el método `setLevel()`.

Truco:

Lo típico es generar un `Logger` *por clase, creando un* `Logger` *estático dentro de la clase y dando como nombre del* `Logger`*, el nombre cualificado de la clase, de esta forma, nos aseguramos que el nombre es único y no existirá un conflicto a la hora de insertar el* `Logger` *en el* `LogManager` *(*`addLogger()`*).*

Ejemplo Logger

Veamos un ejemplo que utilice la clase `Logger`:

```
import java.util.logging.Level;
import java.util.logging.Logger;
```

```
public class EjemploLoggin {
    private static Logger logger =
Logger.getLogger(EjemploLoggin.class.getName());

        public static void main(String argv[]){
         logger.setLevel(Level.INFO);
         logger.info("Prueba de visualización de un registro de
         información");
    }
}
```

Lo lógico es utilizar el método `log()` del `Logger` indicando en todo momento el tipo de registro que queremos generar.

```
public class EjemploLoggin {

    private static Logger logger = Logger.getLogger(EjemploLoggin.
   class.getName());

        public static void main(String argv[]){
         logger.setLevel(Level.INFO);
         logger.log(Level.INFO,"Prueba de visualización de un registro
         de información");
        }
}
```

Existen una serie de métodos, que nos permiten establecer de una forma directa el nivel de registro que queremos realizar: `config()`, `fine()`, `finner()`, `finest()`, `info()`, `severe()` y `warning()`. A su vez, tenemos los métodos de `log()`, que aceptan una serie de parámetros, entre los que podemos establecer el nivel de registro a realizar. Mediante el método `isLoggable (Level)` podemos verificar si nuestro objeto `Logger` va a realizar registros para un nivel determinado. Estos registros, sólo se realizan, si el nivel de prioridad es mayor al indicado, por defecto, en el método `setLevel()`.

Nota:

Como ya hemos visto anteriormente, el objeto `LogManager` *tiene una organización jerárquica, el nivel lo podremos establecer directamente sobre el* `LogManager`*, aplicando dicho nivel a todos los hijos de la jerarquía.*

Vamos a imaginarnos que tenemos la jerarquía que aparece en la figura 4.3, si establecemos el nivel en el paquete "`java5`", estamos estableciendo el mismo nivel para el resto de la jerarquía que cuelga de este paquete.

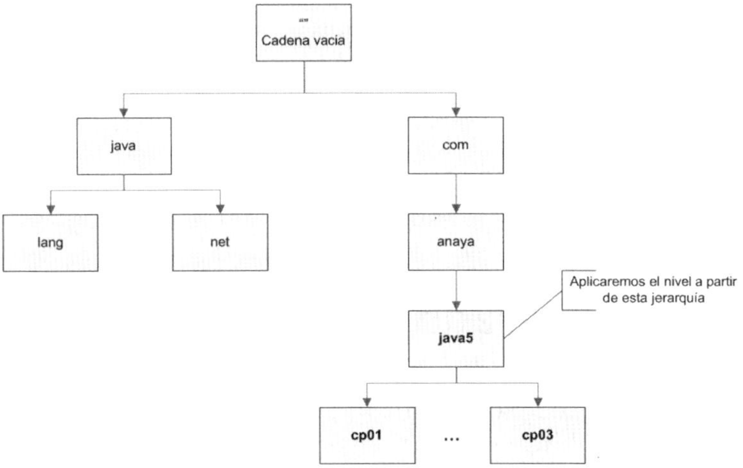

Figura 4.3. Ejemplo Jerarquía.

Nota:

Podremos usar `Logger` *anónimos que no tengan efectos sobre otros objetos de tipo* `Logger`*. Cuando utilizamos un* `Logger` *anónimo estamos indicando que no deseamos propagar el mensaje al resto de objetos* `Logger` *de la jerarquía. Para obtener un* `Logger` *anónimo utilizaremos el método estático* `getAnonymousLogger()` *de la clase* `Logger`*.*

El registro (LogRecord)

La clase `LogRecord` será la encargada de encapsular el registro a realizar, es decir, contendrá el mensaje que deseamos registrar. Un objeto del tipo `Logger` se encargará de transformar nuestro mensaje en un objeto del tipo `LogRecord`.

Este objeto será el que transmitamos al manejador correspondiente, para que realice las operaciones oportunas sobre él (formateo).

Este objeto tiene como constructor el nivel y el mensaje a encapsular. El nivel será el que tenga establecido el `Logger` que ha generado el objeto `LogRecord`. Para que nos hagamos una idea del funcionamiento interno del `Logger` a la hora de crear un `LogRecord`, vamos a ver la implementación del método `log()` del `Logger`:

```
public void log(Level level, String msg) {
   if (level.intValue() < levelValue || levelValue == offValue) {
      return;
   }
   LogRecord lr = new LogRecord(level, msg);
   doLog(lr);
}
```

El valor `levelValue` será el establecido en el método `setLevel`().

El Manejador (Handler)

El manejador (`Handler`) será el encargado de recibir todos los mensajes y publicarlos. Esta publicación se realizará sobre un fichero, una base de datos, en memoria, etc. Se podrá especificar diferentes publicaciones para un mismo registro.

Existen dentro del API, una serie de manejadores ya implementados. En la figura 4.4 podemos ver los manejadores existentes, así como su jerarquía de clases.

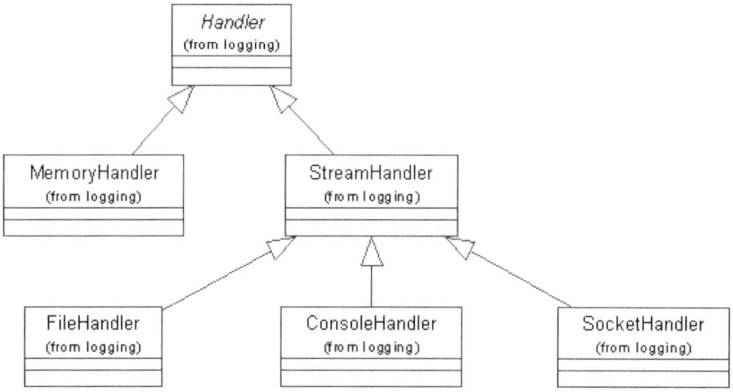

Figura 4.4. Manejadores existentes en el API Logging.

Advertencia:

Un objeto del tipo `Handler` *contendrá un nivel determinado (*`setLevel`*()), pero hay que recordar que un objeto del tipo* `Logger` *también tiene su propio nivel, es posible, por tanto, que los niveles del* `Logger` *y el* `Handler` *no sean los mismos. En este caso, se tendrá en cuenta el nivel más restrictivo de los dos.*

StreamHandler

Es la clase base para todos los manejadores que quieran escribir los registros en cualquier objeto del tipo `OutputStream`. Existen tres subclases incluidas en el API: `FileHandler`, `ConsoleHandler` y `SocketHandler`.

FileHandler

Este manejador nos permitirá realizar registros sobre un fichero, o sobre un conjunto de ficheros. Existen una serie de propiedades que podemos establecer pare este tipo de manejador. Estas propiedades deberán estar incluidas en el fichero `logging.properties` comentado anteriormente.

- `Level`: Nivel asignado al manejador, por defecto es `Level.INFO`.
- `Filter`: Filtro asociado al manejador, sino se establece uno por defecto, no existe ningún filtro asociado al manejador.
- `Formatter`: Formato a aplicar por el manejador sobre los mensajes a registrar, por defecto es `java.util.logging.XMLFormatter`.
- `Encoding`: Codificación a utilizar, por defecto, la existente en la plataforma.
- `Limit`: Especifica el tamaño máximo del fichero, si se establece cero, se le indica que no existe un tamaño máximo. El valor, por defecto, es cero.
- `Count`: Especifica el número de fichero a crear, si se especifica más de uno se crearán tantos ficheros como se indique, trabajando con ellos de forma rotativa.
- `Pattern`: Patrón para la generación de la nomenclatura del fichero.
- `Append`: Se especificará si se desea crear de nuevo el fichero, o añadir los registros al existente. El valor, por defecto, es `false`.

A continuación se muestra los valores, por defecto, incluidos en el fichero `logging.properties`.

```
java.util.logging.FileHandler.pattern = %h/java%u.log
java.util.logging.FileHandler.limit = 50000
java.util.logging.FileHandler.count = 1
java.util.logging.FileHandler.formatter =
java.util.logging.XMLFormatter
```

ConsoleHandler

Esta clase se encarga de escribir los registros en el `System.err`. En el constructor de la clase se especifica que el `OutputStream` es `System.err`:

```
public ConsoleHandler() {
   sealed = false;
   configure();
   setOutputStream(System.err);
   sealed = true;
}
```

Las propiedades para este manejador son: `level`, `filter`, `formatter` y `encoding`.

Los valores, por defecto, incluidos en el `logging.properties` son:

```
java.util.logging.ConsoleHandler.level = INFO
java.util.logging.ConsoleHandler.formatter =
java.util.logging.SimpleFormatter
```

SocketHandler

Permite realizar los registros sobre un puerto TCP especifico.

Las propiedades que posee este objeto son: `level`, `filter`, `formatter` y `encoding`. Aparecen dos nuevas propiedades específicas para este manejador que son:

- `Host`: Nombre de la máquina a la que deseamos enviar los registros.
- `Port`: Puerto TCP de la maquina al que deseamos enviar los registros.

MemoryHandler

Es un buffer circular existente en memoria.

Este tipo de manejadores es muy útil a la hora de publicar a otros sistemas los registros, manteniendo en memoria los registros hasta que son enviados al sistema externo.

Para ello, se establece un manejador de tipo `target`, para el envío de los registros publicados en memoria.

Las propiedades que tiene definido este manejador son:

- `Level`: Nivel asignado al manejador. Por defecto es `Level.INFO`.
- `Filter`: Filtro asignado. No existe un filtro asignado por defecto.
- `Size`: Tamaño del buffer circular. Por defecto es 1000 bytes.
- `Push`: Es la definición del nivel mínimo que utilizaremos para lanzar el registro al manejador `target`.
- `Target`: Especifica el nombre del manejador `target`.

Formateando la salida

Como hemos visto anteriormente un objeto del tipo `LogRecord` no es más que una encapsulación del mensaje a registrar, deberemos realizar un formateo de este mensaje a la hora de realizar su registro en el log correspondiente.

El API nos aporta una serie de clases que permiten realizar un formateo del mensaje encapsulado en texto, y en XML. A su vez podremos realizar nuestras propias clases de formateo, para ello extenderemos de la clase `Formatter`. En la figura 4.5 podemos ver las clases `SimpleFormatter` y `XMLFormatter`. Más adelante veremos cómo utilizar estos dos tipos de formatos.

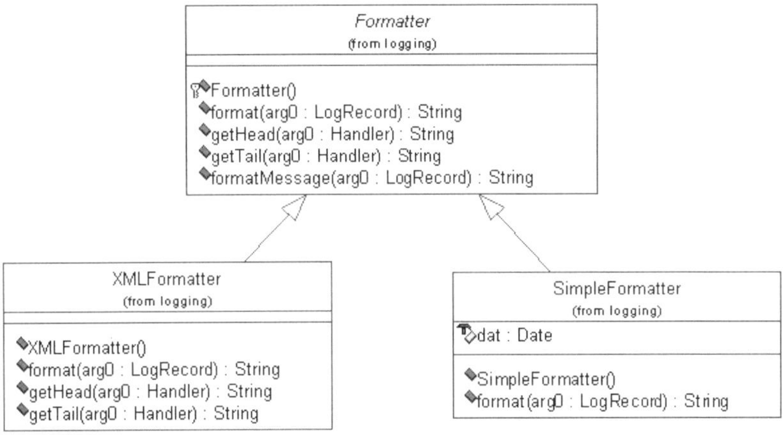

Figura 4.5. Formateo de mensajes.

SimpleFormatter

Es la clase más sencilla de formateo existente, simplemente visualiza dos líneas con la información del `LogRecord`.

Tomando el ejemplo anterior, la salida sería:

```
18-jun-2005 1:02:3 com.anaya.java5.cp04.EjemploLoggin main
INFO: Prueba de visualización de un registro de información
```

XMLFormatter

Permite registrar el `LogRecord` en formato XML. Para ello, utiliza el DTD incluido en el Anexo A del API Logging.

Veamos un ejemplo de registro en formato XML, para ello utilizaremos el ejemplo anterior y le añadiremos un nuevo manejador que realizará el formato en XML (XMLFormatter):

```
import  java.util.logging.ConsoleHandler;
import java.util.logging.Level;

import java.util.logging.Logger;
import java.util.logging.XMLFormatter;

public class EjemploLoggin {

    private  static  Logger  logger  =  Logger.getLogger(Ejemplo
    Loggin.class.getName());

      public static void main(String argv[]){
        logger.setLevel(Level.INFO);
        ConsoleHandler consolaXML=new ConsoleHandler();
        consolaXML.setFormatter(new XMLFormatter());
        logger.addHandler(consolaXML);
        logger.log(Level.INFO,"Prueba de visualización de un registro
        de  información");
      }
}
```

Debido a que hay dos manejadores, uno de ellos, por defecto, con el formato `SimpleFormatter` y el otro con el formato en XML (`XMLFormatter`), tendremos la publicación de los dos tipos a través de la consola (`System.err`).

```
<?xml version="1.0" encoding="windows-1252" standalone="no"?>
<!DOCTYPE log SYSTEM "logger.dtd">
<log>
<record>
 <date>2005-06-18T01:06:02</date>
 <millis>1119053162029</millis>
 <sequence>0</sequence>
<logger>com.anaya.java5.cp04.EjemploLoggin</logger>
 <level>INFO</level>
<class>com.anaya.java5.cp04.EjemploLoggin</class>
 <method>main</method>
 <thread>10</thread>
 <message>Prueba de visualización de un registro de información</
  message>
</record>

18-jun-2005 1:06:02 com.anaya.java5.cp04.EjemploLoggin main
INFO: Prueba de visualización de un registro de información
```

Creando un nuevo tipo de formato

Vamos a crearnos un formateo de registros para controlar los accesos a la información personal de nivel alto (nivel de confidencialidad). Para ello, vamos a suponer que tenemos centralizadas todas las clases que acceden a esta información.

Según la LOPD (Ley Orgánica de Protección de Datos), en el artículo 24, se especifica que se deben registrar todos los accesos a ficheros físicos que almacenen información de carácter personal, dónde como mínimo se debe guardar la siguiente información:

- Identificación del usuario que realiza el acceso.
- Fecha y hora en que se realiza el acceso.
- Fichero accedido.
- Tipo de acceso.
- Identificador del registro accedido.

Para ello, nos crearemos una clase que de el formato al `LogRecord` y permita registrar los datos que nos exige la Ley. Crearemos una línea de texto que mostrará estos datos separados por ";". Indicaremos al final de la línea, la clase y el método que ha realizado la inserción del registro.

Nota:

Podríamos crear un manejador que inserte estos datos en una base de datos, de esta forma es más sencillo tener un control de quien accede a la información de carácter personal.

```
import java.text.MessageFormat;
import java.util.Date;
import java.util.logging.Formatter;
import java.util.logging.LogRecord;

public class FormatoLOPD extends Formatter {

   Date dat = new Date();

   // Parametro 0: usuario. 1: fecha-hora. 2: fichero accedido. 3:
   tipo acceso.
   // Parametro 4: registro accedido.
   private final static String formato = "{0};{1,date}-{1,time};
   {2};{3};{4}";
```

```
    private MessageFormat formateo;

    public synchronized String format(LogRecord registro) {
        StringBuffer sb = new StringBuffer();

        // Crearemos un array con los datos del registro.
        // Los datos del registro se obtienen con el método get
        Parameters ()
        Object args[] = new Object[registro.getParameters().length
        + 1];
        args[0] = registro.getParameters()[0]; // Obtener el usuario.
        dat.setTime(registro.getMillis()); // Obtenemos la fecha y
        hora del registro.
        args[1] = dat;
        args[2] = registro.getParameters()[1]; // Obtenemos el
        fichero accedido.
        args[3] = registro.getParameters()[2]; // Obtenemos el tipo
        de acceso.
        args[4] = registro.getParameters()[3]; // Obtenemos el
        identificado dato accedido
        StringBuffer texto = new StringBuffer();
        if (formateo == null) {
            formateo = new MessageFormat(formato);
        }
        formateo.format(args, texto, null);
        sb.append(texto);
        sb.append(";");
        if (registro.getSourceClassName() != null) {
            sb.append(registro.getSourceClassName());
        } else {
            sb.append(registro.getLoggerName());
        }
        if (registro.getSourceMethodName() != null) {
            sb.append(";");
            sb.append(registro.getSourceMethodName());
        }
        sb.append("\n");
        return sb.toString();
    }
}
```

Crearemos ahora una clase que utilice este tipo de formato, para simplificar el ejemplo vamos a utilizar el manejador `ConsoleHandler`, y así, poder visualizar el registro en la salida estándar.

```
public class EjemploLOPD {

    private static Logger logger = Logger.getLogger(Ejemplo
    Loggin.class.getName());
```

```
    public static void main(String argv[]){
        ConsoleHandler consola=new ConsoleHandler();
        consola.setFormatter(new FormatoLOPD());
        logger.addHandler(consola);
        logger.log(prepararRegistroLOPD("Usuario1",

"datos_personales.txt","lectura","NIF=545450030T"));

    }

    private static LogRecord prepararRegistroLOPD(String usuario,
                                           String ficheroAccedido,
                                           String tipoAcceso,
                                           String idRegistro) {
        LogRecord registro=new LogRecord(Level.INFO,"Registro lopd");
        Object parametros[]=new Object[4];
        parametros[0]=usuario;
        parametros[1]=ficheroAccedido;
        parametros[2]=tipoAcceso;
        parametros[3]=idRegistro;
        registro.setParameters(parametros);
        return registro;
    }
}
```

La salida producida por el ejemplo anterior sería:

```
Usuario1;20-jun-2005-
1:02:03;datos_personales.txt;lectura;NIF=545450030T;com.anaya.
java5.cp04.EjemploLOPD;main
```

Nota:

Para realizar la internacionalización deberemos especificar el fichero de recursos a la hora de crear el `Logger`*, concretamente en el constructor:* `Logger(String nombre, String ficheroRecursos)`. *Para aplicarla, tan solo deberemos indicar la clave del recurso a la hora de realizar el registro en el* `Logger`*, por ejemplo,* `logger.log("mensajes.error")`.

Estableciendo filtros

A parte de los niveles, podemos establecer filtros que nos permitan indicar qué registros deseamos manejar. A cualquier objeto de tipo `Logger` y a cualquier manejador (`Handler`) se le puede establecer un filtro.

La creación de filtros es bastante sencilla, tan solo tenemos que implementar la interfaz `Filter` e implementar el método `isLoggable()`:

```
public interface Filter {
    public boolean isLoggable(LogRecord record);
}
```

Partiendo del ejemplo anterior, nos vamos a crear un filtro para verificar que los parámetros del `LogRecord` no sean nulos y contengan al menos cuatro elementos, en caso contrario, no queremos registrar la información, ya que no tenemos la información suficiente para realizarlo.

```
public class FiltroLOPD implements Filter{
   public boolean isLoggable(LogRecord record) {
         return (record.getParameters()!=null && record.getParameters
         ().length==4);
   }
}
```

Ahora sólo tendríamos que establecer al manejador anterior el filtro `FiltroLOPD`:

```
consola.setFilter(new  FiltroLOPD());
```

Capítulo 5

Java y la red

En este capítulo aprenderá a:

- Las principales clases que nos permiten trabajar con redes.
- Los conceptos de localización e identificación de recursos.
- La creación de direccionamientos en Java.
- La creación de aplicaciones que se comuniquen entre si.
- La utilización de conexiones mediante sockets.
- La utilización de datagramas.

Introducción

Hoy en día Internet y la *World Wide Web* están revolucionando el mundo de la información. Por una parte, Internet permite la conexión entre varios ordenadores y la World Wide Web hace que Internet sea más fácil de manejar, consiguiendo que la gente que se conecta a Internet pueda navegar por la red desde un aspecto puramente multimedia.

Debido al gran revuelo que ha suscitado Internet las empresas se ven en la obligación de crear aplicaciones que se basen en Internet. Java mediante el paquete `java.net`, puede realizar conexiones y transacciones a través de la red. Si a la posibilidad de realizar conexiones y transacciones le unimos la potencia de la programación concurrente, podremos crear aplicaciones cliente/servidor de una forma bastante sencilla.

Utilizando el paquete `java.net` podemos comunicar dos o más computadoras que estén repartidas en distintos puntos del mundo, e incluso, independientemente del tipo de computadora que sea y de la plataforma en la que corra. Dentro del paquete `java.net` veremos:

- **Localización e identificación de recursos:** Para ello, veremos las clases: `URI`, `URL`, `URLConnection`, `HttpURLConnection` y `JarURLConnection`.
- **Direccionamiento:** Veremos las clases `InetAddress`, `Inet4Address`, `Inet6Address`, `SocketAddress` y `InetSocketAddress`.
- **Conexiones TCP:** Java ofrece comunicaciones basadas en sockets (enchufes). Veremos lo que son los sockets de flujo y los sockets de datagramas:
    - Con los sockets de flujo, un proceso mantiene una comunicación con otro proceso. El flujo que se establece entre estos dos procesos es continuo. Este tipo de sockets proporcionan un servicio orientado a conexiones y utilizan para ello el popular protocolo TCP (*Transmision Control Protocolo*, o Protocolo de control de transmisión).
    - Con los sockets de datagramas se transmiten paquetes de información, para ello, utilizan el protocolo UDP (*User Datagram Protocol* o Protocolo de datagramas de usuario). Este tipo de protocolo no suele ser usado por los usuarios ordinarios, ya que plantea una serie de problemas debido a que los paquetes no tienen porque llegar ordenados. Más adelante, veremos más detenidamente este tipo de comunicación.

Localización e identificación de recursos

Veremos a continuación, las clases que nos permitirán realizar la localización e identificación de recursos.

La clase URL y URLConnection

Para describir la función de los URL nos podríamos remitir al protocolo HTTP (*HyperText Transfer Protocol* o Protocolo de Transferencia HyperTexto) que constituye la base de la *World Wide Web*.

La *World Wide Web* necesita obtener recursos para su correcto funcionamiento, para ello, utilizan los URL que no son más que "Localizadores Universales de Recursos".

Los URL proporcionan consistencia para codificar las localizaciones de los recursos en la red. En la tabla 5.1, podemos apreciar los URL más comunes que se utilizan en la red.

Tabla 5.1. URL más comunes.

Protocolo	URL
HTTP (HyperText Transfer Protocol)	http://www.java.sun.com
FTP(File Transfer Protocol)	ftp://ftp.empresa/dire
WAIS(Wide Area Index and Search)	wais://sunsite.unc.edu/linux-faq
Telnet	telnet://www.nombre.es/
News(Usenet)	news://com.lang.java

Como se puede ver en la tabla 5.1 las URL se dividen en tres partes:

1. La primera parte es la situada antes de los dos puntos ":". Esta parte indica el protocolo a utilizar: Telnet, HTTP, etc.
2. La segunda parte consta de lo que continua a la barra invertida. Esta parte indica el host desde donde se desea obtener el recurso. Detrás del nombre del host se puede poner, o indicar, el puerto lógico a través del cual se va a realizar la conexión.
3. La tercera parte constará del nombre del usuario y contraseña de entrada. Esto sólo se indicará cuando sea necesario para obtener el recurso.

Un ejemplo de URL, que carga un recurso "X" que se encuentra en la unidad C de un ordenador local, es el siguiente:

```
file://C:/lenguaje/java/X
```

Java mediante la clase `java.net.URL` nos permite construir un URL.

Un ejemplo de construcción de un URL puede ser el siguiente:

```
dir = new URL("file://C:/fichero.txt")
```

Una vez que tenemos localizado el recurso, mediante el método `openStream()` podremos acceder a la información que contiene. Este método retorna un objeto del tipo `InputStream`, que como ya vimos en el capítulo dedicado a la E/S, nos permite crear un flujo de bytes de entrada. Más adelante, veremos como leer un fichero desde un servidor utilizando el método `openStream()` de la clase `URL`.

La clase `URL` no efectúa en sí una conexión real con el recurso, para efectuar una conexión real se a de utilizar la clase `URLConnection`.

La clase `URLConnection` crea un vínculo entre el ordenador en donde se está ejecutando la aplicación y el ordenador que contiene el recurso. Mediante esta clase podremos enviar peticiones a un recurso de red, y a su vez, dicho recurso nos retornará las respuestas a esas peticiones.

Para obtener un `URLConnection` se utiliza el método `openConnection()` de la clase `URL`, una vez obtenido el `URLConnection` tendremos un mayor grado de control sobre el recurso especificado por la URL.

La clase URI

La clase `URI` fue introducida dentro del paquete `java.net` para encapsular un recurso, es decir, nos permite identificar un recurso (URI, *Uniform Resource Identifier*).

El concepto de URI es muy similar a URL. La clase `URL` es un subconjunto de la clase `URI`, con esto decimos que toda URL es una URI, pero no todas las URI son URL. Como vimos en el punto anterior, `URL` describe como acceder a un recurso.

La clase `URI` define el método `toURL()` para transformar un objeto del tipo `URI` en un objeto del tipo `URL`. Al igual ocurre con la clase `URL`, ya que esta define un método llamado `toURI()` que trasforma un objeto del tipo `URL` en un objeto del `URI`. Como ya se comentó anteriormente, no toda URL se puede transformar en URI, por tanto, este método nos podrá retornar una excepción del tipo `URISyntaxException`.

Las clases HttpURLConnection y JarURLConnection

La clase `HttpURLConnection` extiende de la clase `URLConnection`, y como su nombre indica, da soporte especifico al protocolo HTTP.

La clase `JarURLConnection` también extiende de la clase `URLConnection`. Esta clase nos permitirá conectarnos a un recurso del tipo JAR (*Java ARchive*), o a una entrada del mismo. La sintaxis de una URL del tipo JAR es:

```
jar:<url>!/{entry}
```

Por ejemplo:

```
jar:ftp://localhost/ejemplos/ejemplo.jar!/com/anaya/java5/
Ejemplo.class
```

Veamos un ejemplo de uso de `JarURLConnection`:

```
URL url = new URL("jar:file:c:/ejemplos/ejemplos.jar!/");
 JarURLConnection jarConnection =
(JarURLConnection)url.openConnection();
 Manifest manifest = jarConnection.getManifest();
```

Direccionamiento

Para realizar el direccionamiento (*Addressing*) el paquete `java.net` provee las siguientes clases:

- `InetAddress`
- `Inet4Address`
- `Inet6Address`
- `SocketAddress`
- `InetSocketAddress`

InetAddress

La clase `InetAddress` nos permitirá encapsular una dirección IP numérica. Para obtener un objeto de este tipo podemos utilizar los métodos estáticos definidos dentro de la clase `InetAddress`:

- `getLocalHost()`: Nos retornará un objeto del tipo `InetAddress` con los datos de direccionamiento locales.

- `getByName(String nombreHost)`: Nos retornará un objeto del tipo `InetAddress` con los datos de direccionamiento del `nombreHost` pasado como parámetro.
- `getAllByName(String nombreHost)`: Nos retornará un array de objetos del tipo `InetAddress` con los datos de los direccionamientos del parámetro `nombreHost`.

Tanto el método `getByName()`, como `getAllByName()`, retornará una excepción del tipo `UnknownHostException` si no pudiera resolver el nombre del host pasado como parámetro. La clase `InetAddress`, contiene una serie de métodos que nos permiten obtener información sobre el direccionamiento. Los métodos más importantes los podemos ver en la tabla 5.2.

Tabla 5.2. Métodos de la clase InetAddress.

Método	Descripción
byte[] getAddress()	Retorna la dirección IP.
String getHostAddress()	Retorna la representación en texto de la dirección IP.
String getHostName()	Retorna la representación en texto del nombre del host.
boolean isReachable(int timeout)	Verifica si la dirección es alcanzable en el tiempo establecido como parámetro.
String toString()	Convierte la dirección IP en texto.

Inet4Address y Inet6Address

Estas dos clases son subclases de la clase `InetAddress`. En concreto, `Inet4Address` representa el estilo tradicional del direccionamiento IPv4, e `Inet6Address` representa el nuevo estilo de direccionamiento de `IPv6`.

`Inet4Address` permite realizar direccionamientos de 32-bit. Tenemos el formato de direccionamiento `nnn.nnn.nnn.nnn`, por ejemplo, `192.168.96.68`. Para representar 128-bit se utiliza la clase `Inet6Address`.

SocketAddress y InetSocketAddress

Para el direccionamiento de sockets el paquete `java.net` provee dos clases: `SocketAddress` y `InetSocketAddress`.

En concreto `SocketAddress` es una clase abstracta independiente del protocolo.

```
public abstract class SocketAddress implements
java.io.Serializable {
}
```

La clase `InetSocketAddress` es una subclase de `SocketAddress`, y representa una dirección IP. Un ejemplo de dirección IP sería `192.168.96.68`, también se podrá especificar el nombre de un host: `anaya.com`, e incluso podemos indicar el puerto de conexión.

Conexiones TCP

A continuación, veremos los diferentes tipos de conexión TCP que nos ofrece el paquete `java.net`:

- Conexión mediante sockets de flujo.
- Comunicación sin conexión mediante datagramas.

Conexión mediante Sockets de flujo

Mediante los sockets (enchufes) de flujo una aplicación puede comunicarse con otra.

Mientras la conexión continúe, estas dos aplicaciones, se estarán comunicando utilizando un flujo de datos continuo.

Se pueden asemejar los sockets como si fuesen cables que uniesen dos ordenadores distantes y nos permitiesen intercambiar información entre un ordenador y otro.

La conexión mediante sockets de flujo se asemeja a la conexión telefónica. En una conversación telefónica intervienen dos teléfonos que están mandándose continuamente información en un flujo continuo, incluso cuando no se está hablando.

Cuando uno de los teléfonos es colgado, la conexión finalizará.

Los sockets se conectan a puertos lógicos. En la tabla 5.3, se ilustran algunos de estos puertos lógicos.

Los puertos por debajo de 1024 los tiene reservados el sistema, Internet suele utilizar los puertos por debajo de 255.

Tabla 5.3. Puertos utilizados en Internet.

Nº Puerto	Descripción	Nombre
7	Echo	Echo
9	Discard	Discard
11	Active Users	systat
13	Daytime	daytime
17	Quote of the Day	qotd
20	File Transfer Data	ftp-data
21	File Transfer Control	ftp
23	Telnet	telnet
25	Simple Mail Transfer	smtp
37	Time	time
42	Host Name Server	nameserver
53	Who is	nickname
70	Gopher	gopher
79	Finger	finger
80	World Wide Web	www-http
192	Internet Chat Relay	irc

La representación de un socket en `java.net`, se realiza mediante la clase `Socket`. Los constructores de la clase `Socket` aceptan como host, o bien una cadena, o bien un objeto de la clase `InetAddress`. También aceptarán un objeto del tipo `Proxy`, que permitirá una conexión utilizando un proxy.

El protocolo TCP/IP tiene asociado un identificador único para cada dirección, dicho identificador es la conocida IP, que por lo general consta de un octeto separado por puntos (por ejemplo, `192.168.96.68`). Debido a que la utilización de esta dirección, por parte de los usuarios, puede resultar un tanto compleja Internet utiliza el sistema de nombre de dominio, o más comúnmente dicho DNS (*Domain Name System*), de esta forma un usuario puede especificar el nombre de un host y el ordenador se encargará de traducir dicho nombre en su correspondiente IP.

Por tanto, la clase `Socket` te permite especificar un host mediante una cadena, o un IP mediante la clase `InetAddress`. Para obtener la dirección IP de un socket se ha de utilizar el método `getInetAddress()` de la clase `Socket`.

Los métodos que utilizaremos para comunicarnos con el host remoto son: `getInputStream()` y `getOutputStream()`, estos métodos resultan imprescindibles para poder traspasar información entre un ordenador y otro.

Nota:

Con la aparición del API NIO, podemos obtener un canal del tipo `SocketChannel` *realizando una llamada al método* `getChannel()` *dentro de la clase* `Socket`. *Con este canal, podremos comunicar a un cliente con otro utilizando los buffer definidos dentro del API NIO.*

Más adelante veremos cómo poder construir un servidor multiusuario utilizando los sockets, pero antes debemos conocer la clase `ServerSocket` que nos permitirá aceptar múltiples usuarios, es decir, que son el otro lado del `Socket` permitiendo enchufarse a este `ServerSocket` (enchufe de servidor) tantos clientes como queramos.

La clase `ServerSocket` construye un servidor que está pendiente de que se enchufen a él los clientes. Esta clase es bastante fácil de utilizar, ya que sólo hay que especificar el puerto desde donde se va a gestionar a los clientes. Los constructores más importantes de esta clase son:

- `ServerSocket(int puerto)`: Genera un enchufe de servidor asociado a un determinado puerto. Si se especifica el puerto 0 la clase `ServerSocket` será la encargada de buscar un puerto libre. Se aceptarán como máximo 50 clientes.
- `ServerSocket(int puerto, int maximo)`: Genera un enchufe de servidor asociado a un determinado puerto, el parámetro máximo indica el número máximo de clientes que puede atender este enchufe, si llegan más clientes que el máximo establecido dichos clientes se rechazarán.

Cuando creamos una instancia de un objeto del tipo `ServerSocket` tenemos a nuestra disposición una serie de métodos que nos permitirán gestionar a los clientes. Los métodos más importantes de esta clase son:

- `accept()`: Este método nos permitirá gestionar una conexión. Una vez que se produce una conexión, por parte del cliente, este método aceptará dicha conexión y creará un enchufe entre el cliente y el servidor. Este método se suele utilizar en un bucle infinito, en donde cada vez que se produce una nueva conexión, gestiona el cliente que se ha conectado. Una vez obtenido el socket podremos generar los flujos de entrada y salida entre el servidor y el cliente.

- `close()`: Cierra el enchufe del servidor.

En el punto siguiente veremos cómo crear un servidor multiusuario utilizando las clases `ServerSocket` y `Socket`.

Nota:

Al igual que ocurre en la clase `Socket`, *de la clase* `ServerSocket` *podemos obtener un canal del tipo* `ServerSocketCannel` *y utilizar el API NIO.*

Creación de un servidor multiusuario con conexiones de flujo

Para poder construir un servidor multiusuario deberemos utilizar los encadenamientos (threads). Cuando decimos que un servidor es multiusuario, nos referimos a un servidor que atiende a muchos usuarios o clientes, por tanto, es un servidor multiusuario, si sólo atendiese a un usuario sería monousuario. Veremos cómo de una forma rápida y sencilla, mediante las clases `ServerSocket` y `Socket`, podemos construir el servidor multiusuario.

Las funciones que realizará el servidor serán las siguientes:

- Dedicar un puerto específico para la conexión de los clientes.
- Aceptar un número máximo de clientes, en nuestro caso se va a aceptar 50 clientes como mucho.
- Recogerá el mensaje que envía el cliente, lo actualizará y se lo volverá a reenviar.
- Gestionará al cliente hasta que éste decida terminar la conexión enviando el cliente, en este caso, un mensaje de "`Salir`".

Como se ve el proceso que sigue el servidor es un proceso bastante sencillo ya que sólo recibe mensajes (cadenas), los modifica y los vuelve a enviar. Pero se podría haber realizado sin ningún tipo de problema, un servidor que dada una petición compleja, por parte de un cliente, tuviese que analizar dicha petición, para después devolver al cliente los resultados de la petición.

El código del servidor multiusuario es el siguiente:

```
import java.awt.Frame;
import java.awt.TextArea;
```

```
import java.io.IOException;
import java.net.ServerSocket;

public class ServidorTCP extends Frame{

   private TextArea entrada;
   private ServerSocket servidor;
   private int clientes;

    ServidorTCP(){
         setTitle("Servidor");
         setSize(350,400);
         entrada=new TextArea(20,40);
         entrada.setEditable(false);
         add(entrada);
         setVisible(true);
         clientes=0;
    }

    private void lanzarServidor(){
         try{
              servidor=new ServerSocket(5000,50);
              while (true){
                   new NuevoCliente(servidor.accept(),
                       this,clientes++).start();
              }
         }
         catch(IOException e){
              e.printStackTrace();
         }
    }

    public void añadir(String texto){
         entrada.append(texto);
    }

    public static void main(String[] args){
         ServidorTCP Servidor=new ServidorTCP();
         Servidor.lanzarServidor();
    }
}
```

Antes de ver cómo está implementado el encadenamiento `NuevoCliente` vamos a comentar el código del servidor.

El servidor llamado `ServidorTCP`, va a constar de una ventana, en la cual vamos a insertar un área de texto que nos permitirá observar la evolución, tanto de las conexiones, como de los datos procedentes de estas conexiones. La variable `clientes` nos permitirá asociar a un cliente un identificador de cliente, permitiendo así poder distinguir entre los distintos clientes conectados.

El método `añadir()` permitirá añadir texto en el área de texto. Como veremos más adelante este método será utilizado por los clientes, es decir, será utilizado por los encadenamientos `NuevoCliente`.

El método `lanzarServidor()`, es sin duda el método que se encarga de gestionar los clientes. Lo primero que hace este método es conseguir un socket de servidor que hemos llamado `servidor`. Una vez obtenido el enchufe de servidor, el método `lanzarServidor()` genera un bucle infinito (`while(true)`) que acepta nuevos clientes utilizando para ello el método `accept()` del `ServerSocket`.

Cuando se encuentra un nuevo cliente se lanza un encadenamiento llamado `NuevoCliente` que es el que se encarga de gestionar al nuevo cliente. Al constructor de este nuevo encadenamiento, se le pasa el socket asociado al nuevo cliente (que es el objeto `Socket` que retorna el método `accept()`) y la clase `ServidorTCP` (mediante la variable especial `this`) para que pueda utilizar el encadenamiento el área de texto definida en la clase `ServidorTCP`. También se le pasa al constructor el identificador de cliente que se le ha asociado al nuevo cliente.

Advertencia:

Cada vez que intentemos crear una conexión, u obtener un flujo de entrada, o de salida, se ha de controlar la excepción `IOException` *que se lanzará cuando exista alguna anomalía en la conexión o en la apertura de algún flujo de datos.*

Mediante el método `start()` se invoca al método `run()` del encadenamiento `NuevoCliente`. La implementación del encadenamiento `NuevoCliente` es la siguiente:

```
import java.io.DataInputStream;
import java.io.DataOutputStream;
import java.io.IOException;
import java.net.Socket;

public class NuevoCliente extends Thread{
   private Socket conexion;
   private ServidorTCP servidor;
   private int numero;
   private DataInputStream entrada;
```

```
private DataOutputStream salida;

NuevoCliente(Socket conexion,ServidorTCP servidor,
                int numero){
      this.conexion=conexion;
      this.servidor=servidor;
      this.numero=numero;
      try{
            entrada= new DataInputStream(
      conexion.getInputStream());
            salida= new DataOutputStream(
      conexion.getOutputStream());
      }
      catch(IOException e){
            e.printStackTrace();
      }
 }

/*
 * El método run() será el encargado de gestionar
 * al nuevo cliente
 */
 public void run(){
       boolean salir=false;
       servidor.añadir("Cliente "+numero+" se ha conectado\n");
       String cadena=null;
       while (!salir){
             try{
                   cadena=entrada.readUTF();
                   if (cadena.equals("Salir")){
                         salir=true;
                   }
                   else{
                         servidor.añadir("El cliente "+numero+" ha
                         enviado:\n"+
                                   "        "+cadena+'\n');
                          salida.writeUTF("Cadena  \""+cadena+"\"
                          recibida");
                   }
             }
             catch(IOException e){
                   e.printStackTrace();
             }
       }
       servidor.añadir("Se ha ido el cliente "+numero+"\n");
       try{
             conexion.close();
       }
       catch(IOException e){
```

```
                    e.printStackTrace();
                }
            }
        }
```

El constructor del encadenamiento lo que hace es conseguir el flujo de entrada/salida asociado al enchufe, utilizando para ello los métodos `getInputStream()` y `getOutputStream()` de la clase `Socket`.

El método `run()` será el encargado de gestionar el nuevo cliente. En este método, se ha colocado un bucle `while` cuya condición de salida va a ser que la cadena enviada por el cliente sea `"Salir"`.

Para leer dicha cadena se utiliza el método `readUTF()` de la clase `DataIntputStream`, una vez leída dicha cadena, en caso de no ser `"Salir"`, se visualizará en el área de texto de la clase `ServidorTCP`. Después de visualizarla en el área de texto se modificará y se volverá e enviar al cliente utilizando para ello el método `writeUTF()` de la clase `DataOutputStream`.

Una vez que la cadena enviada por el cliente sea `"Salir"`, la conexión del cliente se cerrará mediante el método `close()` y, por tanto, el método `run()` terminará con la consiguiente finalización del encadenamiento.

Ya tenemos creado, de una forma bastante sencilla, un servidor multiusuario. Ahora sólo nos falta ver el lado del cliente.

Creación de un cliente con conexiones de flujo

La aplicación cliente que hemos llamado `ClienteTCP` creará una interfaz de usuario que permitirá al usuario:

- Conectarse al servidor.
- Desconectarse del servidor.
- Enviar datos al servidor.

La interfaz de usuario, por tanto, contendrá tres botones, uno para conectarse, otro para enviar los datos, y otro para desconectarse. A su vez deberá contener un campo de texto en donde se deberán introducir los datos que se desean enviar, este campo de texto se llama `textoSalida`. Como el cliente vuelve a recibir los datos enviados, pero modificados o actualizados por el servidor, necesitamos otro campo de texto que muestre dichos datos actualizados, este campo de texto se llama `textoEntrada`.

Primero vamos a ver como está implementada esta clase y después comentaremos su implementación.

```
import java.awt.*;
import java.awt.event.*;
import java.io.*;
import java.net.InetAddress;
import java.net.Socket;

public class ClienteTCP extends Frame
   implements ActionListener{

   private Socket conexion;
   private DataOutputStream salida;
   private DataInputStream entrada;

   //Interfaz Usuario
   private TextField textoEntrada,textoSalida;
   private Button enviar,conectar,desconectar;
   private Panel panel;

   ClienteTCP(String nombre){
        super(nombre);
        setSize(350,200);
        panel=new Panel();
        textoSalida=new TextField(40);
        textoEntrada=new TextField(40);
        textoEntrada.setText("Pulsa el boton \"Conectar\" para
        conectarte");
        textoEntrada.setEditable(false);
        enviar=new Button("Enviar");
        enviar.setEnabled(false);
        conectar=new Button("Conectar");
        desconectar=new Button("Desconectar");
        desconectar.setEnabled(false);
        panel.add(new Label("Datos a enviar"));
        panel.add(textoSalida);
        panel.add(new Label("Datos recibidos"));
        panel.add(textoEntrada);
        panel.add(enviar);
        panel.add(conectar);
        panel.add(desconectar);

        enviar.addActionListener((ActionListener) this);
        conectar.addActionListener(this);
        desconectar.addActionListener(this);
        add(panel);
        setVisible(true);
   }

   public void actionPerformed(ActionEvent e){
        String com=e.getActionCommand();
```

```
        if  (com.equals("Enviar")){
              try{
                    textoEntrada.setText("");
                    salida.writeUTF(textoSalida.getText());
                    textoEntrada.setText(entrada.readUTF());
                    textoSalida.setText("");
              }
              catch(IOException io){
                    io.printStackTrace();
              }
        }
        else if (com.equals("Conectar")){
              try{
                    conexion=new Socket(
                                InetAddress.getLocalHost(),5000);
                    salida=new DataOutputStream(
                                conexion.getOutputStream());
                    entrada=new DataInputStream(
                                conexion.getInputStream());
                    conectar.setEnabled(false);
                    desconectar.setEnabled(true);
                    enviar.setEnabled(true);
                    textoEntrada.setText("");
              }
              catch(IOException io){
                    io.printStackTrace();
              }
        }
        else if (com.equals("Salir")){
              try{
                    salida.writeUTF("Salir");
                    conexion.close();
                    conectar.setEnabled(true);
                    desconectar.setEnabled(false);
                    enviar.setEnabled(false);
                    textoEntrada.setText("Pulsa el boton Conectar
                    para conectarte");
              }
              catch(IOException io){
                    io.printStackTrace();
              }
        }
  }

  public static void main(String args[]){
        new ClienteTCP("Cliente Angel");
        new ClienteTCP("Cliente Pepe");
  }
}
```

El constructor de la clase `ClienteTCP` simplemente crea la interfaz de usuario y establece las clases de escucha en los botones de la interfaz. Como es razonable, una vez que se lanza la aplicación cliente, los botones de enviar y desconectar estarán desactivados debido a que no existe ninguna conexión establecida con el servidor.

El método que a nosotros nos interesa es el `actionPerformed()` que es el método de escucha asociada a los tres botones. En dicho método lo primero que se hace es obtener el comando asociado al botón, que será el nombre del botón, y que procesaremos mediante sentencias `if`. Según sea el botón pulsado podrá ocurrir lo siguiente:

- **Si es el botón de enviar:** Se mandan los datos que contiene el campo de texto `textSalida` al servidor utilizando el flujo de datos de salida llamado `salida` mediante el método `writeUTF()`. A su vez, se esperará la respuesta del servidor invocando al método `readUTF()` del flujo de datos de entrada llamado `entrada`, visualizando en el campo de texto `textEntrada` los resultados de la lectura.
- **Si es el botón de conectar:** Se creará un socket asociado al puerto 5000 del servidor. El puerto ha de coincidir con el utilizado por el servidor para gestionar a los clientes. Mediante el método `InetAddress.getLocalHost()` estamos especificando que la aplicación cliente está corriendo en la misma máquina que la aplicación servidora. Una vez obtenida la conexión se establecerán los flujos de entrada y salida asociados a la conexión. También se habilitarán los botones de enviar y desconectar, inhabilitando el botón de conectar.
- **Si es el botón de desconectar:** Se informará al servidor de la desconexión enviando a éste la cadena "`Salir`" mediante el método `writeUTF()` del flujo de salida. Una vez enviada la cadena se procederá a desactivar el socket utilizando el método `close()` de éste. Se inhabilitarán los botones de enviar y desconectar, habilitando el botón de conectar.

El método `main()` será el encargado de lanzar dos clientes. Nosotros podremos utilizar estos dos clientes para interactuar con el servidor. En la figura 5.1 se puede apreciar esta aplicación cliente/servidor en funcionamiento.

Nota:

Si deseamos cerrar las conexiones de forma ordenada podemos usar los métodos: `shutdownInput()` *y* `shutdownOutput()`*, que cerrarán los flujos de entrada y salida respectivamente. En el caso* *de ejecutar* `shutdownInput()`*, se recibirá un mensaje del tipo EOF indicando el final de la lectura, en el caso de ejecutar el método* `shutdownOutput()` *si el socket continúa escribiendo recibirá una excepción del tipo* `IOException`.

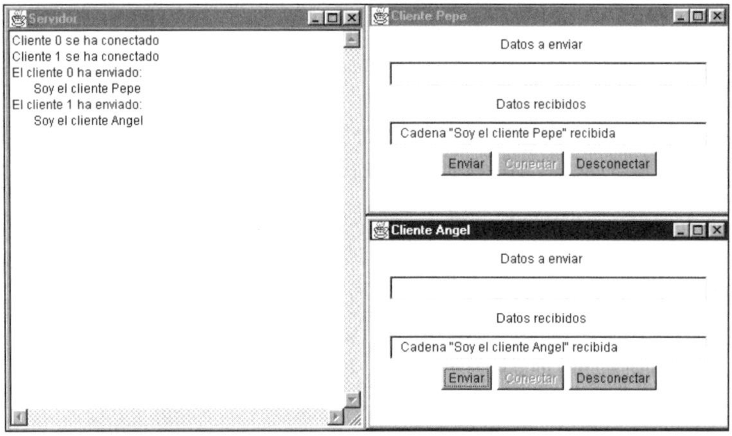

Figura 5.1. Aplicación cliente/servidor, en la cual dos clientes se encuentran conectados a un servidor.

Comunicación sin conexión con datagramas

Anteriormente, hemos visto como mantener una conexión en ambos sentidos mediante sockets de flujo. Ahora vamos a ver cómo se pueden comunicar dos máquinas utilizando un sólo sentido y sin conexiones.

Mediante los sockets de datagrama se transmiten paquetes individuales de información. El protocolo utilizado es el UDP (*User Datagram Protocol*). Los datagramas lo que hacen es dividir la información convirtiendo ésta en paquetes. Los paquetes son enviados a través de la red y estos no tiene porque llegar a su destino en el orden en el que se han enviado, por tanto, necesitan de una programación específica para controlar dichos paquetes y ordenar éstos una vez que tengamos todos en el servidor.

Debido a los problemas existentes en la transmisión de los paquetes, la mayoría de los usuarios, no utilizan este tipo de comunicación y optan más por utilizar los sockets de flujo.

Este tipo de comunicación se asemeja a la forma de trabajar del servicio postal. Si nosotros enviamos una carta a un amigo, y ésta es muy grande, dicha carta la dividimos y enviamos varias cartas. El cartero será el encargado de repartir dichas cartas pero, perfectamente, puede ser que éstas lleguen desordenadas (con unos días de diferencia), también puede darse el caso (aunque en muy pocas ocasiones) de que lleguen ordenadas, e incluso puede ser que no lleguen.

La ventaja principal que tiene este tipo de comunicación radica en que si estamos enviando información y se pierde parte de esta información, por ejemplo, un paquete, sólo tendremos que enviar el paquete que contenía dicha información mientras que con la conexión mediante sockets de flujo, si la conexión se pierde se tendrá que volver a retransmitir toda la información otra vez, o por lo menos parte de ella según el control que establezcamos en la comunicación.

Como ya hemos dicho, este tipo de comunicación no necesita de ningún tipo de conexión y por tanto no necesita ningún tipo de enchufe. Java utiliza las clases `DatagramPacket` y `DatagramSocket` para construir el datagrama y enviarlo.

La clase `DatagramPacket` nos permitirá construir un datagrama. Cuando creamos una instancia de un objeto del tipo `DatagramPacket` debemos especificar los datos del datagrama, la longitud de éstos, el host que recibirá los datos y el puerto por donde el host accederá a ellos.

Los puertos se especifican de la misma forma que como especificábamos los puertos vistos en los sockets, o sea, los 1024 primeros están reservados para el sistema, así que nosotros utilizaremos los puertos por encima del 1024.

Una vez construido el datagrama mediante la clase `DatagramSocket` establecemos el canal de comunicación que seguirá el datagrama.

Los métodos `send()` y `receive()` son los que nos permiten enviar y recibir la información.

El método `receive()` es muy parecido al método `accept()` de la clase `ServerSocket` ya que espera indefinidamente (por defecto) hasta que llegue el paquete. También se puede establecer mediante el método `setSoTimeout()` el tiempo máximo de espera del paquete.

A continuación, veremos cómo construir una aplicación cliente/Servidor utilizando datagramas.

Aplicación cliente/servidor con datagramas

La figura 5.2, muestra la aplicación cliente/servidor que vamos a desarrollar. Esta aplicación se basa en la interacción cliente/servidor sin conexiones con datagramas.

Como se puede apreciar en la figura 5.2, hemos utilizado un cliente que envía los datos contenidos en un campo de texto al servidor.

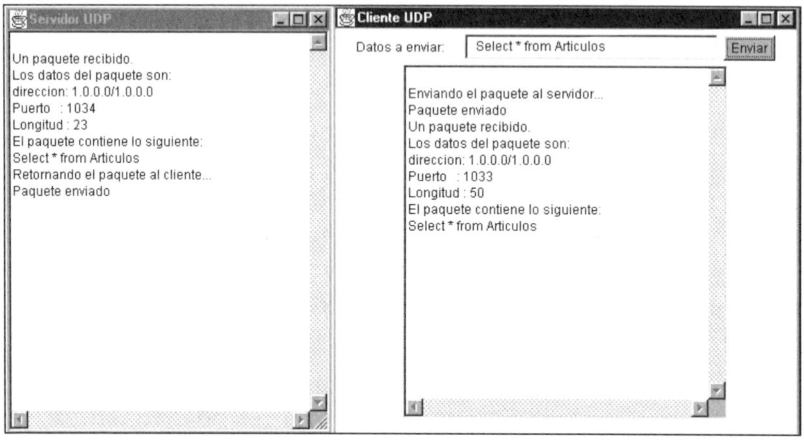

Figura 5.2. Aplicación cliente/servidor utilizando datagramas.

El servidor se encargará de procesar el paquete y visualizar los datos de éste. Una vez procesado el paquete lo devolverá al cliente.

El código de la aplicación servidor es el siguiente:

```
import java.awt.Frame;
import java.awt.TextArea;
import java.io.IOException;
import java.net.DatagramPacket;
import java.net.DatagramSocket;
import java.net.SocketException;

public class ServidorUDP extends Frame{
   private TextArea area;
   private DatagramPacket paqenviar,paqrecibir;
   private DatagramSocket enchenviar,enchrecibir;
   ServidorUDP(){
         setTitle("Servidor UDP");
         area=new TextArea(30,40);
         area.setEditable(false);
         add(area);
         pack();
         setVisible(true);
         try{
               enchenviar=new DatagramSocket();
               enchrecibir=new DatagramSocket(6500);
         }
         catch(SocketException e){
               e.printStackTrace();
         }
   }
```

```
void esperarPaquetes(){
 while (true){
      try{
          byte array[] = new byte[50];
          paqrecibir=new DatagramPacket(array,array.
          length);
          enchrecibir.receive(paqrecibir);
          area.append("\nUn paquete recibido.");
          area.append("\nLos datos del paquete son:");
          area.append("\ndireccion:  "+paqrecibir.get
          Address());
          area.append("\nPuerto   : "+paqrecibir.getPort());
          area.append("\nLongitud  :"+paqrecibir.getLength());
          area.append("\nEl paquete contiene lo siguiente: \n");
          array=paqrecibir.getData();
          String datos=new String(array);
          area.append(datos);
          area.append("\nRetornando el paquete al cliente...");
          paqenviar=new DatagramPacket(array,array.
          length,paqrecibir.getAddress(),6501);
          enchenviar.send(paqenviar);
          area.append("\nPaquete enviado");
     }
     catch(IOException io){
          io.printStackTrace();
     }
}
}

public static void main(String args[]){
     ServidorUDP servidor=new ServidorUDP();
     servidor.esperarPaquetes();
}
}
```

Como se ve, hemos declarado una clase `ServidorUDP` que será la encargada de procesar los paquetes que le lleguen procedentes de los clientes.

El constructor de la clase crea la interfaz de usuario que, simplemente, se basa en un área de texto en donde se visualizarán los datos de los paquetes que lleguen.

Este constructor creará los canales para el envío y la recepción de los paquetes.

El método `esperarPaquetes()` crea un bucle infinito que se encarga de obtener los paquetes, procesar éstos y reenviar los paquetes al cliente, es decir, realiza un eco de los paquetes. La función de procesar los paquetes no efectúa ninguna modificación de éstos, pero perfectamente podríamos haber modificado éstos para después mandárselos de nuevo al cliente.

Mediante el código:

```
byte array[] = new byte[50];
paqrecibir=new DatagramPacket(array,array.length);
```

establecemos el paquete a recibir que tendrá una longitud máxima de 50 bytes. Luego mediante una llamada al método `enchrecibir.receive(paqrecibir)` esperamos el paquete. Una vez obtenido el paquete lo procesamos y visualizamos su contenido en el área de texto.

Por último mediante el código:

```
paqenviar=new DatagramPacket(array,array.
        length,paqrecibir.getAddress(),6501);
enchenviar.send(paqenviar);
```

creamos un nuevo paquete de envío y se lo enviamos al cliente.

Como se puede apreciar el `ServidorUDP` espera los paquetes por el puerto 6500 y envía los paquetes por el puerto 6501. Por tanto, el cliente deberá enviar los paquetes por el puerto 6500 y deberá de esperar los paquetes en el puerto 6501.

Advertencia:

Si se especifica un puerto que ya está en uso, o si se especifica un número de puerto no válido, en la construcción de un objeto del tipo `DatagramSocket` *se lanzará una excepción del tipo* `SocketException`.

La implementación del cliente es muy parecida a la del servidor ya que realizan la misma función, con la única diferencia de que el cliente crea el paquete y lo envía.

Para crear el paquete, el cliente tiene un campo de texto en el cual se introducirán los datos a enviar en el paquete. La aplicación cliente tendrá un botón que dará la opción al usuario de enviar el paquete. La implementación de la aplicación cliente es la siguiente:

```
import java.awt.*;
import java.awt.event.*;
import java.io.IOException;
import java.net.DatagramPacket;
import java.net.DatagramSocket;
```

```
import  java.net.InetAddress;
import  java.net.SocketException;

public class ClienteUDP extends Frame
   implements ActionListener{
   private TextArea area;
   private Button enviar;
   private TextField datos;
   private DatagramPacket paqenviar,paqrecibir;
   private DatagramSocket enchenviar,enchrecibir;
   ClienteUDP(){
        setTitle("Cliente UDP");
        Panel panel=new Panel();
        enviar=new Button("Enviar");
        enviar.addActionListener(this);
        datos=new TextField(30);
        area=new TextArea(20,40);
        area.setEditable(false);
        panel.add(new Label("Datos a enviar:"));
        panel.add(datos);
        panel.add(enviar);
        panel.add(area);
        add(panel);
        pack();
        setVisible(true);
        try{
             enchenviar=new DatagramSocket();
             enchrecibir=new DatagramSocket(6501);
        }
        catch(SocketException e){
             e.printStackTrace();
        }
   }

   private void esperarPaquete(){
        while (true){
             try{
                  byte array[] = new byte[50];
                  paqrecibir=new DatagramPacket(
                            array,array.length);
                  enchrecibir.receive(paqrecibir);
                  area.append("\nUn paquete recibido.");
                  area.append("\nLos datos del paquete son:");
                  area.append("\ndireccion:
                  "+paqrecibir.getAddress());
                  area.append("\nPuerto  : "+paqrecibir.getPort());
                  area.append("\nLongitud  :  "+paqrecibir.get
                  Length());
                  area.append("\nEl paquete contiene lo siguiente:
                  \n");
```

```
                    array=paqrecibir.getData();
                    String cadena=new String(array);
                    area.append(cadena);
                }
                catch(IOException io){
                    io.printStackTrace();
                }
            }
        }

    public void actionPerformed(ActionEvent e){
        try{
            byte array[]=datos.getText().getBytes();
            area.append("\nEnviando el paquete al servidor...");
            paqenviar=new DatagramPacket(array, array.
                    length,InetAddress.getLocalHost(),6500);
            enchenviar.send(paqenviar);
            area.append("\nPaquete enviado");
        }
        catch(IOException io){
            io.printStackTrace();
        }
    }

    public static void main(String args[]){
        ClienteUDP cliente=new ClienteUDP();
        cliente.esperarPaquete();
    }
}
```

Como se ve, la implementación de la clase `ClienteUDP` es muy parecida a la del servidor (`ServidorUDP`).

Nota:

Para ver mejor la función de la comunicación con datagramas se ha de lanzar el `ClienteUDP` *y el* `ServidorUDP`. *Una vez lanzado el* `ClienteUDP` *se teclea un dato a enviar y se realizan numerosos envíos de este dato, pulsando para ello varias veces sobre el botón* ***Enviar****, viendo, por último, los mensajes que se producen en el área de texto del* `ServidorUDP` *y en el área de texto del* `ClienteUDP`.

Capítulo 6

Thread

En este capítulo aprenderá a:

- La creación de aplicaciones concurrentes.
- La protección de secciones críticas mediante monitores.
- El concepto de semáforo.
- El problema de la exclusión mutua.
- Las nuevas utilidades de concurrencia introducidas en la versión Java 2 v5.0.

Introducción

Cuando se quiere desarrollar, por ejemplo, una aplicación que necesite calcular una serie de datos, muchas veces nos interesa seguir utilizando la aplicación mientras se están realizando esos cálculos. Esto sólo se consigue si tenemos un mecanismo que nos permita tener varios procesos ejecutándose simultáneamente; uno de ellos sería el que realizaría los cálculos y otro podría ser la aplicación en sí. Java nos ofrece la clase `Thread` y la interfaz `Runnable`, que permiten que varios procesos estén funcionando de forma concurrente.

Podemos definir proceso como una actividad síncrona que es asignada a un procesador. En el caso de existir un único procesador, todos los procesos son asignados a éste; si existen varios procesadores, cada uno de los procesos, se asigna de forma independiente a cada uno de los procesadores.

Dos procesos se dice que son concurrentes cuando la primera instrucción de uno de ellos, se ejecuta después de la primera instrucción del otro proceso y antes de la última.

En caso de varios procesadores, hablamos de simultaneidad de procesos, y en el caso de un solo procesador, hablamos de solapamiento de procesos. En la figura 6.1, se muestra la ejecución de dos procesos en un sistema monoprocesador y en un sistema multiprocesador.

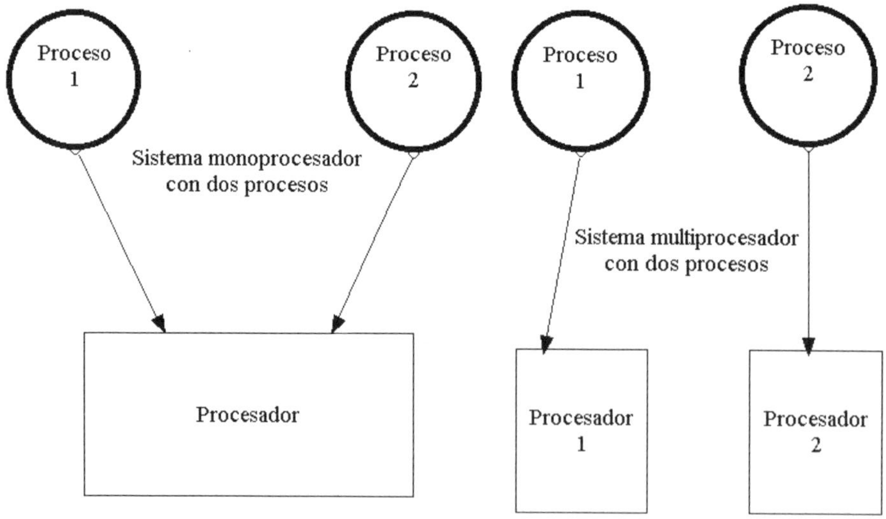

Figura 6.1. Ejecución de dos procesos, en diferentes sistemas.

Advertencia:

A partir de ahora, cuando hablemos de encadenamientos significará que estamos hablando de procesos lanzados concurrentemente.

La clase Thread

Esta clase es la que nos permite crear un encadenamiento en Java. Para crearnos un encadenamiento simplemente tendremos que crearnos una clase que descienda de la clase `Thread`. Veamos un ejemplo:

```
public class Encadenamiento extends Thread{
   public Encadenamiento(String nombre){
         super(nombre);
   }
   public void run(){
         for (int i=0;i<10;i++){
               System.out.println(getName());
               try {
                     sleep(100);
               } catch (InterruptedException e) {
                     e.printStackTrace();
               }
         }
    }
    public static void main(String args[]){
          Encadenamiento p1=new Encadenamiento("proceso 1");
          Encadenamiento p2=new Encadenamiento("proceso 2");
          p1.start();
          p2.start();
     }
}
```

Hemos creado una clase, `Encadenamiento`, y a partir de ella hemos instanciado dos objetos de esta clase (dos procesos): "*p1* y "*p2*". Se lanzan los dos encadenamientos concurrentemente haciendo una llamada al método `start()` de la clase `Thread`, que a su vez invoca al método `run()` del objeto `Thread`. El método `run()` ejecuta un bucle `for` que visualizará el nombre de cada `Encadenamiento`. Cada vez que se ejecute este ejemplo nos dará diferentes salidas, una de ellas puede ser la siguiente:

```
proceso 1
proceso 2
proceso 1
proceso 2
proceso 2
```

```
proceso 1
proceso 1
...
```

Si una vez que se ejecuta el ejemplo, obtenemos una salida que corresponde a la ejecución de todo el bucle `for`, correspondiente al proceso 1, seguida de todo el bucle `for` correspondiente al proceso 2, significa que poseemos un sistema multitarea que no lleva a cabo la segmentación del tiempo. Más adelante veremos qué es esto de la segmentación del tiempo y cómo se puede solucionar.

Propiedades de un Thread

El orden de ejecución de los encadenamientos viene dado por dos factores: la prioridad del thread y la segmentación del tiempo. En este punto comentaremos cómo establecer las prioridades del los encadenamientos.

Todos los encadenamientos poseen una prioridad. Dicha prioridad se encuentra en un intervalo que corresponde a [`MIN_PRIORITY`, `MAX_PRIORITY`]. Estas dos constantes permiten establecer la mínima y la máxima prioridad que se le puede asignar a un encadenamiento.

La mínima prioridad, es una constante que vale `1` y la máxima vale `10`. A su vez, existe un constante de prioridad que es la media de estas dos (vale 5) y que se llama `NORM_PRIORITY`.

El planificador de Java, es el que se encarga de decidir quien es el siguiente proceso que tendrá acceso al procesador. Esto, lo decide teniendo en cuenta qué proceso tiene la máxima prioridad en el sistema.

Para establecer la prioridad de un encadenamiento existe el método `setPriority`(), que recibe como parámetro un entero y éste será la prioridad asignada al proceso. Si dicho número entero no se encuentra en el intervalo [1,10], se lanzará una excepción del tipo `IllegalArgumentException`.

También podemos conocer la prioridad que posee un encadenamiento por medio del método `getPriority`().

Ciclo de vida de un Thread

Un proceso puede encontrarse en varios estados. Estos estados se ilustran en la figura 6.2.

Una elipse significa un estado, el nombre que aparece dentro de la elipse es el estado en el que se encuentra el proceso.

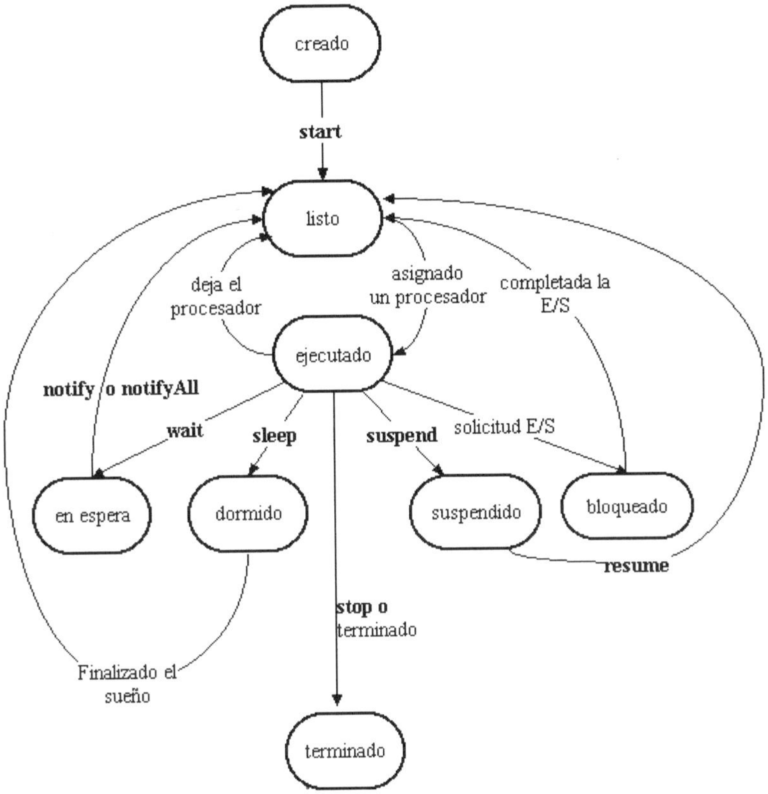

Figura 6.2. Ciclo de Vida de un thread.

Cuando un proceso se crea, pasa al estado de "Creado". Cuando ejecutamos el método `start()` del proceso, éste pasa al estado de "listo" o "preparado". Cuando el sistema encuentra el thread que posee mayor prioridad, lo pasa al estado de "ejecución", y por tanto le asigna el procesador al thread. Hay que tener en cuenta que los procesos pueden solicitar una operación de entrada/salida. Por tanto, cuando un thread solicita una operación de E/S entonces pasa al estado de "bloqueado", este thread no podrá usar el procesador (aunque haya alguno disponible) hasta que haya terminado la operación de E/S.

Cuando se invoca al método `sleep()` de un proceso, éste automáticamente pasa al estado de "dormido", saliendo de este estado sólo cuando haya terminado el método `sleep()`. Como ocurría anteriormente, este thread no podrá usar el procesador mientras esté dormido.

Cuando se invoca al método `suspend()` de un proceso, éste pasa al estado de "suspendido", sólo pasando al estado de "listo" cuando se invoque al método `resume()` del proceso. Tampoco podrá utilizar el procesador hasta que pase del estado de "suspendido" a "listo".

Cuando se invoca al método `wait()` de un proceso, éste pasa al estado de "espera", donde espera en una cola asociada al objeto específico para el cual invocó `wait()`. El primer proceso de la cola de espera, de un objeto en particular, pasará al estado de "listo" cuando otro thread asociado a ese objeto realice una llamada al método `notify()`.

Todos los procesos de la cola de espera asociada a un objeto, pasarán al estado de "listo" cuando un proceso asociado a ese objeto realice una llamada al método `notifyAll()`.

El proceso pasará al estado de "terminado" cuando se invoque al método `stop()` de ese thread, o bien, cuando termina su método `run()`.

En la tabla 6.1, se pueden apreciar los diferentes métodos de control de la clase `Thread` con sus estados válidos y estados de comprobación.

Tabla 6.1. Métodos de control de la clase Thread.

Método	Descripción	Estado válido	Estado de comprobación
`start()`	Empieza la ejecución del encadenamiento. Se invoca al método `run()` de dicho encadenamiento.	Creado	En ejecución
`stop()`	Termina la ejecución del encadenamiento.	Creado, en ejecución	Terminado
`sleep` (long mili)	Efectúa un espera de un determinado número de milisegundos.	En ejecución	En espera
`sleep` (long miliint nano)	Efectúa una espera de un determinado número de milisegundos y nanosegundos.	En ejecución	En espera
`suspend()`	Suspende la ejecución del thread.	En ejecución	En espera

Método	Descripción	Estado válido	Estado de comprobación
`resume()`	Reanuda la ejecución del thread que ha efectuado una llamada a `suspend()`.	Suspendido	En ejecución
`yield()`	Cede el control del procesador a otro thread, o sea, abandona explícitamente el procesador.	En ejecución	En ejecución

Suspender, reanuda y parar un encadenamiento

Los métodos `suspend()`, `resume()` y `stop()` han sido declarados deprecados (*deprecated*) después de la versión de Java 2. Se han comentado, en este capítulo, debido al gran número de aplicaciones que todavía utilizan estos métodos.

Han sido deprecados debido a que suponían un serio fallo de seguridad. Por ejemplo, el método `suspend()`, cuando era llamado sobre un encadenamiento que se encontraba en una sección crítica, al ser suspendido en este punto abandonaba la sección crítica, y si existía otro encadenamiento esperando entrar en esta sección crítica se quedaba bloqueado. Al deprecar el método `suspend()`, han tenido que deprecar también el método `resume()`, ya que es la contrapartida del anterior. Al método `stop()` le pasa algo parecido que al método `suspend()`, pero es aún más grave, ya que al realizar un `stop()` sobre el encadenamiento, los datos modificados dentro de la sección crítica sería corruptos, ya que podían solo haberse modificado parte de ellos. Nadie en el momento de realizar un `stop()` podía asegurar que se habían realizado todos los cambios sobre la sección crítica.

Para no utilizar estos métodos debemos crear nuestros propios métodos que se encarguen de realizar dicha funcionalidad, basta con establecer un `flag` dentro del `Thread`, que determinen si esta suspendido para reanudarlo, y otro `flan`, que determine si el `Thread` debe ser parado.

Nota:

Para emular el método `suspend()` se deberán utilizar los métodos `wait()` y `notify()` comentados posteriormente dentro de este mismo capítulo.

```
public class Emulador extends Thread{
   private boolean flagSuspendido=false;
   private boolean parar=false;
   public Emulador(String name){
         super(name);
   }
   public void suspender(){
         System.out.println(getName()+" suspendido.");
         this.flagSuspendido=true;
   }
   public synchronized void reanudar(){
         System.out.println(getName()+" reanudando...");
         this.flagSuspendido=false;
         notify();
         System.out.println(getName()+" reanudado.");
   }
   public void parar(){
         this.parar=true;
   }
   public void run(){
         int i=0;
         while (!parar){
               System.out.println(this.getName()+" ---> "+i);
               try {
                     sleep(100);
                     synchronized(this){
                           while (this.flagSuspendido){
                                 wait();
                           }
                     }
               } catch (InterruptedException e) {
                     e.printStackTrace();
               }
         }
   }
}
public class TestEmulador {
   public static void main(String args[]){
         Emulador emu1=new Emulador("Emulador1");
         Emulador emu2=new Emulador("Emulador2");
         emu1.start();
         emu2.start();
         emu1.suspender();
         emu1.reanudar();
         try {
               Thread.sleep(1000);
         } catch (InterruptedException e) {
               e.printStackTrace();
         }
```

```
        System.out.println("Parando aplicación...");
        emu1.parar();
        emu2.parar();
        System.out.println("Aplicación parada.");
    }
}
```

La interfaz Runnable

Como ya hemos dicho anteriormente, Java no posee herencia múltiple. Por tanto ¿qué pasa si deseamos utilizar un encadenamiento y no podemos extender de la clase `Thread`, ya que extendemos de otra clase? Esto se soluciona utilizando la interfaz `Runnable` que posee Java.

La interfaz `Runnable` nos permite tratar nuestra clase como un objeto `Runnable`, o sea, convierte nuestra clase en un encadenamiento.

Cuando una clase implementa la interfaz `Runnable`, es igual que cuando derivábamos de la clase `Thread`, por tanto el código que controlaba el encadenamiento se situará dentro del método `run()`.

Veamos un ejemplo que equivale al ejemplo expuesto en la clase `Thread`:

```
public class EncadenamientoRunnable implements Runnable{
    private String nombre;
    public EncadenamientoRunnable(String nom){
        nombre=nom;
    }
    public void run(){
        for(int i=0;i<10;i++)
            System.out.println(nombre);
    }

    public static void main(String args[]){
        EncadenamientoRunnable proceso1=new EncadenamientoRunnable
        ("Proceso 1");
        EncadenamientoRunnable proceso2=new EncadenamientoRunnable
        ("Proceso 2");
        Thread p1=new Thread(proceso1);
        Thread p2=new Thread(proceso2);
        p1.start();
        p2.start();
    }
}
```

La diferencia entre este ejemplo y el de la clase `Thread`, se encuentra en las llamadas al constructor de la clase `Thread` (`Thread(Runnable)`).

La segmentación del tiempo

El orden de ejecución de un encadenamiento, como comentamos anteriormente, viene dado por dos factores: uno de ellos es la segmentación del tiempo. Antes comentábamos, que se ejecutará el encadenamiento que posea más prioridad, hasta aquí todo va bien, el problema radica cuando dos encadenamientos poseen la misma prioridad.

Hemos comentado en numerosas ocasiones que Java es un lenguaje portátil. Pero existen ciertas porciones del lenguaje que son dependientes de la plataforma; ya que una aplicación que utilice encadenamientos puede portarse de diferente forma según la plataforma que estemos utilizando.

En la plataforma Solaris, Java ejecuta un proceso hasta que éste termine o hasta que se encuentre un hilo que esté en el estado "listo" y que tenga una prioridad más alta. En este momento, el hilo que se estaba ejecutando, deja de ejecutarse y comienza la ejecución del hilo nuevo que ha entrado y que posee más prioridad que el antiguo.

En Windows 2000 y en Windows NT los threads se manejan por tajadas de tiempo o quantums. Por tanto, a cada proceso se le asigna un quantum de tiempo para utilizar el procesador. Una vez pasado ese quantum el proceso tendrá que esperar a que los demás procesos, que tienen su misma prioridad, terminen de utilizar su quantum siguiendo un turno circular (*round-robin*).

El ejemplo que pusimos cuando explicamos la clase Thread tendría dos salidas diferentes según sea la plataforma donde se ejecute. Por ejemplo, en Windows 2000 tendría una salida parecida a:

```
proceso 1
proceso 2
proceso 1
proceso 2
proceso 1
proceso 2
....
```

Y en una plataforma Sun Solaris la salida sería:

```
proceso 1
proceso 1
proceso 1
...(Hasta que termine el proceso 1)
proceso 2
proceso 2
```

```
proceso 2
...(Hasta que termine el proceso2)
```

Como se puede apreciar, si ejecutamos la aplicación en la plataforma Sun, estamos perdiendo toda la potencia de los encadenamientos. Podemos solucionar el problema ya que Java ofrece una programación expulsora, por tanto, el método `yield()` de la clase `Thread` nos permite expulsar el encadenamiento o proceso que se encuentre en ejecución. Es como si el encadenamiento no fuese egoísta, sino que fuese cortés y cediese el procesador a otro encadenamiento para que este lo utilice. Veamos un ejemplo que solucionaría la segmentación en el tiempo:

```
public class EncadenamientoSegmentado extends Thread{
   public EncadenamientoSegmentado(String name){
         super(name);
   }
   public void run(){
         for (int i=0;i<10;i++){
               System.out.println(this.getName());
               yield();
         }
    }
   public static void main(String args[]){
         EncadenamientoSegmentado p1=new EncadenamientoSegmentado
         ("proceso 1");
         EncadenamientoSegmentado p2=new EncadenamientoSegmentado
         ("proceso 2");
         p1.start();
         p2.start();
   }
}
```

Como se ve sólo hemos añadido una línea a nuestro ejemplo.

Hay que tener presente que cuando se ejecuta el método `yield()`, el sistema realiza una serie de tareas; una de esas tareas es la del cambio de contexto. Un cambio de contexto o una conmutación de contexto, es el tiempo que transcurre entre que el planificador saca un proceso de la UCP y elige otro proceso para ejecutarse. Este tiempo, es un tiempo muerto, ya que la UCP no está trabajando. Por tanto, cuando estamos utilizando un solo encadenamiento, el uso del método `yield()` es una pérdida de tiempo.

También podemos saber si un sistema utiliza o no utiliza segmentación en el tiempo. Como ya sabemos que los sistemas que no tienen segmentación en el tiempo, ejecutan un proceso mucho más tiempo que otro, podremos crear una pequeña aplicación que nos determine el tiempo de ejecución de un encadenamiento y el tiempo de ejecución de otro encadenamiento.

Simplemente, podríamos comparar los dos tiempos obtenidos y determinar si un sistema es o no segmentado en el tiempo. Ahora podría surgir la siguiente cuestión. En caso de tener un sistema que no tiene segmentación en el tiempo, a parte de utilizar el método `yield()`, ¿se podría construir algún tipo de proceso que ejerciese de planificador del sistema? Se podría realizar, bastaría con construirnos un encadenamiento que tuviese la máxima prioridad (ya que un sistema sin segmentación en el tiempo ejecuta los procesos que tienen máxima prioridad) y que fuese cediendo el procesador durante un tiempo determinado simulando los quantum (rodajas de tiempo) que comentamos anteriormente, de esta forma a cada encadenamiento con un índice de probabilidad normal se le concederá un tiempo para ejecutarse. Veremos en el siguiente ejemplo como realizar esto:

```
public class Planificador extends Thread{
   /*
    * Establecemos la máxima prioridad al Planificador.
    */
   Planificador() {
         setPriority(MAX_PRIORITY);
   }
   /*
    * Generamos un bucle infinito que duerma un determinado
    * tiempo al Planificador.
    */
   public void run(){
         while(true){
               try{
                     sleep(10);
               }
               catch(InterruptedException e){
                     e.printStackTrace();
               }
         }
   }

   public static void main(String args[]){
         Planificador plani = new Planificador();
         Encadenamiento p1=new Encadenamiento("Proceso 1");
         Encadenamiento p2=new Encadenamiento("Proceso 2");
         Encadenamiento p3=new Encadenamiento("Proceso 3");
         p1.start();
         p2.start();
         p3.start();
         plani.start();
}
}
```

Como se puede observar, esta aplicación funciona a la perfección, aunque no sea muy atractiva.

El problema radica en que el rendimiento de la aplicación dependerá del tiempo que el planificador duerma, es decir, del quantum de tiempo que el planificador ofrece a los demás encadenamientos. Por tanto si el quantum es pequeño, todos los procesos serán interrumpidos varias veces. Emulando una situación en la que todos los procesos están asignados de forma independiente a un procesador, la velocidad de cada procesador vendrá dada en razón de 1/n, donde n es el número de procesos. Es como si dividiésemos el procesador en varios procesadores.

Sin embargo, cuando el quantum es grande, los procesos pueden terminar antes de que se agote su quantum, con la correspondiente perdida de rendimiento de la aplicación.

El quantum se ha de establecer según una serie de criterios: velocidad de la memoria, número de registros, etc. Pero esto ya sería meternos en teoría de sistemas operativos, y esto no es lo que se pretende dar en este libro.

El problema de la exclusión mutua

Cuando hablamos de sincronización de procesos, nos referimos a cuando dos o más procesos compiten por la obtención de un recurso. Un recurso puede ser una variable o un conjunto de variables.

Cuando hablamos de comunicación entre procesos nos referimos a que dos o más procesos colaboran para obtener un fin común. Esta comunicación se suele hacer compartiendo recursos; por tanto, a través de estos recursos dos procesos pueden comunicarse entre sí.

La dificultad que habrá al crear aplicaciones que usan encadenamientos será la de proteger las secciones críticas. Las secciones críticas son aquellas secciones del código en las cuales se encuentran los recursos que comparten diferentes procesos.

Supongamos que deseamos crear una aplicación que contabilice los accesos que se realizan a una base de datos desde dos terminales. En la figura 6.3, se muestra la base de datos y los dos terminales conectados a ella.

Para ello nos construiremos una clase `Terminal` que permita acceder a la base de datos y una clase `BaseDatos` que será la base de datos y que contendrá el contador del número de veces que se accede desde las dos terminales.

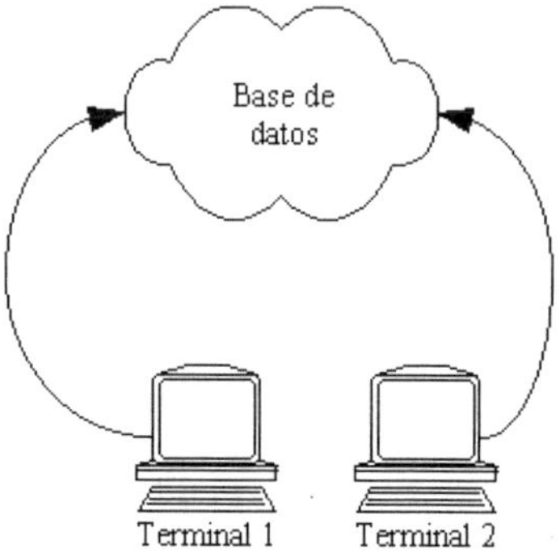

Figura 6.3. Acceso de dos terminales a una base de datos.

```
public class BaseDatos {
   protected int contador=0;
   public int dev_contador(){
        return contador;
   }
   public void inc_contador(){
        contador++;
   }
}
public class Terminal extends Thread{
   private BaseDatos basedatos;
   Terminal(String nombre,BaseDatos bd){
        super(nombre);
        this.basedatos=bd;
   }
   /*
    * Método que incrementa el contador
    */
   public void run(){
        for (int i=0;i<100;i++){
             basedatos.inc_contador();
             try {
                  sleep(10);
             } catch (InterruptedException e) {
                  e.printStackTrace();
             }
              System.out.println(getName()+"  :  "+basedatos.dev_
             contador()+" personas");
        }
   }
   public static void main(String args[]){
        BaseDatos basedatos=new BaseDatos();
        Terminal terminal1=new Terminal("Terminal1",basedatos);
        Terminal terminal2=new Terminal("Terminal2",basedatos);
```

```
            terminal1.start();
            terminal2.start();
        }
    }
```

Como se ve en la clase `Terminal`, dentro del método `run()` hay un bucle `for` que incrementa la variable contador de la base de datos(`BaseDatos`), suponiendo que le entran cien personas al `Terminal`.

Los resultados obtenidos al ejecutar el ejemplo, no son los que esperábamos, aunque el número de personas que ha accedido a la base de datos algunas veces sea 200.

Como se ve, los dos procesos están accediendo a la misma variable con el consiguiente problema de que uno está modificando la variable pero ésta no tiene su valor correcto debido a que el otro proceso la está actualizando también. Este problema se define como un problema de exclusión mutua que significa que dos procesos no pueden acceder a la misma variable.

La exclusión mutua en definitiva lo que trata es de resolver el problema de las secciones críticas o variables compartidas.

Existen una serie de criterios para garantizar la exclusión mutua:

1. El número de procesos que puedan existir en una sección crítica, en un momento determinado, como máximo debe de ser uno.
2. Cuando existen varios procesos que quieren acceder a una sección crítica, se le ha de conceder el derecho a entrar en esa sección crítica a uno de ellos, pero en un tiempo finito, por tanto deberá de devolver el recurso en un tiempo finito.
3. Si un proceso no está en su sección crítica, entonces se debe dejar a otro proceso entrar en la sección crítica.

Existen numerosas soluciones software que intentan resolver el problema de la exclusión mutua. Nosotros vamos a ver una que lo resuelve. Esta solución la dio *Peterson* en 1981, se llamó el algoritmo de *Peterson*. Aplicaremos dicho algoritmo al ejemplo anterior de los terminales y la base de datos:

```
public class BaseDatosPeterson {
   public  int contador=1,turno=1;
   public  boolean flag1,flag2;
}
public class Terminal1Peterson extends Thread{
   private BaseDatosPeterson basedatos;
   public Terminal1Peterson(BaseDatosPeterson bd){
        this.basedatos=bd;
   }
```

```
    //Método que incrementa el contador.
   public void run(){
        int i=1;
        while (i<101){
             basedatos.flag1=true;
             basedatos.turno=2;
             while (basedatos.flag2 && basedatos.turno==2);
             //Seccion crítica.
             System.out.println("Terminal  1:  "+(basedatos.
             contador++)+"personas");
             basedatos.flag1=false;
             //Sección no crítica.
             i++;
        }
    }
}
public class Terminal2Peterson extends Thread{
   private BaseDatosPeterson basedatos;
   public Terminal2Peterson(BaseDatosPeterson bd){
        this.basedatos=bd;
   }
   //Método que incrementa el contador.
   public void run(){
        int i=1;
     while (i<101){
          basedatos.flag2=true;
          basedatos.turno=1;
          while (basedatos.flag1 && basedatos.turno==1);
          //Seccion crítica.
            System.out.println("Terminal  2:  "+basedatos.contador
            +++"personas");
           basedatos.flag2=false;
          //Sección no crítica.
          i++;
     }
   }
}
public class TestPeterson {
   public static void main(String args[]){
        BaseDatosPeterson basedatos=new BaseDatosPeterson();
        Terminal1Peterson term1=new Terminal1Peterson(basedatos);
        Terminal2Peterson term2=new Terminal2Peterson(basedatos);
        term1.start();
        term2.start();
    }
}
```

Como se puede ver ahora el resultado final de este algorítmo es el que esperábamos.

La variable `turno` junto con las variables booleanas `flag1` y `flag2`, son las que deciden quién va a entrar en la sección crítica.

El `Terminal1Peterson` entrará en la sección crítica cuando el `flag1`(el suyo) esté a `true` y la variable *turno* le corresponda, o sea, que esté a "1", en caso contrario no hará nada.

La utilización del algoritmo de *Peterson*, para resolver este problema, no es del todo correcto; ya que no se va a dar acceso a nadie por uno de los terminales hasta que por el otro entre alguien.

Pero para otras aplicaciones, esta solución es aceptable cuando estamos trabajando con dos procesos. Cuando desarrollemos aplicaciones que utilizan más de dos procesos, este método es bastante incorrecto ya que deberíamos poner tantos *flags* como procesos haya, por tanto, la confusión con los *flags* sería bastante importante además de ser una solución poco elegante.

Para ello Java ofrece un mecanismo que nos facilita todo esto, ese mecanismo son los monitores y tienen como principal característica el que sólo un proceso puede entrar a la vez en un monitor, facilitándonos bastante la tarea.

Los monitores

Los monitores nos resuelven el problema de las variables compartidas, por tanto nos ofrecen un mecanismo que complace la exclusión mutua entre encadenamientos.

C.A.R Hoaere en 1974 analizó por primera vez el concepto de monitor. Anteriormente decíamos que la sincronización de procesos se debía a que dos o más procesos luchaban por conseguir un recurso. Java usa monitores para manejar la sincronización de procesos.

Java permite marcar las secciones críticas de código mediante la palabra clave `synchronized`. Se puede marcar cualquier bloque de código como `synchronized`, aunque se suele sincronizar el método entero. Esto es así ya que si empezamos a sincronizar pequeños bloques de código en multitud de métodos, a la larga será complicado distinguir lo que está sincronizado y lo que no.

Para sincronizar un bloque de código deberemos utilizar la cláusula `synchronized`:

```
synchronized(objeto) {
   ...
```

```
    Sentencias dentro del objeto sincronizado
    ...
}
```

Cuando declaramos un método como `synchronized` estamos creando un monitor. Un monitor sólo permitirá que un encadenamiento pueda ejecutar un método `synchronized` a la vez con el objeto. Lo que hace es que cuando un encadenamiento está dentro de un monitor, éste está poniendo como una especie de candado al objeto impidiendo que ningún otro método pueda acceder al objeto, hasta que el encadenamiento que está dentro del monitor termine de ejecutar el método sincronizado. A su vez si existen varios métodos `synchronized` dentro del objeto, sólo uno de ello podrá ejecutarse al mismo tiempo.

Según vayan llegando encadenamientos que solicitan acceso al monitor, se irán metiendo en una cola de encadenamiento hasta que el encadenamiento que está dentro del monitor deje la exclusión mutua, a favor de otro encadenamiento que la quiera utilizar. En este momento, el planificador será el encargado de elegir el encadenamiento que tenga más alta prioridad, y que se encuentre en la cola asociada al objeto que posee el método `synchronized` al que desea acceder.

Cuando un encadenamiento está dentro de un monitor puede ser que no pueda continuar por alguna circunstancia, entonces crea un bloqueo en el monitor ya que no puede seguir ejecutándose, y por tanto no puede liberar al objeto. Para ello Java utiliza tres métodos: `wait()`, `notify()`, `notifyAll()`, que no pertenecen a la clase `Thread`, pero que forman parte de la clase `java.lang.Object`. El método `wait()` permite al hilo dejar de competir por el procesador y por el objeto monitor. Permitiendo, por tanto, a otros encadenamientos acceder al monitor del objeto. Ahora el encadenamiento que a ejecutado el `wait()` pasará a una cola mientras otros encadenamientos intentan acceder al monitor.

Cuando un encadenamiento que está ejecutando un método `synchronized` termina, puede efectuar una llamada al método `notify()` que permitirá que un encadenamiento que se encuentra en espera pueda acceder de nuevo al monitor. El método `notify()`, se utiliza para indicar a un encadenamiento que a efectuado una llamada al método `wait()` que se han realizado una serie de cambios y que sin esos cambios el encadenamiento que efectúo una llamada al método `wait()` no podía continuar.

Cuando un encadenamiento ejecuta un `notifyAll()` permite entrar al monitor a todos los encadenamientos que están esperando en la cola. Pero recuerda que sólo uno, podrá obtener el acceso al monitor.

Hay que tener esto bastante claro, y es la distinción entre la cola de encadenamientos que se genera cuando se desean acceder a un monitor, y la cola de encadenamientos que se genera al efectuar una llamada al método `wait()`. La cola que se forma cuando un encadenamiento desea entrar en un monitor que a su vez está ocupado, la podríamos llamar "cola externa". La cola que se forma cuando un encadenamiento, que está ejecutando un método `synchronized` hace una llamada a `wait()`, la podríamos llamar "cola interna".

Sólo se cogerán encadenamientos de la "cola externa" cuando un hilo a terminado de ejecutar el monitor. Y sólo se cogerán encadenamientos de la "cola interna", cuando otro encadenamiento efectúe una llamada al método `notify()` o al método `notifyAll()`.

Advertencia:

Hay que tener en cuenta que si utilizamos fuera de un monitor los métodos `wait()`, `notify()` *y* `notifyAll()` *se producirá un error, y se lanzará una excepción de estado de monitor no permitido, esta excepción es del tipo* `IllegalMonitorStateException`.

Vamos a resolver el problema de la base de datos y de los terminales usando monitores:

```
public class BaseDatosMonitor {
   private int contador;
   public BaseDatosMonitor(){
        contador=0;}
   /*
    * Método que modifica el contador, y por tanto contiene la
    sección crítica a proteger.
    */
    public synchronized void inc_contador(){
         contador++;
         System.out.println(contador+" personas");
   }
}
public class TerminalMonitor extends Thread{
   private BaseDatosMonitor basedatos;
   public TerminalMonitor(BaseDatosMonitor bd){
        this.basedatos=bd;
   }
   /*
```

```
     * Metodo que incrementa el contador.
     */
    public void run(){
         for (int i=1;i<=100;i++)
              basedatos.inc_contador();
    }

    public static void main(String args[]){
         BaseDatosMonitor basedatos=new BaseDatosMonitor();
         TerminalMonitor terminal1=new TerminalMonitor(basedatos);
         TerminalMonitor terminal2=new TerminalMonitor(basedatos);
         terminal1.start();
         terminal2.start();
      }

}
```

Como puede verse, hemos declarado el método que accede a la sección crítica como `synchronized`. De esta forma protegemos la variable contador.

El problema del productor consumidor

El problema se basa en compartir un área de memoria llamada *buffer*. Este *buffer* será utilizado por una serie de productores y una serie de consumidores. Los productores acceden al *buffer* para colocar datos en él. Los consumidores acceden al *buffer* para conseguir datos de él.

En la figura 6.4, podemos ver un esquema de productor/consumidor con un solo productor y con un solo consumidor.

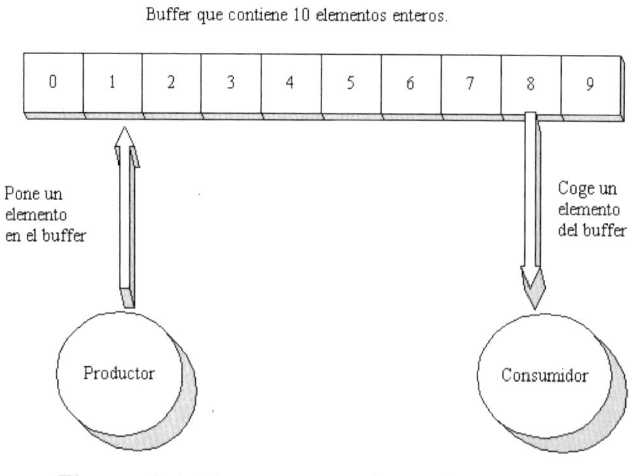

Figura 6.4. Esquema productor/consumidor.

Los productores y los consumidores serán encadenamientos que intentan leer y escribir del *buffer*. Crearemos primero una clase *Buffer* que guarda la información del *buffer*. A su vez, esta clase tendrá dos métodos sincronizados que controlarán el acceso al *buffer*, o sea, que protegerán la sección crítica, que en este caso es el *buffer*.

```
public class Buffer {
   private int bufferint[]={0,0,0,0,0,0,0,0,0,0};;
   private int contador,nextin,nextout;
   public Buffer(){
         contador=0;
         nextin=0;
         nextout=0;
   }
   public synchronized void poner(int num){
         while(contador>9){
               try{
                     wait();
               }
               catch(InterruptedException e){
                     e.printStackTrace();
               }
         }
         bufferint[nextin]=num;
         contador++;
         nextin=(nextin+1)%10;
         notify();
   }
   public synchronized int coger(){
         int numero;
         while (contador==0){
               try{
                     wait();
               }
               catch(InterruptedException e){
                     e.printStackTrace();
               }
         }
         numero=bufferint[nextout];
         contador--;
         nextout=(nextout+1)%10;
         notify();
         return numero;
   }
}
```

Esta clase, a parte de tener el array de enteros (el *buffer*), va a contener tres variables enteras:

- `contador`: Que nos indicará el número de elementos que hay en el *buffer*.
- `nextin`: Que será la posición dentro del *buffer* que indica donde debe de poner el productor el siguiente elemento.
- `nextout`: Que será la posición dentro del *buffer* que indica donde debe de coger el consumidor el siguiente elemento.

El método sincronizado `poner()`, permitirá insertar elementos en el *buffer* por parte de un encadenamiento productor. Hay que tener en cuenta que si un encadenamiento productor intenta poner un elemento cuando el *buffer* está lleno, dicho encadenamiento deberá de llamar al método `wait()` indicando que no puede seguir con su ejecución. En el caso de que no esté lleno el *buffer* el encadenamiento insertará el dato que es pasado como parámetro al método `poner()`.

El método sincronizado `coger()`, permitirá extraer elementos del *buffer*. Hay que tener en cuenta que un encadenamiento consumidor, cuando el *buffer* esté vacío, deberá llamar al método `wait()`, indicando que no puede conseguir ningún elemento.

Tanto el método `coger()`, como el método `poner()`, una vez terminada la ejecución del método, efectuarán una llama al método `notify()` indicando que, o bien se ha cogido un elemento, o bien indicando que se ha puesto un elemento.

Crearemos ahora la clase `Productor` y la clase `Consumidor`:

```
public class Productor extends Thread{
   private Buffer buffer;
   public Productor(String nombre,Buffer b){
         super(nombre);
         buffer=b;
    }
    public void run(){
          for (int i=0;i<10;i++){
                System.out.println(getName()+" intentando poner: "+i);
                buffer.poner(i);
                System.out.println(getName()+" puso: "+i);
                /*
                 * dormir el proceso durante algún tiempo
                 */
                try{
                     sleep((int)(Math.random()*100));
               }
               catch(InterruptedException e){
                     e.printStackTrace();
```

```
            }
        }
      }
  }
  public class Consumidor extends Thread{
     Buffer buffer;
     public Consumidor(String nombre,Buffer b){
          super(nombre);
          buffer=b;
     }
     public void run(){
          System.out.println(getName()+" intenta coger un elemento");
          System.out.println(getName()+" cogio: "+buffer.coger());
     }
  }
```

La clase `Productor` inserta en el *buffer* diez elementos, para ello, utiliza un bucle, entre cada inserción o entre cada iteración, se dormirá un determinado tiempo para que a los procesos consumidores les de tiempo a consumir.

La clase `Consumidor`, simplemente, lee del *buffer* un dato.

Crearemos una pequeña clase que nos permita manejar los productores, consumidores y el *buffer* al mismo tiempo.

En esta clase, crearemos un *buffer*, un productor y cuatro consumidores. Lanzaremos el productor y los consumidores concurrentemente.

```
public class TestProductorConsumidor {
   public static void main(String args[]){
        Buffer buffer=new Buffer();
        new Productor("Productor 1",buffer).start();
        new Consumidor("Consumidor 1",buffer).start();
        new Consumidor("Consumidor 2",buffer).start();
        new Consumidor("Consumidor 3",buffer).start();
        new Consumidor("Consumidor 4",buffer).start();
   }

}
```

Los semáforos

Podemos definir un semáforo como un tipo abstracto de datos, que por tanto, tendrá una cierta estructura y una serie de operaciones.

Un semáforo nos permite, al igual que un monitor, proteger las secciones críticas. Como en la vida real, un semáforo impide el paso de los automóviles para que puedan pasar personas o bien otros automóviles. Por tanto, podemos utilizar una serie de semáforos en nuestro código que impidan el paso a no más del número de encadenamientos que precisemos.

A partir de los conceptos que hemos visto, en monitores podemos construir los semáforos. En el ejemplo siguiente, utilizaremos la clase `Semaforo` para resolver el problema de los lectores/escritores.

Nota:

El concepto de semáforo ha sido incluido en la versión cinco de Java dentro de las nuevas utilidades de concurrencia comentadas al final del capitulo, concretamente se ha incluido en el paquete `java.util.concurrent`, *y la clase se llama* `Semaphore`.

El problema de los lectores/escritores utilizando semáforos

El problema que nos planteamos es el típico problema de programación concurrente. Lo analizaron y resolvieron por primera vez P.J.Courtois, F.Heymans y D.L.Parnas en un artículo de investigación llamado "Concurrent Control with Reades and Writers" en Comunicationes of the ACM, correspondiente al volumen 14, número 10, paginas 667-668 en octubre de 1971.

Supongamos un esquema como el que muestra la figura 6.5. En dicho esquema se pueden apreciar una serie de lectores y escritores que quieren tener acceso a una base de datos. Cuando hablamos de una base de datos, podemos también referirnos a un fichero, o a cualquier otro tipo de recurso compartido.

Muchos lectores pueden estar accediendo a la vez a la base de datos ya que ninguno de ellos modifica nada de ésta, por tanto, no existe ningún peligro de modificación en la base de datos. Pero el problema radica en que cuando un escritor quiere acceder a la base de datos ésta debe estar desocupada, o sea, que no haya ningún lector o escritor utilizándola.

Por tanto se pueden dar los siguientes casos:

- Llega un lector:
  - Si hay uno o varios lectores dentro de la base de datos, el lector podrá acceder a la base de datos.

   - Si hay un escritor, entonces el lector deberá esperar a que el escritor acabe con su tarea para entrar.
- Llega un escritor:
   - Si hay uno o varios lectores, el escritor deberá esperar hasta que todos los lectores que se encuentren en la base de datos terminen.
   - Si hay un escritor, el escritor que quiere entrar deberá esperar a que el escritor que se encuentra en la base de datos termine de realizar su tarea.

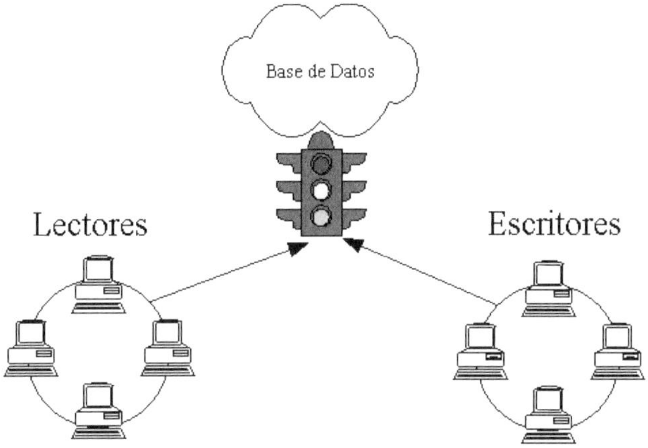

Figura 6.5. Esquema lectores/escritores.

Declaramos una clase `Semaforo`, y una clase `TLector` y `TEscritor` que accedan a la base de datos utilizando la clase `Semaforo`.

La clase `Semaforo` nos indicará el estado en el que se encuentra la base de datos. Los estados que puede contener el semáforo pueden ser: vacío, leyendo o escribiendo. Según el estado en que se encuentre el semáforo puede ocurrir lo siguiente:

- Si el semáforo se encuentra en el estado de "vacío", entonces indica que no hay nadie ni escribiendo ni leyendo en la base de datos. Por tanto, cualquier lector o escritor podrá acceder a ella. Un escritor deberá esperar a que el semáforo pase por este estado antes de entrar a escribir en la base de datos.
- Si el semáforo se encuentra en el estado de "leyendo" indica que existen lectores en la base de datos y, por tanto, ningún escritor podrá entrar en ella.

- Si el semáforo se encuentra en el estado de "escribiendo" indica que existe un escritor en la base de datos y, por tanto, nadie (ni lectores ni escritores) podrá acceder a ella.

Para indicarnos el número de lectores que hay en la base de datos, el semáforo tiene una variable llamada `num_lectores` la cual se va incrementando a medida que van entrando lectores en la base de datos, y mediante la cual podemos determinar cuando la base de datos se queda vacía para así poder establecer el semáforo a "vacío".

La clase `Semaforo` es la siguiente:

```
public class Semaforo {
   public final static int VACIO=0;
   public final static int LEYENDO=1;
   public final static int ESCRIBIENDO=0;
   private int estado=VACIO;
   private int num_lectores=0;
   public synchronized void leer(){
        if (estado==VACIO){
             estado=LEYENDO;
        }
        else if (estado!=LEYENDO){
                while(estado==ESCRIBIENDO){
             try {
                  wait();
             }
             catch(InterruptedException e){
                  e.printStackTrace();
             }
                }
        }
        estado=LEYENDO;
        num_lectores++;
   }

   public synchronized void escribir(){
        if (estado==VACIO){
             estado=ESCRIBIENDO;
        }
        else {
             while(estado!=VACIO){
                  try {
                       wait();
                  }
                  catch (InterruptedException e){
                       e.printStackTrace();
                  }
```

```
            }
        }
    }
    public synchronized void desbloquearEscritores(){
        estado=VACIO;
        notify();
    }

    public synchronized void desbloquearLectores(){
        num_lectores--;
        if (num_lectores==0){
            estado=VACIO;
            notify();
        }
    }
}
```

La clase empezará razonablemente en el estado de "vacío". Los métodos `desbloquearEscritores()` y `desbloquearLectores()` permitirán indicar al semáforo que un lector ha terminado de leer o que un escritor ha terminado la operación de escritura sobre al base de datos.

Ahora implementaremos una clase `TLector` y una clase `TEscritor`.

```
public class TLector extends Thread{
    private Semaforo semaforo;
    public TLector(String nombre,Semaforo s){
        super(nombre);
        this.semaforo=s;
    }
    public void run(){
        System.out.println(getName()+" : Intentando leer");
        semaforo.leer();
        System.out.println(getName()+" : Ya ha leido");
        try {
            sleep((int)(Math.random())*50);
        }
                catch(InterruptedException e){
            e.printStackTrace();
         }
      semaforo.desbloquearLectores();
     }
}
public class TEscritor extends Thread{
    private Semaforo semaforo;
    public TEscritor(String nombre,Semaforo s){
        super(nombre);
        this.semaforo=s;
    }
```

```
    public void run(){
        System.out.println(getName()+" : Intentando escribir");
        semaforo.escribir();
        System.out.println(getName()+" : Ya ha escrito");
        try {
            sleep((int)(Math.random())*50);
        }
        catch(InterruptedException e){
            e.printStackTrace();
        }
        semaforo.desbloquearEscritores();
    }

}
```

Las clases `TLector` y `TEscritor` simplemente intentan acceder a la base de datos.

Por último, declaramos la clase `TestLectorEscritor` que nos permitirá probar los semáforos aplicados al acceso de lectores/escritores a una base de datos.

```
public class TestLectorEscritor {
    public static void main(String args[]){
        Semaforo sem=new Semaforo();
        for(int i=1;i<11;i++){
            new TLector("Lector"+i,sem).start();
        }
        for (int i=1;i<4;i++){
            new TEscritor("Escritor"+i,sem).start();
        }
    }
}
```

En esta clase de prueba hemos instanciado a 11 lectores y a 4 escritores; pasándoles como parámetro de entrada el semáforo.

Se preguntará: ¿Por qué tanto revuelo con este ejercicio si lo hemos resuelto rápidamente? La respuesta es que no hemos resuelto el ejercicio completamente, falta lo más difícil. Por ejemplo, ¿Qué pasa cuando hay varios lectores activos y un escritor desea escribir? Si permitimos que entren todos los lectores y compartan los datos entre ellos, no permitiendo que entre el escritor, entonces éste puede estar esperando indefinidamente.

También se puede pensar en dar preferencia a los escritores.

Pero de nuevo nos encontramos con el mismo problema, ya que puede ser que lleguen muchos escritores y por tanto dejen en espera a los lectores indefinidamente. Como se ve, nos encontramos con un dilema: ¿Quién nos interesa que tenga preferencia?, ¿Qué pasa si tenemos muchos escritores esperando?, ¿Y si tenemos muchos lectores esperando?

Esto ya forma parte de temas complicados, pero a su vez, el simple intento de resolverlo nos permitirá tener un mayor conocimiento de los encadenamientos, cosa que es bastante necesaria cuando deseamos tener aplicaciones que contengan múltiples encadenamientos.

Los Thread Daemon

Cuando ejecutamos un encadenamiento como *daemon*, significa que lo estamos ejecutando en segundo plano, es decir, que sólo se ejecutará cuando el procesador tenga tiempo disponible, con el consiguiente aprovechamiento del procesador, ya que no dejamos que éste deje de trabajar.

Como ejemplo de encadenamiento *daemon* tenemos el recolector de basura. Para designar un hilo como *daemon* se ha de utilizar el método `setDaemon()` de la siguiente forma:

```
Thread.setDaemon(true);
```

Si ponemos `false`, en el método en lugar de `true`, significa que el encadenamiento no es *daemon*. Las aplicaciones que desarrollemos podrán incluir tanto encadenamientos *daemon* como encadenamientos no *daemon*.

La utilización de encadenamientos *daemon* viene dada (la mayoría de las veces) cuando se desea que un encadenamiento controle otros encadenamientos. Para ello se suele utilizar en el método `run()` un bucle infinito que controle a los demás encadenamientos. A los encadenamientos *daemon* también se los conoce como encadenamientos "maestros".

Hay que tener en cuenta que cuando sólo quedan encadenamientos *daemon* ejecutándose en la aplicación, ésta termina su ejecución.

Advertencia:

Debemos asignar un encadenamiento como daemon *antes de ejecutar el método* `start()`. *De lo contrario se lanzará una excepción del tipo* `IllegalThreadStateExcepction`.

Para saber si un encadenamiento es o no *daemon*, existe el método `isDaemon()` que devolverá `true` si el encadenamiento es *daemon* y `false` en caso contrario.

Los grupos de Thread

Cuando creamos una aplicación con múltiples encadenamiento, hay veces que nos interesa tener agrupados un conjunto de encadenamientos, ya que de lo contrario, la comprobación de todos los encadenamientos puede resultar bastante complicada y lenta. Java ofrece al programador la clase `ThreadGroup`, que nos permite tener agrupados un conjunto de encadenamientos. La clase `Thread` posee tres constructores que admiten objetos del tipo *ThreadGroup* como parámetro. Los constructores son:

```
Thread(ThreadGroup, Runnable)
Thread(ThreadGroup, String)
Thread(ThreadGroup, Runnable, String)
```

Para averiguar en que grupo hemos insertado un determinado `Thread` utilizaremos el método `getThreadGroup()` que está definido en la clase `Thread`. Podemos generar un grupo de thread de la siguiente forma:

```
ThreadGroup Grupothread = new  ThreadGroup("Grupo1");
Thread p1=new Thread(Grupothread);
Thread p2=new Thread(Grupothread);
Thread p3=new Thread(Grupothread);
```

Los threads `p1`, `p2` y `p3` pertenecerán al grupo "*Grupothread*". A su vez podemos a partir de un grupo generar otro grupo:

```
ThreadGroup Grupo2 = new  ThreadGroup(Grupothread,"Grupo2");
```

Como uno se puede imaginar, se puede construir de una forma sencilla una jerarquía de grupos. Cuando deseemos detener, suspender o reanudar un determinado grupo de encadenamientos bastará utilizar los métodos apropiados de la clase `ThreadGroup`, que suspenderán, detendrán o reanudarán todos los encadenamientos que se encuentren en el grupo.

Los grupos de encadenamientos tiene o poseen privilegios de acceso, si no se especifica ningún privilegio de acceso para el grupo, se supone que todos los demás grupos pueden acceder a éste. Existe una clase abstracta llamada `SecurityManager` que permite especificar las restricciones de acceso.

El ínter bloqueo

Decimos que un conjunto de procesos están ínter bloqueados, si cada proceso del conjunto está esperando por un suceso que sólo puede producir otro proceso del conjunto, puesto que todos los procesos están esperando, ninguno de ellos podrá producir el suceso que despierte a cualquiera de los otros miembros del conjunto. Debido a esto, todos los procesos esperan indefinidamente. En la figura 6.6, se puede apreciar la existencia de dos procesos: `P1` y `P2` que tienen asignados los recursos `Ra` y `Rb`, respectivamente, pero que a su vez el proceso `P1` solicita el recurso `Rb` que posee el proceso `P2`, y el proceso `P2` solicita el recurso `Ra` que posee el proceso `P1`.

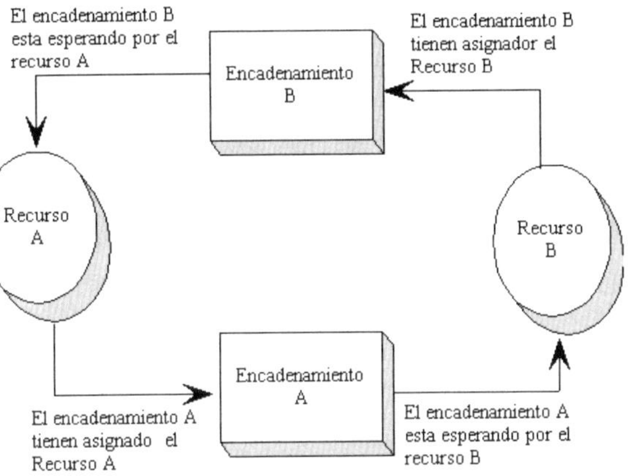

Figura 6.6. Dos procesos que posiblemente se encuentren ínter bloqueados.

Cuando no existe un ciclo como el que se muestra en la figura 6.6, entonces no existe ínter bloqueo, pero cuando existe un ciclo como el de la figura 6.6 puede haber o no ínter bloqueo. Por tanto, no significa que si existe ciclo, existe ínter bloqueo.

Nota:

El ciclo de la figura 6.6 es aplicado a dos procesos que tienen asignado un recurso cada uno, y que a su vez, necesitan otro recurso. Esta figura es extensible a muchos procesos con muchos recursos y con muchas peticiones de recursos.

Hubo un señor llamado Coffman que propuso cuatro condiciones necesarias a la vez para que se produzca el ínter bloqueo:

1. **Exclusión Mutua:** Esto lo explicamos cuando vimos los monitores. Y es que cada recurso o bien está disponible o no lo está. En este último caso, estará asignado a otro proceso.

2. **Asignación Parcial:** Que un proceso pueda adquirir sus recursos por partes, es decir, que no puede pedir todos sus recursos a la vez.
3. **Programación no expulsora:** Un recurso sólo puede ser liberado por el proceso que lo ha adquirido, y sólo él puede hacer esto.
4. **Espera circular:** Es lo que se muestra en la figura 6.6.

Como dijo Coffman, son cuatro las condiciones necesarias; en cuanto una de ellas no se cumpla no se debe de producir ínter bloqueo.

Como bien sabemos, Java utiliza una programación expulsora; por tanto, un proceso puede arrebatar los recursos a otro. Según esto podemos eliminar, o por lo menos evitar, el ínter bloqueo en nuestras aplicaciones.

El problema del ínter bloqueo, en nuestras aplicaciones, se dará fundamentalmente cuando se realicen llamadas anidadas.

Las llamadas anidadas se dan cuando un encadenamiento entra en un monitor (método sincronizado) y, a su vez, llama a otro monitor. En la figura 6.7 se ilustra esto.

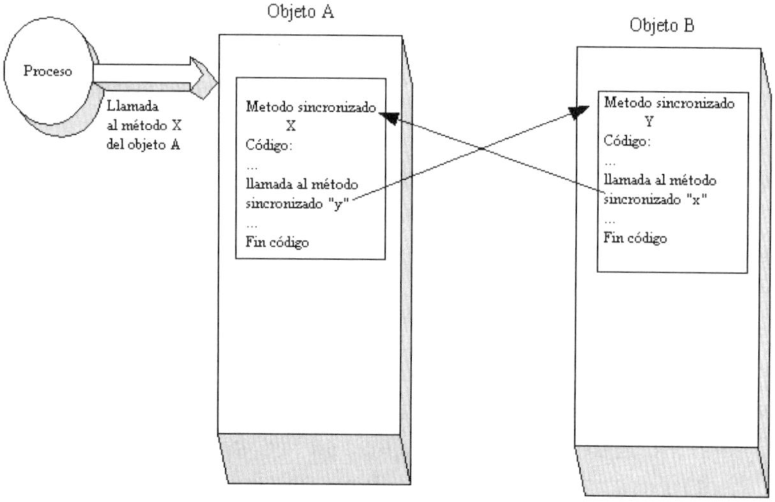

Figura 6.7. El problema de las llamadas anidadas.

Por tanto, cuando se invoca a un método sincronizado dentro de otro método sincronizado, existe un gran riesgo de ínter bloqueo. Por ejemplo, imaginemos que un método sincronizado "*x*" intenta acceder a otro método sincronizado "*y*". Ahora "*x*" accede a "*y*", supongamos que el método "*y*" necesita volver a acceder a "*x*", con el consiguiente ínter bloqueo, ya que a un método sincronizado sólo puede acceder, en un momento determinado, un sólo proceso. Dejando por tanto los métodos "*x*" e "*y*" totalmente bloqueados ya que ningún otro proceso podrá acceder a ellos.

Para solucionar este problema lo mejor será intentar que ningún método sincronizado llame a su vez a otro método sincronizado.

Truco:

La mejor manera de evitar el ínter bloqueo es definir claramente las tareas que se asignan a cada encadenamiento, considerando qué datos va ha solicitar el encadenamiento y cuándo los va a soltar. Lo mejor será intentar que el encadenamiento solicite el menor número de recursos posibles.

Manejo de excepciones

Dentro de la versión Java 2 v5.0 se ha incorporado una nueva funcionalidad de manejo de excepciones para los `Threads`. Dentro de la clase `Thread` se ha incorporado el método `setUncaughtExceptionHandler()` que nos permitirá definir una manejador de excepciones para ese `Thread`.

Para crearnos un manejador de excepciones tendremos que crear una clase que implemente la interfaz `Thread.UncaughtExceptionHandler`, e implementar el método `uncaughtException()`.

Veamos un ejemplo, vamos a crearnos un manejador de excepciones que utilizarán todos los hilos de una misma aplicación, para ello lo primero que crearemos será el manejador, al que llamaremos `ManejadorExcepciones`:

```
public class ManejadorExcepciones implements
Thread.UncaughtExceptionHandler{

   public void uncaughtException(Thread t, Throwable e) {
         System.out.printf("Thread que lanzo la excepcion: %s
         \n",t.getName());
         e.printStackTrace();
   }
}
```

Esta clase tan solo mostrará que hilo a producido la excepción y la pila de llamadas de la excepción.

Vamos a crearnos, ahora un encadenamiento que, de forma aleatoria realice una división. Buscaremos que el ejemplo nos de una excepción del tipo `java.lang.ArithmeticException` al dividir por 0. Dividiremos 100 entre un numero aleatorio comprendido en el intervalo [0,3], de esta forma, existe una alta probabilidad de que el 0 sea el numero aleatorio, y por tanto al dividir por 0 consigamos la excepción comentada anteriormente.

```
import java.util.Random;

public class EjemploThread extends Thread{
   public EjemploThread(String nombre){
         super(nombre);
   }

   public void run(){
         Random numero=new Random();
         int division=100/numero.nextInt(3);
         System.out.println("Division: "+division);
   }
}
public class TestExcepciones {

   public static void main(String args[]){
         EjemploThread thread1=new EjemploThread("Thread1");
         EjemploThread thread2=new EjemploThread("Thread2");
         EjemploThread thread3=new EjemploThread("Thread3");
         ManejadorExcepciones manejador=new ManejadorExcepciones();
         thread1.setUncaughtExceptionHandler(manejador);
         thread2.setUncaughtExceptionHandler(manejador);
         thread3.setUncaughtExceptionHandler(manejador);
         thread1.start();
         thread2.start();
         thread3.start();
   }
}
```

De esta forma tan sencilla hemos conseguido tener centralizado el manejo de excepciones de encadenamientos en nuestra aplicación.

Utilidades de concurrencia

Dentro de la versión Java 2 v5.0, se han incorporado una serie de utilidades de concurrencia, estas utilidades se han empaquetado dentro del API de concurrencia. Concretamente dentro de tres paquetes:

- `java.util.concurrent`: Dentro de este paquete se sitúa el *core* del API, concretamente están definidos los objetos de sincronización: `Se-`

maphore, `CountDownLatch`, `CyclicBarrier` y `Exchanger`, los Ejecutores (`Executor`, `ExecutorService`, `Callable`, `Future`, etc.) y la definición de colecciones para el uso en aplicaciones concurrentes.

- `java.util.concurrent.atomic`: Incluyen un conjunto de clases para ser usadas como variables atómicas en aplicaciones concurrentes: `AtomicInteger`, `AtomicLong`, etc.
- `java.util.concurrent.locks`: Define una serie de clase como uso alternativo a la cláusula *synchronized*. En este paquete se encuentran las interfaces: `Lock`, `ReadWriteLock`, etc.

Objetos de sincronización

Se han incluido cuatro objetos de sincronización que nos permitirán realizar funciones especificas a la hora de crear aplicaciones concurrentes. Anteriormente, hemos visto como solucionar el problema de los lectores y escritores utilizando semáforos, en concreto, nos creamos nuestra propia clase semáforo. Ahora esa implementación nos la dará uno de los objetos de sincronización: `Semaphore`.

Veremos uno por uno los objetos de sincronización existentes.

Semaphore

Esta clase nos permitirá definir, como su nombre bien indica, un semáforo para el acceso a un recurso determinado. Para crearnos un semáforo, deberemos indicar al constructor de la clase `Semaphore` cuántos hilos queremos que accedan a los recursos compartidos al mismo tiempo, si sólo deseamos que acceda un hilo al recurso compartido se lo indicaremos en el constructor.

Cuando queramos acceder al recurso compartido, se lo indicaremos, al semáforo, mediante una llamada al método `acquire`(), cuando deseemos liberar el recurso realizaremos una llamada al método `release`().

También podremos indicarle al semáforo, cuántos recursos al mismo tiempo (de forma concurrente) queremos consumir y cuántos liberar, para ello utilizaremos el método `acquire`(*int recurosAdquirir*) y `release`(*int recursosLiberar*) respectivamente.

Veamos el ejemplo de los lectores y escritores utilizando semáforos. Nos crearemos un semáforo, que permitirá acceder a 10 recursos de forma simultanea, de esta forma estamos indicando que pueden acceder 10 lectores de forma simultanea. ¿Qué pasa cuando llegue un escritor? Cuando llegue un escritor intentará obtener todos los recursos disponibles (10), hasta que no tenga todos los recursos no realizará la operación de escritura (`acquire`(10)).

```
import java.util.concurrent.Semaphore;

public class Lector extends Thread{
   private Semaphore semaforo;
   public Lector(String nombre,Semaphore s){
         super(nombre);
         this.semaforo=s;
   }
   public void run(){
         System.out.println(getName()+" : Intentando leer");
         try {
               semaforo.acquire();
         } catch (InterruptedException e1) {
               e1.printStackTrace();
         }
         System.out.println(getName()+" : Ya ha leido");
         try {
               sleep((int)(Math.random())*50);
         }
         catch(InterruptedException e){
            e.printStackTrace();
         }
         semaforo.release();
      }
}
import java.util.concurrent.Semaphore;

public class Escritor extends Thread{
   private Semaphore semaforo;
   public Escritor(String nombre,Semaphore s){
         super(nombre);
         this.semaforo=s;
   }
   public void run(){
         System.out.println(getName()+" : Intentando escribir");
         try {
               semaforo.acquire(10);
         } catch (InterruptedException e1) {
               e1.printStackTrace();
         }
         System.out.println(getName()+" : Ya ha escrito");
         try {
               sleep((int)(Math.random())*50);
         }
```

```
            catch(InterruptedException e){
                 e.printStackTrace();
            }
            semaforo.release(10);
        }
    }
```

Veremos ahora como podemos ejecutar el ejemplo, lanzaremos 10 lectores y 3 escritores.

```
    public class TestSemaforos {
       public static void main(String args[]){
            Semaphore sem=new Semaphore(10);
            for(int i=1;i<=5;i++){
                 new Lector("Lector"+i,sem).start();
            }
            for (int i=1;i<4;i++){
                 new Escritor("Escritor"+i,sem).start();
            }
            for(int i=6;i<=10;i++){
                 new Lector("Lector"+i,sem).start();
            }

       }
    }
```

CountDownLatch

Cuando queramos que un grupo de encadenamientos se queden a la espera de que ocurran una serie de eventos utilizaremos `CountDownLatch`.

La clase `CountDownLatch` nos permitirá establecer el número de eventos que deseamos que ocurran, antes de continuar con la ejecución. Para ello, la clase `CountDownLatch` posee el método `await()` que realizará una espera hasta que el número de eventos ocurra. Para ir disminuyendo el número de eventos, debemos utilizar el método `countDown()`.

Veamos un ejemplo:

```
    import java.util.concurrent.CountDownLatch;

    public class EjemploCDL {
       public static void main(String args[]){
            CountDownLatch cdl=new CountDownLatch(3);
            new ThreadCDL(cdl).start();
            try {
                 System.out.println("Esperando a finalizar los
                 procesos.");
                 cdl.await();
```

```
            } catch (InterruptedException e) {
                e.printStackTrace();
            }
            System.out.println("Finalizado.");
        }
    }
    import java.util.concurrent.CountDownLatch;

    public class ThreadCDL extends Thread{
        private CountDownLatch cdl;
        public ThreadCDL(CountDownLatch cdl){
            this.cdl=cdl;
        }
        public void run(){
            //Realizamos 3 procesos
            System.out.println("Ejecutando proceso 1...");
            cdl.countDown();
            System.out.println("Ejecutando proceso 2...");
            cdl.countDown();
            System.out.println("Ejecutando proceso 3...");
            cdl.countDown();
        }
    }
```

La salida será:

```
Esperando a finalizar los procesos.
Ejecutando proceso 1...
Ejecutando proceso 2...
Ejecutando proceso 3...
Finalizado.
```

CyclicBarrier

Siempre que deseemos ejecutar un encadenamiento, en función a la finalización de la ejecución de otros encadenamientos, podemos utilizar la clase `CyclicBarrier`. En ella, se define el número de encadenamientos que vamos a tener en cuenta a la hora de lanzar el encadenamiento de enlace (enlace cíclico). Por ejemplo, vamos a pensar que tenemos un conjunto de encadenamientos y que queremos, que cuando se finalice la ejecución de dos encadenamientos, se lance un encadenamiento encargado de verificar la situación del sistema: memoria libre, estado del procesador, estado de las aplicaciones externas, etc.

Para ello nos, crearemos primero el proceso cíclico que queremos lanzar:

```
public class ProcesoCiclico extends Thread{
    public void run(){
```

```
            System.out.println("Comprobando datos sistema...");
            //Operaciones de sistema...
            System.out.println("Datos de sistema comprobados.");
      }
}
```

Ahora crearemos el encadenamiento de ejemplo y la clase que ejecute dichos encadenamientos:

```
import java.util.concurrent.BrokenBarrierException;
import java.util.concurrent.CyclicBarrier;

public class ThreadCB extends Thread{
   private CyclicBarrier cb;
   public ThreadCB(CyclicBarrier cb,String nombre){
         super(nombre);
         this.cb=cb;
   }
   public void run(){
         System.out.println("Ejecutando: "+this.getName());
         try {
               cb.await();
         } catch (InterruptedException e) {
               e.printStackTrace();
         } catch (BrokenBarrierException e) {
               e.printStackTrace();
         }
   }

}
import java.util.concurrent.CyclicBarrier;

public class EjemploCB {

   public static void main(String[] args) {
         CyclicBarrier cb=new CyclicBarrier(2,new
ProcesoCiclico());
         new ThreadCB(cb,"Thread1").start();
         new ThreadCB(cb,"Thread2").start();
         new ThreadCB(cb,"Thread3").start();
         new ThreadCB(cb,"Thread4").start();
   }
}
```

La salida será:

```
Ejecutando: Thread1
Ejecutando: Thread2
Comprobando datos sistema...
Datos de sistema comprobados.
```

```
Ejecutando: Thread3
Ejecutando: Thread4
Comprobando datos sistema...
Datos de sistema comprobados.
```

Como se puede apreciar en la salida del ejemplo, se ha ejecutado de forma cíclica dos veces el encadenamiento `ProcesoCiclico`, estas ejecuciones se han realizado en dos tandas, una cuando han finalizado los encadenamientos: `Thread1` y `Thread2`, y la otra tanda cuando han finalizado lo encadenamientos: `Thread3` y `Trhead4`.

Exchanger

Esta clase, nos permitirá compartir secciones críticas entre dos encadenamientos. La clase `Exchanger<V>` es genérica, siendo `<V>` el tipo de dato a compartir. El único método definido dentro de esta clase es `exchange()`:

```
public V exchange(V x) throws InterruptedException {
...
}
```

El método `exchange()` será el que utilizaremos para compartir el objeto entre los dos encadenamientos. El encadenamiento que desea obtener la información, esperará realizando una llamada al método `exchange()`, hasta que el otro encadenamiento situé la información utilizando el mismo método.

Separación lógica ejecución

Para separar la lógica del encadenamiento, de la lógica de ejecución, se ha creado la interfaz `Executor` que define el método `execute(Runnable comando)`. La interfaz `ExecutorService` implementa la interfaz `Executor` y añade una serie de métodos para el control de la ejecución.

Entre los métodos incluidos en la interfaz `ExecutorService` está el método `shutdown()` que parará todos los *threads* que se estén ejecutando utilizando el `ExecutorService`, no aceptando la ejecución de ningún otro thread. También define el método `shutdownNow()` que para la ejecución de todos los hilos, la diferencia con el anterior es que `shutdown()` espera a la finalización de la ejecución de los hilos y `shutdownNow()` no, en concreto, `shutdownNow ()` para la ejecución independientemente del estado en el que estén los encadenamientos.

Para obtener objetos del tipo `ExecutorService` utilizaremos la utilidad `Executors`, que define los siguientes tipos de `ExecutorService`:

- `newFixedThreadPool()`: Retornará un `ExecutorService` de un pool de *threads* con un tamaño preestablecido, por tanto, nos permitirá ejecutar tantas tareas como tamaño hayamos definido para el pool.
- `newSingleThreadExecutor()`: Retornará un `ExecutorService` de un solo hilo de ejecución, por tanto, sólo se podrá ejecutar una tarea al mismo tiempo.
- `newCachedThreadPool()`: Retornará un `ExecutorService` con una cache de *threads*, añadiendo a la caché los threads que necesitemos, pero intentando en todo momento reutilizar los existentes.
- `newScheduledThreadPool()`: Retornará un `ScheduledExecutorService` que es una extensión de `ExecutorService`, creando un pool que soporta planificaciones (*schedule*).

Veamos un ejemplo de uso de ExecutorService y Executors. Para ello crearemos un pool fijo de *threads*:

```
import java.util.concurrent.ExecutorService;
import java.util.concurrent.Executors;

public class EjemploExecutor {
   public static void main(String args[]){
         ExecutorService executor=Executors.newFixedThreadPool(2);
         executor.execute(new ThreadExecutor("Thread1"));
         executor.execute(new ThreadExecutor("Thread2"));
         try {
              Thread.sleep(1000);
         } catch (InterruptedException e) {
              e.printStackTrace();
         }
         executor.shutdownNow();
         System.out.println("Finalizado");
   }
}
public class ThreadExecutor extends Thread{
   public ThreadExecutor(String nombre){
         super(nombre);
   }
   public void run(){
         boolean salir=false;
         while (!salir){
              try {
                   System.out.println("Durmiendo "+getName());
                   sleep(100);
              } catch (InterruptedException e) {
                   salir=true;
              }
```

```
        }
    }
}
```

Como podemos observar, hemos realizado una llamada al método `shutdownNow()` que forzará la parada de los hilos en ejecución.

Callable y Future

Al realizar una separación entre la lógica del *thread* y la lógica de ejecución del encadenamiento, necesitamos un mecanismo que nos permita obtener los resultados de la ejecución del encadenamiento. Para ello se ha definido la interfaz `Callable<V>`, que es una interfaz genérica:

```
public interface Callable<V> {
    V call() throws Exception;
}
```

Dentro de la interfaz sólo está definido el método `call()`, que será llamado al realizar un `submit()` en el `ExecutorService`. El método `submit()` esta definido en la clase `ExecutorService` de la siguiente forma:

```
<T> Future<T> submit(Callable<T> task);
```

Para ello la interfaz `Callable` se basa en la interfaz `Future<V>` para retornar el valor al `ExecutorService`. La interfaz `Future` define el método `get()` para obtener el resultado obtenido en la llamada al método `call()`.

Vamos a ver un ejemplo que aclarará el funcionamiento de `Callable` y `Future`. Crearemos una clase llamada `NumeroAletorio` que será del tipo `Callable`. Esta clase, dentro del método `call()`, obtendrá un numero entero (`Integer`) de forma aleatoria:

```
import java.util.Random;
import java.util.concurrent.Callable;

public class NumeroAleatorio implements Callable<Integer>{

    public Integer call() throws Exception {
          Random random=new Random();
          return random.nextInt(50);
    }
}
```

Ahora realizaremos tres tareas del tipo Future que calcularán tres números aleatorios:

```
import java.util.concurrent.ExecutionException;
import java.util.concurrent.ExecutorService;
```

```
import java.util.concurrent.Executors;
import java.util.concurrent.Future;

public class EjemploCallable {

   public static void main(String[] args) {
         ExecutorService executor=Executors.newFixedThreadPool(5);
         Future<Integer>  numero1=executor.submit(new  Numero
         Aleatorio());
         Future<Integer>  numero2=executor.submit(new  Numero
         Aleatorio());
         Future<Integer>  numero3=executor.submit(new  Numero
         Aleatorio());
         System.out.println("Comenzando...");
         try {
               System.out.println(numero1.get());
               System.out.println(numero2.get());
               System.out.println(numero3.get());
         } catch (InterruptedException e) {
               e.printStackTrace();
         } catch (ExecutionException e) {
               e.printStackTrace();
         }
         executor.shutdown();
         System.out.println("Finalizado.");
   }
}
```

El método `submit()` del `executor` realizará las llamadas a los métodos `call()` de los tres objetos.

Los objetos serán del tipo `Future`, con lo cual, podemos obtener sus datos llamando al método `get()`.

TimeUnit

`TimeUnit` es una enumeración que contendrá diferentes unidades de tiempo: `SECONDS`, `MICROSECONDS`, `MILLISECONDS` y `NANOSECONDS`.

Dentro de `TimeUnit` encontraremos métodos para la conversión entre diferentes unidades de tiempo: `convert()`, `toMicros()`, `toMillis()`, etc.

También podremos realizar las funciones especificas de tiempo: `sleep()`, `timeJoin()` y `timeWait()`.

Veamos un ejemplo de llamada a `sleep()` durante dos segundos.

```
import static java.util.concurrent.TimeUnit.*;
public class EjemploTimeUnit {
```

```
    public static void main(String[] args) {
        try {
            System.out.println("Durmiendo 2 segundos...");
            SECONDS.sleep(2);
            System.out.println("Fin.");
        } catch (InterruptedException e) {
            e.printStackTrace();
        }
    }
}
```

Nota:

En el listado anterior, hemos utilizado una importación estática de `TimeUnit`*, por tanto, no es necesario incluir* `TimeUnit.SECONDS.sleep`*(2), simplemente ponemos* `SECONDS.sleep`*(2).*

Variables Atómicas

Siempre que deseemos utilizar un recurso compartido entre dos encadenamientos, debemos proteger dicho recursos. Para ello, hasta ahora hemos visto varias formas de proteger dicho recurso. Dentro de la versión cinco de Java, se han definido una serie de variables atómicas que nos permitirán definir recursos compartidos olvidándonos o despreocupándonos de proteger dichos recursos, ya que ellos internamente realizan dichas labores de protección.

Las clases que siguen estas especificaciones se han incluido dentro del paquete `java.util.concurrent.atomic`. Existen una serie de tipos definidos dentro de este paquete: `AtomicBoolean`, `AtomicInteger`, `AtomicLong`, etc.

Cada uno de estos objetos define una serie de métodos que nos permitirán obtener y establecer los valores dentro del objeto, por ejemplo `getAndSet`() obtendrá el valor actual y permitirá establecer el nuevo, `incrementAndGet`() incrementará el valor y lo retornará.

Veamos un ejemplo de uso de variables atómicas.

```
import java.util.concurrent.atomic.AtomicInteger;

public class EjemploThreadAtomico extends Thread{
    private AtomicInteger contador;
    public EjemploThreadAtomico(String nombre,
                                AtomicInteger contador)
    {
```

```
        super(nombre);
        this.contador=contador;
    }
    public void run(){
        for (int i=0;i<10;i++){
            System.out.println(contador.incrementAndGet());
            try {
                sleep(100);
            } catch (InterruptedException e) {
                e.printStackTrace();
            }
        }
    }
import java.util.concurrent.ExecutorService;
import java.util.concurrent.Executors;
import java.util.concurrent.atomic.AtomicInteger;

public class EjemploOperacionesAtomicas {

    public static void main(String[] args) {
        AtomicInteger contador=new AtomicInteger(0);
        ExecutorService executor=Executors.newFixedThreadPool(3);
        EjemploThreadAtomico thread1=
                new EjemploThreadAtomico("Thread1",contador);
        EjemploThreadAtomico thread2=
            new EjemploThreadAtomico("Thread2",contador);
        EjemploThreadAtomico thread3=
            new EjemploThreadAtomico("Thread3",contador);
        executor.execute(thread1);
        executor.execute(thread2);
        executor.execute(thread3);
        executor.shutdown();

    }
}
```

Locks

El paquete `java.util.concurrent.locks` permite realizar bloqueos y desbloqueos. Debido a esto, la funcionalidad que aporta `Locks` frente a la cláusula `synchronized` es idéntica, pudiendo realizar las funciones de sincronización utilizando objetos del tipo `Lock`.

El método `newCondition()` nos permitirá tener un mayor control sobre el bloqueo ya que generará un objeto del tipo `Condition` asociado al bloqueo. Podemos indicar, mediante los métodos `await()` y `signal()` de `Condition`, cuándo deseamos esperar (`await()`), hasta que una condición del bloqueo se active (`signal()`). Una implementación de `Lock` es `ReentrantLock`, que nos permitirá realizar la exclusión mutua utilizando monitores. Realizaremos una llamada sobre `lock()` cuando deseamos utilizar el recurso compartido, y realizaremos una llamada a `unlock()` cuando finalicemos de utilizar el recurso compartido. Veamos un ejemplo de uso de `ReentrantLock`.

```
import  java.util.concurrent.locks.Lock;

public class EjemploThreadLock extends Thread{
   private Lock lock;
   public EjemploThreadLock(String nombre, Lock lock){
         super(nombre);
         this.lock=lock;
   }
   public void run(){
         System.out.println(getName()+" intenta bloquear...");
         lock.lock();
         System.out.println(getName()+" bloquea.");
         RecursoCompartido.contador++;
         try {
               sleep(100);
         } catch (InterruptedException e) {
               e.printStackTrace();
         }
         finally{
               System.out.println(getName()+" desbloquea.");
               lock.unlock();
         }
   }
}
public class RecursoCompartido {
   static int contador=0;
}
import java.util.concurrent.ExecutorService;
import java.util.concurrent.Executors;
import java.util.concurrent.locks.Lock;
import java.util.concurrent.locks.ReentrantLock;

public class EjemploReentrantLock {

   public static void main(String[] args) {
         Lock lock=new ReentrantLock();
         ExecutorService executor=Executors.newFixedThreadPool(3);
         EjemploThreadLock  thread1=new  EjemploThreadLock
         ("Thread1",lock);
         EjemploThreadLock thread2=new EjemploThreadLock("Thread2",
         lock);
```

```
        EjemploThreadLock  thread3=new  EjemploThreadLock
        ("Thread3",lock);
        executor.execute(thread1);
        executor.execute(thread2);
        executor.execute(thread3);
        executor.shutdown();
    }
}
```

También existe la interfaz `ReadWriteLock` que define internamente dos `Lock`:

```
public interface ReadWriteLock {
    Lock readLock();
    Lock writeLock();
}
```

Esta interfaz diferencia entre bloqueos para la lectura y bloqueos para la escritura, la implementación de esta interfaz se llama `ReentrantReadWriteLock`.

Esta clase nos permitirá resolver el problema de los lectores y escritores descrito anteriormente.

Tan solo, tendremos que definir un objeto de este tipo y utilizarlo por los objetos lectores y por los objetos escritores.

Podrán estar leyendo todos los lectores que establezcamos dentro de `ReentrantReadWriteLock`, pero sólo existirá un escritor, al mismo tiempo, y durante dicho tiempo no podrá existir ningún lector leyendo.

```
import  java.util.concurrent.ExecutorService;
import java.util.concurrent.Executors;
import java.util.concurrent.locks.ReentrantReadWriteLock;

public class EjemploReentrantReadWriteLock {

    public static void main(String[] args) {
        ReentrantReadWriteLock lock=new ReentrantReadWriteLock();
        ExecutorService executor=Executors.newFixedThreadPool(100);
        for(int  i=1;i<=10;i++){
            executor.execute(new  Lector("Lector"+i,lock.
            readLock()));
        }
        for (int i=1;i<4;i++){
            executor.execute(new  Escritor("Escritor"+i,lock.
            writeLock()));
        }
        for(int i=11;i<=20;i++){
```

```
                executor.execute(new  Lector("Lector"+i,lock.
                readLock()));
            }
            executor.shutdown();
        }
    }
    import
    java.util.concurrent.locks.ReentrantReadWriteLock.ReadLock;

    public class Lector extends Thread{
        private ReadLock lock;
        public Lector(String nombre,ReadLock lock){
            super(nombre);
            this.lock=lock;
        }
        public void run(){
            System.out.println(getName()+" : Intentando leer");
            lock.lock();
            System.out.println(getName()+" : Ya ha leido");
            try {
                sleep((int)(Math.random())*50);
            }
            catch(InterruptedException e){
              e.printStackTrace();
            }
            finally{
            lock.unlock();
            }
          }
    }
    import
    java.util.concurrent.locks.ReentrantReadWriteLock.WriteLock;

    public class Escritor extends Thread{
        private WriteLock lock;
        public Escritor(String nombre,WriteLock lock){
            super(nombre);
            this.lock=lock;
        }
        public void run(){
            System.out.println(getName()+" : Intentando escribir");
            lock.lock();
            System.out.println(getName()+" : Ya ha escrito");
            try {
                sleep((int)(Math.random())*50);
            }
            catch(InterruptedException e){
                e.printStackTrace();
            }
```

```
        finally{
            lock.unlock();
        }
    }
}
```

Truco:

La llamada al método `unlock()` *deberá realizarse dentro del bloque* `finally` *para asegurarnos de que siempre se libera el bloqueo.*

Capítulo 7

Acceso a las bases de datos con Java

En este capítulo aprenderá a:

- La creación de aplicaciones persistentes.
- Las clases más importantes incluidas en la versión 3.0 de JDBC.
- La forma de comunicarse con una base de datos.
- La creación de consultas para actualizar tablas en una base de datos.
- La creación de consultas para obtener información de las tablas de una base de datos.

Introducción

JDBC (*Java Database Connectivity*) está compuesto por un número determinado de clases que permiten a cualquier programa escrito en Java acceder a una base de datos. Concretamente, este conjunto de clases reside en los paquetes: `java.sql` y `javax.sql`; este último paquete, añade funciones de servidor como son los `RowSet`, los *pools* de conexiones o las transacciones. Veremos a lo largo del capítulo los componentes del API JDBC 3.0 incluidos en el paquete `java.sql`.

Para la ejecución de los ejemplos se utilizará el servidor de base de datos SimpleSQL. Los autores de este servidor lo describen como un servidor de base de datos de código libre (*open source*) diseñado para ser extremadamente simple. Es un servidor de base de datos idóneo para comenzar a realizar nuestros primeros desarrollos con JDBC, ya que incorpora su propio controlador JDBC. A continuación, veremos los diferentes tipos de controladores existentes.

Tipos de controladores

Para que un programa en Java pueda acceder a la base de datos necesita poseer un *driver* o controlador JDBC apropiado para poder utilizar las clases que permiten el acceso a la base de datos.

Existen cuatro tipos de controladores (*drivers*):

1. **Puente JDBC-ODBC:** Este controlador utiliza la estandarización ODBC para su funcionamiento, es decir, que se apoya en el driver ODBC que poseen la mayoría de los sistemas gestores de base de datos (como puede ser DB2 u Oracle) para poder funcionar. Este controlador convierte todas las llamadas de JDBC a ODBC, realizando el proceso inverso para la obtención de los resultados. Su principal inconveniente radica en que al realizar una llamada de JDBC a ODBC, este último debe realizar una llamada a la librería nativa del fabricante del sistema gestor de la base datos, disminuyendo claramente la velocidad del controlador. Como utilizamos ODBC como puente estamos creando una doble capa, y a su vez, estamos creando una aplicación dependiente de la plataforma, ya que ODBC está definido para Windows (Microsoft). Debido a que Java, por definición, es un lenguaje independiente de la plataforma, el uso de este tipo de controlador va en contra de esta definición. En la medida de lo posible debemos elegir cualquier

otro tipo de controlador, y sólo utilizar éste de forma doméstica, o educativa. En la figura 7.1 se muestra el diagrama asociado a este controlador.

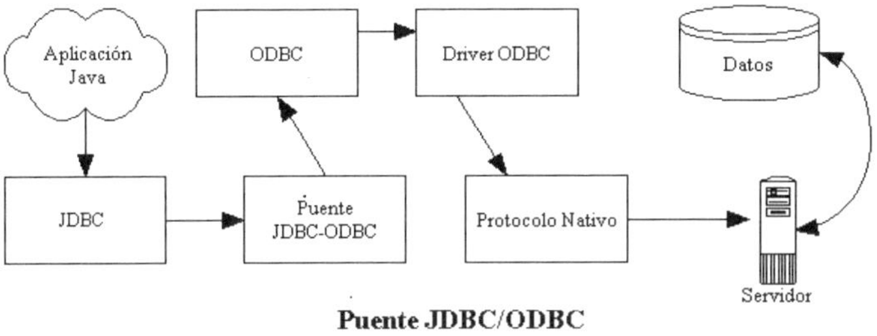

Figura 7.1. Diagrama de controlador "puente JDBC/ODBC".

2. **100 por 100 Java nativo:** Este controlador se salta la capa ODBC que se generaba en el anterior controlador, por tanto, este controlador realiza las llamadas a las librerías nativas del sistema gestor de la base de datos de forma directa. Este driver es 100 por 100 Java pero necesita utilizar las librerías nativas. Hay que tener en cuenta que este tipo de controlador seguirá siendo dependiente de la plataforma. En la figura 7.2 se muestra el diagrama asociado a este controlador.

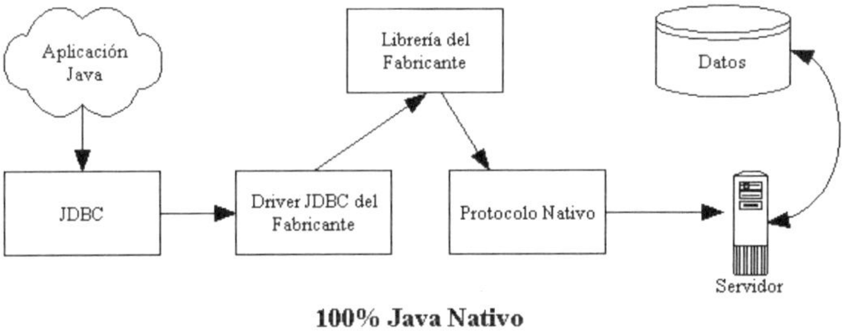

Figura 7.2. Diagrama de controlador "100 por 100 Java nativo".

3. **100 por 100 Java /Protocolo nativo:** Este controlador está diseñado 100 por 100 en Java y utiliza el protocolo nativo de red para comunicarse con el sistema gestor de la base de datos, por tanto, se independiza totalmente de la plataforma. El único inconveniente que conlleva el uso de este controlador es que se crea una dependencia con el sistema gestor de base de datos. Por ejemplo, el protocolo de red que sigue el MS SQL Server no tiene nada que ver con el que utiliza Oracle. En la figura 7.3 se muestra el diagrama asociado a este controlador.

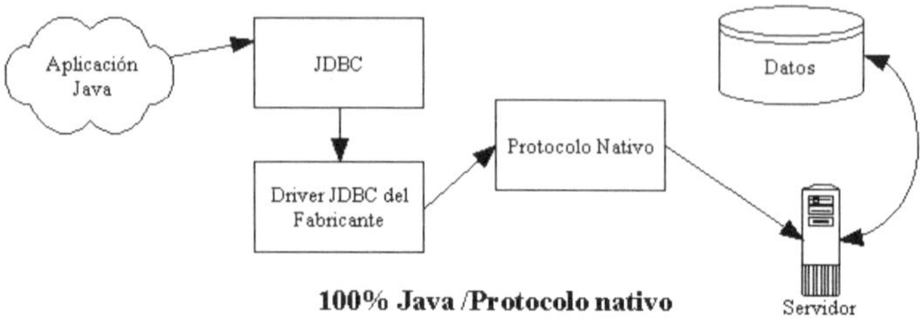

Figura 7.3. Diagrama de controlador "100 por 100 Java/Protocolo nativo".

4. **100 por 100 Java /Protocolo independiente:** Es sin duda el controlador más independiente de la plataforma de los cuatro que hemos visto. Este controlador traduce las órdenes JDBC directamente al protocolo de red que implementa, o emplea, el sistema gestor de base de datos. En la figura 7.4, se muestra el diagrama asociado a este controlador.

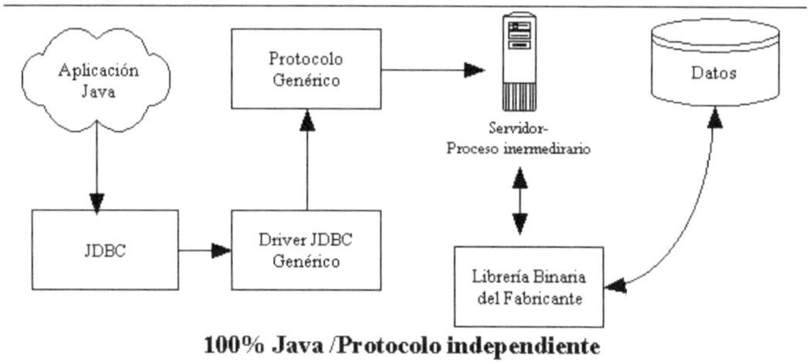

Figura 7.4. Diagrama de controlador "100 por 100 Java/Protocolo independiente".

Conexión con la base de datos

Antes de conectarnos con una base de datos habrá que registrar los controladores. Una vez registrados los controladores, mediante el controlador apropiado, podremos establecer la conexión con la base de datos.

Java utiliza la clase `DriveManager` para cargar inicialmente todos los controladores JDBC disponibles y que deseemos utilizar.

Como veremos más adelante, esta clase será la encargada de devolvernos la conexión con la base de datos. Para cargar un controlador se debe emplear el método `forName()` de la clase `Class` que devuelve un objeto

`Class` asociado con la clase que se le pasa como parámetro. Vamos a cargar el controlador que se incluye en el JDK, y que usa el puente JDBC-ODBC:

```
Class.forName("sun.jdbc.odbc.JdbcOdbcDriver");
```

Para el caso de uso del controlador JDBC de SimpleSQL:

```
Class.forName("org.simplesql.Driver");
```

A su vez, el controlador debe estar incluido en la dirección:

```
nombreEmpresa\nombreBaseDeDatos\nombreControlador.class.
```

Nota:

En teoría, no es necesario cargar el controlador ya que se presupone que la clase `DriverManager` *es la encargada de leer todos los* drivers *JDBC compatibles y cargar el apropiado, pero como no siempre ocurre así se ha de utilizar el método* `forName()` *para localizar, leer y enlazar dinámicamente una clase determinada.*

Se podrá registrar más de un controlador. Una vez registrado, podremos establecer la conexión con la base de datos mediante el método `getConnection()` de la clase `DriverManager`.

Vamos a ver como podemos conectarnos con una base de datos utilizando el método `getConnection(String direccion, String nombreUsuario, String clave)`:

```
getConnection("jdbc:simplesql://127.0.0.1/
personal.dbs","usuario","password");
```

El parámetro `dirección` es un URL que debe tener la siguiente sintaxis:

```
jdbc:subprotocolo//servidor:puerto/base de datos
```

Para el driver JDBC de SimpleSQL existen dos tipos de URL:

1. **jdbc:simplesql:** Formato normal.
2. **jdbc:ssql:** Formato abreviado.

Nosotros hemos establecido que queremos acceder a una fuente de datos en SimpleSQL, en concreto, a la fuente de datos "`personal.dbs`".

La interfaz `Connection` es la que se encarga de la conexión con la base de datos. Como hemos visto anteriormente, mediante el método `getCon-`

nection(), obtenemos un objeto de la clase Connection. Esta clase contiene todos los métodos que nos permitirán manipular la base de datos, es decir, que nos permitirá lanzar sentencias SQL.

Advertencia:

Cuando se abre una conexión, y ésta ya no nos interesa, es necesario utilizar el método close() *de la interfaz* Connection *para cerrarla, de esta forma conseguiremos liberar un recurso de conexión de la base de datos.*

Solicitud de información

Hay que tener en cuenta que los objetos de la clase Connection no manejan las solicitudes de información directamente con la base de datos, sino que existen una serie de interfaces que se encargan de ello.

Nosotros vamos a ver la interfaz Statement que nos permitirá lanzar sentencias SQL de solicitud de información a la base de datos.

Para obtener una instancia de la interfaz Statement asociada a la conexión, se ha de utilizar el método createStatement() de la interfaz Connection. La sintaxis de este método es la siguiente:

```
public abstract Statement createStatement();
```

Para realizar una búsqueda de filas no secuencial y una actualización de las filas en la medida en que éstas se van obteniendo, se ha de utilizar el siguiente método createStatement():

```
public abstract Statement createStatement(int resultsettipo, int
resultsetacceso);
```

Como veremos más adelante, la interfaz ResultSet almacena los resultados obtenidos de una consulta. Los valores de resultsettipo son variables estáticas de la clase ResultSet e indican el tipo de ResultSet que queremos obtener:

1. ResultSet.TYPE_FORWARD_ONLY: Sólo se pueden realizar movimientos hacia delante, dentro del ResultSet, es decir, sólo permite realizar una búsqueda secuencial dentro del Resultset.
2. ResultSet.TYPE_SCROLL_INSENSITIVE: Nos permite realizar movimientos hacia delante y hacia atrás, pero no es sensible a los cambios

realizados por terceros, es decir, si alguien realiza un cambio en el conjunto de las tuplas obtenidas de la consulta, cuando nosotros obtengamos estas tuplas, no nos daremos cuenta de los cambios efectuados.

3. `ResultSet.TYPE_SCROLL_SENSITIVE`: Es igual que la anterior pero si es sensible a los cambios realizados por terceros.

Los valores de `resultsetacceso` indican el tipo de acceso que queremos realizar:

1. `ResultSet.CONCUR_READ_ONLY`: El `ResultSet` se creará sin la posibilidad de actualizar sus filas.
2. `ResultSet.CONCUR_UPDATABLE`: El`ResultSet` se creará con la posibilidad de actualizar sus filas.

Nota:

Si abrimos una conexión mediante el método `createStatement`*(), establecemos el tipo de* `ResultSet` *a* `TYPE_FORWARD_ONLY` *y el acceso a* `CONCUR_READ_ONLY`.

Si deseamos obtener el tipo de `ResultSet` que se ha utilizado como parámetro en la conexión, utilizaremos el método `getResultSetType`(), a su vez, si deseamos obtener el acceso, utilizaremos el método `getResultSetConcurrency`().

Antes de comenzar a realizar solicitudes de información a la base de datos, vamos a ver qué es una transacción.

Las transacciones

Una transacción es un conjunto de operaciones que son vistas como una sola operación. Desde el punto de vista funcional, una transacción es la unidad lógica de trabajo sobre una base de datos. Las transacciones deberán ser implementadas por el usuario.

Una transacción se realiza o no se realiza, ésta es una de las propiedades de las transacciones y se conoce como "Atomicidad". Por tanto, se dice que una transacción puede encontrarse en dos estados: incompleta o terminada.

Existen dos operaciones que nos permiten efectuar la escritura o el deshecho de la transacción en la base de datos, dichas operaciones son las siguientes:

- **commit:** Esta operación nos permite establecer un fin de transacción, confirmando que se desean realizar todas las operaciones de la transacción sobre la base de datos, desde la última llamada a *commit* o *rollback*.
- **rollback:** Esta operación realiza el proceso contrario que *commit*, o sea, deshace todas las operaciones que se han hecho desde la última llamada a *commit* o *rollback*.

Un ejemplo de transacción es el siguiente:

```
Leer(Saldo1)
Saldo1=Saldo1+Cantidad;
Escribir(Saldo1)
Leer(Saldo2)
if Saldo2 < Cantidad
    rollback
else
  Saldo2=Saldo2-Cantidad
  Escribir(Saldo2)
  commit
```

Como se puede observar en el ejemplo se realiza el *commit* o se realiza el *rollback*, o lo que es lo mismo, se hace todo o no se hace nada.

Existen dos formas de procesar o actualizar las transacciones:

1. **Actualización diferida:** Se insertan en un fichero que suele ser el diario de operaciones, en dicho fichero se insertan todas las operaciones realizadas sin modificar la base de datos. Cuando se finaliza la transacción mediante un *commit* se ejecutan todas las operaciones de la transacción que se encuentran en el diario de operaciones de la base de datos, borrándose dichas operaciones del diario de operaciones.
2. **Actualización inmediata:** Se realizan todas las operaciones de la transacción directamente en la base de datos. Pero para controlar dichas operaciones se insertan éstas, a su vez, en el diario de operaciones y en caso de encontrarse una transacción que no tenga fin (que no realice el *commit*) el sistema efectuará un *rollback* deshaciendo las operaciones de la transacción en la base de datos.

A una base de datos acceden un número determinado de usuarios, y éstos acceden a la base de datos de forma concurrente, por tanto, se ha de utilizar un control de concurrencia sobre las transacciones. Los controles de concurrencia sobre la base de datos impiden que exista inconsistencia en la base de datos, así como que no existan bloqueos entre las transacciones impidiendo el ínter bloqueo entre las transacciones.

La interfaz Connection será la encargada de procesar las transacciones. En esta interfaz están definidos los métodos que nos permiten realizar la operación de *commit* y la operación de *rollback*, para ello, utilizan los métodos commit() y rollback().

Por defecto, la interfaz JDBC de Java cada vez que abre una nueva conexión establece el modo automático de llamada a *commit*, es decir, cada vez que se realiza una operación sobre la base de datos se fuerza la escritura en el disco duro del sistema gestor de base de datos. Para establecer el modo automático de *commit*, se utiliza el método setAutoCommit(boolean auto) de la interfaz Connection.

Tenemos que tener en cuenta que si no se establece el modo automático de *commit* (setAutoCommit(false)), han de terminarse las transacciones efectuando una llamada, bien al método commit() que efectuará la transacción, o bien al método rollback() que deshará la transacción efectuada.

Como hemos dicho anteriormente, pueden existir diferentes transacciones que efectúan de forma concurrente un acceso a la misma base de datos. Para controlar el acceso de varias transacciones se utiliza un mecanismo que "aísla las transacciones".

Existen diferentes niveles, que permiten especificar el nivel de aislamiento que deseamos establecer en las transacciones que se efectúan de forma concurrente, sobre una misma base de datos.

Antes de ver esos niveles vamos a ver lo que son los conflictos de lectura, las lecturas no recuperables y las lecturas no repetibles:

- **Lectura sucia:** Se producen cuando una transacción "T1" intenta leer un dato que otra transacción "T0" ha modificado, y que a su vez "T0" no ha hecho efectivo el cambio en la base de datos (no ha hecho *commit*).
- **Lectura fantasma:** Es cuando una transacción "T1" lee un dato que ha escrito o modificado una transacción anterior "T0", pero que todavía no ha finalizado. Por tanto, es posible que "T0" aborte, es decir, que realice un *rollback* y en este caso, el valor leído por la transacción "T1" no exista en la base de datos.
- **Lectura no repetible:** Cuando una transacción "T1" calcula un dato que no ha sido actualizado todavía por otra transacción "T0", pero que será postcriormente actualizado.

En la figura 7.5 podemos apreciar de forma gráfica estos problemas. Muchos gestores de base de datos utilizan hasta cinco niveles de aislamiento que intentan evitar estos problemas.

Dichos niveles están reflejados en unas constantes que posee la interfaz `Connection`, y que son las siguientes:

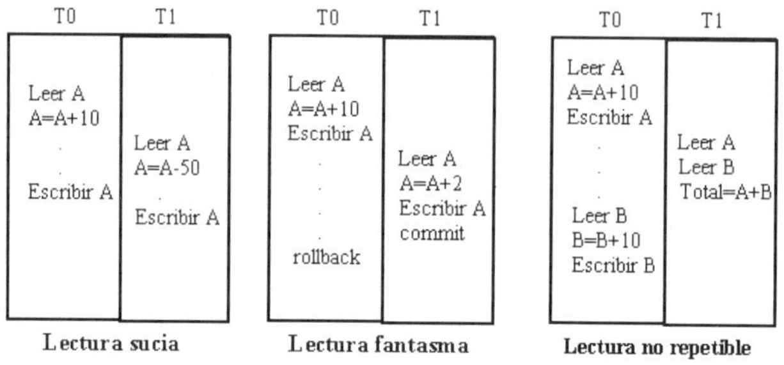

Figura 7.5. Lectura sucia, lectura fantasma y lectura no repetible.

- `TRANSACTION_NONE`: No se permiten ejecutar las transacciones de forma concurrente.
- `TRANSACTION_READ_COMMITED`: No se permite lectura sucia pero no se previenen los fenómenos de lectura fantasma y lectura no repetible.
- `TRANSACTION_READ_UNCOMMITED`: Permite lectura sucia, lectura no repetible y lectura fantasma, es decir, se permite que una transacción lea un dato cuya actualización está pendiente de confirmarse.
- `TRANSACTION_REPEATABLE_READ`: Se evita la lectura sucia y la lectura no repetible, pero puede ocurrir el fenómeno de la lectura fantasma, es decir, no se permite que cualquier otra transacción cambie cualquier dato que nuestra transacción ha leído previamente.
- `TRANSACTION_SERIALIZABLE`: Evita la posibilidad de lecturas sucias, fantasmas o no repetibles, es decir, no se permite que la transacción sepa de la existencia de otra transacción en lo que se refiere al conjunto de datos que trata.

Estos niveles se establecen utilizando el método `setTransactionIsolation(int nivel)` que posee la interfaz `Connection`.

La interfaz Statement

Esta interfaz es la encargada de enviar sentencias SQL a la base de datos. Los resultados obtenidos al lanzar las sentencias SQL son guardados en un objeto del tipo `ResulSet` que veremos en el siguiente apartado. Una vez que tenemos creada una instancia del objeto `Statement`, podemos realizar sentencias SQL sobre la base de datos. Existen dos tipos de sentencias o peticiones que se pueden hacer a una base de datos.

1. **Sentencias de modificación (*update*):** Engloban a todo los comandos SQL que no devuelven ningún tipo de resultado como pueden ser los comandos `INSERT` o `UPDATE`.
2. **Sentencias de consulta (*query*):** Son sentencias del tipo `SELECT` (sentencias de consulta) que retornan algún tipo de resultado.

Para las sentencias "*update*" la clase `Statement` nos proporciona el método siguiente:

```
public abstract int executeUpdate(String sentenciaSQL)
```

Este método retornará el número de filas afectadas por la ejecución de la sentencia `sentenciaSQL`, también llamada cuenta de actualización.

Para las sentencias "*query*" la clase `Statement` utiliza el método siguiente:

```
public abstract ResultSet executeQuery(String sentenciaSQL)
```

Este método retornará los resultados obtenidos debido a la ejecución de la sentencia `sentenciaSQL`. En el punto siguiente, veremos cómo tratar esos resultados obtenidos. Con estos dos métodos se puede crear una tabla, insertar datos en ella, borrar datos de la tabla y visualizar los datos de ésta:

```
sentencia.executeUpdate("CREATE TABLE Alumnos (nombre CHAR(30),
nota INT)");
sentencia.executeUpdate("INSERT INTO Alumnos (nombre, nota)
VALUES ('Pepe', 8)");
ResultSet resultado=sentencia.executeQuery("SELECT nombre FROM
alumnos");
sentencia.executeUpdate("DELETE FROM Alumnos WHERE
(nombre='Pepe')");
```

Nota:

Más adelante, veremos un ejemplo detallado que crea una tabla, inserta datos en la tabla y visualiza los datos que contenga ésta.

La sentencia "`SELECT nombre FROM Alumnos`" retornará todos los nombres que se encuentren en la tabla "`Alumnos`". Cada nombre devuelto corresponderá a una fila o tupla, a su vez, cada fila contendrá una columna ya que sólo queremos ver los nombres. La forma de las filas o tuplas devueltas es la siguiente:

```
nombre
--------
Daniel
Maria Jesús
...
```

El método `execute(String sentenciaSQL)` nos permite obtener mediante una sentencia SQL un conjunto determinado de resultados. La utilización de este método de forma conjunta con los métodos `getResultSet()`, `getUpdateCount()` y `getMoreResults()` nos permitirá obtener diferentes resultados de una simple sentencia. Su funcionamiento es el siguiente:

1. Se llama al método `execute()` pasándole como parámetro la sentencia SQL que se desea realizar. Este método retornará `true` si la sentencia ha devuelto un objeto del tipo `ResultSet`, y retornará `false` si la sentencia devuelve una cuenta de actualización.
2. Mediante el método `getResultSet()` obtendremos el objeto `ResultSet` resultante de la ejecución de la sentencia "*query*" en el método `execute()`.
3. Con el método `getUpdateCount()` obtendremos el número de filas afectadas por la ejecución de la sentencia "*update*" en el método `execute()`.
4. Utilizando los métodos `getResultSet()` y `getUpdateCount()` obtenemos el primer resultado que ha devuelto el método `execute()` del punto 1. Para obtener los resultados siguientes debe utilizarse el método `getMoreResults()`, que al igual que `execute()` retorna `true`, si el siguiente resultado es del tipo `ResultSet`, y `false`, si se trata de una cuenta de actualización o si no hay más resultados.
5. En caso de existir más resultados, se retornará de nuevo al punto 2, o al punto 3, hasta que `getMoreResults()` retorne que no existen más resultados.

Dentro de la interfaz `Statement` podemos realizar un proceso de órdenes que se ejecutarán una vez que se finalice la inclusión de órdenes dentro de dicho proceso (proceso por lotes). Veamos los métodos que nos permiten realizar todo esto:

1. `addBatch(String sql)`: Añade una nueva operación dentro del proceso de órdenes.
2. `clearBatch()`: Borrar las operaciones a realizar dentro del proceso de órdenes.
3. `executeBatch()`: Ejecuta el proceso de órdenes creado.

Veamos un ejemplo de proceso de órdenes:

```
Statement consulta=conexion.createStatement();
Consulta.addBatch("INSERT INTO Valores VALUES ('valor1')");
Consulta.addBatch("INSERT INTO Valores VALUES ('valor2')");
Consulta.addBatch("INSERT INTO Valores VALUES ('valor3')");
Consulta.addBatch("INSERT INTO Valores VALUES ('valor4')");
int [] atualizadas=consulta.executeBatch();
```

Las cuatro inserciones dentro de la tabla "`Valores`" no se realizarán hasta que no se ejecute la sentencia `executeBatch`().

Obtención de los resultados

Como hemos visto anteriormente, cuando lanzamos una sentencia del tipo "*query*" obtenemos un resultado que se almacena en un objeto del tipo `ResultSet`. Más adelante, veremos cómo la clase `ResultSet` proporciona todos los métodos necesarios para obtener los resultados que hemos generado al lanzar una sentencia del tipo "*query*".

Antes de empezar a ver como funciona la clase `ResultSet`, es necesario ver los distintos tipos de datos que puede contener. Los tipos de datos que contiene Java, no coinciden exactamente con los tipos de datos que utiliza JDBC.

Los tipos de datos que utiliza JDBC están definidos en la clase `Types` que pertenece al paquete `java.sql`. En la tabla 7.1 se ilustran los tipos de datos definidos por esta clase. En esta tabla se pueden apreciar los diferentes tipos de datos de la clase `Types` asociados con el tipo de datos correspondiente en Java.

En la tabla 7.2 se muestran los tipos de datos de Java que están asociados con los tipos de datos JDBC, esto es debido a que el paso de JBDC a Java no es para todos los tipos igual que pasar de Java a JDBC, es decir, no se realiza exactamente el proceso inverso.

Tabla 7.1. Tipos de datos JDBC asociados a los tipos en Java.

Tipos JDBC	Tipos Java
CHAR	String
VARCHAR	String
LONGVARCHAR	String

Tipos JDBC	Tipos Java
NUMERIC	java.math.BigDecimal
DECIMAL	java.math.BigDecimal
BIT	Boolean
TINYINT	byte
SMALLINT	short
INTEGER	int
BIGINT	long
REAL	float
FLOAT	double
DOUBLE	double
BINARY	byte[]
VARBINARY	byte[]
LONGVARBINARY	byte[]
DATE	java.sql.Date
TIME	java.sql.Time
TIMESTAMP	java.sql.Timestamp

Tabla 7.2. Tipos de datos Java asociados a los tipos en JDBC.

Tipos Java	Tipos JDBC
String	VARCHAR o LONGVARCHAR
java.math.BigDecimal	NUMERIC
boolean	BIT
byte	TINYINT
short	SMALLINT
int	INTEGER
long	BIGINT
float	REAL
double	DOUBLE
byte[]	VARBINARY o LONGVARBINARY
java.sql.Date	DATE
java.sql.Time	TIME
java.sql.Timestamp	TIMESTAMP

Una vez conocidos los tipos de datos que pueden existir, veremos cómo conseguir esos datos y cómo trabajar con ellos. La interfaz `ResultSet` contendrá las filas o tuplas obtenidas mediante la ejecución de la sentencia de tipo "*query*". Cada una de esas filas obtenidas se divide en columnas, por tanto, lo primero que vamos a ver es cómo movernos por esas filas y columnas, obteniendo así la información que necesitemos.

Posicionamiento por filas

La interfaz `ResultSet` contiene un puntero que está apuntando a la fila actual. Para pasar de una fila a otra (mover el puntero de una fila a otra) se utilizará el método `next()`. Como es normal, al inicio, el puntero está apuntando a la primera fila.

El método `next()` incrementa el apuntador, si existe una fila más, y retorna `true`, sólo retornará `false` si no existen más filas, apuntando el puntero en este caso a la última fila.

Si deseamos utilizar los métodos de posicionamiento debemos abrir la consulta con un tipo distinto a `TYPE_FORWARD_ONLY`. Para el posicionamiento tenemos los siguientes métodos:

- `absolute(int fila)`: Se sitúa en la fila pasada como parámetro.
- `afterLast()`: Sitúa el cursor justo detrás de la última fila.
- `beforeFirst()`: Sitúa el cursor justo antes de la primera fila.
- `isLast()`: Comprueba si estamos situados en la última fila.
- `isFirst()`: Comprueba si estamos situados en la primera fila.
- `last()`: Sitúa el cursor en la última fila del `ResultSet`.
- `first()`:Sitúa el cursor en la primera fila del `ResultSet`.
- `next()`: Mueve el cursor a la fila siguiente.
- `previous()`: Mueve el cursor a la fila anterior.
- `getRow()`: Nos retorna la posición actual del cursor.
- `relative(int filas)`: Mueve el cursor n filas a partir de la posición en la que esté situado el cursor en ese momento.

Posicionamiento por columnas

Una vez posicionados en una fila concreta, podemos obtener los datos de una columna específica utilizando los métodos `getXXX()` que proporciona la interfaz `ResultSet`, la "`XXX`" especifica el tipo de dato Java presente en una columna.

Para cada tipo de dato en Java existen dos métodos `getXXX()` asociados:

1. `getXXX(String nombreColumna)`: Mediante la "`XXX`" se especifica el tipo de dato que deseamos recoger, y mediante el parámetro "`nombre`", se especifica el nombre de la columna en donde se encuentra dicho dato.
2. `getXXX(int numeroColumna)`: Igual que el anterior, pero en vez de especificar el nombre de la columna, se especifica la posición que contiene la columna dentro de la consulta.

Por ejemplo, si queremos obtener los datos de la columna 3 (llamada "notas") de una consulta deberemos escribir:

```
String datos=resultado.getString(3);
```

O bien:

```
String datos=resultado.getString("notas");
```

Si no conocemos el retorno, la interfaz `ResultSet` contiene los métodos `getObject()` que devuelven un objeto del tipo `Object`, que como bien sabemos, es la superclase, por defecto, para todas las clases.

Existe otro tipo especial de datos con los que nos podremos encontrar y que son los nulos.

Según el método `getXXX()` utilizado, se obtiene un tipo Java diferente para el `NULL` de SQL. Por ejemplo, mediante el método `getString()`, si se obtiene un `null` de Java, corresponderá al `NULL` de SQL pero mediante el método `getInt()`, si se obtiene un cero, corresponderá al `NULL` de SQL. En la tabla 7.3 se muestra la correspondencia entre los tipos Java y los `NULL` de SQL.

Tabla 7.3. Valores en Java que corresponden con el tipo NULL.

Método getXXX()	Valor
getByte()	cero
getShort()	cero
getInt()	cero
getLong()	cero
getFloat()	cero

Método getXXX()	Valor
getDouble()	cero
getBigDecimal()	null
getBoolean()	false
getString()	null
getBytes()	null
getDate()	null
getTime()	null
getTimestamp()	null
getAsciiStream()	null
getUnicodeStream()	null
getBinaryStream()	null
getObject()	null

Actualización de filas

Cuando trabajamos con un objeto del tipo `ResultSet`: podemos realizar actualizaciones directas sobre él, insertar una nueva tupla, actualizar una ya existente, o eliminarla. Para hacerlo utilizaremos los métodos siguientes:

- `insertRow`(): Inserta una tupla en el `ResultSet`.
- `deleteRow`(): Borra una tupla en el `ResultSet`.
- `cancelRowUpdates`(): Cancela todas las actualizaciones que se estén realizando.
- `rowDeleted`(): Indica si la tupla ha sido borrada.
- `rowInserted`(): Indica si en la tupla, en la que nos encontramos, se ha realizado una inserción.
- `rowUpdated`(): Indica si en la tupla, en la que nos encontramos, se ha realizado una actualización.
- `updateRow`(): Actualiza la fila en la que nos encontremos.
- `refreshRow`(): Refresca la fila actual retornando el valor más reciente de la base de datos.
- `updateTipoXXX`(): Actualiza un valor de tipo `XXX` en la fila actual en la que nos encontremos. El `TipoXXX` será el tipo de datos que desea-

mos actualizar. Por ejemplo, si deseamos actualizar un campo del tipo cadena debemos utilizar el método `updateString(columna, "valor")` donde `columna` será la posición numérica de la columna, o el nombre de ésta.

- `moveToInsertRow()`: Sitúa el cursor en la fila en la que se puede realizar una nueva inserción en el `ResultSet`.

Para poder actualizar los `ResultSet` debemos establecer el acceso de nuestra consulta en `CONCUR_UPDATABLE`.

Si realizamos la consulta con el tipo `TYPE_SCROLL_SENSITIVE` implica que si modificamos una tupla del `ResultSet`, el nuevo cambio efectuado puede ser obtenido dentro del mismo `ResultSet`.

Veamos un ejemplo en el cual actualizaremos un `ResultSet` utilizando los métodos `updateTipoXXX()`.

```
Statement
consulta=conexión.createStatement(ResultSet.TYPE_SCROLL_
SENSITIVE, ResultSet.CONCUR_UPDATABLE);
ResultSet rs=consulta.executeQuery("SELECT nombre,dni FROM
Datos");
//Nos situamos al final del ResultSet
rs.last();
//Actualizamos la última tupla del ResultSet
rs.updateString("nombre","Maria");
rs.updateString("dni","8790987X");
//Cancelamos la actualización
rs.cancelRowUpdates();
//Realizamos la inserción de nuevo
rs.updateString("nombre","Maria Jesus");
rs.updateString("dni","8790987J");
//Realizamos la actualización
rs.updateRow()
```

Si quisiésemos insertar una nueva tupla tendríamos que implementar el siguiente código:

```
rs.moveToInsertRow();
rs.updateString("nombre","Estefania");
rs.updateString("dni","86868686J");
rs.insertRow();
```

A su vez, si lo que deseamos es borrar una tupla dentro del `ResultSet` lo que debemos hacer es posicionarnos en la tupla a borrar y utilizar el método `deleteRow()`.

```
//Nos posicionamos en la posición absoluta número 2.
rs.absolute(2);
```

```
rs.refreshRow();
//Borramos la fila número 2.
rs.deleteRow();
```

Ejemplo: Datos Personales

Vamos a crear una aplicación que cree una tabla dentro de una base de datos, inserte datos en la tabla y visualice los datos de ésta.

La base de datos se llamará "`personal.dbs`", y como ya hemos comentado anteriormente, vamos a utilizar el motor de base de datos SimpleSQL.

Instalación y Configuración SimpleSQL

Lo primero que tenemos que realizar es descargarnos la última versión del motor de base de datos SimpleSQL. A la hora de escribir este libro, la última versión disponible para la descarga es la 1.2.3. Descargaremos la versión para Java en www.simplesql.org. Esta versión contiene:

- El *driver* JDBC para SimpleSQL.
- El servidor SimpleSQL en Java.
- La utilidad SQLConsole para la administración vía consola del servidor.
- La utilidad SQLShell.
- La documentación de SimpleSQL.

Una vez que tenemos descargada la versión para Java, se creará un directorio llamado "`simplesql`". Dentro de este directorio podemos encontrar los ficheros de ejecución del servidor, y de las utilidades SQLConsole y SQLShell.

Nota:

La librería que contiene el driver *JDBC de SimpleSQL es "*`simplesql.jar`*", deberemos incorporar esta librería dentro de nuestro proyecto.*

Para arrancar el servidor, tan sólo tenemos que ejecutar el proceso por lotes "`server.start.java.bat`", éste, por defecto, buscará las bases de datos en el directorio "`data`" y esperará en el puerto `8733` las peticiones de ejecución de sentencias SQL. Una vez que ejecutemos el proceso por lotes nos tendrá que salir la siguiente información por pantalla:

```
SimpleSqlServer

 SimpleSQL server 1.2.3 Copyright (c) 2003-2005 Krzysztof A.
Sadlocha
------------------------------------------------------------
-------

base path: 'c:\soft\java 5\simplesql\simplesql\data'

SimpleSQL server is ready on port 8733
press Ctrl+C to fast shutdown.
```

De una forma bastante sencilla hemos lanzado un servidor de base de datos. Para los ejemplos crearemos la base de datos "`personal.dbs`", para ello, utilizaremos la utilidad SQLConsole, ejecutando el proceso por lotes "`sqlconsole.java.bat`".

Para la creación de la base de datos iremos al menú **Database>New database** dentro de la utilidad SQLConsole, tal y como aparece en la figura 7.6. Daremos el nombre "`personal.dbs`" a la nueva base de datos y elegiremos el directorio "`data`" incluido dentro de "`simplesql`".

La aplicación que construiremos se encargará de crear las tablas necesarias para el ejemplo.

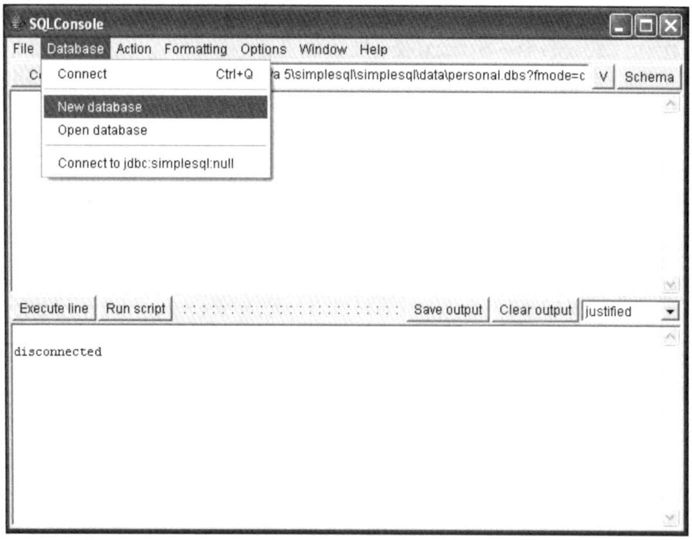

Figura 7.6. Creación de una nueva base de datos utilizando SQLConsole.

Construcción del Ejemplo

Una vez generada la base de datos, vamos a comenzar a desarrollar el ejemplo. En las figuras 7.7, 7.8 y 7.9 se muestra la aplicación que queremos desarrollar.

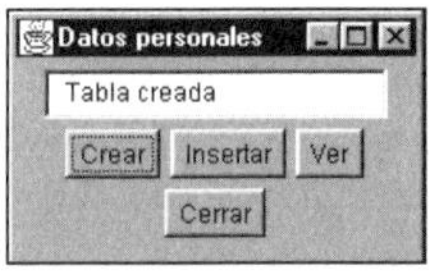

Figura 7.7. Aplicación que crea, inserta y visualiza los datos que contiene una base de datos.

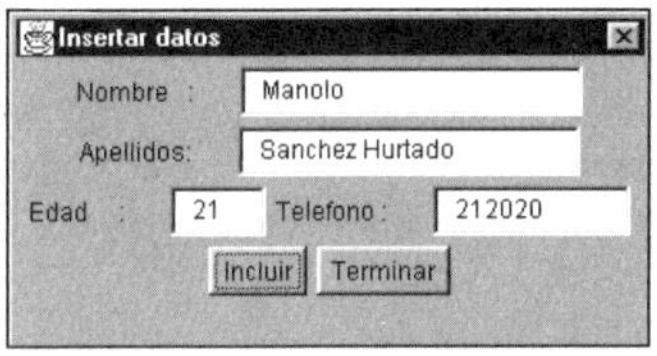

Figura 7.8. Inserción de datos en una base de datos.

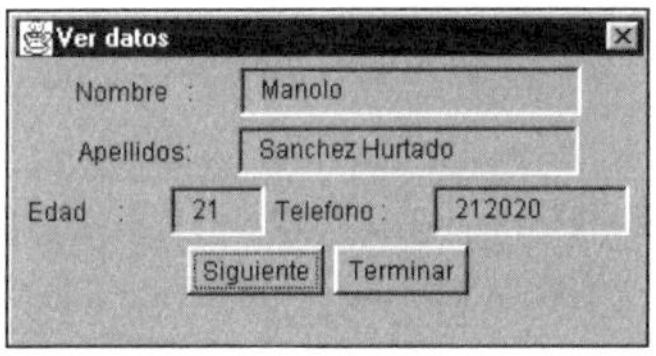

Figura 7.9. Visualización de los datos contenidos en una base de datos.

Como se puede observar en la figura 7.7 existen una serie de botones que nos permite crear, insertar y ver los valores de una tabla. A su vez, también existe un campo de texto que nos informará de si ha tenido éxito o no la creación de la tabla dentro de la base de datos.

Para la generación del ejemplo utilizaremos el patrón DAO (*Data Access Object*), para abstraer y encapsular toda la lógica de manejo de conexiones a la base de datos.

También utilizaremos el patrón *Factory* para encapsular el motor de base de datos a utilizar, de esta forma, podremos ampliar nuestro ejemplo "Datos Personales", con diferentes motores de base de datos, por ejemplo, podemos utilizar MS SQL Server vía JDBC-ODBC, o incluso Oracle utilizando cualquier *driver* nativo.

Lo primero será crear la factoría de objetos de tipo DAO.

A esta factoría la llamaremos `DAOFactory`, y será una clase abstracta que deberán implementar cada uno de las factorías de base de datos que vayamos a utilizar:

```
public abstract class DAOFactory {

   public static final int SIMPLESQL = 1;
   public static final int JDBC_ODBC = 2;
   public static final int ORCALE = 3;

   public abstract PersonaDAO getPersonaDAO();

   public static DAOFactory getDAOFactory(int tipo){
         switch(tipo){
         case SIMPLESQL:
               return new SimpleSQLDAOFactory();
         case JDBC_ODBC:
               //Creación de una factory para JDBC_ODBC.
         case ORCALE:
               //Creación de una factory para ORCALE.
         }
         return null;

   }
}
```

Se han definido 3 constantes, una para el servidor de datos SimpleSQL (`SIMPLESQL`), otra para el puente `JDBC-ODBC` y otra para `ORACLE`.

En el ejemplo solo vamos a implementar la factoría asociada a SimpleS-QL.

Como vemos la factoría `SimpleSQLDAOFactory` sólo tendrá que implementar el método `getPersonaDAO`().

La interfaz `PersonaDAO` definirá los métodos que realicen la funcionalidad solicitada para la aplicación "Datos Personales":

- `insertarPersona(Persona persona)`: Insertará un objeto del tipo `Persona` en una tabla de una base de datos.
- `ResultSet obtenerPersonas`(): Retornará un objeto del tipo `ResultSet` con los datos de las personas contenidos en una tabla de una base de datos.
- `crearTabla`(): Creará la tabla "`DatosPersonales`" en una base de datos.

Hasta ahora hemos hablado de operaciones en una base de datos, pero no hemos concretado en que base de datos, esto es la potencia del patrón DAO, encapsula completamente el motor de base de datos a utilizar. El código de la interfaz `PersonaDAO` es el siguiente:

```
import java.sql.ResultSet;
import java.sql.SQLException;

public interface PersonaDAO {
    public void insertarPersona(Persona persona) throws SQLException;
    public ResultSet obtenerPersonas() throws SQLException;
    public boolean crearTabla();
}
```

Veamos ahora la implementación de la factoría asociada a SimpleSQL:

```
import java.sql.Connection;
import java.sql.DriverManager;
import java.sql.SQLException;


public class SimpleSQLDAOFactory extends DAOFactory{

    public static final String DRIVER="org.simplesql.Driver";
    public static final String URL_JDBC="jdbc:simplesql://127.0.0.1/
    personal.dbs";

    public SimpleSQLDAOFactory(){
          try{
                //Cargamos el controlador.
                Class.forName(DRIVER);
          }
          catch(ClassNotFoundException e){

                e.printStackTrace();
          }
    }
    public static Connection createConnection() throws SQLException{
          return  DriverManager.getConnection(URL_JDBC);
    }

    @Override
    public PersonaDAO getPersonaDAO() {
          return new SimpleSQLPersonaDAO();
    }

}
```

Las constantes `DRIVER` y `URL_JDBC`, serán las que determinen a qué *driver* vamos a conectarnos, y cual es el URL de conexión. Con el método getConnection(), una vez que hemos cargado el controlador ("org.simplesql.Driver"), obtenemos la conexión con la base de datos mediante la siguiente línea:

```
DriverManager.getConnection(URL_JDBC);
```

El parámetro " jdbc:simplesql://127.0.0.1/personal.dbs " indica que queremos acceder a una fuente de datos llamada "personal.dbs" en el servidor 127.0.0.1. Al no introducir el puerto, por defecto es el 8733.

El método getPersonaDAO() retornará el DAO asociado a SimpleSQL.

La creación de otra factoría para otro motor de base de datos, se realizaría modificando tan sólo las dos constantes y el retorno del método getPersonaDAO().

El método estático createConnection() nos retornará un objeto del tipo Connection con una conexión a la base de datos. Este método, como veremos más adelante, nos permitirá crear conexiones de forma centralizada.

Advertencia:

Siempre que se pueda deberemos obtener las conexiones de un pool de conexiones, de lo contrario nos arriesgamos a quedarnos sin recursos libres en el gestor de base de datos.

Veamos la implementación de la clase SimpleSQLPersonaDAO:

```
import  java.sql.Connection;
import java.sql.ResultSet;
import java.sql.SQLException;
import java.sql.Statement;

public class SimpleSQLPersonaDAO implements PersonaDAO {

   public void insertarPersona(Persona persona) throws SQLException {
         Connection conexion=SimpleSQLDAOFactory.createConnection();
         Statement  sentencia=conexion.createStatement();
         StringBuffer sql=new StringBuffer();
         sql.append(" INSERT INTO ")
         .append("  DatosPersonales  ")
         .append("  (nombre,apellidos,edad,telefono)  ")
         .append(" VALUES  (")

        .append("'").append(persona.getNombre()).append("',")

        .append("'").append(persona.getApellidos()).append("',")
```

```
        .append("'").append(persona.getEdad()).append("',")

        .append("'").append(persona.getTelefono()).append("'")
        .append(")");
        sentencia.executeUpdate(sql.toString());
        sentencia.close();
        conexion.close();
    }

    public ResultSet obtenerPersonas() throws SQLException {
        Connection conexion=SimpleSQLDAOFactory.createConnection();
        Statement  sentencia=conexion.createStatement();
        return  sentencia.executeQuery("SELECT  *  FROM  Datos
        Personales");
    }
    public boolean crearTabla(){
        Statement sentencia;
        Connection conexion;
        boolean correcto=true;
        try{
            //Establecemos la conexión.
            conexion=SimpleSQLDAOFactory.createConnection();
            sentencia=conexion.createStatement();
            try{
                //Borramos la tabla.
                sentencia.executeUpdate("DROP  TABLE  Datos
                Personales");
            }
            catch(SQLException e){
            }
            //Creamos la nueva tabla
            StringBuffer sql=new StringBuffer();
            sql.append("CREATE TABLE DatosPersonales")
              .append("NOMBRE CHAR(20)NOT NULL,")
              .append("APELLIDOS CHAR(20),")
              .append("EDAD CHAR(3),")
              .append("TELEFONO CHAR(10))");
            sentencia.executeUpdate(sql.toString());
            sentencia.close();
            conexion.close();
        }
        catch(SQLException e){
            correcto=false;
            e.printStackTrace();
        }
        return correcto;
    }
}
```

La clase `SimpleSQLPersonaDAO` contiene toda la funcionalidad a realizar en la tabla "`DatosPersonales`" de la base de datos "`personal.dbs`".

El método `insertarPersona()` recibirá un objeto del tipo `Persona` y lo insertará en la tabla "`DatosPersonales`".

El método `obtenerPersonas()` retornará un objeto del tipo `ResultSet` con los datos existentes en la tabla "`DatosPersonales`".

El método `crearTabla()` realizará la sentencia de creación de la tabla (`CREATE TABLE`), para ello eliminará primero la tabla de la base de datos utilizando la sentencia "`DROP TABLE`".

Nota:

Lo lógico es que el método `obtenerPersonas()` en vez de retornar un `ResultSet`, retornará un conjunto de personas (`Set` de objetos de tipo `Persona`), pero se ha realizado esto para poder ver los métodos de posicionamiento por tuplas en JDBC.

La implementación del objeto `Persona` es la siguiente:

```
public class Persona {

    private String nombre;
    private String apellidos;
    private String edad;
    private String telefono;

    public String getApellidos() {
          return apellidos;
    }
    public void setApellidos(String apellidos) {
          this.apellidos = apellidos;
    }
    public String getEdad() {
          return edad;
    }
    public void setEdad(String edad) {
          this.edad = edad;
    }
    public String getNombre() {
          return nombre;
    }
    public void setNombre(String nombre) {
          this.nombre = nombre;
    }
```

```
    public String getTelefono() {
         return telefono;
    }
    public void setTelefono(String telefono) {
         this.telefono = telefono;
    }
}
```

Veamos ahora la implementación de la clase principal `DatosPersonales`:

```
import java.awt.Button;
import java.awt.Frame;
import java.awt.Panel;
import java.awt.TextField;
import java.awt.event.ActionEvent;
import java.awt.event.ActionListener;


public class DatosPersonales extends Frame
    implements ActionListener{


    private Button crear, ver, insertar, cerrar;
    private TextField informacion;
    private Panel principal;

    DatosPersonales(){
         super("Datos personales");
         setSize(200,120);
         principal=new Panel();
         crear=new Button ("Crear");
         crear.addActionListener(this);
         ver=new Button ("Ver");
         ver.addActionListener(this);
         insertar=new Button("Insertar");
         insertar.addActionListener(this);
         cerrar=new Button("Cerrar");
         cerrar.addActionListener(this);
         informacion=new TextField(20);

         principal.add(informacion);
         principal.add(crear);
         principal.add(insertar);
         principal.add(ver);
         principal.add(cerrar);

         add(principal);
         setVisible(true);
    }
```

```
    private void crearTabla(){
        boolean  correcto=DAOFactory.getDAOFactory(DAOFactory.
        SIMPLESQL)
                                .getPersonaDAO().crearTabla();
        if (correcto){
            informacion.setText("Tabla Creada");
        }
    }

    public void actionPerformed(ActionEvent e){
        String com=e.getActionCommand();
        if ("Crear".equals(com)){
            informacion.setText("");
            crearTabla();
        }
        else if ("Insertar".equals(com)){
            new InsertarDatosPersonales(this);
        }
        else if ("Ver".equals(com)){
            new VerDatosPersonales(this);
        }
        else{
            dispose();System.exit(0);
        }
    }

    public static void main(String args[]){
        new DatosPersonales();
    }
}
```

El método `actionPerformed()` que se incluye en la clase `DatosPersonales` es el encargado de controlar la pulsación de los botones.

En caso de pulsar el botón **Insertar**, se construirá una nueva instancia de la clase `InsertarDatosPersonales` que será la encargada de insertar los datos en la tabla "`DatosPersonales`".

En caso de pulsarse el botón **Ver**, se construirá una nueva instancia de la clase `VerDatosPersonales` que será la encargada de ver los datos que contiene la tabla "`DatosPersonales`".

Si se pulsa el botón **Crear**, se llamará al método `crearTabla()`,y en el caso de pulsar el botón **Cerrar**, se cerrará la aplicación liberando los recursos que posee mediante el método `dispose()`. La implementación de la clase `InsertarDatosPersonales` es la siguiente:

```
import java.awt.Button;
import java.awt.Dialog;
```

```
import  java.awt.Frame;
import java.awt.Label;
import java.awt.Panel;
import java.awt.TextField;
import java.awt.event.ActionEvent;
import java.awt.event.ActionListener;
import java.sql.SQLException;

public class InsertarDatosPersonales extends Dialog
   implements ActionListener{

   private Button incluir,terminar;
   private TextField nombre,apellidos,edad,telefono;

   InsertarDatosPersonales(Frame frame){
         super(frame,"Insertar datos",true);
         setSize(310,160);
         nombre=new TextField(20);
         apellidos=new TextField(20);
         edad=new TextField(3);
         telefono=new TextField(10);
         incluir=new Button("Incluir");
         incluir.addActionListener(this);
         terminar=new Button("Terminar");
         terminar.addActionListener(this);
         Panel panel=new Panel();
         panel.add(new Label("Nombre    : "));
         panel.add(nombre);
         panel.add(new Label("Apellidos: "));
         panel.add(apellidos);
         panel.add(new Label("Edad      : "));
         panel.add(edad);
         panel.add(new Label("Telefono : "));
         panel.add(telefono);
         panel.add(incluir);
         panel.add(terminar);
         nombre.setEditable(true);
         apellidos.setEditable(true);
         edad.setEditable(true);
         telefono.setEditable(true);
         add(panel);
         setVisible(true);
   }

   private void insertarFila(){
         try{
               Persona persona=new Persona();
               persona.setNombre(nombre.getText());
               persona.setApellidos(apellidos.getText());
```

```
                persona.setEdad(edad.getText());
                persona.setTelefono(telefono.getText());
                DAOFactory.getDAOFactory(DAOFactory.SIMPLESQL)
                            .getPersonaDAO()
                            .insertarPersona(persona);
            }
            catch(SQLException e){
                e.printStackTrace();
            }
        }

        public void actionPerformed(ActionEvent e){
            String com=e.getActionCommand();
            if ("Incluir".equals(com)){
                insertarFila();
                nombre.setText("");
                apellidos.setText("");
                edad.setText("");
                telefono.setText("");
            }
            dispose();
        }
    }
```

Como se puede ver en la figura 7.8 la clase `InsertarDatosPersonales` es simplemente un cuadro de diálogo cuya interfaz de usuario está compuesta de cuatro campos de texto (uno para cada campo de la tabla), cuatro etiquetas y dos botones. El constructor de la clase es el que se encarga de definir la interfaz de usuario.

El método que nos interesa de esta clase es el método `insertarFila()` que es el encargado de insertar una tupla o fila en la tabla "`DatosPersonales`", para ello, utilizará el DAO de SimpleSQL. A este método se accederá cada vez que pulsemos el botón de **Incluir**.

La clase `VerDatosPersonales` es muy parecida a la clase `InsertarDatosPersonales` con la única diferencia que en lugar de insertar datos, los visualiza. Para ello, el DAO de SimpleSQL en vez de lanzar sentencias del tipo "*update*", lanza sentencias de tipo "*query*" (`SELECT`).

La interfaz de usuario correspondiente a esta clase se muestra en la figura 7.9. La implementación de la clase `VerDatosPersonales` es la siguiente:

```
import java.awt.Button;
import java.awt.Dialog;
import java.awt.Frame;
import java.awt.Label;
import java.awt.Panel;
```

```
import  java.awt.TextField;
import java.awt.event.ActionEvent;
import java.awt.event.ActionListener;
import java.sql.ResultSet;
import java.sql.SQLException;

public class VerDatosPersonales extends Dialog implements
ActionListener{

   private ResultSet resultado;

   private Button siguiente,terminar;
   private TextField nombre,apellidos,edad,telefono;

   VerDatosPersonales(Frame frame){
         super(frame,"Ver datos",true);
         setSize(310,160);
         nombre=new TextField(20);
         apellidos=new TextField(20);
         edad=new TextField(3);
         telefono=new TextField(10);
         siguiente=new Button("Siguiente");
         siguiente.addActionListener(this);
         terminar=new Button("Terminar");
         terminar.addActionListener(this);
         Panel panel=new Panel();
         panel.add(new Label("Nombre    : "));
         panel.add(nombre);
         panel.add(new Label("Apellidos: "));
         panel.add(apellidos);
         panel.add(new Label("Edad      : "));
         panel.add(edad);
         panel.add(new Label("Telefono : "));
         panel.add(telefono);
         panel.add(siguiente);
         panel.add(terminar);
         add(panel);
         nombre.setEditable(false);
         apellidos.setEditable(false);
         edad.setEditable(false);
         telefono.setEditable(false);
         mostrar();
         setVisible(true);
   }

   public void actionPerformed(ActionEvent e){
         String com=e.getActionCommand();
         if ("Siguiente".equals(com)){
               siguiente();
```

```
        }
        else{
            if (resultado!=null){
                try{
                    resultado.close();
                }
                catch(SQLException ex){
                    ex.printStackTrace();
                }
            }
            dispose();
        }
    }

    private void mostrar(){
        try{
            resultado=DAOFactory.getDAO
            Factory(DAOFactory.SIMPLESQL)
            .getPersonaDAO().obtenerPersonas();
            siguiente();
        }
        catch(SQLException e){
            e.printStackTrace();
        }
    }

    private void verDatos(){
        try{
            nombre.setText(resultado.getString("NOMBRE"));
            apellidos.setText(resultado.getString("APELLIDOS"));
            edad.setText(resultado.getString("EDAD"));
            telefono.setText(resultado.getString("TELEFONO"));
        }
        catch (SQLException e){
            e.printStackTrace();
        }
    }

    private void siguiente(){
        try{
            //Nos movemos a la siguiente fila o tupla
            if (resultado.next())
                verDatos();
        }
        catch(SQLException e){
            e.printStackTrace();
        }catch(Exception ex){
            ex.printStackTrace();
        }
```

```
    }
}
```

Utilización de RowSet

Dentro de Java 2 v5.0 se ha incluido el concepto de `RowSet`, concretamente, se ha incluido a raíz de la JSR 14 (*Java Specification Request*). Esta interfaz pertenece al paquete `javax.sql`.

Un `RowSet` es una implementación basada en el modelo de JavaBeans, permitiendo el tratamiento de datos vía JDBC de una forma mucho más sencilla que utilizando los anteriormente comentados `ResultSet`.

Eventos

Al ser una implementación del modelo JavaBeans permitirá recibir, o aceptar eventos. Mediante estos eventos se podrá comunicar un `RowSet` con otro, siempre y cuando se haya registrado anteriormente utilizando el método `RowSet.addRowSetListener()`.

Existen tres tipos de eventos que pueden ocurrir, estos están definidos dentro de la interfaz `RowSetListener`:

- `cursorMoved(RowSetEvent evento)`: Notificará que el objeto cursor ha sido movido.
- `rowChanged(RowSetEvent evento)`: Notificará que el objeto `RowSet` ha sido modificado en una de sus tuplas.
- `rowSetChanged(RowSetEvent evento)`: Notificará que el objeto `RowSet` ha sido modificado.

Implementaciones de RowSet

Un `RowSet` es una interfaz que posee dentro del JDK una serie de implementaciones. Estas implementaciones nos permitirán abstraer el uso del API JDBC, creando una capa superior, por encima de `ResultSet`, que nos facilitará el desarrollo con JDBC.

Por ejemplo, tenemos la implementación `JdbcRowSetImpl` que, básicamente, es una abstracción de la interfaz `ResultSet`, haciendo más sencillo su uso. Las implementaciones localizadas en el API JDBC 3.0 son:

- `JdbcRowSetmpl`: Es una clase de envoltura de un objeto `ResultSet`. Veremos más adelante un ejemplo de uso de esta implementación.
- `CachedRowSetImpl`: Permite realizar una caché en memoria de las filas de un `ResultSet`, permitiendo tener desconectado el `RowSet`.
- FilteredRowSetImpl: Permite realizar filtros sobre un `RowSet`.
- JoinRowSetImpl: Permite tener `RowSet` desconectados para operaciones del tipo SQL JOIN.
- WebRowSetImpl: Permite realizar una salida de un `RowSet` a XML. Es una extensión de `CachedRowSet`.

Sólo la implementación `JdbcRowSetImp` es una implementación basada en la conexión de un `RowSet`, el resto de implementaciones utilizan los `RowSet` de forma desconectada.

El uso de `RowSet` desconectados nos permitirá utilizar estos en memoria, o enviar el propio RowSet a través de la red. Si juntamos ambas cosas, tenemos que podemos mandar un `RowSet` a un dispositivo (por ejemplo a una PDA a través de la red) que físicamente no tiene la posibilidad de conexión a un gestor de base de datos, pero que sin embargo, mediante los `RowSet` desconectados, podrá trabajar con el conjunto de resultados en memoria.

Estas implementaciones están situadas en el paquete `com.sun.rowset`. Veamos un ejemplo de uso de la implementación `JdbcRowSetImpl`. Nos basaremos en el ejemplo de los "Datos Personales", pero ahora realizaremos todas las tareas de conexión, ejecución de la consulta y obtención de resultados con una sola instancia de la clase `JdbcRowSetImpl`:

```
import java.sql.SQLException;
import com.sun.rowset.JdbcRowSetImpl;

public class EjemploJdbcRowSet {
   public static void main(String[] args) {
         JdbcRowSetImpl jdbcRs;
         try {
               Class.forName("org.simplesql.Driver");
               jdbcRs=new JdbcRowSetImpl();
               jdbcRs.setUrl("jdbc:simplesql://127.0.0.1/personal.
               dbs");
               jdbcRs.setCommand("Select * from DatosPersonales");
               jdbcRs.execute();
               while (jdbcRs.next()){
                     System.out.printf("Nombre: %s", jdbcRs.getString
                     ("Nombre"));
```

```
                System.out.printf("Apellidos:  %s",  jdbcRs.get
                String("Apellidos"));
                System.out.printf("Edad: %s ", jdbcRs.getString
                ("Edad"));
                System.out.printf("Telefono:  %s\n",  jdbcRs.get
                String("Telefono"));
            }
            jdbcRs.close();

        }catch (SQLException e){
            e.printStackTrace();
        }
        catch(ClassNotFoundException e){
            e.printStackTrace();
        }
    }
}
```

Capítulo 8

JNI

En este capítulo aprenderá a:

- Las características de la interfaz JNI.
- El concepto de aplicación nativa.
- La creación de librerías externas.
- La creación de una comunicación con una aplicación nativa vía JNI.

Introducción

Todo lenguaje, en algún momento, necesita apoyarse en otros lenguajes para realizar algún tipo de aplicación, y por tanto, necesita algún mecanismo para conectarse con ese otro lenguaje. Java utiliza la interfaz JNI (*Java Native Interface*) para realizar esa conexión. JNI nos permitirá la ejecución de código nativo en la plataforma en la que estemos desarrollando nuestra aplicación. Veremos cómo implementar la interfaz JNI, cuáles son sus características y, en definitiva, cómo poder incluirla en nuestras aplicaciones sacándole todo el provecho que nos puede aportar.

¿Qué es JNI?

JNI es la interfaz creada por Sun para ejecutar código nativo desde cualquier aplicación en Java, y viceversa, es decir, ejecutar código Java desde cualquier aplicación nativa.

Esta interfaz nos permitirá comunicarnos con otras librerías desarrolladas en otros lenguajes, como pueden ser C o C++, utilizando los compiladores nativos de la plataforma que estemos utilizando.

Utilizando JNI comunicaremos una clase Java y una librería nativa realizando lo siguiente:

1. Llamadas a los métodos de la librería nativa.
2. Cargar clases.
3. Lanzar Excepciones.
3. Modificar las propiedades de los objetos.

A lo largo del capítulo desarrollaremos los ejemplos con las librerías de enlace dinámico de Microsoft (DLL), y para la creación de dichas librerías utilizaremos el compilador de Visual C++ 6.0.

¿Cuándo se han de utilizar?

Cuando realizamos una aplicación en Java siempre intentamos que sea 100% Java, y que nunca dependa de la plataforma en la que estemos desarrollando. El problema lo encontramos cuando deseamos enlazar con alguna librería que ya tenemos desarrollada, y que queremos aprovechar. Por tanto, podríamos definir una serie de situaciones en las cuales tenemos que utilizar JNI en nuestras aplicaciones:

- Si queremos comunicarnos con un dispositivo de una plataforma en concreto, y sólo podemos acceder a él a través de sus librerías de manejo.
- Cuando tengamos un apartado en el desarrollo que implique una velocidad de ejecución mucho mayor, y que, por tanto, sea un punto crítico en nuestra aplicación.
- Cuando tengamos desarrolladas librerías en otros lenguajes y estas sean muy complicadas de realizar en Java (sobre todo en tiempo). Siempre se intenta reutilizar código y JNI nos lo permite, eso sí, con una sola penalización: la dependencia total a la plataforma en la que esté desarrollada la librería a utilizar.

Existen otros muchos puntos por los cuales tendríamos que utilizar JNI en nuestras aplicaciones, pero estos son los más importantes.

Por tanto, JNI en algunas ocasiones, puede funcionar como un salvavidas para no tener que desarrollar la aplicación en otro lenguaje y poder realizar parte de dicha aplicación en Java, beneficiándose, claro está, de todas las ventajas que aporta este lenguaje (Java).

Pasos a seguir para enlazar con una librería externa

Vamos a ver los pasos que se deben seguir para enlazar una clase en Java, con una librería externa desarrollada en C.

1. Creación de la clase en Java.
2. Creación del fichero de cabecera (fichero `.h`).
3. Implementación de los métodos en C.
4. Creación de la librería.

Desde el paso 1 al 4 veremos: cómo realizar la clase, cómo crear el archivo de cabecera (que será la unión con la librería externa), cómo desarrollar los métodos en C, cómo compilarlos, y por último, cómo crear la librería externa. Vamos a desarrollar como ejemplo una clase que nos permita visualizar la hora del sistema.

Nota:

Hemos tomado como ejemplo, la visualización de la hora del sistema, esto como todos sabemos se podría resolver rápidamente utilizando la clase `Date`*, incluida en el paquete* `java.util`*, pero como ejemplo nos sirve.*

Creación de la clase en Java

Vamos a definir la clase `FechaNativa` que va a contener el método que visualiza la fecha del sistema.

El código de la clase `FechaNativa` es el siguiente:

```
public class FechaNativa {
   public native void getFecha();

   static{
         System.loadLibrary("fecha");
   }
   public static void main(String[] args){
         new FechaNativa().getFecha();
   }
}
```

El método `getFecha()` es declarado nativo (*native*) y debe ser implementado en la librería "`fecha.dll`", ya que en nuestro caso estamos realizando el ejemplo en una plataforma Microsoft Windows. Si se desarrollará el ejemplo en una plataforma Unix o Linux la librería se llamaría "`fecha.so`".

Para cargar la librería en nuestra clase en Java utilizamos el método `loadLibrary()` de la clase `System`. Como se puede apreciar no se pone la extensión de la librería ya que dependiendo de la plataforma sería `.dll` o `.so`.

Creación de un fichero de cabecera

Antes de codificar el método `getFecha()` debemos crear los ficheros de cabecera de la clase `FechaNativa`. Para ello, utilizamos el comando `javah`: `javah -jni FechaNativa`.

El fichero de cabecera que se genera es el siguiente:

```
#ifdef __cplusplus
extern "C" {
#endif
```

```
/*
 * Class:     FechaNativa
 * Method:    getFecha
 * Signature: ()V
 */
JNIEXPORT void JNICALL Java_FechaNativa_getFecha
  (JNIEnv *, jobject);

#ifdef __cplusplus
}
#endif
#endif
```

Como se puede apreciar la directiva `#ifdef __cplusplus` nos permite compilar el archivo tanto en C como en C++. Incluiremos el fichero `jni.h`, que define entre otras muchas cosas los tipos de datos a utilizar con JNI como son `JNIEnv` o `jobject`.

La regla de generación de los métodos nativos se muestra en la figura 8.1.

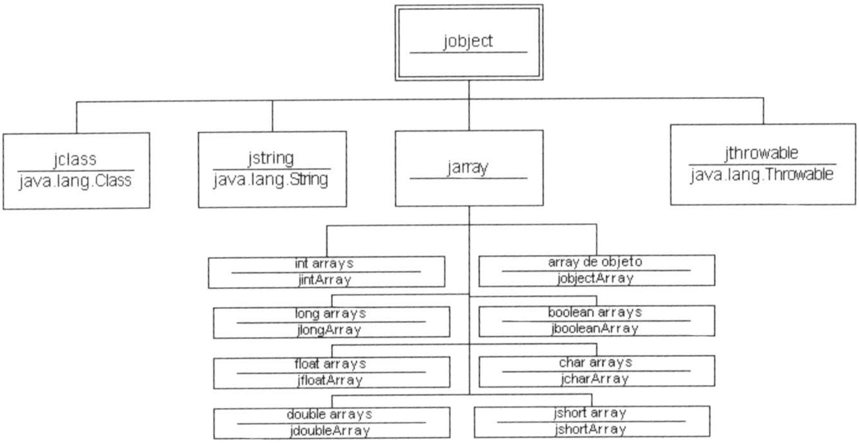

Figura 8.1. Generación de los métodos nativos.

Como se puede apreciar en la figura 8.1 la generación de las funciones se divide en cuatro partes:

1. El prefijo `Java_`, que es puramente informativo, indicando que la función a implementar proviene de una clase en Java.
2. Es el nombre de la clase. Si la clase estuviese empaquetada aparecería con un guión bajo.
3. Separa con un guión bajo el nombre de la clase del método de la clase.

4. Es el nombre del método de la clase. Para poder sobrecargar las funciones se necesita introducir dos guiones bajos seguidos de los tipos en los argumentos de las clases. Por ejemplo, si al método `getFecha()` se le pasase como argumento un `String` la función de cabecera generada será la siguiente:

```
Java_FechaNativa_getFecha__Ljava_lang_String_2(JNIEnv *, jobject,
jstring);
```

En el código generado mediante `javah` podemos observar la forma en la que se ha compuesto la función `getFecha()`:

```
JNIEXPORT void JNICALL Java_FechaNativa_getFecha
  (JNIEnv *, jobject);
```

Si la comparamos con el método declarado en la clase `FechaNativa`, podemos ver en la figura 8.2 cómo se genera la función en el archivo de cabecera.

```
public native void getFecha();
```

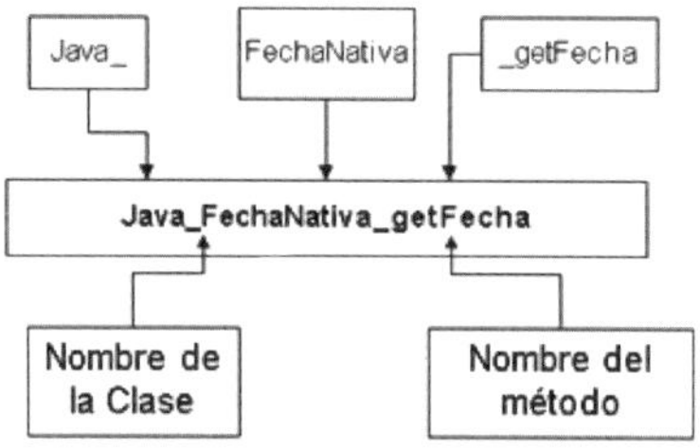

Figura 8.2. Relación del método en Java y el generado con javah.

Implementación de los métodos en C

Y como no, ahora llega la hora de implementar el método `getFecha()` en otro lenguaje diferente a Java. Como ya hemos comentado al principio del capítulo, vamos a realizar la implementación utilizando Visual C++ 6.0. Y desarrollaremos utilizando código en C.

El código resultante en C es el siguiente:

```
#include <jni.h>
#include "FechaNativa.h"
#include <stdio.h>
#include <time.h>
JNIEXPORT void JNICALL Java_FechaNativa_getFecha(JNIEnv *env,
jobject obj)
```

```
{
 unsigned equip;
 struct tm *punt;
 time_t lt;
 lt=time (NULL);
 punt=localtime(&lt);
 printf(asctime(punt));
}
```

Como podemos observar, debemos incluir cada uno de los archivos que aparecen a continuación:

1. `jni.h`, que es la cabecera de JNI en la que se encuentran los métodos necesarios para modificar y llamar a los métodos escritos en la clase Java. El manejo de estos métodos los veremos más adelante en este mismo capítulo.
2. `FechaNativa.h`, que es el fichero de cabecera que hemos creado.
3. `stdio.h`, que es la cabecera en donde está incluida la función `printf()` que utilizamos para visualizar por pantalla la hora local.
4. `time.h`, que es la cabecera donde están las funciones de hora que utilizamos para obtener la hora del sistema.

La hora del sistema la obtenemos utilizando la función `asctime()` que está incluida en la cabecera `time.h` y que nos retorna una cadena con el siguiente formato:

```
Día mes fecha horas:minutos:segundos año
```

Para ello, se le debe pasar por parámetro un puntero con una estructura del tipo "`tm`" que se obtiene mediante la función `localtime()`, que también está incluida en la cabecera `time.h`.

Una vez creado el fichero `.c` tan sólo nos falta crear la librería y ejecutar la clase en Java creada anteriormente.

Creación de la librería y ejecución de la clase

Para la creación de la librería utilizaremos el comando `cl` de Visual C++ 6.0 de la siguiente forma:

```
set PATH=%PATH%;<ruta Visual_Studio>\VC98\bin
SET LIB=<ruta_Visual_Studio> \VC98\Lib
SET INCLUDE=%;<ruta_Visual_Studio>\VC98\include;
<ruta_jdk>\include;<ruta_jdk>\include\win32
cl -LD FechaNativa.c -Fefecha.dll
```

Nota:

Debemos tener bien definidas las rutas o path *de búsqueda de los archivos necesarios para la compilación y generación de la librería de enlace dinámico.*

Una vez realizado todo esto ya tenemos creado el fichero `fecha.dll` que contiene el código nativo realizado.

Para ejecutar la clase `FechaNativa` tan sólo tenemos que utilizar el comando `java` y nos visualizará la hora del sistema.

```
java FechaNativa
```

Tipos Nativos

Los métodos nativos pueden acceder directamente a las tipos primitivos. En la tabla 8.1 se pude apreciar la relación entre los tipos primitivos en Java y los tipos nativos.

Tabla 8.1. Relación entre tipos primitivos en Java y los tipos nativos.

Tipos en Java	Tipos Nativos
boolean	jboolean
byte	jbyte
char	jchar
short	jshort
int	jint
long	jlong
float	jfloat
double	jdouble
void	void

Los objetos nativos son pasados por referencia y son todos del tipo `jobject`, por tanto, existe una jerarquía entre los tipos primitivos y los objetos nativos; dicha jerarquía se muestra en la figura 8.3.

Al final del capítulo, veremos un ejemplo que contendrá la mayoría de los tipos primitivos que hemos comentado. Antes, vamos a ver cómo se puede conseguir acceder a los métodos y variables dentro de los métodos nativos que implementemos.

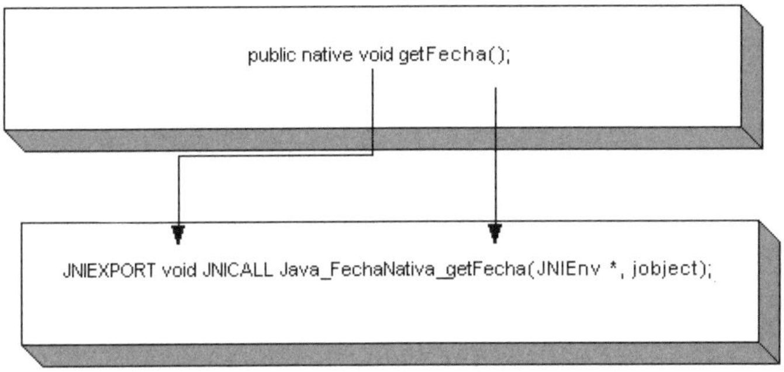

Figura 8.3. Jerarquía de objetos y tipos primitivos.

Acceso a los métodos nativos y a sus variables

Para acceder a los métodos y variables debemos utilizar un puntero a la estructura `JNIEnv` incluida dentro de JNI. Con esta estructura podremos realizar una serie de funciones como son:

1. Ejecutar clases y realizar operaciones con los objetos.
2. Manejar objetos en Java.
3. Modificar cadenas y realizar operaciones con los arrays.
4. Obtener la versión de JNI que estemos utilizando.
5. Generar excepciones.

El número de funciones a las que se puede llamar utilizando el puntero a `JNIEnv` es muy amplio y se pueden ver en el fichero de cabecera `jni.h`. A lo largo del capítulo, iremos viendo las más importantes y cómo se han de implementar.

Un ejemplo de utilización de `JNIEnv` es:

```
(*jenv)->ReleaseStringUTFChars(jenv,cad1,cad2);
```

Más adelante veremos para que podemos utilizar este método y otros muchos más que nos permitan trabajar con cadenas, arrays, etc.

Utilización de cadenas

Podemos ver las funciones de manipulación de cadenas seguidamente:

- `GetStringChars()`.
- `GetStringLength()`.
- `GetStringUTFChars()`.
- `GetStringUTFLength()`.
- `NewString()`.
- `NewStringUTF()`.
- `RealeaseStringChars()`.
- `RealeaseStringUTFChars()`.
- `GetStringRegion()`.
- `GetStringUTFRegion()`.
- `GetStringCritical()`.
- `RealeaseStringCritical()`.

Las funciones en la cuales está incluido el "UTF" nos indican que vamos a trabajar con el formato UTF de 8 caracteres, y no con el formato de Unicode que utiliza Java.

Debemos utilizar estas funciones si queremos trabajar con ellas en C (o C++), ya que la clase `jstring` es totalmente diferente a las cadenas utilizadas en C (o C++), que no son otra cosa que punteros a carácter (`char *`).

Advertencia:

Si intentamos imprimir una cadena que está incluida en una variable de tipo `jstring` en C (utilizando por ejemplo `printf()`), sin antes haberla tratado con una de las funciones de cadena descritas anteriormente, nos provocará que la máquina virtual de Java genere un error y, por tanto, no pueda visualizar la cadena.

Una vez que tengamos en cuenta esto, no nos será muy difícil el manejo de cadenas en C. La forma de crear una nueva cadena es utilizando el método `NewString()` que tiene el siguiente formato:

```
jstring NewString(JNIEnv *env, const jchar *cadenaunicode, jsize
longitud);
```

Se lanzará una excepción del tipo `OutOfMemoryError` si la cadena se fuese fuera del rango de memoria asignado por el sistema.

Para liberar la memoria se debe de realizar una llamada al recolector de basura indicándole que queremos eliminar la cadena de la memoria, para ello, se tiene que utilizar el método `ReleaseStringChars()` que tiene la siguiente sintaxis:

```
void RealeaseStringChars(JNIEnv *env,jstring cadena,const jchar
*caracteres);
```

El método `GetStringChars()` nos retorna un puntero de caracteres Unicode de la cadena pasada por parámetro. El puntero desaparecerá cuando se realice una llamada al método `ReleasedStringChars()`, su sintaxis es la siguiente:

```
const jchar *GetStringStringChars(JNIEnv *env,jstring cadena,
jboolean *esCopia);
```

A su vez el método `GetStringLength()` nos retorna el tamaño de una cadena (`jstring`) pasada por parámetro. Su sintaxis es la siguiente:

```
jsize GetStringLength(JNIEnv *env,jstring cadena);
```

`GetStringRegion()` nos permite obtener una cadena incluida en una región especificada. `GetStringCritical()` y `ReleaseCritical()` son muy parecidos a `GetStringChars()` y `ReleaseStringChars()`, salvo que se realiza una restricción en el uso de la cadena, bloqueándola hasta que no se libera. Sus sintaxis son las siguientes:

```
void getStringRegion(JNIEnv *env,jstring cadena,jsize comienzo,
jsize longitud, jchar *buff);
const jchar *GetStringCritical(JNIEnv *env, jstring cadena,
jboolean *esCopia);
void ReleaseStringCritical(JNIEnv *env, jstring cadena, const
jchar *carray);
```

En el siguiente ejemplo, se puede ver cómo se deben utilizar estas funciones. Realizaremos una función que, dado un nombre y dos apellidos, nos retorne el nombre completo.

```
public class Nombre{

  native String nombreCompleto(String nombre,String ape1,String
 ape2);

 public static void main(String args[]){
  String strNombre;
```

```
  Nombre nom=new Nombre();
 strNombre=nom.nombreCompleto("Juan","Sanchez","Lopez");
  System.out.println("El nombre completo es: "+strNombre);
 }

 static{
  System.loadLibrary("cadenas");
 }
}
```

Se le pasan tres argumentos al método nativo `nombreCompleto()` y debe retornar un `String` con el nombre completo formado: "`apellido1 apellido2, nombre`". Cuando compilemos la clase en java (`javac`), y generemos el archivo de cabecera, crearemos la función de concatenación en C:

```
JNIEXPORT jstring JNICALL Java_Nombre_nombreCompleto  (JNIEnv
*env, jobject obj, jstring nom, jstring ape1, jstring ape2)
{
char  nombrecompleto[255]="";
const char *nombre = (*env)->GetStringUTFChars(env, nom, 0);
const char *apellido1= (*env)->GetStringUTFChars(env, ape1, 0);
const char *apellido2= (*env)->GetStringUTFChars(env, ape2, 0);
strcat(nombrecompleto,apellido1);
strcat(nombrecompleto,"  ");
strcat(nombrecompleto,apellido2);
strcat(nombrecompleto,",");
strcat(nombrecompleto,nombre);
(*env)->ReleaseStringUTFChars(env,nom,nombre);
(*env)->ReleaseStringUTFChars(env,ape1,apellido1);
(*env)->ReleaseStringUTFChars(env,ape2,apellido2);
return  (*env)->NewStringUTF(env,nombrecompleto);
}
```

Lo primero que hacemos es utilizar la función `GetStringUTFChars()` para poder manipular las cadenas que contiene la clase `jstring`. Posteriormente, utilizamos la función `strcat()` que permite concatenar cadenas. Para ello, definimos un array de caracteres al que llamamos `nombrecompleto` y que contendrá la cadena que deseamos construir, y que una vez construida, retornará la función. Al igual que convertimos de `jstring` a punteros `char`, debemos convertir las cadenas (array de caracteres) de C en `jstring` para que la aplicación en Java puede manipularlas. Para ello, utilizamos el método `NewStringUTF()` y retornamos el valor de la cadena generada.

Como se puede apreciar, utilizamos la funciones `ReleaseStringUTFChars()` que permiten al recolector de basura eliminar la memoria ocupada por las cadenas una vez que ya no las utilizamos.

Utilización de arrays

Al igual que con las cadenas, existe una serie de funciones que nos permiten manipular arrays. Sin ellas no podríamos trabajar directamente con los arrays de Java en C, ni viceversa; es decir, con los arrays de C en Java:

- GetArrayLength().
- NewObjectArray().
- GetObjectArrayElement().
- SetObjectArrayElement().
- New<TipoPrimitvo>Array().
- Get<TipoPrimitivo>ArrayElements().
- Release<TipoPrimitivo>ArrayElements().
- Get<TipoPrimitivo>ArrayRegion().
- Set<TipoPrimitivo>ArrayRegion().

Los tipos primitivos son: Boolean, Byte, Char, Short, Int, Long, Float y Double. Veamos las funciones una por una:

1. GetArrayLength() nos retorna el número de elementos que contiene el array, su sintaxis es la siguiente: jsize GetArrayLength (JNIEnv *env, jarray array);
2. NewObjectArray() construye un nuevo array. Su sintaxis es la siguiente: jarray NewObjectArray(JNIEnv *env, jsize length,jclass ElementosDeLaClase, jobject inicialElement); El array devuelto contendrá objetos de la clase ElementosDeLaClase y será inicializado con el valor de inicialElement. Al igual que la función NewString() se lanza una excepción del tipo OutOfMemoryError si no se soportase el rango de memoria asignado.
3. GetObjectArrayElement() nos permite obtener un elemento dentro de un array. Su sintaxis es la siguiente: jobject GetObjectArrayElement(JNIEnv *env, jobjectArray array, jsize index); Se producirá una excepción del tipo ArrayIndexOutOfBoundException, si el índice especificado no es un índice correcto dentro del array.
4. SetObjectArrayElement() inserta un elemento dentro del array. Su sintaxis es la siguiente: void SetObjectArrayElement(JNIEnv *env, jobjectArray array, jsize index, jobject va-

lue); Se producirá una excepción del tipo ArrayIndexOutOfBoundException, si el índice en el que se desea posicionar el elemento no es un índice correcto dentro del array. También se lanzará una excepción del tipo ArrayStoreException, si la clase del elemento que se desea establecer es diferente a la clase de elementos que contiene el array.

5. New<TipoPrimitivo>Array() dependiendo del tipo primitivo que le demos, construirá un array de ese tipo. Los valores de retorno según el tipo introducido son los que muestra la tabla 8.2 y son los que se deben sustituir por ArrayType, que es el valor de retorno de la función. Su sintaxis es la siguiente: ArrayType New<TipoPrimitivo> Array(JNIEnv *env, jsize length);
6. Get<TipoPrimitivo>ArrayElements() nos retorna un puntero (con tipos nativos) con los elementos del array de tipos primitivo. Al igual que sucediese en New<TipoPrimitivo>Array() se ha de especificar qué tipo queremos, y en función del tipo primitivo, obtendrá un puntero a los elementos del array. Estos elementos serán de tipo nativo. En la tabla 8.3, podemos ver los tipos nativos de retorno para esta función. Su sintaxis es la siguiente: NativeType *Get <TipoPrimitivo>ArrayElements(JNIEnv *env, ArrayType array, jboolean *isCopy);
7. Release<TipoPrimitivo>ArrayElements(). Al igual que se nos permite crear un array de tipos primitivos, esta función realiza la llamada al recolector de basura para que elimine de la memoria el array de TiposPrimitivos. Su sintaxis es la siguiente: void Release <PrimitiveType>ArrayElements(JNIEnv *env, ArrayType array, NativeType *elems, jint mode); Por tanto, una vez que se realiza la llamada a esta función el puntero obtenido con el método Get<TipoPrimitivo>ArrayElements() también se libera.
8. Get<TipoPrimitivo>ArrayRegion() nos permite seleccionar un número de elementos y copiarlos en un buffer con valores de tipo nativo. Su sintaxis es la siguiente: void Get<TipoPrimitivo> ArrayRegion(JNIEnv *env, ArrayType array,jsize comenzar, jsize longitud, TipoNativo *buf); Se producirá una excepción del tipo ArrayIndexOutOfBoundsException si uno de los índices de la región especificada es incorrecto, es decir, que no está incluido dentro del array de elementos.
9. Set<TipoPrimitivo>ArrayRegion() nos permite obtener un número de elementos dentro de un array de tipo primitivo a partir de un

buffer con elementos de tipo nativo. Su sintaxis es la siguiente: `void Set<TipoPrimitivo>ArrayRegion (JNIEnv *env, ArrayType array, jsize comienzo, jsize lognitud, TipoNativo *buf);` Se producirá una excepción del tipo `ArrayIndexOutOfBoundsException` si uno de los dos índices del rango que se desea establecer es erróneo.

Tabla 8.2. Función New<TipoPrimitivo>Array() y tipo de retorno.

Función	Tipo de Retorno
NewBooleanArray()	jbooleanArray
NewByteArray()	jbyteArray.
NewCharArray()	jcharArray
NewShortArray()	jshortArray
NewIntArray()	jintArray
NewLongArray()	jlongArray
NewFloatArray()	jfloatArray
NewDoubleArray()	jdoubleArray

Tabla 8.3. Función Get<TipoPrimitivo>ArrayElements().

Función	Tipo Array	Tipo Nativo de retorno
GetBooleanArrayElements ()	jbooleanArray	jboolean
GetByteArrayElements ()	jbyteArray.	jbyte
GetCharArrayElements ()	jcharArray	jchar
GetShortArrayElements ()	jshortArray	jshort
GetIntArrayElements ()	jintArray	jint
GetLongArrayElements ()	jlongArray	jlong
GetFloatArrayElements ()	jfloatArray	jfloat
GetDoubleArrayElements ()	jdoubleArray	jdouble

En el siguiente ejemplo, vamos a pasar por parámetro a un método nativo un array de enteros, el método nativo tratará este array y nos retornará el array de enteros invirtiendo la posición de sus elementos. Para ello, vamos a crear dentro del método nativo un nuevo array que luego retornaremos en la función. La clase en Java es la siguiente:

```
public class ArrayInverso{

 private native int[] invertirArray(int array[]);

 public static void main(String args[]){
  ArrayInverso ai = new ArrayInverso();
  int array[] = new int [10];
  for (int i = 0; i < 10; i++)
      array[i] = i*10;
  int[] inverso = ai.invertirArray(array);
  System.out.println("Array real          Array invertido");
 System.out.println("------------------------------------");
  for (int i = 0; i < 10; i++)
     System.out.println(array[i]+"
"+inverso[i]);
 }

 static{
  System.loadLibrary("arrays");
 }
}
```

Como se puede apreciar, al método nativo se le pasa un array de enteros y este retorna otro array tratado. En nuestro caso, el método nativo invierte el array pasado como parámetro y lo retorna. La función implementada en C es la siguiente:

```
JNIEXPORT jintArray JNICALL Java_ArrayInverso_invertirArray
(JNIEnv *env, jobject obj, jintArray array)
{
jsize tamano = (*env)->GetArrayLength(env, array);
jint *real = (*env)->GetIntArrayElements(env, array, 0);
jint inverso[10];
jint i;
jintArray arrayRetorno;
for (i=tamano;i>0; i--)
   inverso[tamano-i] = real[i-1];
(*env)->ReleaseIntArrayElements(env, array, real, 0);
arrayRetorno=(*env)->NewIntArray(env,tamano);
(*env)->SetIntArrayRegion(env,arrayRetorno, 0, tamano, inverso);
return arrayRetorno;
}
```

Acceso a los campos de una clase

Vamos a ver cómo podemos acceder a las variables de una clase en Java a partir de los métodos nativos implementados en otro lenguaje.

La función `GetFieldID()`, nos permite obtener el `ID` de la variable. Este `ID` es el que nos proporciona la localización de la variable. Si nos retorna `null`, entonces nos indica que no existe dicha variable y, por tanto, no podemos obtener el `ID` de la variable.

La sintaxis completa de esta función es la siguiente:

```
jfieldID GetFieldID(JNIEnv *env,jclass clase,const char
*nombreCampo,char *nomenclatura)
```

Como es razonable, si la obtención del `ID` fuese errónea, se lanzará una excepción. Este método puede lanzar tres tipos de excepciones:

1. `NoSuchFieldError`: Si lo que intentamos es buscar un campo inexistente.
2. `ExceptionInInitializerError`: Si la clase en la que se encuentra nuestra variable lanzase una excepción.
3. `OutOfMemoryError`: Si el sistema no pudiese realizar la función por salirse del rango de memoria asignado.

La variable `clase` que es del tipo `jclass` es la clase en la que se encuentra el miembro que deseamos obtener. El `nombreCampo` es el nombre de la variable, y el parámetro `nomenclatura` es el tipo de variable que queremos. Los posibles tipos con sus nomenclaturas se pueden visualizar en la tabla 8.4.

Tabla 8.4. Tipos en Java, tipos nativos y nomenclatura.

Tipo Java	Tipo Nativo	Nomenclatura
boolean	jboolean	Z
byte	jbyte	B
char	jchar	C
short	jshort	S
int	jint	I
long	jlong	J
float	jfloat	F
double	jdouble	D
void	void	No existe
otro tipo	-	Ltipo; pondrá ";" un "_2"
Arrays	-	Tipo[;pondrá por "[" un "_3"

Truco:

Si queremos saber cual es la representación interna de las variables de una clase, no tenemos más que ejecutar el comando `javap` *con el parámetro* `-s`*; éste nos dará toda la información que necesitamos. Ejemplo:* `javap -s FechaNativa`.

```
Compiled from "FechaNativa.java"
public class FechaNativa extends java.lang.Object{
public FechaNativa();
  Signature: ()V
public native void getFecha();
  Signature: ()V
public static void main(java.lang.String[]);
  Signature: ([Ljava/lang/String;)V
static {};
  Signature: ()V
}
```

Para obtener la clase de un objeto se tiene que utilizar el método `GetObjectClass()`, por ejemplo:

```
jclass clase = (*env)->GetObjectClass(env, obj);
```

Para crear una instancia de una clase en Java, desde un método nativo, se ha de utilizar la función `FindClass()`. Por ejemplo, si deseamos instanciar la clase `String` debemos implementar el siguiente método:

```
jclass claseCadena = (*env)->FindClass(env,"java/lang/String");
```

Si la clase no se encontrase en la ruta especificada se lanzará una excepción del tipo `NoClassDefFoundError`. Si la clase que se desea encontrar no fuese una clase valida, se lanzará una excepción del tipo `ClassFormatError`. El `ID` obtenido mediante la función `GetFieldID()` lo necesitamos para pasárselo a otro método que será el que nos retorne el valor de la variable en cuestión. Existe una función para cada tipo de variable que deseemos obtener. En la tabla 8.5 se pueden ver las funciones asociadas a los tipos que se desean obtener.

Tabla 8.5. Funciones para obtener valores de las variables.

Funciones	Valor
GetCharField()	jchar
GetShortField()	jshort

Funciones	Valor
GetIntField()	jint
GetLongField()	jlong
GetFloatField()	jfloat
GetDoubleField()	jdouble

La función en cuestión es la siguiente:

```
TipoNativo Get<Tipo>Field(JNIEnv *env,jobject *obj, jfieldID id)
```

El parámetro `obj` es el objeto en donde está situada la variable que deseamos obtener. El parámetro `id` es el identificador de la variable a modificar y es obtenido mediante la función anteriormente descrita (`GetFieldID`()).

Al igual que tenemos un `Get<Tipo>Field`() también tenemos un `Set<Tipo>Field`() que nos permite modificar el valor de una variable, su sintaxis es la siguiente:

```
Set<Tipo>Field(JNIEnv *env,jobject *obj, jfieldID id, TipoNativo
act)
```

El único parámetro que difiere de la función `Get<Tipo>Field`() es `act`, que es el valor a establecer en la variable. Podemos utilizar también la tabla anterior para poder saber qué función utilizar en cada caso; eso si, debemos cambiar el `Get` por el `Set`.

Para las variables estáticas existen otros métodos para la obtención del `ID` que nos permitirá acceder a la variable y modificarla. El método que nos retorna el `ID` de una variable estática es `GetStaticFieldID`(). Éste tiene la siguiente sintaxis:

```
jfieldID GetStaticFieldID(JNIEnv *env,jclass clase, const char
*nombre, const char nomenclatura)
```

La funcionalidad es la misma que la del método `GetFieldID`() que utilizábamos para la variables no estáticas.

Al igual que antes, para los variables estáticas existe el método `GetStatic<Tipo>Field`() que nos permite obtener la variable estática a partir del identificador obtenido con `GetStaticFieldID`(). También existe el método `SetStatic<Tipo>Field`() que nos permite modificar una variable estática a partir del identificador obtenido con `GetStaticFieldID`().

A continuación, veremos como poder acceder y modificar variables que estén incluidas en un objeto. Para ello, vamos a definir una clase `ObjetoNumero`. Dicha clase llamará a un método nativo que realizará una multiplicación. Los valores para la multiplicación se van a obtener del objeto. Uno de estos valores será un identificador que tendrá el objeto y otro será una variable estática que será un factor propio del objeto. El método nativo va ha ser el encargado de modificar el resultado dentro de la clase; es decir, en vez de retornar el resultado, lo que va ha realizar es modificar una variable llamada `valorRetorno`, que contendrá el valor de la multiplicación y que se encuentra dentro del objeto.

Realizaremos dos instancias de la clase con un identificador distinto para cada clase. La clase en Java que describe todo esto es la siguiente:

```
public class ObjetoNumero{
  public static int factor;
  private int valorObjeto;
  private int valorRetorno;

  ObjetoNumero(int val){
  this.valorObjeto=val;
  }
  public int getValorRetorno(){
    return this.valorRetorno;
  }
  public native void multiplicaFactorObjeto();

  public static void main(String args[]){
    ObjetoNumero.factor=30;
    ObjetoNumero objeto1=new ObjetoNumero(1);
    ObjetoNumero objeto2=new ObjetoNumero(2);
    objeto1.multiplicaFactorObjeto();
    objeto2.multiplicaFactorObjeto();
   System.out.println("El valor del objeto 1 es: "+objeto1.getValor
    Retorno());
      System.out.println("El  valor  del  objeto  2  es:  "+objeto2.
      getValorRetorno());
  }

 static{
  System.loadLibrary("numeros");
  }
}
```

La variable `valorObjeto` contendrá el identificador del objeto. La variable `valorRetorno` contendrá el resultado de la multiplicación del método nativo.

Como se puede apreciar, esta variable no es modificada dentro de la clase, sino que es modificada dentro del método nativo. A continuación, se muestra cómo se obtienen las variables valorObjeto, factor y valorRetorno desde el código nativo.

```
JNIEXPORT void JNICALL Java_ObjetoNumero_multiplicaFactorObjeto
  (JNIEnv *env, jobject objeto)
{
   jclass clase;
   jfieldID id;
   int factor,valor,resultado;

   //Obtenemos la clase
   clase = (*env)->GetObjectClass(env, objeto);

   //Obtenemos el factor de multiplicación
   id = (*env)->GetStaticFieldID(env, clase, "factor", "I");
   factor = (*env)->GetStaticIntField(env, clase, id);

   //Obtenemos el valor del objeto
   id = (*env)->GetFieldID(env, clase, "valorObjeto", "I");
   valor=(*env)->GetIntField(env, objeto, id);

   //Multiplicamos el factor por el valor del objeto
   resultado=valor*factor;

   //Establecemos el valor en el objeto
   id = (*env)->GetFieldID(env, clase, "valorRetorno", "I");
   (*env)->SetIntField(env, objeto, id, resultado);

}
```

Lo primero que necesitamos es obtener la clase y, para ello, utilizamos el método GetObjectClass().

Luego, por cada variable que necesitemos en el programa necesitamos conseguir su ID. Para ello utilizamos el método GetFieldID() o GetStaticFieldID(), si se trata de una variable estática, como es el caso de la variable factor.

Acceso a los métodos en Java

Al igual que pasaba con los variables, para llamar a los métodos de un objeto, necesitamos primero conocer su identificador (ID). Para obtener el identificador se utilizan dos funciones GetMethodID() para métodos no estáticos, y GetStaticMethodID() para métodos estáticos. Sus sintaxis son las siguientes:

```
jmethodID GetMethodID(JNIEnv *env, jclass clase, const char
*nombre,const char *nomenclatura)
jmethodID GetStaticMethodID(JNIEnv *env, jclass clase, const char
*nombre,const char *nomenclatura)
```

Las excepciones que pueden generar estos métodos son las mismas que las que generaban los métodos GetFieldID() y GetStaticFieldID() comentados anteriormente.

Nota:

La llamada al método GetStaticMethodID() *se diferencia de* GetMethodID() *en que, al ser una llamada a un método estático, se le debe pasar una clase por argumento y no un objeto como en* GetMethodID().

Las funciones que nos permitirán llamar a los métodos de las clases son las siguientes:

- Call<tipo>Method().
- Call<tipo>MethodA().
- Call<tipo>MethodV().

Sus sintaxis son:

```
TipoNativo Call<tipo>Method(JNIEnv *env,  jobject objeto,
jmethodID id, ...)
TipoNativo Call<tipo>MethodA(JNIEnv *env,  jobject objeto,
jmethodID id, jvalue *array)
TipoNativo Call<tipo>MethodV(JNIEnv *env,  jobject objeto,
jmethodID id, va_list lista)
```

El parámetro objeto es el objeto en el que está incluido el método al que queremos llamar. El parámetro ID es el identificador que se ha obtenido mediante el método GetMethodID(), comentado anteriormente.

El cuarto y último parámetro es el que difiere en los tres tipos de llamada que hemos enumerado. Para el método Call<tipo>Method() se puede incluir cualquier valor que creamos oportuno. Para el método Call <tipo>MethodA() se debe pasar un objeto de tipo jvalue, que al ser un puntero no es más que un array de elementos. El objeto jvalue es una unión cuya estructura es:

```
Unión jvalue
{
 jboolean z;
 jbyte    b;
 jchar    c  ;
 jshort   s;
 jint    i;
 jlong   j;
 jfloat  f;
 jdouble     d;
 jobject o;
}
```

Y por último, para el método Call<tipo>MethodV() los parámetros se pasarán utilizando la estructura de C va_list.

Para invocar a los métodos basados en la clase de un objeto, se han de utilizar las funciones anteriormente descritas; pero si lo que se desea es invocar a un método basado en una clase, se han de utilizar los métodos CallNonvirtual<tipo>Method(), CallNonvirtual<tipo>MethodA() y CallNonvirtual<tipo>MethodV(). La única diferencia es que se le debe pasar por argumento la clase en donde se encuentra el método, de esta forma podemos ejecutar los métodos de la clase padre.

Al igual que sucedía con la obtención de variables estáticas; para obtener los métodos estáticos primero se debe de obtener el ID del método estático y posteriormente se deben llamar a las funciones: CallStatic<tipo>Method(), CallStatic<tipo>MethodA() y CallStatic<tipo>MethodV().

En el siguiente punto, vamos a ver cómo poder manejar las excepciones desde los métodos nativos. Además, se realizará un ejemplo de cómo se deben implementar algunas de las llamadas a métodos vistas en este punto.

Nota:

Las excepciones que se pueden lanzar con los métodos CallXXX() *serán aquellas que se generen durante la ejecución del método invocado.*

Excepciones

Como hemos visto a lo largo del capítulo, en la mayoría de las funciones utilizadas en JNI, si existe algún error, lanzan una excepción, como es el caso de GetMethodID() que en el caso de no existir el método buscado, lanza una excepción del tipo NoSuchMethodError. También podemos declarar las excepciones que pueden lanzar un método nativo y tener que implementar los correspondientes bloques try y catch. Por tanto, podemos utilizar la potencia que ofrece Java en el tratamiento de excepciones lanzando las excepciones desde C o C++, si existiese alguna anomalía en la ejecución del método en C o C++. Las funciones que ofrece JNI para el tratamiento de excepciones son las que aparecen a continuación:

1. Throw(): Lanza una excepción.
2. ThrowNew(): Genera una nueva excepción y la lanza.
3. ExceptionOccurred(): Determina si una excepción se lanzó y todavía no se ha liberado.
4. ExceptionDescribe(): Visualiza la excepción y la pila de llamadas.
5. ExceptionClear(): Elimina la excepción pendiente:
6. FatalError(): Construye un error fatal, pero este no es retornado.
7. ExceptionCheck(): Chequea excepciones pendientes.

Veamos un ejemplo de cómo desde una clase en Java podemos controlar un excepción producida en un método nativo.

```
public class ProbarExcepcion{
  private native void verExcepcionMN() throws
IllegalArgumentException;

  private void lanzarExcepcion() throws Exception{
        throw new Exception("Excepción lanzada desde el método
       lanzarExcepcion()");
  }

  public static void main(String args[]){
    ProbarExcepcion pe = new ProbarExcepcion();
    try{
      pe.verExcepcionMN();
    }
    catch (Exception e){
      System.out.println("Excepcion obtenida en Java:\n  " + e);
    }
  }

  static{
    System.loadLibrary("excepciones");
  }
}
```

En el código anterior, se puede apreciar cómo se va a intentar capturar una excepción producida desde el método nativo `verExcepcionMN()`.

Debemos compilar la clase con `javac` y posteriormente utilizar el comando `javah -jni` para crear el archivo de cabecera. Luego, implementamos el archivo en C que lance una excepción. El código resultante en C es el siguiente:

```
#include <jni.h>
#include "ProbarExcepcion.h"

JNIEXPORT void JNICALL
Java_ProbarExcepcion_verExcepcionMN(JNIEnv *env, jobject obj){
  // Obtenemos la clase
  jclass clase = (*env)->GetObjectClass(env, obj);
  // Obtenemos el identificador del método lanzarExcepcion()
  jmethodID mid = (*env)->GetMethodID(env, clase, "lanzarExcepcion",
  "()V");

  jthrowable excepcion;

  if (mid == 0) {
    return;
  }
  // Llamamos al método lanzarExcepcion()
  (*env)->CallVoidMethod(env, obj, mid);
  //Obtenemos si ha existido una excepción
  excepcion = (*env)->ExceptionOccurred(env);
  if (excepcion) {

    jclass newExcClase;

    //Vamos a visualizar la excepción, borrarla y crear una nueva
    (*env)->ExceptionDescribe(env);
    (*env)->ExceptionClear(env);

    newExcClase = (*env)->FindClass(env, "java/lang/Exception");
    if (newExcClase == 0){
      return;
    }
    (*env)->ThrowNew(env, newExcClase, "Excepcion producida en el
    codigo del metodo nativo");
  }
}
```

Como se pude ver, lo primero que se hace es obtener la clase `ProbarExcepcion` y, posteriormente, obtener el identificado del método `lanzarExcepcion()`, para que podamos llamarlo desde el código nativo y, así, lanzar una excepción desde la clase en Java. La parte que corresponde a este código es la siguiente:

```
jclass clase = (*env)->GetObjectClass(env, obj);
jmethodID mid = (*env)->GetMethodID(env, clase,
"lanzarExcepcion", "()V");
(*env)->CallVoidMethod(env, obj, mid);
```

Se puede apreciar claramente que la función del método `lanzarExcepcion()` no es otra que lanzar una excepción y, por tanto, la llamada a `CallVoidMethod()` va a obtener una excepción. Utilizaremos la clase `jthrowable` para poder manejar la excepción.

La función de la parte final del código es poder controlar las excepciones desde código nativo. Lo primero que hace es describir la excepción que se ha producido, luego la elimina y crea una nueva.

El código que corresponde a esto es:

```
(*env)->ExceptionDescribe(env);
(*env)->ExceptionClear(env);
newExcClase = (*env)->FindClass(env, "java/lang/Exception");
(*env)->ThrowNew(env, newExcClase, "Excepcion producida en el
código del metodo nativo");
```

Manejo de hilos en C y C++

Como todos sabemos, Java permite la multitarea, por tanto, varios threads pueden realizar llamadas a métodos nativos. Así, necesitamos un mecanismo para controlar las sucesivas llamadas a estos métodos. Como vimos en el capítulo dedicado a los encadenamientos (threads), debe existir un mecanismo de sincronización para que no se realicen llamadas en un mismo instante al mismo método.

Para evitar problemas de sincronismo podemos indicar que el método nativo es de tipo `synchronized`, con lo cual evitamos el problema Pero JNI ofrece dos funciones que realizan las funciones de sincronización: `MonitorEnter()` y `MonitorExit()`.

Su sintaxis es la siguiente:

```
jint MonitorEnter(JNIEnv *env, jobject obj);
jint MonitorExit(JNIEnv *env, jobject obj);
```

Los monitores son los encargados de sincronizar una parte del código. La función principal de `MonitorEnter()` es establecer el estado del monitor a inaccesible por otros threads. Si el retorno es 0, nos indica que ha tenido éxito el establecimiento del recurso compartido y, por tanto, una nueva llamada a `MonitorEnter()` sobre el mismo objeto no se realizaría retornando un número distinto de 0, e indicaría que el bloque de código sincronizado esta siendo utilizado por otro thread. La llamada a `MonitorExit()` recupera el estado del monitor a accesible de nuevo pudiendo, por tanto, volver a realizar una llamada a `MonitorEnter()`.

Capítulo 9

Servlets

En este capítulo aprenderá a:

- Las características de un servlet.
- La arquitectura.
- El ciclo de vida de un servlet.
- La utilización de Tomcat como servidor Web.
- La creación de un servlet.

Introducción

Los servlets son aplicaciones que se ejecutan en un servidor Web. Estas aplicaciones se quedan esperando peticiones de los clientes. Cuando un cliente, como por ejemplo un applet, realiza una petición a un servlet, éste genera el código oportuno y retorna la respuesta de la petición al applet.

Los servlets nos permitirán generar respuestas dinámicas, es decir, con los servlets podremos generar contenido dinámico en nuestras aplicaciones Web.

Los servlets pueden ser invocados por el cliente desde un formulario, desde un applet, desde otro servlet, etc.

Podremos mezclar todas las tecnologías que ofrece Java para programar el servlet con las numerosas ventajas que ello conlleva.

Para la ejecución de los servlets necesitamos tener un servidor capaz de ejecutar servlets. En nuestro caso para este capítulo utilizaremos Tomcat, que es un servidor de Apache de código abierto (*open source*) y que, entre otras muchas cosas, nos permite ejecutar servlets, debido a que incorpora un motor de servlets.

Como se puede ver, la mayoría de las empresas importantes que poseen un servidor Web ya incorporan algún motor de ejecución de servlets y, para todas aquellas que no lo incorporan existen módulos que añaden esta funcionalidad.

Características

Veamos las principales características de los servlets:

1. Debido a que son 100 por cien puro Java, los independizan totalmente de la plataforma.
2. Descargan el servidor Web en gran medida, ya que en la primera petición, el servidor Web crea un proceso para el servlet y, en posteriores peticiones, crea hilos (threads) de ejecución de este proceso.
3. Son mucho más rápidos que los CGI, ya que están precompilados y, debido al segundo punto, no se generan procesos independientes cada vez que se solicita un URL (como pasa en CGI).
4. Son más seguros, ya que utilizan el API de seguridad de Java.
5. La comunicación con otros servlets es muy sencilla.

6. Mediante el control de excepciones pueden tratarse de una forma bastante sencilla todos los errores que puedan ocurrir durante la ejecución del servlet.
7. Etc.

Si a las características de un servlet le añadimos las características que se pueden generar si se mezcla con tecnologías como JSP o EJB necesitaríamos un libro entero y no acabaríamos.

Hay que tener en cuenta una cosa: los applets se ejecutan en el lado del cliente, más bien en el navegador del cliente, sin embargo, los servlets se ejecutan en el lado del servidor, con lo cual un cliente no tiene por qué tener soporte para Java (el navegador no tiene que ser compatible con Java), ya que se puede generar, por ejemplo, una página HTML como respuesta a una petición de un cliente.

Arquitectura

Los servlets se basan en la API Servlet incluida en el '*Servlet Developer Kit*' de Sun Microsystems.

Para el desarrollo de servlets necesitamos el API Servlet, en nuestro caso utilizaremos el API que incorpora Tomcat. Dentro del API encontramos, entre otros, los siguientes paquetes: `javax.servlet` y `javax.servlet.http`.

Todo servlet debe implementar la interfaz `Servlet`. Esta interfaz define una serie de métodos que permiten inicializar, procesar las peticiones y destruir un servlet.

La interfaz `Servlet` nunca se implementa, se utiliza la clase `GenericServlet` para el desarrollo de un servlet. Si vemos la cabecera de la clase `GeneriServlet` podemos hacernos una idea de qué es lo que contiene:

```
public abstract class GenericServlet
implements Servet, ServletConfig, java.io.Serializable
```

En la clase `GenericServlet` se define el método `service()` que será el encargado de controlar las peticiones de los clientes, ejecutar los procesos asociados a las peticiones y retornar los resultados.

Nosotros, para la generación de servlets que se basen en HTTP, utilizaremos la clase `HttpServlet`, que es una clase que hereda de `GenericServlet`. Dentro de esta clase tenemos una serie de métodos que nos permitirá desarrollar servlets orientados totalmente a la Web, más concretamente orientados al protocolo HTTP. Por ejemplo, si deseamos tratar una petición que se realice a través de un formulario HTML con el método "POST" tenemos el método doPost() en la clase HttpServlet, por el contrario, si el método de acceso es "GET" tenemos el método doGet() dentro de la misma clase HttpServlet. La definición de la clase HttpServlet es la siguiente:

```
public abstract class HttpServlet extends GenericServlet
implements  java.io.Serializable{
   ...
 }
```

Nota:

Si deseamos crear un servlet que sea independiente del protocolo, se debe extender la clase GenericServlet, *y si deseamos que sea bajo el protocolo HTTP, debemos extender la clase* Http Servlet.

Ciclo de vida de un Servlet

El ciclo de vida de un servlet se divide en las siguientes fases:

1. El cliente solicita una petición a un servidor mediante una URL.
2. El servidor recibe la petición y la procesa. Si la petición solicitada por el cliente es un servlet, el servidor genera un proceso en el cual carga para la primera petición el servlet, utilizando para ello el motor del servlet que, como vimos anteriormente, puede estar incluido en el servidor Web o bien puede ser un modulo añadido a éste. Se efectúa, en este momento, una llamada al método init() del servlet. Si anteriormente se ha efectuado una petición de carga del servlet tan sólo se le pasan los parámetros al servlet y éste ejecuta un hilo dentro del proceso generado durante la primera petición.
3. El servlet procesa la petición y la retorna al cliente. Para ello se basa en el método service() incluido en la interfaz Servlet, que responde a los clientes utilizando los objetos ServletRequest y ServletResponse.
4. Cuando el motor de los servlets se cae, bien sea de forma intencionada o bien por un fallo del sistema, se llama al método destroy() del servlet, que es el encargado de destruirlo, es decir, de destruir el proceso creado por el motor de servlets, dentro de este método incluiremos el cierre de las conexiones, el cierre de los ficheros abiertos, etc.

El ciclo de vida de un servlet lo podemos observar en la figura 9.1.

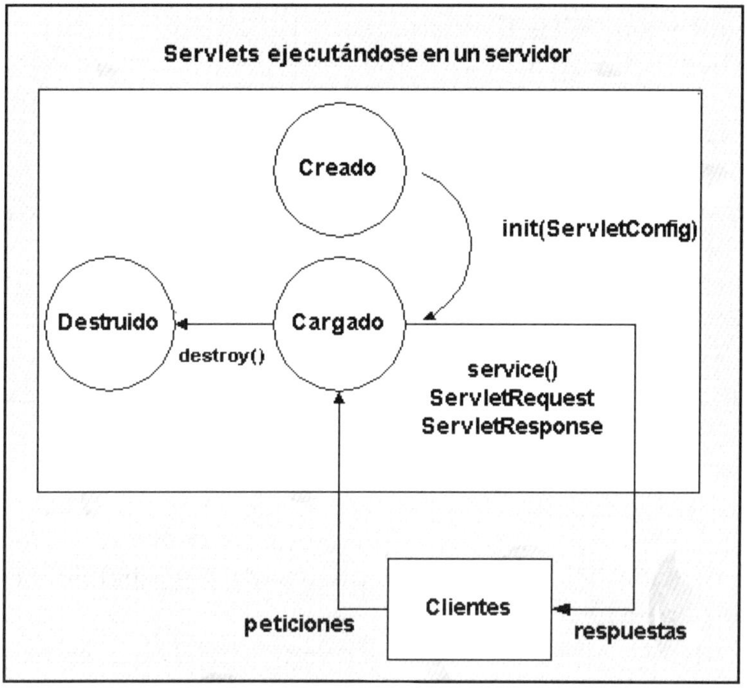

Figura 9.1. Ciclo de vida de un servlet.

Métodos de la clase Servlet

Lo primero que se ejecuta al crearse una clase que implemente la interfaz `Servlet` es su método `init()`.

Al método `init(ServletConfig)` se le pasa como parámetro un objeto del tipo `ServletConfig`, que es la interfaz que nos permite acceder a los parámetros del servlet y al contexto sobre el que se ejecuta (`ServletContext`). La interfaz `ServletConfig` define los siguientes métodos:

1. `String getInitParameter(String name).`
2. `Enumeration getInitParameterNames().`
3. `ServletContext getServletContext().`
4. `String getServletName().`

El método principal de la interfaz `Servlet` es el método `service()`. Éste será el encargado de procesar las peticiones y las respuestas. Para realizar todo esto se le pasan dos parámetros: `ServletRequest` y `ServletResponse`.

Con la utilización de las interfaces `ServletRequest` y `ServletResponse` tenemos la capacidad de tratar las peticiones y responder a las mismas. Lo que se suele realizar con estos dos parámetros es obtener las corrientes de entrada y salida hacia el cliente.

Como comentamos anteriormente, no se suele implementar la interfaz `Servlet` sino que se suele heredar o extender de la clase `GenericServlet`. Esta clase implementa la interfaz `Servlet`. En nuestro caso, nos centraremos principalmente en la clase `HttpServlet` que es una extensión de `GenericServlet`.

En la clase `HttpServlet`, existe también, un método `service()` que tiene de nuevo dos parámetros pero, en este caso, son `HttpServletRequest` y `HttpServletResponse`, que nos proporcionan la gestión de las peticiones y respuestas utilizando el protocolo HTTP.

Un objeto de tipo `HttpServletRequest` será el encargado de encapsular los datos que vienen del cliente, por tanto, contendrá todos los elementos de la petición del cliente, como puede ser, por ejemplo, la cabecera (`HEAD`) de la petición.

Un objeto del tipo `HttpServletResponse` será el encargado de gestionar la respuesta de la petición al cliente.

Petición de información

En la interfaz `ServletRequest` podemos encontrar una serie de métodos que nos dan toda la información sobre la petición del cliente:

1. `int getContentLength()`: Este método nos informa del número de bytes de entrada que están disponibles. Si la función nos retorna un –1 nos indica que la cifra de bytes de entrada es desconocida.
2. `String getContentType()`: Este método nos retorna una cadena que nos informa del tipo de contenido MIME de los datos que envía el navegador del cliente al servlet.
3. `String getProtocol()`: Utilizando este método obtenemos el protocolo empleado. Lo normal es que el protocolo sea una versión de HTTP que depende, claro está, del navegador desde el que estemos realizando la petición al servlet.
4. Los parámetros pasados en la petición al servlet se obtienen con los métodos `getParameterNames()`, `getParameterValues()` y `ge-`

tParameter(). Si desconocemos por completo el nombre de los parámetros que se pasarán en la petición se deben utilizar los métodos getParameterNames() y getParameterValues(String nombre), el primero retorna una enumeración con los nombres pasados en la petición y el segundo un array de cadenas con los valores del nombre pasado como parámetro al método.

A su vez disponemos de dos métodos que nos permiten obtener la dirección IP del cliente y su nombre (su nombre de máquina): getRemoteAddr() y getRemoteHost() respectivamente.

Generación de la respuesta

Dentro de la interfaz ServletResponse existen una serie de métodos que nos permiten comunicarnos con el cliente:

1. getWriter() y getOtuputStream() nos permitirán comunicarnos con el cliente utilizando un canal de salida.
2. Antes de ejecutar los métodos del primer punto, se debe utilizar el método setContentType(String tipocontenido) en el cual se debe especificar el tipo de contenido que verá el cliente. Podemos especificar un contenido del tipo "text/html" mediante: setContent Type("text/html").
3. setContentLength(int longitud): Establece la cantidad de bytes que se le enviarán al cliente.

Hemos visto los principales métodos que implementan las interfaces ServletRequest y ServletResponse. Existen muchos otros métodos que nos permiten tratar la petición y generar la respuesta.

Dentro de las clases HttpServletRequest y HttpServletResponse podemos encontrar métodos específicos para el protocolo HTTP, por ejemplo, tenemos el método sendRedirect(String url) de la clase HtttpServletResponse que nos permite redirigir una petición a otra URL.

Nota:

Es aconsejable ver los métodos que se implementan en el API de Servlets, principalmente, los que se basan en el protocolo HTTP. En esta API encontraremos métodos que nos facilitarán el desarrollo de servlets basados en el protocolo HTTP.

Inicialización de un servlet

Los servlets se pueden configurar para que arranquen con una serie de parámetros por defecto. Estos parámetros son leídos por el servlet durante el proceso de carga del servlet dentro del servidor Web, y pueden ser obtenidos utilizando los métodos `getInitParameter(String parametro)` y `getInitParameterNames()` que están definidos en la interfaz `ServletContext`. El método `getInitParameter(String)` nos retorna el valor del parámetro en forma de cadena. Si el parámetro no está definido en el servidor nos retornará `null`. El método `getInitParameterNames()` nos retorna una enumeración (un objeto del tipo `Enumeration`) de todos los parámetros configurados.

La clase HttpServlet

Como hemos comentado anteriormente, un servlet define el método `service()` para el tratamiento de las peticiones por parte del cliente. Sin embargo, si trabajamos con servlets que se basan en el protocolo HTTP necesitamos diferenciar las diferentes peticiones que pueden generar los usuarios.

Para todo esto, la clase `HttpServlet`, define unos métodos que nos permite diferenciar las peticiones de los clientes, que son: `doGet()`, `doPost()`, `doDelete()` y `doPut()`. Si definimos estos métodos (normalmente sólo se definen los métodos `doGet()` y `doPost()`) no debemos definir el método `service()`, ya que esto implicaría que las peticiones las tratase este método y no los anteriores.

Métodos doGet(), doPost(), doDelete() y doPut()

El método `doGet(HttpServletRequest,HttpServletResponse)` es el encargado de gestionar las peticiones que provengan de:

1. Un enlace tipo "<a>...</a>".
2. Mediante parámetros asociados a una URL del navegador.
3. Ejecutando el botón `submit` de un formulario cuyo método es `GET`.

El método `doPost(HttpServletRequest,HttpServletResponse)` es invocado cuando se llama a un servlet pulsando el botón de `submit` de un formulario con el método `POST`.

El método `doPut(HttpServletRequest,HttpServletResponse)` y `doDelete(HttpServletRequest,HttpServletResponse)` son invocados desde el botón de `submit` de un formulario con los métodos `PUT` y `DELETE` respectivamente.

Veamos un ejemplo de implementación de un servlet del tipo `HttpServlet` que implementa el método `doGet()`:

```
import java.io.IOException;
import java.io.PrintWriter;

import javax.servlet.ServletException;
import javax.servlet.http.HttpServlet;
import javax.servlet.http.HttpServletRequest;
import javax.servlet.http.HttpServletResponse;

public class MiPrimerServlet extends HttpServlet
{
  public void doGet (HttpServletRequest request,
    HttpServletResponse response)
  throws ServletException, IOException{
    PrintWriter out=null;
    String titulo = "Mi primer Servlet";
    response.setContentType("text/html");
    out = response.getWriter();
    out.println("<HTML><HEAD><TITLE>");
    out.println(titulo);
    out.println("</TITLE></HEAD><BODY>");
    out.println("<H1>" + titulo + "</H1>");
    out.println("<P>Manual Avanzado en Java2 v5.0.");
    out.println("</BODY></HTML>");
    out.close();
  }
}
```

Cuando se solicite una petición del tipo GET al servlet `MiPrimerServlet`, éste se cargará (si aún no lo está) en el contexto del servidor Web y estará disponible para procesar la petición.

La función que tiene este pequeño servlet es crear una página HTML que se le enviará al usuario mediante el canal de salida obtenido del objeto `response`, que es del tipo `HttpServletResponse`, utilizando, para ello, el método `getWriter()`.

Antes de generar la pagina HTML debemos especificar que el contenido de esta es del tipo "`texto-html`" mediante el método `setContentType()`. De esta forma tan sencilla, hemos construido nuestro primer servlet.

El objeto HttpSession

Mediante una sesión podemos mantener información entre conexiones HTTP. Las sesiones las crea el servidor Web para cada usuario. Su funcionamiento es bastante sencillo cuando un usuario realiza una petición al servidor Web, el servidor Web le asigna una porción de memoria que es la sesión del usuario.

La sesión se crea cuando el usuario realiza la petición desde un navegador y se mantiene hasta que el usuario cierra el navegador, o hasta que el servidor Web la elimina por *timeout*. En las sesiones de usuario se guarda toda aquella información que después se necesite. Cuando un usuario pierde la sesión con el servidor, significa que el servidor elimina el espacio de memoria asignado por el cliente y, por tanto, toda la información que se creó para él.

La forma de obtener una sesión de usuario se realiza mediante el objeto `HttpSession`, que nos retorna la sesión mediante el método `getSession(boolean)` del objeto `HttpServletRequest`, generado en alguno de los métodos de servicio (por ejemplo `doGet()` o `doPost()`). El parámetro `booleano`, pasado al método `getSession()`, nos permite establecer que si la sesión del cliente no está creada la cree. Una vez obtenido un objeto del tipo `HttpSession`, podemos obtener los valores de la sesión utilizando el método `getAttribute(String valor)`, y para establecer valores utilizaremos el método `setAttribute(String nombre,Objet valor)`. El método `getAttribute()` nos retorna un objeto del tipo `Object`.

Cada sesión creada por el servidor Web es diferente y se le asigna un identificador único de sesión. Este identificador lo podemos obtener utilizando el método `getId()` de la interfaz `HtttpSession`. También podemos saber cuanto tiempo lleva creada una sesión con el método `getCreationTime()`. Además, podemos invalidar la sesión de un usuario utilizando el método `invalidate()`, este método nos será útil cuando ya no nos sirva la sesión del usuario y deseemos limpiar la memoria asignada a la sesión por el servidor Web, por ejemplo cuando el usuario realiza un *logout*. Veamos un ejemplo:

```
import java.io.IOException;

import javax.servlet.ServletException;
import javax.servlet.http.HttpServlet;
import javax.servlet.http.HttpServletRequest;
```

```
import javax.servlet.http.HttpServletResponse;
import javax.servlet.http.HttpSession;

public class SesionEnUnServlet extends HttpServlet {

   public void doGet(HttpServletRequest req,
        HttpServletResponse res)
   throws ServletException, IOException{
      HttpSession miSesion = req.getSession(true);
      miSesion.setAttribute("Id sesión",miSesion.getId());
      //...
      miSesion.invalidate();
   }
}
```

Uso de las Cookies

Como vimos en el punto anterior, una sesión para un cliente es creada en el servidor Web en la primera petición del navegador del cliente. Esta sesión era destruida, bien porque el cliente cerrase el navegador, bien por *timeout*, o bien porque el servlet invalidara la sesión (utilizando el método `invalidate()`).

Sin embargo, hay circunstancias que requieren que el almacenaje de la información del usuario dure más de una sesión. Tenemos, por ejemplo, aquellos portales que permiten modificar el aspecto de la página principal para cada usuario. Si el usuario tuviese que modificar la página cada vez que perdiera la sesión, al final, se cansaría y no la volvería a modificar.

Por tanto, se necesita un mecanismo que nos permita alargar los valores de una sesión durante un periodo más largo. Aquí, entran en acción las cookies.

Las cookies son pequeños archivos que se quedan residentes en el disco duro del cliente y permiten insertar información que posteriormente necesitemos. Las cookies están implementadas en la clase `Cookie`.

Para la generación de un objeto del tipo `Cookie` se deben de seguir tres pasos:

1. Creación del objeto de la clase `Cookie`.
2. Establecer los valores del cookie.
3. Enviar la cookie al cliente.

Advertencia:

Debido a que las cookies pueden presentar un agujero de seguridad en el cliente, éste puede anular la ejecución de cookies dentro de su navegador, con lo cual, no podremos guardar la información en su disco duro local.

Creación de una Cookie

Para la creación de una cookie, basta con instanciar un objeto de la clase `Cookie`:

```
Cookie miCookie=new Cookie("nombre cookie",valor);
```

El constructor de la clase `Cookie` acepta dos parámetros del tipo `String`, el primero es el que contiene el nombre de la cookie y el segundo será el valor de esta.

Atributos de una Cookie

Para establecer los valores de una cookie tenemos los métodos siguientes:

1. `setComment(String descripcion)`: Especifica la descripción de la cookie creada.
2. `setMaxAge(int segundos)`: Se especifica la vida de la cookie en segundos.
3. `setValue(String valor)`: Especifica el nuevo valor de la cookie después de que esta haya sido creada.

Enviar una Cookie al cliente

Para enviar la cookie creada al cliente se debe utilizar el método `addCookie(Cookie)` de la interfaz `HttpServletResponse`.

```
response.addCookie(miCookie);
```

Obtener una Cookie de un cliente

Para obtener una cookie de un cliente debemos utilizar el método `getCookies()` que está implementado en la interfaz `HttpServletRequest`. Este método nos retorna un array de cookies. Su sintaxis es la siguiente:

```
Cookie[] getCookies();
```

Si la petición no contuviese ninguna cookie este método nos retornaría `null`.

Veamos una porción de código en el que buscamos las cookies "`articulopedido`" dentro del array de cookies del cliente, tratamos la cookie y la eliminamos del disco duro local del cliente:

```
Cookie[] cookies = request.getCookies();
String valor;
 for(i=0; i < cookies.length; i++){
Cookie miCookie = cookie[i];
  if (thisCookie.getName().equals("articulopedido"){
     valor=miCookie.getValue();
         .......
         valor.setMaxAge(0);
     }
 }
```

Obtener los valores de una Cookie

Al igual que podemos establecer los valores de un cookie, también podemos obtener su valor utilizando los métodos:

- `String getComment()`: Retorna la descripción de la cookie.
- `String getName()`: Retorna el nombre de la cookie.
- `String getValue()`: Retorna el valor actual de la cookie.

Ejemplo Listado empresas

Antes de ver el ejemplo, vamos a ver como configurar Tomcat para poder ejecutarlo.

Configuración Tomcat

Tomcat es un proyecto *Open Source* de Jakarta que pertenece a la fundación de software de Apache. Lo primero que realizaremos es descargarlo de la Web http://jakarta.apache.org.

Dentro de la Web encontraremos la posibilidad de descargarnos la última versión y la documentación. A la hora de escribir este libro, la última versión es la 5.5.9 (y la 5.5.10 *alpha*) que da soporte a la especificación 2.3 del API Servlet, y a la 2.0 de JSP.

Ejecutaremos el ejemplo basándonos en un entorno Windows XP (Microsoft). Para ello, descargaremos la versión *.exe*, concretamente descargaremos el fichero `jakarta-tomcat-5.5.9.exe`.

Al ejecutar el fichero de instalación, nos aparecerá un asistente de instalación que nos guiará durante el proceso de instalación. Ubicaremos el servidor en "`C:\Archivos de programa\Apache Software Foundation\Tomcat 5.5`".

Deberemos indicar, en el proceso de instalación, cual JRE 5.0 (*Java Runtime Environment*) tenemos instalado en el equipo, y que queremos que Tomcat utilice.

Nota:

Deberemos incluir el fichero JAR `servlet-api.jar` *situado en el directorio* "`C:\Archivos de programa\Apache Software Foundation\Tomcat 5.5\common\lib`" *dentro de nuestro IDE para poder compilar el ejemplo. Si no utilizamos un IDE, deberemos compilar indicando en el* `CLASPATH` *la localización de este fichero.*

Dentro del directorio `webapps` crearemos un nuevo directorio llamado "`EjemploServlets`". Dentro de este directorio incluiremos la pagina "`listadoempresas.html`" (que crearemos posteriormente) y crearemos el directorio `WEB-INF`.

El directorio `WEB-INF` deberá contener el fichero `web.xml`, el directorio `lib` con el fichero `simplesql.jar` (para el puente JDBC) y el directorio `classes` con la compilación del servlet.

Dentro de la tabla 9.1 se ha descrito la estructura de directorios y ficheros.

Tabla 9.1. Estructura de directorios y ficheros ejemplo listado empresas.

Directorios	Contenido
/webapps/EjemploServlets	Incluiremos el fichero `listado empresas.html` y el directorio `WEB-INF`.
/webapps/ EjemploServlets/WEB-INF	Incluiremos el fichero `web.xml` y los directorios: `lib` y `classes`.
/webapps/ EjemploServlets/ WEB-INF/classes	Incluiremos el fichero de clase `ServletEmpresas.class`.

Directorios	Contenido
/webapps/ EjemploServlets/ WEB-INF/lib	Incluiremos la librería simplesql. `jar` con el puente JDBC para el ejemplo.

El contenido del fichero `web.xml` es el siguiente:

```
<web-app>

  <servlet>
  <servlet-name>servletEmpresas</servlet-name>
  <servlet-class>com.anaya.java5.servlets.ServletEmpresas</
  servlet-class>
  <load-on-startup>3</load-on-startup>
  </servlet>

<!-- The Welcome File List -->
  <welcome-file-list>
  <welcome-file>index.jsp</welcome-file>
  </welcome-file-list>
  <servlet-mapping>
  <servlet-name>servletEmpresas</servlet-name>
  <url-pattern>/empresas/*</url-pattern>
  </servlet-mapping>

</web-app>
```

Nota:

Existe un plug-in de Tomcat para Eclipse (Sysdeo Eclipse Tomcat Launcher) que nos permitirá configurar el servidor de Tomcat para el proyecto. También nos permitirá arrancarlo y pararlo desdel propio IDE.

Creación del Ejemplo

Vamos a realizar un ejemplo que visualice un listado de empresas a partir de un formulario HTML. Este listado de empresas lo obtendremos de una base de datos. El formulario que vamos a crear lo podemos ver en la figura 9.2. Como se puede apreciar, aparecen una serie de casillas de verificación que nos permiten seleccionar los datos que deseamos que aparezcan en el listado final.

Figura 9.2. Formulario para realizar la petición del listado de empresas.

El código de la página HTML (`listadoempresas.html`) es el siguiente:

```
<html>
<head>
<title>Listado Empresas</title>
</head>

<body bgcolor="#FFFFFF">

<p align="center"><font size="6"><strong>Datos listado de empresas</
strong></font></p>

<form method="POST" action=http://localhost:8080/EjemploServlets/
empresas/servletEmpresas method="POST">
  <center>
  <table border="0">
    <tr>
    <td> </td>
    <td><table border="0">
    <tr>
      <td colspan="2"><font color="#0000FF"><strong>Datos a
      visualizar</strong>:</font></td>
    </tr>
    <tr>
```

```
        <td><input type="checkbox" checked
        name="chkNombre" value="ON"></td>
        <td>Nombre</td>
      </tr>
      <tr>
        <td><input type="checkbox" checked
        name="chkDireccion" value="ON"></td>
        <td>Dirección</td>
      </tr>
      <tr>
        <td><input type="checkbox"
        name="chkProvincia" value="ON"></td>
        <td>Provincia</td>
      </tr>
      <tr>
        <td><input type="checkbox"
        name="chkPoblacion" value="ON"></td>
        <td>Poblacion</td>
      </tr>
      <tr>
        <td><input type="checkbox" name="chkCP"
      value="ON"></td>
      <td>C.P.</td>
      </tr>
      <tr>
        <td><input type="checkbox" name="chkEmail"
        value="ON"></td>
        <td>Email</td>
      </tr>
      </table>
      </td>
      </tr>
      <tr>
      <td colspan="2"><p align="center"><input
      type="submit" name="BEnviar" value="Enviar"></p>
      </td>
      </tr>
    </table>
    </center>
  </form>
  <p><strong></strong> </p>
  </body>
  </html>
```

La parte del código HTML que más nos interesa es donde el formulario realiza una llamada utilizando el método POST.

```
  <form method="POST"
action=http:// localhost:8080/EjemploServlets/empresas/servlet
Empresas method="POST">
```

El servlet al que llamamos es "servletEmpresas", pero como veremos más adelante este no es el nombre de la clase del servlet, sino un alias que hemos creado dentro del fichero web.xml del motor de servlets Tomcat.

Antes de crear el servlet crearemos la base de datos que contendrá el listado de empresas.

Creación Base de Datos

Cuando vimos el capítulo correspondiente a JDBC se utilizó el servidor de base de datos SimpleSQL. Utilizaremos el mismo servidor de base de datos, para ello, tan sólo, tendremos que crear la base de datos que contenga el listado de empresas.

Para la creación de la base de datos arrancaremos la utilidad SQLConsole. Dentro del menú **Database** seleccionaremos crear una base de datos nueva (**New database**).

A la base de datos nueva la llamaremos empresas.dbs.

Una vez creada, pegaremos el siguiente *script* dentro del área de texto de la utilidad SQLConsole.

```
DROP TABLE DatosEmpresa;

CREATE TABLE DatosEmpresa(
    nombre varchar(30),
    direccion varchar(200),
    provincia varchar(30),
    poblacion varchar(30),
    cp varchar(5),
    email varchar(20),
    empresa_id autoincrement,
    primary key(empresa_id));


SELECT * FROM DatosEmpresa;


INSERT INTO DatosEmpresa(nombre, direccion, provincia,
poblacion, cp, email)
VALUES('Empresa 1' , 'Direccion 1' , 'Provincia 1' , 'Poblacion 1'
,'00001' , 'email 1');

INSERT INTO DatosEmpresa(nombre, direccion, provincia, poblacion,
cp, email)
VALUES('Empresa 2' , 'Direccion 2' , 'Provincia 2' , 'Poblacion
2','00002' , 'email 2');
```

```
INSERT INTO DatosEmpresa(nombre, direccion, provincia, poblacion,
cp, email)
VALUES ('Empresa 3' , 'Direccion 3' , 'Provincia 3' , 'Poblacion
3' ,'00003' , 'email 3');

SELECT * FROM DatosEmpresa;
```

Para lanzar el *script* deberemos ejecutar el comando Run Script del menú Action.

Creación del Servlet

El servlet deberá implementar el método `doPost()` y realizar los procesos necesarios para crear la página de retorno al usuario: ver las casillas que están activas, consultar la base de datos y retornar los resultados.

El código del servlet es el siguiente:

```
import java.io.IOException;
import java.io.PrintWriter;
import java.sql.Connection;
import java.sql.DriverManager;
import java.sql.ResultSet;

import javax.servlet.ServletConfig;
import javax.servlet.ServletException;
import javax.servlet.http.HttpServlet;
import javax.servlet.http.HttpServletRequest;
import javax.servlet.http.HttpServletResponse;

public class ServletEmpresas extends HttpServlet{

  public void init(ServletConfig config) throws ServletException {
  super.init(config);
    try {
      Class.forName("org.simplesql.Driver");
    } catch (ClassNotFoundException e) {
      e.printStackTrace();
    }
  }

  private boolean tratar (String cad){
    return (cad!=null);
  }

  public void doPost(HttpServletRequest request, HttpServletResponse
  response)
  throws ServletException, IOException {
    Connection conexion=null;
    ResultSet rs=null;
```

```
      boolean  nombre=false,direccion=false,provincia=false,
poblacion=false,cp=false,email=false;
      nombre=tratar(request.getParameter("chkNombre"));
      direccion=tratar(request.getParameter("chkDireccion"));
      provincia=tratar(request.getParameter("chkProvincia"));
      poblacion=tratar(request.getParameter("chkPoblacion"));
      cp=tratar(request.getParameter("chkCP"));
      email=tratar(request.getParameter("chkEmail"));
      String sql="SELECT * FROM DatosEmpresa order by nombre";
      response.setContentType("text/html");
      try{
      conexion=DriverManager

.getConnection("jdbc:simplesql:c:\\database\\empresas.dbs");
      rs=conexion.createStatement().executeQuery(sql);
      PrintWriter out = new PrintWriter (response.getOutputStream());
      out.println("<html>");
      out.println("<head><title>Listado de empresas</title></head>");
      out.println("<body><center>");
      out.println("<h2><b>LISTADO DE EMPRESAS</b></h2>");
      out.println("<p>");
      out.println("<table align='center' border=3>");
      out.println("<tr>");
      out.println("<th align='center'> Nº </th>");
      if (nombre)
        out.println("<th align='center'> Nombre </th>");
      if (direccion)
        out.println("<th align='center'> Direccion </th>");
      if (provincia)
        out.println("<th align='center'> Provincia </th>");
      if (poblacion)
        out.println("<th align='center'> Poblacion </th>");
      if (cp)
        out.println("<th align='center'> C.P. </th>");
      if (email)
        out.println("<th align='center'> Email </th>");
      out.println("</tr>");
      int contador=0;
      while (rs.next()){
        contador++;
        out.println("<tr>");
        out.println("<td>"+contador+"</td>");
        if (nombre)
          out.println("<td>"+rs.getString("nombre")+"</td>");
        if (direccion)
          out.println("<td>"+rs.getString("direccion")+"</td>");
        if (provincia)
          out.println("<td>"+rs.getString("provincia")+"</td>");
        if (poblacion)
```

```
            out.println("<td>"+rs.getString("poblacion")+"</td>");
          if (cp)
            out.println("<td>"+rs.getString("cp")+"</td>");
          if (email)
            out.println("<td>"+rs.getString("email")+"</td>");
          out.println("</tr>");
        }
        if (contador==0)
          out.println("<font size=+1 align='center'> No existen
          clientes </h3>");
        out.println("</table>");
        out.println("<a href='http://localhost:8080/
EjemploServlets/listadoempresas.html'>");
        out.println("Volver a la pagina anterior");
        out.println("</a>");
        out.println("</center></body></html>");
        //Cerramos las conexiones
        rs.close();
        conexion.close();
        //Cerramos los flujos
        out.flush();
        out.close();
        }catch (Exception e){
          System.out.println("Error en la consulta a la base de datos");
          e.printStackTrace();
        }
    }

    public String getServletInfo(){
        return "Listado de empresas";
    }
}
```

Nota:

Si el método de llamada fuese `GET` *y no* `POST`*, deberíamos implementar dentro del servlet el método* `doGet()` *y no el método* `doPost()`*.*

Para arrancar el Tomcat deberemos ejecutar la aplicación `tomcat5.exe`, situada en el directorio `"C:\Archivos de programa\Apache Software Foundation\Tomcat 5.5\bin"`.

Desde el navegador Web, con el URL http://localhost:8080/EjemploServlets/listadoempresas.html ejecutaremos la aplicación. En la figura 9.3 se ve el resultado de la ejecución del servlet `ServletEmpresas`.

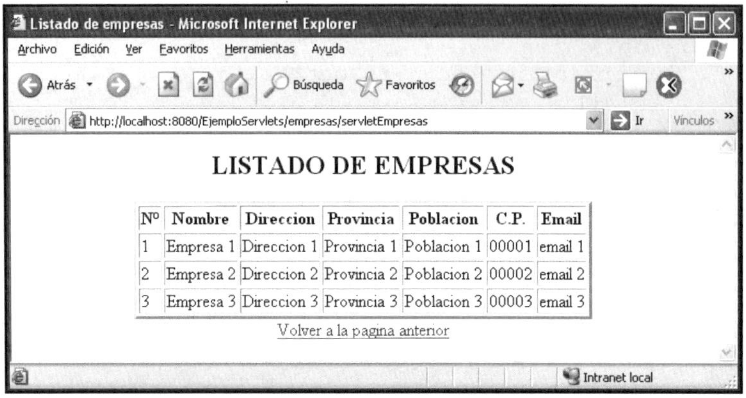

Figura 9.3. Resultado de la ejecución del servlet ServletEmpresas.

Capítulo 10

Java Server Pages (JSP)

En este capítulo aprenderá a:

- Las características de una página JSP.
- Los componentes de JSP.
- La creación de una página JSP.
- La forma de utilización de páginas JSP en los diferentes modelos de arquitectura.

Introducción

La tecnología *Java Server Pages* (JSP) nos permitirá crear un contenido dinámico dentro de la Web. Esta tecnología se basa en la tecnología de los servlets, vista en el capítulo anterior. Los Servlets fueron incluidos para la generación de contenido dinámico, sin embargo, se hacía necesario tener un mecanismo que simplificase la generación de dicho contenido dinámico. Como vimos en el capítulo de servlets, cada vez que queríamos retornar una pagina HTML, de forma dinámica a un cliente, debíamos crear multitud de `out.println()`, compilar y probar. Todo esto se simplifica utilizando la tecnología JSP.

Al ser una tecnología que parte de la tecnología basada en servlets, necesitaremos tener un motor de ejecución de servlets para poder ejecutar paginas JSP. Para este capítulo utilizaremos Tomcat como motor o *engine* de JSP.

No debemos ver la tecnología JSP como una simple forma de crear páginas Web, sino como una parte de la plataforma de desarrollo de Java 2 Enterprise Edition (J2EE). La tecnología JSP es un subconjunto de las tecnologías que existen en J2EE.

Características

Las páginas JSP son páginas que contienen fragmentos de código en Java y código en HTML o XML.

Las páginas JSP no son interpretadas por el motor de JSP, sino que son compiladas por éste y convertidas en un servlet (en la primera petición). El servlet resultante será el que se ejecute. El proceso que sigue el motor de JSP lo podemos observar en la figura 10.1.

Nota:

La compilación de la página JSP es totalmente transparente al usuario, ya que la realiza de forma interna el motor de servlets (JSP).

La primera vez que se solicita una página JSP, ésta se compila y se crea el servlet asociado a esa página JSP, este servlet será el encargado de servir las peticiones hasta que se modifique la página JSP. Si el motor de páginas JSP detecta, en peticiones sucesivas, que ha existido una modificación en la página JSP, compila de nuevo la página creando, por tanto, el nuevo servlet que sustituirá al anterior.

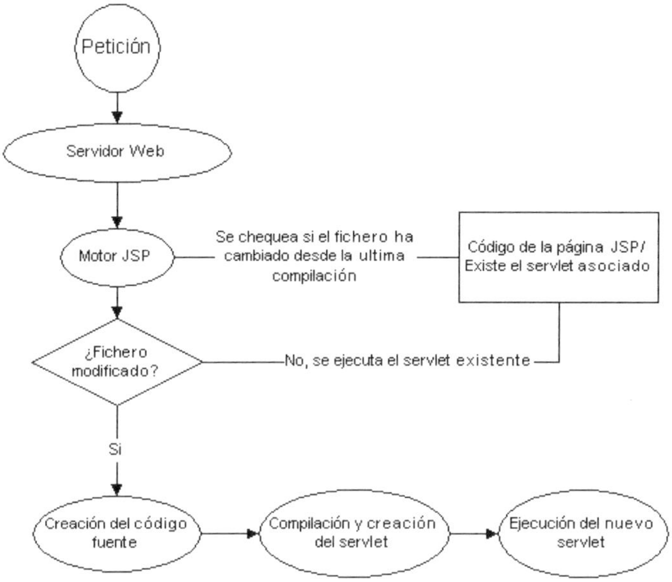

Figura 10.1. Proceso de ejecución de una página JSP.

Las clases que nos permiten utilizar esta tecnología se encuentran dentro del paquete `javax.servlet.jsp`. Como se puede observar, el paquete para el desarrollo de páginas JSP está incluido dentro del paquete de servlets (`javax.servlet`).

De aquí, nos podemos hacer una idea de la conexión que existe entre ambas tecnologías.

Una de las características que definen a las páginas JSP es su fácil implementación y mantenimiento, ya que simplemente debemos crear la página y será el contenedor de JSP el que genere el archivo `.java` y lo compile. Por tanto, es mucho más fácil desarrollar una página JSP que un servlet.

Algunas de las clases más importantes usadas para JSP son:

1. `JSPPage`.
2. `HttpJspPage`.

Estas clases nos permiten crear la interfaz para la página JSP compilada que, en definitiva, será un servlet que deberá tener implementados los métodos:

1. jspInit().
2. jspDestroy().
3. _jspService(HttpServletResponse,HttpServletRequest).

Contenedores

Un contenedor de JSP será aquel motor que permita la ejecución de páginas JSP, es decir, la compilación y ejecución de los servlets generados a partir de la página JSP.

Como se comentó en el punto anterior, una de las características de las páginas JSP es que se basan en la tecnología de los servlets. Cuando se realiza la petición de una página JSP, por primera vez, se crea el servlet asociado a esa página (se crea y se compila) y sólo se volverá a crear cuando la página JSP se modifique. Veamos nuestra primera página JSP y el servlet que crearía un motor o *engine* de páginas JSP.

Código de la página JSP:

```
<%@ page import="java.util.Calendar"%>
<HTML>
<H1> TIEMPO EN JSP</H1>
<%
  Calendar  calendario=Calendar.getInstance();
%>
<BODY>
<%=calendario.get(Calendar.HOUR_OF_DAY)%>:
<%=calendario.get(Calendar.MINUTE)%>:
<%=calendario.get(Calendar.SECOND)%>
</center>
</BODY>
</HTML>
```

La petición de esta página nos generaría una salida con la hora del sistema en formato: hh:mm:ss.

El servlet que generaría el motor de JSP (más bien, el motor de servlets) sería el siguiente:

```
import javax.servlet.*;
import javax.servlet.http.*;
import javax.servlet.jsp.*;
```

```
import java.util.Calendar;

public final class tiempo_jsp extends
org.apache.jasper.runtime.HttpJspBase
   implements org.apache.jasper.runtime.JspSourceDependent {

   private static java.util.Vector _jspx_dependants;

   public java.util.List getDependants() {
   return _jspx_dependants;
   }

public void _jspService(HttpServletRequest request, HttpServlet
Response response)
      throws java.io.IOException, ServletException {

   JspFactory _jspxFactory = null;
   PageContext pageContext = null;
   HttpSession session = null;
   ServletContext application = null;
   ServletConfig config = null;
   JspWriter out = null;
   Object page = this;
   JspWriter _jspx_out = null;
   PageContext _jspx_page_context = null;


   try {
      _jspxFactory = JspFactory.getDefaultFactory();
      response.setContentType("text/html");
      pageContext = _jspxFactory.getPageContext(this, request, response,
         null, true, 8192, true);
      _jspx_page_context = pageContext;
      application = pageContext.getServletContext();
      config = pageContext.getServletConfig();
      session = pageContext.getSession();
      out = pageContext.getOut();
      _jspx_out = out;

      out.write("\r\n");
      out.write("<HTML>\r\n");
      out.write("<H1> TIEMPO EN JSP</H1>\r\n");

   Calendar  calendario=Calendar.getInstance();

      out.write("\r\n");
      out.write("<BODY>\r\n");
      out.print(calendario.get(Calendar.HOUR_OF_DAY));
      out.write(':');
```

```
        out.write('\r');
        out.write('\n');
        out.print(calendario.get(Calendar.MINUTE));
        out.write(':');
        out.write('\r');
        out.write('\n');
        out.print(calendario.get(Calendar.SECOND));
        out.write("\r\n");
        out.write("</center>\r\n");
        out.write("</BODY>\r\n");
        out.write("</HTML>\r\n");
      } catch (Throwable t) {
        if (!(t instanceof SkipPageException)){
        out = _jspx_out;
        if (out != null && out.getBufferSize() != 0)
        out.clearBuffer();
        if (_jspx_page_context != null) _jspx_page_context.handle
        PageException(t);
        }
      } finally {
        if (_jspxFactory != null) _jspxFactory.releasePageContext
        (_jspx_page_context);
      }
     }
   }
```

En el gráfico de la figura 10.2 se puede ver de forma gráfica el proceso que sigue el contenedor de la página JSP, qué procesos generar o, más bien, qué métodos llama del servlet y con lo que se corresponden dentro de la propia página JSP.

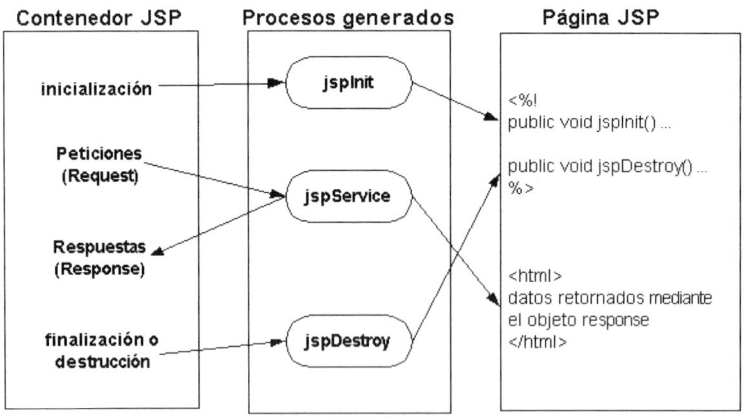

Figura 10.2. Procesos generados dentro del contenedor de páginas JSP.

Nota:

Dependiendo del motor de JSP que utilicemos el código en Java de este servlet, podría crearse de diferente forma, casi siempre difiere en la forma en la que se crea la salida de los datos hacía el cliente. Hemos utilizado Tomcat como motor de servlets.

Objetos dentro de JSP

Se pueden definir cuatro objetos que son creados durante el procesamiento de una petición de página y serán el ámbito de vida (alcance) para todo objeto en Java:

1. Página (`page`): El objeto vive mientras se completa la página, a no ser que el objeto almacene el estado.
2. Petición de servicio (`request`): La instancia del objeto vivirá mientras se sirve la petición al usuario.
3. Sesión (`session`): El objeto vivirá mientras la sesión del usuario esté activa.
4. Aplicación (`application`): El objeto vivirá desde la creación de la aplicación hasta la finalización de ésta.

A parte de estos objetos, dentro de la página, se pueden obtener los objetos implícitos: `request`, `response`, `pageContext`, `out`, `config`, `page` y `exception`.

Sobre cada uno de estos objetos se pueden realizar llamadas a los métodos que se definen en su interfaz. En la tabla 10.1 se puede ver el alcance de cada uno de estos objetos implícitos.

Tabla 10.1. Alcance de los objetos implícitos.

Objeto	Tipo	Representación	Alcance
request	javax.servlet. ServletRequest	Se activa cuando se realiza una petición.	request
response	javax.servlet ServletResponse	La respuesta a la petición.	page
page Context	javax.servlet.jsp. PageContext	El contexto de la página para la página JSP.	page
session	javax.servlet.http. HttpSession	Es el objeto creado por la petición de la página JSP.	session

Objeto	Tipo	Representación	Alcance
application	javax.servlet. ServletContext	Es el contexto del servlet obtenido por la configuración del servlet.	application
out	java.servlet.jsp. JspWriter	Es el objeto que nos permite utilizar el flujo de salida.	page
config	javax.servlet. ServletConfig	El ServletConfig asignado para la pagina JSP.	page
page	java.lang.Object	La instanciación de la página actual	page

Componentes JSP

Dentro de una página JSP podemos encontrar una serie de elementos como pueden ser los comentarios, las acciones, etc. Vamos a ver alguno de los elementos que componen una JSP.

Comentarios

Hay dos tipos de comentarios que se pueden incluir dentro de una página JSP:

1. Los comentarios que se utilizan para documentar el código de la página y que no son enviados a los clientes: `<%-- comentario --%>`.
2. Los comentarios que son enviados a los clientes como parte de la página: `<!--coment [<%=expresion%>] más comentarios -- >`.

Acciones estándar

Las acciones estándar son representadas utilizando elementos en XML. Vamos a describir las acciones más utilizadas dentro de una JSP.

<jsp:useBean>

La sintaxis de esta acción es:

```
<jsp:useBean  id="nombreinstanciaBean"scope={page,request,
session,application}  class="package.class"/>
```

Esta acción es la encargada de crear una instancia de un Bean y asignarle un nombre de ámbito.

Se podrá modificar el Bean utilizando el `id` asignado en esta etiqueta. En las acciones que veremos a continuación se pueden modificar atributos del Bean.

<jsp:setProperty>

Esta acción establece el valor de una propiedad dentro de un Bean. Su sintaxis es la siguiente:

```
<jsp:setProperty name="nombreInstanciaBean" property=
"nombrepropiedad"
value="valor"/>
```

Podemos establecer los valores por defecto del Bean incluyendo la siguiente acción dentro de la página:

```
<jsp:setProperty name="nombreInstanciaBean" property="*" />
```

<jsp:getProperty>

Es la acción que nos permitirá recuperar los valores de las propiedades de un Bean. Su sintaxis es:

```
<jsp:getProperty name="nombreInstanciaBean"property="nombre
Propiedad"/>
```

<jsp:forward>

Esta acción reenvía la petición del cliente a otro lugar que puede ser una página HTML, otra página JSP o incluso un servlet. Su sintaxis es:

```
<jsp:forward page="URLRelativa"/>
```

<jsp:plugin>

Baja al navegador del cliente un plug-in para ejecutar un applet o un JavaBean. Veamos un ejemplo de utilización de esta acción, para bajarse un applet desde una página JSP:

```
<jsp:plugin type="applet" code="archivo.class" codebase=
"ruta""height="100" width="100">
<params>
<param name=nombrevalor1 value="valor1">
</params>
</jsp:plugin>
```

<jsp:include>

Esta acción nos permite incluir un fichero dentro de la página JSP. Se suele utilizar para incluir un pie o una cabecera dentro de la página.

Su sintaxis es la siguiente:

```
<jsp:include page="URLRelativa" flush=true/>
```

Directivas

Mediante las etiquetas de directivas generamos información de la página, para que el motor de JSP pueda utilizarla. Su sintaxis es la siguiente:

```
<%@ directiva {atributo=valor}%>
```

Existen tres tipos de directiva: directiva de página, directiva de inclusión y directiva de librería.

Page (Directiva de página)

Los posibles atributos dentro de este tipo de directiva son: `language`, `extends`, `import`, `session`, `buffer`, `autoflush`, `isThreadState`, `info`, `errorPage`, `isErrorPage`, `contenttype`, `pageEncoding` y `isELIgnored`. Por ejemplo, si deseamos incluir una serie de clases de un paquete debemos incluir la directiva:

```
<%@ page languaje="java" import="java.util.*" %>
```

La directiva de página con el atributo `info` nos genera, al ser compilada la página JSP, la función `getServletInfo()` del servlet asociado (del servlet creado en la primera petición de la página):

```
<%@ page info="Informacion sobre el servlet" %>
```

Include

La directiva `include` nos permite incluir un fichero de texto dentro de nuestra página JSP.

Realiza la misma función que la acción `<jsp:include>` comentada anteriormente. Su sintaxis es la siguiente:

```
<%@ include file="URLRelativa" %>
```

Librería de etiquetas (taglib)

Define un URL donde se encuentra la librería de etiquetas personalizadas. Las etiquetas personalizadas se definen utilizando una sintaxis XML. Su sintaxis es:

```
<%@ taglib  uri="URLPaginaEtiquetas"prefix="EtiquetaPrefijo"%>
```

Si tuviésemos, por ejemplo, una página de etiquetas ("`misetiquetas`") en la que tenemos definida una etiqueta personal llamada "`bordes`", deberíamos incluir la siguiente directiva dentro de la página JSP:

```
<%@ taglib uri="http://direccion/misetiquetas" prefix="bordes"%>
....
<bordes:pintar>
</bordes:pintar>
```

Declaraciones

Mediante las declaraciones podemos establecer las variables y métodos que se van a utilizar dentro de la página JSP. Dentro de las declaraciones se podrán incluir los métodos `jspInit()` o `jspDestroy()`.

Su sintaxis es:

```
<%! Declaracion %>
```

Veamos un ejemplo de declaración:

```
<%! int i=0;%>
<%!
 private String getCadena(){
   return "Numero: "+i;
 }
%>
```

Como se puede observar, mediante las declaraciones, podemos insertar el código en Java dentro de nuestras páginas JSP.

Scriptlet

Un scriptlet es cualquier código en Java que resida entre `<%` y `%>`. En la fase de compilación todo lo que se incluya entre `<%` y `%>` se incluirá dentro del método `_jspService()`. Dentro de un scriptlet se pueden obtener todos los objetos implícitos comentados anteriormente (`request`, `response`, `pageContext`, etc.). Veamos un ejemplo de scriplet:

```
<%
String cadena="Mi cadena";
out.println(cadena);
%>
```

Expresiones

Las expresiones nos permitirán retornar valores dentro del código HTML.

Su sintaxis es:

```
<%=expresion%>
Por ejemplo:
<%
for (int i=1;i<10;i++){
%>
<BR>
Valor del contador: <%=i%>
<%
}
%>
```

Tratamiento de errores

Podemos generar en JSP una página que sea la encargada de tratar las excepciones producidas. Para ello, debemos establecer el atributo de la página "errorPage" en las páginas JSP que puedan lanzar una excepción.

Al atributo "errorPage" se le debe pasar el path relativo de la página que será la encargada de controlar las excepciones.

La página encargada de controlar los errores deberá tener el atributo de la página "isErrorPage" a true. El valor por defecto de este atributo es false.

Vamos a construir una página JSP que será la encargada de visualizar los errores producidos por otras páginas JSP:

```
<%@  isErrorPage="true"%>
<H1> Error </H1>
<%=exception.toString()%>
<%=exception.getMessage()%>
```

Dentro de las páginas JSP que puedan producir una excepción se debe insertar la siguiente línea de código:

```
<% page errorPage="paginaError.jsp"%>
```

Modelo de aplicaciones

Las especificaciones JSP de Sun abordan la creación de dos modelos distintos para la construcción de aplicaciones. Los modelos los podemos observar en las figuras 10.3 y 10.4. La diferencia entre ambos modelos reside en la localización de quién procesa las peticiones de los clientes.

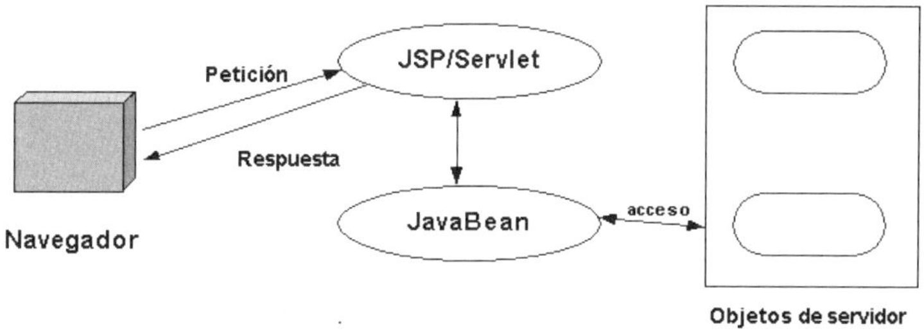

Figura 10.3. Primer modelo de arquitectura.

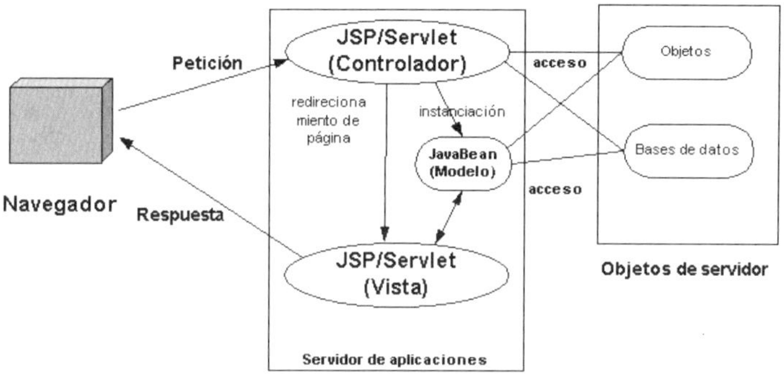

Figura 10.4. Segundo modelo de arquitectura.

Modelo de dos capas

En el modelo de la figura 10.3 el responsable del procesamiento de las peticiones y el que retorna las respuestas a los clientes es la propia página JSP. A este modelo se le llama modelo de dos capas. Este modelo, en algunos casos, separa la presentación del contenido, ya que para el acceso a los datos puede utilizar JavaBeans.

Este modelo es utilizado cuando se quiere realizar un desarrollo de una aplicación Web sencilla, no es recomendable para aplicaciones Web complejas.

Una Web sencilla puede ser un desarrollo propio, en el cual no existen más de dos programadores, y que una vez finalizado, no se vaya a realizar ningún tipo de mantenimiento. En otras palabras, algo que se hace en poco tiempo y no se modifica a lo largo del tiempo.

Si utilizamos este modelo para aplicaciones complejas, podemos encontrarnos con infinidad de problemas, si queremos modificar una aplicación que esté ya desarrollada. La mayoría de los programadores realizan una aplicación de este tipo muy rápidamente, crean unas cuantas páginas JSP que contienen gran cantidad de código en Java y que son las encargadas de procesar las peticiones de los clientes. El problema llega a la hora de retocar alguna funcionalidad dentro de una de las páginas JSP, puede a veces llegar a ser imposible su modificación sin tener que modificar toda la página.

Ejemplo de desarrollo basado en el modelo de dos capas

Veamos un ejemplo sencillo en donde se ilustre un desarrollo basado en el primer modelo.

Desarrollaremos una página JSP que visualice la hora del sistema. Para ello, dentro de la misma página obtendremos la petición y generaremos la respuesta.

```
<%@ page import="java.util.Calendar"%>
<HTML>
<center>
<HEAD>
<TITLE>Ejemplo de modelo de dos capas</TITLE>
</HEAD>
<H1>Tiempo utilizando un modelo de dos capas</H1>
<%
 Calendar calendario=Calendar.getInstance();
%>
<BODY>
 <%=calendario.get(Calendar.HOUR_OF_DAY)%>:
 <%=calendario.get(Calendar.MINUTE)%>:
 <%=calendario.get(Calendar.SECOND)%>
</center>
</BODY>
</HTML>
```

Como se puede apreciar, el tiempo de desarrollo de aplicaciones que se basen en este modelo es bastante reducido, el problema llega cuando se complica la aplicación o cuando hay que modificarla.

Cuando veamos, las características del segundo modelo (n-capas), desarrollaremos este mismo ejemplo para que se vean de forma clara las características que los distinguen; también veremos que la realización del ejemplo utilizando el segundo modelo, implica un esquema de desarrollo inicial, más líneas de código y, por tanto, más tiempo de desarrollo.

Modelo de n-capas

El modelo de n-capas se basa en la mezcla de la tecnología JSP y los servlets, generando con ellas el contenido dinámico en la Web. Este modelo se puede observar en la figura 10.4. Este modelo utiliza las paginas JSP para generar la capa de presentación y los servlets, u otras páginas JSP, para procesar las tareas. El servlet actúa de controlador y es el encargado de:

1. Procesar las peticiones.
2. Instanciar los JavaBeans que usarán las páginas JSP para generar interfaz con el usuario (la vista).
3. Crear el flujo hacía la siguiente vista (*workflow*).

La página JSP de vista será la encargada de retornar las peticiones a los clientes. Por tanto, las páginas JSP de vista, nunca deben contener la lógica de negocio, sólo deben contener las respuestas y los objetos creados anteriormente por el servlet. Es, por tanto, el modelo que realiza una verdadera separación entre la presentación y el contenido, cargando todo el proceso de la lógica de negocio en los objetos del servidor (por ejemplo, utilizando la tecnología EJB) que son accedidos por el servlet y retornados al cliente mediante las paginas JSP de vista. Esta arquitectura también es conocida como Modelo Vista Controlador (*Model View Controler*).

Nota:

La implementación completa de este modelo conlleva bastante tiempo de desarrollo. En el capítulo dedicado a Struts, podremos ver como Struts implementa este modelo (MVC). Los ejemplos que se verán en este capítulo sólo describen parte del modelo.

Ejemplo de desarrollo basado en el modelo de n-capas

Vamos a ver, ahora, un ejemplo que realice las mismas funciones que el ejemplo desarrollado anteriormente con el primer modelo. Para ello, vamos a realizar una primera página JSP que será la encargada de realizar el proceso de la petición. Esta página JSP inicial será la capa controladora e instanciará un JavaBean (`BeanHora`) estableciendo todas las propiedades del Bean. También podríamos haber creado un servlet, ya que esta página JSP no genera ninguna salida pero, como una página JSP es un servlet y es más fácil de modificar, construiremos una página JSP.

La página JSP se llamará "tiempo2.jsp" y su código es el siguiente:

```
<%@ page import="java.util.Calendar,com.anaya.java5.jsp.BeanHora"%>
<%
BeanHora hora=new BeanHora();
Calendar calendario=Calendar.getInstance();
hora.setHora(calendario.get(Calendar.HOUR_OF_DAY));
hora.setMinutos(calendario.get(Calendar.MINUTE));
hora.setSegundos(calendario.get(Calendar.SECOND));
HttpSession sesion=request.getSession();
sesion.setAttribute("tiempo",hora);
%>
<jsp:forward page="visualizarhora.jsp" />
```

Como se puede apreciar en el código, la página crea el JavaBean BeanHora y establece todas las propiedades. Posteriormente, obtiene la sesión asociada a la petición e inserta un valor dentro de la sesión, el valor a insertar es el JavaBean creado. Ya, por último, cuando se tiene todo realizado se llama a la página JSP "visualizarhora.jsp" (mediante una acción del tipo <jsp:forward>) y esta es la encargada de visualizar los datos contenidos en el JavaBean BeanHora que obtendrá mediante la variable de sesión creada anteriormente.

La página JSP "visualizarhora.jsp" es la capa generadora del contenido que visualiza el usuario (capa vista). El código de esta página es el siguiente:

```
<%@ page import="com.anaya.java5.jsp.BeanHora"%>
<HTML>
<center>
<HEAD>
<TITLE>Ejemplo de modelo de n capas</TITLE>
</HEAD>
<BODY>
<H1> TIEMPO utilizando un modelo de n capas</H1>
<%
HttpSession sesion=request.getSession();
BeanHora tiempo=(BeanHora)sesion.getAttribute("tiempo");
%>
<%=tiempo.getHora()%>:
<%
out.print(tiempo.getMinutos());
out.print(":");
%>
<%=tiempo.getSegundos()%>
</BODY>
</center>
</HTML>
```

Como se puede ver, hemos mezclado dos formas para crear la salida hacía el cliente, mediante el método `print()` de la clase `out` o utilizando `<%=%>`. Las dos formas producen la misma salida, así que se puede utilizar la que más se desee.

El código del JavaBean `BeanHora` es el siguiente:

```
public class BeanHora {
  private int hora;
  private int minutos;
  private int segundos;
  public BeanHora(){
  hora=0;
  minutos=0;
  segundos=0;
  }
  public void setHora(int h){hora=h;}
  public void setMinutos(int m){minutos=m;}
  public void setSegundos(int s){segundos=s;}

  public int getHora(){return hora;}
  public int getMinutos(){return minutos;}
  public int getSegundos(){return segundos;}
}
```

Si en vez de pasar el JavaBean `BeanHora` mediante una variable de sesión deseamos pasarlo mediante un atributo de la petición (`request`), debemos cambiar las siguientes líneas de código dentro de la página "`tiempo2.jsp`":

```
HttpSession sesion=request.getSession();
sesion.setAttribute("tiempo",hora);
```

Por:

```
request.setAttribute("tiempo",hora);
```

Y luego, tan sólo, debemos especificar en la página vista ("`visualizar hora.jsp`") el siguiente fragmento de código:

```
HttpSession sesion=request.getSession();
BeanHora tiempo=(BeanHora)sesion.getAttribute("tiempo");
```

Por:

```
BeanHora tiempo=(BeanHora)request.getAttribute("tiempo");
```

Si se usa la acción `<jsp:useBean>` para instanciar el JavaBean, se debe establecer el parámetro `scope` al valor `sessión` (`scope="session"`) si el JavaBean es pasado utilizando variables de sesión y, se debe establecer el valor a `request` (`scope="request"`) si el JavaBean es pasado como un atributo dentro de la petición.

Ejemplo "Carrito de la compra"

Ahora, desarrollaremos un aplicación para realizar una pequeña tienda virtual de teléfonos móviles que seguirá el Modelo Vista Controlador (MVC), es decir, el modelo segundo de n-capas.

Para el desarrollo de la tienda de móviles utilizaremos una primera pantalla que interactuará con el usuario y que nos permitirá elegir el teléfono que deseamos comprar. Incluiremos en esta página otra página con los elementos que deseamos comprar (será el carrito de la compra). Ya, por último, se desarrollará otra página que contenga el chequeo de la compra a realizar.

La página que contendrá los elementos que podemos comprar (en nuestro caso son los móviles) será muy sencilla, ya que, tan sólo, contendrá un componente de tipo lista (`select`) en el que insertaremos a mano los posibles móviles que se pueden comprar. Esta página corresponde a la capa vista de la aplicación. En la figura 10.5 se puede ver esta página en ejecución.

Figura 10.5. Aplicación en ejecución.

El código correspondiente a la página JSP "`tienda.jsp`" es el siguiente:

```
<%@ page session="true" %>
<HTML>
<center>
<HEAD>
<TITLE>Tienda de Moviles</TITLE>
```

```
</HEAD>
<center>
<body bgcolor="#22FFCC">
<font face="Times New Roman,Times" size="+5">
 Tu Tienda de Moviles
</font>
<hr><p>
 <form name="FormularioDatos" action="http://localhost:8080/
 EjemploServlets/tienda/servletCompra" method="POST">
<b> Movil: </b>
<select name=Movil>
  <option>Nokia 5110 / Contrato / MoviStar / 0 pts / 0 euros</option>
  <option>Nokia 5110 / Sin contrato / Airtel / 5000 pts / 30.05 euros</
  option>
  <option>Nokia 3210 / Contrato / MoviStar / 10000 pts / 60.10 euros</
  option>
  <option>Nokia 8210 / Contrato / MoviStar / 54000 pts / 324.54 euros</
  option>
  <option>Nokia 7110 / Contrato / Airtel / 30000 pts / 180.30 euros</
  option>
</select>
<b> Cantidad: </b> <input type="text" name="cantidad" SIZE="3"
value=1>
<input type="hidden" name="accion" value="add">
<input type="submit" name="submit" value="Anadir al carrito">
</form>
<p>
<jsp:include page="carrito.jsp" flush="true" />
</BODY>
</center>
</HTML>
```

Nota:

Al final del capítulo, se describirá cómo configurar el servidor Tomcat para la ejecución del ejemplo.

Dentro de esta página se insertará otra página JSP, que será el carrito de la compra del usuario. Esta inserción la realizamos utilizando la acción `<jsp:include>` mediante la línea de código siguiente:

```
<jsp:include page="carrito.jsp" flush="true" />
```

El carrito de la compra se obtendrá mediante una variable de sesión. Esta variable de sesión la modificará el servlet `ServletCompra` que veremos más adelante.

El código correspondiente a la página JSP "`carrito.jsp`" es el siguiente:

```
 <%@ page session="true"
import="java.util.*,com.anaya.java5.jsp.Movil"  %>
 <%
   ArrayList  carrito=(ArrayList)session.getAttribute("carrito");
   if ((carrito != null) && (carrito.size()>0)){
%>
 <center>
 <table border="1" cellpading="0" width="100%" bgcolor="#FFFFFF">
 <tr>
   <td><b> Modelo </b></td>
   <td><b> Contrato </b></td>
   <td><b> Empresa </b></td>
   <td><b> Pesetas </b></td>
   <td><b> Euros </b></td>
   <td><b> Cantidad </b></td>
   <td></td>
 </tr>
 <%
   for (int i=0;i<carrito.size();i++){
     Movil  objMovil=(Movil)carrito.get(i);
%>
 <tr>
   <td><b><%=objMovil.getModelo()%>         </b></td>
   <td><b><%=objMovil.getContrato()%>       </b></td>
   <td><b><%=objMovil.getEmpresa()%>        </b></td>
   <td><b><%=objMovil.getPrecioPts()%>      </b></td>
   <td><b><%=objMovil.getPrecioEuros()%>    </b></td>
   <td><b><%=objMovil.getCantidad()%>       </b></td>
   <td>
      <form name="FormularioBorrar" action="http://localhost:8080/
      EjemploServlets/tienda/servletCompra"  method="POST">
      <input  type="submit"  value="Borrar">
      <input  type="hidden"  name="indiceBorrar"  value='<%=i%>'>
      <input  type="hidden"  name="accion"  value="del">
   </form>
  </td>
 </tr>
 <%
 }
%>
 </table>
 <p>
   <form  name="FormularioChequeo"  action="http://localhost:8080/
   EjemploServlets/tienda/servletCompra"  method="POST">
      <input  type="hidden"  name="accion"  value="CHEQUEAR">
      <input  type="submit"  name="chequear"  value="check">
   </form>
    </center>
 <%
```

```
}
%>
```

La página JSP "`carrito.jsp`" recorre la variable de sesión "`carrito`", en caso de que ésta exista y contenga algún valor:

```
<%
  Vector carrito=(Vector) session.getValue("carrito");
  if ((carrito != null) && (carrito.size()>0))
{
%>
```

Si la variable de sesión contiene algún valor, lo que se realiza es un recorrido por todo el vector. Para ello, se utiliza el Bean `Movil` (que es el que contiene todos los datos del móvil) que insertó el `ServletCompra` dentro del vector.

```
<%
  for (int i=0;i<carrito.size();i++){
    Movil objMovil=(Movil)carrito.get(i);
%>
```

Como comentamos anteriormente, el servlet encargado de procesar todas las peticiones de la tienda es el servlet `ServletCompra`, éste insertará un elemento dentro del carrito, lo eliminará, lo modificará e incluso será el encargado de crear el carrito. En la figura 10.6 se puede ver la aplicación de la tienda cuando se inserta un elemento dentro del carrito.

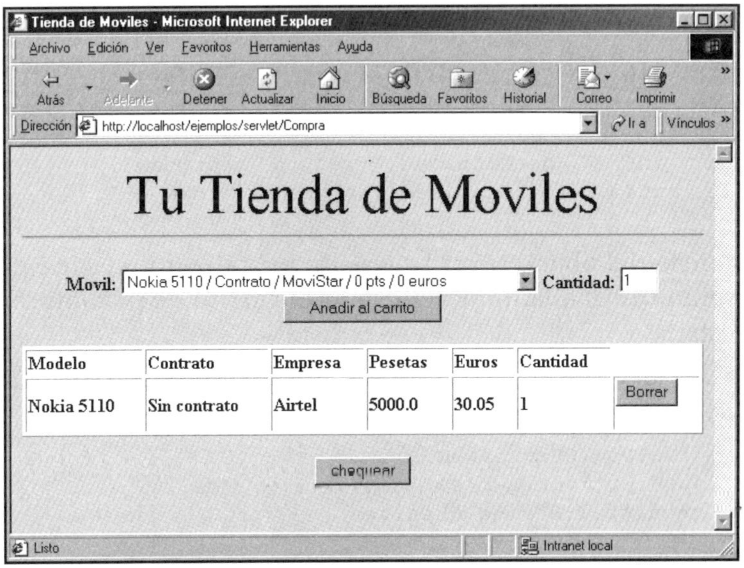

Figura 10.6. Visualización del carrito de la compra.

Antes de ver el código del servlet `ServletCompra` veamos el código correspondiente al Bean `Movil`:

```
public class Movil{
  private String modelo;
  private String contrato;
  private String empresa;
  private float precioPts;
  private float precioEuros;
  int cantidad;
  public Movil(){
    modelo="";
    contrato="";
    empresa="";
    precioPts=0;
    precioEuros=0;
    cantidad=0;
  }
  public String getModelo(){return modelo;}
  public void   setModelo(String m){modelo=m;}

  public String getContrato(){return contrato;}
  public void   setContrato(String c){contrato=c;}

  public String getEmpresa(){return empresa;}
  public void   setEmpresa(String e){empresa=e;}

  public float  getPrecioPts(){return precioPts;}
  public void   setPrecioPts(float p){precioPts=p;}

  public float  getPrecioEuros(){return precioEuros;}
  public void   setPrecioEuros(float p){precioEuros=p;}

  public int    getCantidad(){return cantidad;}
  public void   setCantidad(int c){cantidad=c;}
}
```

Cada instancia del objeto `Movil` necesita inicializar una serie de valores que nos serán útiles a la hora de formar el carrito de la compra y el chequeo de ésta.

El código del servlet `ServletCompra`, que en nuestro caso actúa de controlador sobre las páginas JSP, es el siguiente:

```
import java.io.IOException;
import java.util.ArrayList;
import java.util.StringTokenizer;

import javax.servlet.ServletConfig;
import javax.servlet.ServletContext;
```

```
import javax.servlet.ServletException;
import javax.servlet.http.HttpServlet;
import javax.servlet.http.HttpServletRequest;
import javax.servlet.http.HttpServletResponse;
import javax.servlet.http.HttpSession;

public class ServletCompra extends HttpServlet{

   public void init(ServletConfig config)
      throws ServletException{
      super.init(config);
   }
   public void doPost(HttpServletRequest request,
            HttpServletResponse response)
      throws ServletException, IOException{
      HttpSession sesion=request.getSession(true);
      ArrayList<Movil> carrito=(ArrayList<Movil>)sesion.get
      Attribute("carrito");
      String accion=request.getParameter("accion");
      if (accion.equals("del")){
         delCarrito(request, carrito);
         continuarCompra(request, response, sesion, carrito);
      }else if(accion.equals("add")){
         carrito = addCarrito(request, carrito);
         continuarCompra(request, response, sesion, carrito);
      }else if (accion.equals("check")){
            checkCarrito(request, carrito);
            String url="/chequeo.jsp";
            ServletContext sc=getServletContext();
            javax.servlet.RequestDispatcher
            rd=sc.getRequestDispatcher(url);
            rd.forward(request,response);
      }
   }
   private void continuarCompra(HttpServletRequest request,
   HttpServletResponse response,
            HttpSession sesion, ArrayList<Movil> carrito)
   throws ServletException, IOException {
      sesion.setAttribute("carrito",carrito);
      String url="/tienda.jsp";
      ServletContext sc=getServletContext();
      javax.servlet.RequestDispatcher rd=sc.getRequest
      Dispatcher(url);
      rd.forward(request,response);
   }
   private void checkCarrito(HttpServletRequest request,
   ArrayList<Movil> carrito) {
      float total=0;
      for (int i=0;i<carrito.size();i++){
```

```
            Movil  aux=carrito.get(i);
            float  precio=aux.getPrecioPts();
            int  cantidad=aux.getCantidad();
            total=total+(precio*cantidad);
        }
        String  stotalpts=String.valueOf(total);
        String  stotaleuros=String.valueOf(total/166.386);
        request.setAttribute("cantidadpts",stotalpts);
        request.setAttribute("cantidadeuros",stotaleuros);
    }
    private ArrayList<Movil> addCarrito(HttpServletRequest request,
    ArrayList<Movil> carrito) {
        //Comprobamos primero si ya esta en el carrito el movil que
        se desea anadir
        boolean  encontrado=false;
        Movil  auxMovil=getMovil(request);
        if (carrito==null){
            //Anadimos el primero movil al carrito
            carrito=new ArrayList<Movil>();
            carrito.add(auxMovil);
        }else{
            //No es el primero movil que se anade al carrito
            for (int i=0;i<carrito.size();i++){
                Movil  objMovil=carrito.get(i);
                if ((objMovil.getModelo()
                        .equals(auxMovil.getModelo())) &&
                    (objMovil.getContrato()
                            .equals(auxMovil.getContrato()))){
                    //Incrementamos la cantidad
                    objMovil.setCantidad(objMovil.getCantidad()+
auxMovil.getCantidad());
                    carrito.set(i,objMovil);
                    encontrado=true;
                }//fin if si son iguales
            }//fin del for
            if (!encontrado)
                carrito.add(auxMovil);
        }

        return carrito;
    }
    private void delCarrito(HttpServletRequest request, ArrayList
    <Movil> carrito) {
        String  borrar=request.getParameter("indiceBorrar");
        carrito.remove(Integer.parseInt(borrar));
    }
    private Movil getMovil(HttpServletRequest req){
        String  sMovil=req.getParameter("Movil");
        String  sCantidad=req.getParameter("cantidad");
```

```
        StringTokenizer st=new StringTokenizer(sMovil,"/");
        String modelo=st.nextToken();
        String contrato=st.nextToken();
        String empresa=st.nextToken();
        String pts=st.nextToken();
        //Eliminamos la palabra 'pts' de la cadena
        pts=pts.substring(0,pts.length()-4).trim();
        String euros=st.nextToken();
        //Eliminamos la palabra 'euros' de la cadena
        euros=euros.substring(0,euros.length()-5).trim();
        Movil objMovil=new Movil();
        objMovil.setModelo(modelo);
        objMovil.setContrato(contrato);
        objMovil.setEmpresa(empresa);
        objMovil.setPrecioPts(Float.parseFloat(pts));
        objMovil.setPrecioEuros(Float.parseFloat(euros));
        objMovil.setCantidad(Integer.parseInt(sCantidad));
        return objMovil;
    }

    public String getServletInfo(){
        return "Servlet para realizar la compra de moviles";
    }
}
```

El servlet espera que se realicen peticiones del tipo POST de ahí que sólo implemente el método `doPost()`. Dentro de este método diferencia el tipo de acción a realizar: `del`, `add` o `check`.

En función de la acción a realizar, se realizará un proceso u otro, es decir, insertará un objeto del tipo `Movil` dentro de la variable de sesión `carrito`, lo eliminará o simplemente lo modificará. Cuando se intenta insertar un elemento que ya existe, la función que se realiza es modificar la cantidad del elemento que ya está insertado dentro del carrito y no añadirlo de nuevo. Para saber si un objeto `Movil` está insertado, tan sólo debemos comprobar su modelo y su tipo de contrato:

```
if ((objMovil.getModelo().equals(auxMovil.getModelo())) &&
(objMovil.getContrato().equals(auxMovil.getContrato())))
```

Cuando añadimos un nuevo móvil dentro del carrito lo realizamos mediante el siguiente código:

```
sesion.setAttribute("carrito",carrito);
String url="//tienda.jsp";
ServletContext sc=getServletContext();
javax.servlet.RequestDispatcher
rd=sc.getRequestDispatcher(url);
rd.forward(request,response);
```

Un objeto del tipo `RequestDispatcher`, nos permitirá reenviar una nueva petición insertando dentro de esta los objetos que nosotros deseemos. Como vemos en el código anterior, lo que realizamos es crear una redirección a la página "`tienda.jsp`". Cuando lo que se desea es chequear el carrito, lo que estamos pidiendo, es que nos calculen los totales del carrito creado y se retornen. El servlet calcula el total de todo el carrito, tanto en pesetas, como en euros, y los retorna dentro de la URL. Para realizar esto se basa otra vez en un objeto del tipo `RequestDispatcher`. El código correspondiente a esta parte es el siguiente:

```
request.setAttribute("cantidadpts",stotalpts);
request.setAttribute("cantidadeuros",stotaleuros);
String url="/chequeo.jsp";
ServletContext sc=getServletContext();
javax.servlet.RequestDispatcher
rd=sc.getRequestDispatcher(url);
rd.forward(request,response);
```

Lo que se realiza es insertar dentro de la petición (`request`), mediante el método `setAttribute()`, los dos objetos nuevos que representan la cantidad total en pesetas y en euros, para que se envíen a la página JSP "`chequeo.jsp`", que será la encargada de visualizar estos dos nuevos objetos insertados en forma de totales sobre el carrito de la compra.

El código de la página JSP "`chequeo.jsp`" es el siguiente:

```
 <%@ page session="true"
import="java.util.*,com.anaya.java5.jsp.Movil"%>
 <HTML>
 <HEAD>
 <TITLE>Chequeo de la compra</TITLE>
 </HEAD>
 <center>
 <body bgcolor="#33CCFF">
 <font face="Times New Roma,Times" size=+3>
   Chequeo de la compra de moviles
 </font>
 <hr><p>
 <table border="1" cellpading="0" width="100%" bgcolor="#23FFFF">
 <tr>
   <td><b> Modelo </b></td>
   <td><b> Contrato </b></td>
   <td><b> Empresa </b></td>
   <td><b> Pesetas </b></td>
   <td><b> Euros </b></td>
   <td><b> Cantidad </b></td>
   <td></td>
 </tr>
```

```
<%
    ArrayList carrito=(ArrayList)session.getAttribute("carrito");
    String cantidadPts=(String)request.getAttribute
    ("cantidadpts");
    String cantidadEuros=(String)request.getAttribute
    ("cantidadeuros");
    for (int i=0;i<carrito.size();i++){
    Movil objMovil=(Movil)carrito.get(i);
%>
<tr>
  <td><b><%=objMovil.getModelo()%>    </b></td>
  <td><b><%=objMovil.getContrato()%> </b></td>
  <td><b><%=objMovil.getEmpresa()%>  </b></td>
  <td><b><%=objMovil.getPrecioPts()%> </b></td>
  <td><b><%=objMovil.getPrecioEuros()%>    </b></td>
  <td><b><%=objMovil.getCantidad()%> </b></td>
</tr>
<%
}
 session.invalidate();
%>
<tr>
  <td></td>
  <td></td>
  <td><b> Total </b></td>
  <td><b><%=cantidadPts%> Pts</b></td>
  <td><b><%=cantidadEuros%> Euros</b></td>
</tr>
</table>
<p>
 <a href="http://localhost:8080/EjemploServlets/tienda.jsp">
  Realizar otra compra </a>
</center>
</BODY>
</HTML>
```

Mediante los métodos `getAttribute()` de la petición (`request`) obtenemos los totales del carrito:

```
String cantidadPts=(String)request.getAttribute("cantidadpts");
String
cantidadEuros=(String)request.getAttribute("cantidadeuros");
```

Una vez que se visualiza el carrito de la compra, se anula la sesión del usuario, para que éste no la vuelva a utilizar. Esta invalidación se realiza de la siguiente forma:

```
session.invalidate();
```

La página "`chequeo.jsp`" en ejecución se puede observar en la figura 10.7.

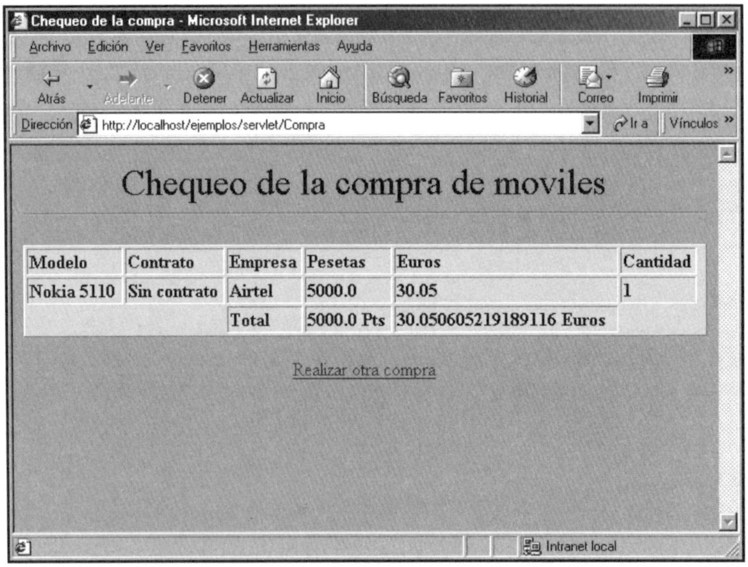

Figura 10.7. Chequeo de la compra.

Configuración Tomcat

En el capítulo dedicado a los servlets, se describía cómo descargarse y configurar Tomcat para la ejecución de servlets. A continuación, veremos cómo configurar la aplicación del ejemplo "Carrito de la compra" dentro del servidor Tomcat. Dentro del directorio `webapps` crearemos un nuevo directorio llamado "`EjemploJSP`". Dentro de este directorio incluiremos las páginas: `carrito.jsp`, `chequeo.jsp` y `tienda.jsp`. También crearemos el directorio `WEB-INF`.

El directorio `WEB-INF` deberá contener el fichero `web.xml` y el directorio `classes` deberá contener la compilación del servlet `ServletCompra` (`ServletCompra.class`). Dentro de la tabla 10.2 se ha descrito la estructura de directorios y ficheros.

Tabla 10.2. Estructura de directorios y ficheros para el ejemplo: "Carrito de la compra".

Directorios	Contenido
/webapps/EjemploJSP	Incluiremos las páginas: `carrito.jsp`, `chequeo.jsp` y `tienda.jsp`. También incluiremos el directorio `WEB-INF`.

Directorios	Contenido
/webapps/EjemploJSP/WEB-INF	Incluiremos el fichero `web.xml` el directorio `classes`.
/webapps/EjemploJSP/WEB-INF/classes	Incluiremos el fichero de clase `ServletCompra.class`.

El contenido del fichero `web.xml` es el siguiente:

```
<web-app>
  <servlet>
    <servlet-name>servletCompra</servlet-name>
    <servlet-class>com.anaya.java5.jsp.ServletCompra</servlet-class>
    <load-on-startup>1</load-on-startup>
  </servlet>

  <welcome-file-list>
    <welcome-file>tienda.jsp</welcome-file>
  </welcome-file-list>
  <servlet-mapping>
    <servlet-name>servletCompra</servlet-name>
    <url-pattern>/tienda/*</url-pattern>
  </servlet-mapping>
</web-app>
```

Capítulo 11

Seguridad en Java

En este capítulo aprenderá a:

- Los conceptos de seguridad en Java.
- El uso de la arquitectura de criptografía JCA (*Java Cryptography Architecture*).
- Las extensiones existentes en JCE (*Java Cryptography Extension*).
- Los servicios de autenticación y autorización en JAAS (*Java Authentication and Authorization Service*).

Introducción

Para comprender como está definida la criptografía en Java, vamos a ver al inicio de este capítulo, la arquitectura de JCA (*Java Cryptography Architecture*), posteriormente, veremos cómo se han creado extensiones a esta arquitectura, JCE (*Java Cryptography Extension*). Por ultimo, veremos cómo utilizar los servicios de autenticación y autorización en JAAS (*Java Authentication and Authorization Service*).

Arquitectura JCA

Esta arquitectura fue inicialmente introducida en la versión 1.1 del JDK. Esta arquitectura nos proporcionará funciones criptográficas que nos permitirán:

- Encriptar la información.
- Mantener una seguridad de que los datos transmitidos o guardados en el sistema no son accesibles por cualquier persona.
- Mantenimiento de claves y certificados.
- Permitir utilizar algoritmos de diferentes proveedores de forma encapsulada.

A partir de estas funciones podemos decir que JCA será el core del API de seguridad en Java. JCA se basa en una serie de clases e interfaces que conforman el corazón del API criptográfico.

Proveedor de servicios criptográficos

Todas las empresas de seguridad que deseen generar sus propios servicios de seguridad en Java, deberán implementar las clases e interfaces definidas en JCA. Una vez que sigan el estándar definido en JCA serán considerados proveedores de servicios criptográficos.

A todas las clases e interfaces que debe implementar un proveedor de servicio criptográfico, se las llama motor criptográfico.

Clases del motor criptográfico

Vamos a ver cada una de las clases que componen este motor (*engine*).

- `MessageDigest`: Nos permite la creación de los resúmenes de mensajes.

- `Signature`: Mantenimiento de firmas digitales.
- `KeyPairGenerator`: Será el mecanismo que nos permita generar claves públicas y privadas.
- `KeyFactory`: Factoría para el manejo de claves seguras.
- `CertificateFactory`: Mantenimiento de certificados.
- `KeyStore`: Permite el mantenimiento de un depósito de almacenamiento seguro de claves.
- `AlgorithmParameters`: Maneja parámetros para un algoritmo en particular, incluyendo codificación y descodificación de parámetros.
- `AlgorithmParameterGenerator`: Crea parámetros de algoritmos.
- `SecureRandom`: Creación de números aleatorios.
- `CertPathBuilder`: Construcción de certificados.
- `CertPathValidator`: Validación de certificados.
- `CertStore`: Recuperación de certificados de un repositorio.

Cada una de las clases anteriores corresponderán con una interfaz de proveedor de servicio SPI (*Service Provider Interface*). Esta interfaz abstraerá la clase y encapsulará su contenido. Por tanto, el proveedor de servicio deberá implementar la interfaz SPI. Cada una de las clase que conforman el motor (*engine*) del API JCA incluyen un método `getInstance()` que retornará un algoritmo, en particular, de un proveedor dado.

Dentro del JDK se ha implementado, por defecto, un proveedor de servicio criptográfico. Este proveedor es llamado `SUN`, y proporciona:

- Implementación de DSA.
- Implementación de MD5 y SHA-1.
- Generación de claves (*key pair*) públicas y privadas para el algoritmo DSA.
- Generador de parámetros para el algoritmo DSA.
- Mantenimiento parámetros DSA.
- *Factory* de claves que soportan conversión de claves públicas a privadas.
- Generador de números aleatorios SHA1PRNG (un Standard IEEE)
- Construcción de certificados X.509.

Podremos utilizar mas de un proveedor de seguridad dentro de nuestra aplicación, para ello, tan sólo, tendremos que modificar el fichero `java.security` situado en el directorio `lib/security`. El formato de definición de cada uno de los proveedores es: `security.provider.n=nombreDeLaClase`.

En el siguiente listado, podemos ver los proveedores existentes en Java 2 v5.0.

```
security.provider.1=sun.security.provider.Sun
security.provider.2=sun.security.rsa.SunRsaSign
security.provider.3=com.sun.net.ssl.internal.ssl.Provider
security.provider.4=com.sun.crypto.provider.SunJCE
security.provider.5=sun.security.jgss.SunProvider
security.provider.6=com.sun.security.sasl.Provider
```

Como ya veremos más adelante, podremos añadir un proveedor durante la ejecución de la aplicación llamando al método `addProvider()` de `Security`.

Hasta ahora hemos visto que JCA nos provee una serie de estándares a implementar por cada proveedor de servicio. Veamos ahora cómo utilizar cada una de las clases que componen el motor de JCA.

Administración de claves

Para que un sistema sea seguro debe basarse en claves secretas, o en pares de clave pública/privada. Para ello, será necesario poder crear dichas claves, y distribuirlas entre todas las personas que quieran utilizar el sistema.

La administración de claves es sin duda lo más complicado que puede existir a la hora de generar un sistema seguro, ya que entre otras muchas cosas tiene que asegurar que la gestión de las claves secretas es segura, y que nadie puede romper el sistema y averiguar las claves.

A continuación, daremos una breve introducción para la administración de claves utilizando el API Java Security.

Representación de claves

La representación de una clave se realiza mediante la clase `Key` del paquete `java.security`. La clase `Key`, en concreto, es un interfaz `Serializable` para poder almacenar o enviar las claves de forma serializada dentro de un sistema. Dentro de esta interfaz se definen tres métodos:

1. `getAlgorithm()`: Retorna el nombre del algoritmo con el que se ha generado la clave. Todas las claves están asociadas a un algoritmo único (DES, RSA, etc.).

2. `getFormat()`: Retorna el formato con el que esta codificada la clave, por ejemplo RAW.
3. `getEncoded()`: Retorna la clave como un array de bytes.

Existen, a su vez, dos interfaces que implementan la interfaz `Key`, que son `PublicKey` y `PrivateKey`. Estas interfaces son de marcación ya que no incluyen la definición de ningún nuevo método:

```
public interface PublicKey extends Key {
}
public interface PrivateKey extends Key {
}
```

Cada algoritmo definirá su propia interfaz que utiliza las interfaces `PrivateKey` y `PublicKey`, por ejemplo, el algoritmo DSA tiene las interfaces `DSAPrivateKey` y `DSAPublicKey`. Permitiendo en cada uno de los casos acceder a otros métodos específicos del algoritmo.

Generación de claves

Para la generación de las claves públicas y privadas, el paquete `java.security`, nos proporciona la clase `KeyPairGenerator`. Esta clase genera objetos del tipo `KeyPair`, que a su vez contiene un objeto del tipo `PublicKey` y otro del tipo `PrivateKey`, almacenando en ambos las claves públicas y privadas generadas.

Cuando utilizamos un objeto del tipo `KeyPairGenerator` podemos establecer el tamaño de la clave utilizando el método `initialize()`.

Advertencia:

La creación de las claves se basa en el tamaño de las mismas, si incrementamos notablemente el tamaño de la clave, el tiempo de cálculo de la clave también se incrementará. Este incremento puede redundar en que la administración de claves no sea lo suficientemente ágil para una determinada aplicación.

Veamos un ejemplo de generación de claves:

```
import java.security.KeyPair;
import java.security.KeyPairGenerator;
import java.security.NoSuchAlgorithmException;

public class EjemploGeneracionClave {

  public static KeyPair generarClave()
```

```
    {
      try {
        KeyPairGenerator  generador=KeyPairGenerator.get
        Instance("RSA");
        generador.initialize(1024);
        return generador.genKeyPair();
      } catch (NoSuchAlgorithmException e) {
        e.printStackTrace();
      }
      return null;
    }

    public static void main(String[] args) {
        KeyPair  clave=EjemploGeneracionClave.generarClave();
        System.out.println(clave.getPrivate().getAlgorithm());
        System.out.println(clave.getPrivate().getFormat());
        System.out.println(clave.getPrivate().toString());
        System.out.println(clave.getPublic().getAlgorithm());
        System.out.println(clave.getPublic().getFormat());
        System.out.println(clave.getPublic().toString());
  }

  }
```

Generación de números aleatorios

Para la construcción de claves se utilizan números aleatorios. Los números aleatorios seguros se generan en base a una semilla, que permite crear algoritmos seguros, ya que es muy difícil determinar los valores generados sin tener conocimiento de la semilla utilizada.

Nota:

Una semilla es un valor que se utiliza para inicializar un algoritmo de generación de números aleatorios seguros.

Dentro del paquete `java.security` encontramos la clase `SecureRandom` que nos permitirá generar números aleatorios seguros. Para ello, podemos establecer un valor de semilla en el constructor de la clase, si deseamos utilizar una semilla, o simplemente utilizar la de SUN llamando al constructor `SecureRandom()` directamente. Todo dependerá de la seguridad que queramos tener a la hora de generar números aleatorios.

Podremos en cualquier momento establecer el valor de la semilla utilizando los métodos `setSeed(long seed)` y `setSeed(byte[] seed)`.

Una vez que especificamos el algoritmo a utilizar para el calculo de los números aleatorios (Sun proporciona el algoritmo "SHA1PRNG"), debemos llamar a los métodos next() y nextBytes() para obtener el valor de los números obtenidos.

Veamos un ejemplo utilizando "SHA1PRNG":

```
import java.security.NoSuchAlgorithmException;
import java.security.SecureRandom;

public class EjemploNumeroAleatorioSeguro {

  public static void main(String[] args) {
      SecureRandom random;
    try {
        random = SecureRandom.getInstance("SHA1PRNG");
        random.setSeed(200);
        byte bytes[] = new byte[20];
        random.nextBytes(bytes);
        for (int i=0;i<bytes.length;i++)
        System.out.print("("+bytes[i]+")");

    } catch (NoSuchAlgorithmException e) {
          e.printStackTrace();
    }
  }
}
```

Resumen de mensajes y firmas digitales

Los resúmenes de mensajes y las firmas digitales nos van a permitir verificar:

- La integridad de un mensaje. Permitirán verificar que un mensaje no ha sido modificado por una tercera persona.
- La autentificación de un mensaje; permitirá verificar que un mensaje proviene de una persona en concreto, identificando en todo momento la persona que envía el mensaje.
- La no repudiación de un mensaje, impidiendo que nadie pueda indicar que no envió un mensaje en concreto.

Los resúmenes de mensajes son generados a partir de una función, de una sola dirección. Este tipo de función es fácil de generar pero muy difícil de invertir.

Un algoritmo de resumen de mensajes toma como entrada, un mensaje de longitud variable y lo convierte en un resumen de longitud fija.

Todo algoritmo de resumen de mensaje, debe tener las siguientes características:

- Basándose sólo en el resumen de mensaje generado con el algoritmo, no debe ser posible obtener el mensaje original. Función criptográfica de una sola dirección (*one way hash algorithm*).
- No será posible encontrar dos mensajes que generen el mismo resumen.

Dentro del JDK podemos encontrar dos algoritmos de resumen de mensaje: `MD5` y `SHA-1`.

MD5

Es una función de resumen de mensaje realizada por *Ron Rivest*. Por su nombre, podemos deducir que existieron cuatro algoritmos: `MD1`, `MD2`, `MD3` y `MD4`, en concreto `MD5` es una extensión de `MD4`.

Este algoritmo toma un mensaje de entrada de longitud variable y genera una salida de 128 bits de longitud fija. Veamos un ejemplo de uso de `MD5`.

```
import java.security.MessageDigest;
import java.security.NoSuchAlgorithmException;

public class EjemploResumenMensajeMD5 {

  public static void main(String args[])
  {
    MessageDigest md5;
    try {
      md5 = MessageDigest.getInstance("MD5");
      String mensaje="Mi mensaje de ejemplo MD5";
      md5.update(mensaje.getBytes());
      byte[] resumen=md5.digest();

      for (int i=0;i<resumen.length;i++){
        System.out.print("("+resumen[i]+")");
      }

    } catch (NoSuchAlgorithmException e) {
      e.printStackTrace();
    }

    }
}
```

SHA-1

Es una función de resumen de mensaje de hasta 2 elevado a 64 bits, por tanto, permite aplicarlo a mensajes enormes, generando un resumen de mensaje de 160 bits. Al igual que ocurre con MD5, SHA-1 también esta basado en MD4. Veamos el mismo ejemplo anterior utilizando SHA-1.

```
import java.security.MessageDigest;
import java.security.NoSuchAlgorithmException;

public class EjemploResumenMensajeSHA1 {

  public static void main(String args[])
  {
    MessageDigest sha1;
    try {
      sha1 = MessageDigest.getInstance("SHA1");
      String mensaje="Mi mensaje de ejemplo SHA1";
      sha1.update(mensaje.getBytes());
      byte[] resumen=sha1.digest();

      for (int i=0;i<resumen.length;i++){
        System.out.print("("+resumen[i]+")");
      }
    } catch (NoSuchAlgorithmException e) {
      e.printStackTrace();
    }
  }
}
```

Firmas digitales

Los resúmenes de mensajes nos permiten verificar si un mensaje ha sido alterado, sin embargo, a la hora de verificar la persona que ha creado el mensaje tenemos que utilizar las firmas digitales.

La firma digital se forma a partir de una clave secreta, y la verificación de la firma digital se realiza utilizando una clave pública. Cada firma digital que realicemos sobre un mensaje será única para ese mensaje en concreto.

Cuando utilizamos firmas digitales estamos sellando un mensaje indicando que el mensaje ha sido producido por una persona en concreto, y por tanto, alcanzando la no repudiación del mensaje, ya que solo esa persona ha podido "sellar" el mensaje (siempre y cuando la persona no pierda su clave secreta).

DSA

Un ejemplo de algoritmo de firma digital es DSA (*Digital Signature Algorithm*). Dicho algoritmo está implementado dentro del JDK de SUN y es parte de los estándar de firmas digitales (DSS, *Digital Signature Standard*). Los algoritmos de resumen de mensaje SHA-1 y MD5 pueden ser utilizados con DSA. Vamos a ver un ejemplo que realice el firmado de un mensaje y verifique la firma, para ello seguiremos los siguientes pasos:

- Generaremos los pares de claves públicas/privadas utilizando la clase KeyPairGenerator.
- Realizaremos la firma digital al mensaje utilizando la implementación DSA de la clase Signature. Para ello, llamaremos al método initSign() pasándole la clave privada generada anteriormente. Crearemos el resumen de mensaje (update()) y retornaremos la firma digital utilizando el método sign() de Signature.
- Verificaremos la firma digital creada anteriormente, utilizando la clave pública generada. Para verificar la clave, deberemos llamar al método initVerify() pasándole la clave pública, actualizaremos el resumen de mensaje con update() y realizaremos la verificación con el método verify() de Signature.

```
import java.security.KeyPair;
import java.security.KeyPairGenerator;
import java.security.NoSuchAlgorithmException;
import java.security.PrivateKey;
import java.security.PublicKey;
import java.security.Signature;

public class EjemploFirmaDigital {

  public static byte[] realizarFirma(byte[] datos,PrivateKey clave)
  {
    byte[] retorno=null;
    try{
      Signature firma=Signature.getInstance("DSA");
      firma.initSign(clave);
      firma.update(datos);
      retorno=firma.sign();
    }
    catch (Exception e){
      e.printStackTrace();
    }
    return retorno;
  }
  public static boolean verficiarFirma(byte[] datos, PublicKey
  clave, byte[] datosFirmados)
  {
    try{
      Signature firma=Signature.getInstance("DSA");
      firma.initVerify(clave);
      firma.update(datos);
```

```
            return (firma.verify(datosFirmados));
        }
        catch (Exception e){
            e.printStackTrace();
        }
        return false;
    }
    public static KeyPair generarClave()
    {
        try {
            KeyPairGenerator generador=KeyPairGenerator.get
            Instance("DSA");
            return generador.genKeyPair();
        } catch (NoSuchAlgorithmException e) {
            e.printStackTrace();
        }
        return null;
    }

    public static void main(String args[])
    {
        String cadena="Cadena de prueba a firmar.";
        KeyPair clave=EjemploFirmaDigital.generarClave();
        byte[] datosFirmados=EjemploFirmaDigital.realizarFirma
        (cadena.getBytes(),clave.getPrivate());
        if (EjemploFirmaDigital.verficiarFirma(cadena.getBytes(),
        clave.getPublic(),datosFirmados)){
            System.out.println("Firma realizada correctamente.");
        }
        else{
            System.out.println("Firma incorrecta.");
        }
    }
}
```

Extensión JCE

La extensión JCE (*Java Cryptography Extensión*) contiene una serie de servicios que nos permiten completar los servicios de seguridad existentes en el paquete `java.security`. JCE está basado en JCA, y se encuentra situado dentro del JDK llamándose `SunJCE`. JCE a su vez también da soporte a algoritmos criptográficos adicionales como son:

- **Cifras:** RC2, RC4, RC6, TripleDES, Rijndael, IDEA, etc.
- **Firmas Digitales:** MD2, MD4, MD5, RIPEMD-128, RIPEMD-160, SHA-1, SHA-256, SHA-384, SHA-512, etc.

La clase Cipher

Esta clase se encargará de realizar los servicios de encriptación y desencriptación. Para el uso de esta clase, tan sólo tenemos que llamar al método `getInstance()`, al igual que en JCA, pasando el algoritmo a utilizar.

Para indicarle el modo de operación, utilizaremos el método `init()`. Tal y como se muestra en la tabla 11.1, existen cuatro modos de operación:

Tabla 11.1. Modos de operación Cipher.

Modo	Descripción
ENCRYPT_MODE	Modo encriptación.
DECRYPT_MODE	Modo desencriptacion.
WRAP_MODE	Convierte la clave en una secuencia de bytes para transportarlas de forma segura.
UNWRAP_MODE	Permite obtener las claves generadas con WRAP_MODE.

Vamos a ver un ejemplo de uso de la clase `Cipher` utilizando el algoritmo `Rijndael`.

Ejemplo uso Cipher

Crearemos una clase llamada `EncriptacionRijndael` que nos devolverá un flujo de entrada/salida cifrado. Crearemos otra clase llamada `EjemploAlmacenDatos` que utilizará los flujos de entrada/salida de `EncriptacionRijndael`. Para realizar la encriptación utilizando el algoritmo `Rijndael`, lo primero que tendremos que generar, es una clave secreta utilizando la clase `KeyGenerator`. Si recordamos en JCA, existía la clase `KeyPairGenerator` que nos generaba un par de claves pública/privada.

Utilizaremos la clase `SecureRandom` para la generación de la clave, estableceremos como semilla la concatenación de dos cadenas (usuario y password). Estableceremos el tamaño de la clave en 128 bits, y por ultimo obtendremos un objeto del tipo `Cipher` estableciendo el `algoritmo/modo/padding` a "`Rijndael/ECB/PKCS5Padding`".

Definiremos dos métodos que nos devuelvan el flujo de entrada y salida, estableciendo en el de entrada el modo `DECRYPT_MODE` y en el de salida el modo `ENCRYPT_MODE`.

```
import java.io.*;
```

```
import java.security.SecureRandom;

import javax.crypto.Cipher;
import javax.crypto.CipherInputStream;
import javax.crypto.CipherOutputStream;
import javax.crypto.KeyGenerator;
import javax.crypto.SecretKey;

public class EncriptacionRijndael
{

    private SecretKey key=null;
    private Cipher cip=null;
    private static boolean init=false;

    public EncriptacionRijndael(String user,String password)
    {
      try
      {
        KeyGenerator  key_gen=KeyGenerator.getInstance
        ("Rijndael");
        SecureRandom secure=new SecureRandom();
        StringBuffer clave=new StringBuffer();
        /*
         * La clave a generar se calcula en base al
         * usuario y password introducido.
         */
        clave.append(user).append(password);
        secure.setSeed(clave.toString().getBytes());
        key_gen.init(128,secure);
        key=key_gen.generateKey();
        /*
         * Encripta con Rijndael en modo ECB y con el padding PKCS.
         */
        cip = Cipher.getInstance("Rijndael/ECB/PKCS5Padding");
      }
      catch (Exception e){
        e.printStackTrace();
      }
    }

    public OutputStream getOutput(String file)
    {
      CipherOutputStream out_cip=null;
      try{
        cip.init(Cipher.ENCRYPT_MODE,key);
        out_cip=new CipherOutputStream(
        new BufferedOutputStream(new FileOutputStream(file)),
        cip);
```

```
        }
        catch (Exception e){
            e.printStackTrace();
        }
        return out_cip;
    }

    public InputStream getIntput(String file)
    {
        CipherInputStream in_cip=null;
        try{
            cip.init(Cipher.DECRYPT_MODE,key);
            in_cip=new CipherInputStream(
            new BufferedInputStream(new FileInputStream(file)),cip);
        }
        catch (Exception e){
            e.printStackTrace();
        }
        return in_cip;
    }
}
```

Ahora crearemos la clase `EjemploAlmacenDatos` que utilizará los flujos de entrada/salida cifrados. Para ello, crearemos un objeto del tipo `ArrayList` con un par de valores. Una vez que almacenamos este objeto, podemos visualizar el fichero "`datos.bin`" generado y veremos que su información está cifrada.

```
public class EjemploAlmacenDatos {

    private EncriptacionRijndael encriptacion;
    EjemploAlmacenDatos(EncriptacionRijndael  encriptacion){
        this.encriptacion=encriptacion;
    }

    public void setArrayList(ArrayList datos)
    throws Exception
    {
        try{
            String file="datos.bin";
            ObjectOutputStream out =
new  ObjectOutputStream(encriptacion.getOutput(file));
            out.writeObject(datos);
            out.close();
            }
        catch (Exception e){
            e.printStackTrace();
            throw new Exception("Error al inicializar el encriptado",e);
        }
```

```
    }

    public ArrayList getArrayList() throws Exception
    {
      ArrayList datos=new ArrayList();
      try{
        String file="datos.bin";
        if (encriptacion.getIntput(file)!=null){
          ObjectInputStream in =
new ObjectInputStream(encriptacion.getIntput(file));
          datos=(ArrayList)in.readObject();
          in.close();
        }
      }
      catch (Exception e){
        e.printStackTrace();
        throw new Exception("Error al inicializar el encriptado",e);
      }
      return datos;
    }

    public static void main(String[] args) {
      EncriptacionRijndael encriptacion=new EncriptacionRijndael
      ("Usuario1","Password1");
      EjemploAlmacenDatos almacen=new EjemploAlmacenDatos
      (encriptacion);
      /*
       * Almacenamos los datos de forma encriptada.
       */
      System.out.println("Almacenando los datos...");
      ArrayList array=new ArrayList();
      array.add("Dato1");
      array.add("Dato2");
      try {
        almacen.setArrayList(array);
      } catch (Exception e) {
        e.printStackTrace();
      }

      /*
       * Recuperamos los datos y los desencriptamos.
       */
      try {
        Iterator iter=almacen.getArrayList().iterator();
        System.out.println("Recuperando los datos...");
        while (iter.hasNext()){
          System.out.println(iter.next());
        }
      } catch (Exception e) {
```

```
            e.printStackTrace();
        }
    }
}
```

Servicio de autenticación y autorización JAAS

El servicio JASS nos permitirá construir aplicaciones que utilicen mecanismos de autentificación y autorización de forma independiente.

La autenticación consiste en verificar que un usuario de una aplicación, tiene acceso a la misma, por ejemplo, al realizar el login de un usuario estamos autenticando que el usuario puede acceder a la aplicación. La autorización consiste en verificar que un usuario autenticado puede hacer uso de determinados procesos o acciones dentro de la aplicación, un ejemplo típico, es la autorización de un usuario para poder realizar unas funciones u otras dentro de una aplicación, en función de su perfil.

Sujetos JAAS

Para realizar la autenticación, JASS se basa en el control de acceso por identidad, o lo que es lo mismo se basa en el control de acceso a sujetos. Los sujetos dentro de JASS son objetos del tipo `javax.security.auth.Subject`. Los sujetos pueden corresponder a una persona en concreto, a un sistema, a un conjunto de personas, o a un conjunto de sistemas.

Cada objeto `Subject` contiene un conjunto (`Set`) de objetos del tipo `Principal` (interfaz), que contendrán los datos que identifiquen al `Subject`: nombre de la persona, identificación, etc.

También asociaremos a un objeto del tipo `Subject` credenciales publicas y privadas, incluyendo ambas en dos `Set` diferenciadas.

Definición del contexto de autenticación (LoginContext)

Para realizar la autenticación, la aplicación utiliza un contexto de conexión (`LoginContext`). Este contexto de conexión aísla la aplicación con la autenticación final a realizar, para ello sigue el patrón PAM (*Pluggable Autenthication Module*). Esta encapsulación de la autenticación permite modificar dicha autenticación, simplemente, indicándole al contexto de conexión, el proveedor de autenticación que queremos utilizar.

El contexto de conexión para realizar la autenticación se basará en el sujeto (`Subject`). La clase `LoginContext` permite realizar la conexión y desconexión del sujeto, para ello utiliza los métodos `login()` y `logout()` respectivamente.

Una vez que se realiza de forma correcta la autenticación utilizando el método `login()`, existe una segunda fase de autenticación que se realiza mediante la llamada del método `commit()`. Si el método `login()` nos retornase false se llamaría a `abort()`.

Cuando finalizamos el proceso de autenticación de un `Subject` deberemos de llamar al método `logout()` y eliminar todo rastro del `Subject`, sus credenciales principalmente.

Configuración del modulo de conexión

Cuando creamos el contexto de conexión debemos establecer la configuración del mismo, como se ha comentado anteriormente, la aplicación que utilice JAAS para realizar la autenticación se despreocupa de cómo se realiza dicha autenticación, o mejor dicho, se olvida de cuál es el servicio de autenticación a utilizar. Para ello, es necesario pasar la configuración de autenticación al servicio, así como definir qué servicios van a realizar la autenticación.

Primero crearemos un fichero que contenga los módulos de autenticación que utilizará la aplicación. Cada modulo de autenticación estará contenido en una configuración de la siguiente forma:

```
ConfiguracionModulo1
{
   NombreDelModulo1  Flag Opciones;
   NombreDelModulo2  Flag Opciones;
...
};
ConfiguracionModulo2
{
   NombreDelModulo1  Flag Opciones;
   NombreDelModulo2  Flag Opciones;
...
};
```

El nombre del modulo deberá ser la ruta completa de la clase del tipo `LoginModule` que se encargará de realizar la autenticación. Como se pude ver en el listado anterior, cada módulo contiene una serie de *flags*, éstos pueden contener los valores mostrados en la tabla 11.2.

Tabla 11.2. Estados posibles a establecer en cada modulo.

Flag	Descripción
Required	Se deberá autentificar el sujeto en todo el módulo de autentificación. Si falla la autentificación deberá ejecutarse el siguiente en la lista.
Requisite	Se deberá autentificar el sujeto en todo el módulo de autentificación. Si falla la autentificación retornará el control a la aplicación.
Sufficient	Se deberá autentificar el sujeto en todo el módulo de autentificación. Si se realiza de forma correcta se retornará el control a la aplicación.
Optional	No es necesario autentificar el sujeto en el modulo de autentificación, con que uno de los módulos de correcto será condición suficiente para no autentificar al sujeto en este módulo.

Veamos un ejemplo que utilizaremos más adelante:

```
EjemploModuloAutenticacion
{
   com.anaya.java5.cp11.EjemploModuloAutenticacion    Required;
};
```

Las opciones serán parámetros del tipo `nombre=valor`.

La ubicación del archivo de configuración se podrá indicar de dos formas:

- Utilizando el parámetro `-Djava.security.auth.login=nombre Fichero`.
- Modificando el fichero `java.security` del directorio `<JAVA_HOME>/jre/lib/security`, incluyendo los ficheros de configuración que utilicemos. Para ello deberemos dar prioridad a los ficheros.

```
login.config.url.1=file:c:/config/
EjemploModuloAutenticacion1.config
login.config.url.2=file:c:/config/
EjemploModuloAutenticacion2.config
```

Retrollamadas (Callback)

Las retrollamadas serán el mecanismo a utilizar para realizar una comunicación entre la aplicación que usa JAAS y el proceso de autenticación. Podremos, mediante este mecanismo, forzar a introducir, por ejemplo, el usuario y el password de un sujeto (`Suject`). Para ello, necesitaremos un mecanismo de retrollamada (*callback*) desde la clase que implementa `LoginModule` y la aplicación que utiliza JAAS.

Las aplicaciones que quieran ser llamadas para realizar la autenticación deben implementar la interfaz `javax.security.auth.callback.CallbackHandler` e implementar el único método definido en la interfaz, `handle()`.

El método `handle()` recibirá una colección de objetos del tipo `Callback` creados por el `LoginModule`. La clase que implemente el método `handle()`, tendrá que tratar estos objetos e interactuar, bien con el usuario final, o con cualquier otro sistema, para rellenar estos objetos `Callback`.

La clase que implemente `CallbackHandler` deberá registrarse en el contexto de conexión utilizando para ello el constructor de `LoginContext`. Este constructor será el encargado de pasar dichas retrollamadas al método `initialize()` del `LoginModule`.

Existen los siguientes tipos de `Callback`:

- `NameCallback`: Se utiliza para obtener el nombre del usuario.
- `PasswordCallback`: Se utiliza para obtener el password del usuario.
- `ChoiceCallback`: Se utiliza para recuperar una lista de opciones.
- `ConfirmationCallback`: Se utiliza para recuperar información sobre una confirmación.
- `LanguageCallback`: Se utiliza para obtener la configuración local durante la autentificación.
- `TextInputCallback`: Se utiliza como entrada de texto.
- `TextOutputCallback`: Se utiliza como salida de texto.

Ejemplo

Nos crearemos una clase llamada `EjemploModuloAutentificacion` que será nuestro modulo de autentificación, para ello deberá implementar `LoginModule`. Dentro del método `initialize()` obtendremos el sujeto y los objetos del tipo `CallbackHandler`.

Implementaremos el `login()` para obligar al usuario que quiera autentificarse, a que introduzca el usuario y el password, utilizaremos un objeto del tipo `NameCallback` para el nombre del usuario, y un objeto del tipo `PasswordCallback` para el password.

```
import java.util.Map;

import javax.security.auth.Subject;
import javax.security.auth.callback.Callback;
import javax.security.auth.callback.CallbackHandler;
import javax.security.auth.callback.NameCallback;
import javax.security.auth.callback.PasswordCallback;
```

```
import  javax.security.auth.login.LoginException;
import  javax.security.auth.spi.LoginModule;

public class EjemploModuloAutentificacion implements LoginModule{

   private Subject sujeto = null;
   private CallbackHandler callBackHandler=null;
   public void initialize(Subject sujeto,
         CallbackHandler callBackHandler,
         Map<String, ?> estados, Map<String, ?> opciones) {

      this.sujeto=sujeto;
      this.callBackHandler=callBackHandler;
   }

   public boolean login() throws LoginException {
      if  (callBackHandler==null)  throw  new  LoginException("No
      existe un callback identificado.");
      NameCallback nombre=new NameCallback("Introduzca el usuario: ");
      PasswordCallback  password=new  PasswordCallback("Introduzca
      el password",false);
      Callback callBacks[]=new Callback[2];
      callBacks[0]=nombre;
      callBacks[1]=password;
      try {
         callBackHandler.handle(callBacks);
      } catch (Exception e) {
         e.printStackTrace();
         throw new LoginException(" Fallo en el login.");
      }
      String  nombre_usuario=nombre.getName();
      char[]  password_usuario=password.getPassword();
      System.out.printf("Nombre  -->  %s  :  Password  -->
      %s",nombre_usuario,
            String.valueOf(password_usuario));
      //Validamos el usuario y password.

      return true;
   }

   public boolean commit() throws LoginException {
      return true;
   }

   public boolean abort() throws LoginException {
      return true;
   }

   public boolean logout() throws LoginException {
```

```
      this.sujeto=null;
      this.callBackHandler=null;
      return true;
   }

}
```

Ahora crearemos la clase `EjemploModuloAutentificacion` que tendrá dos responsabilidades, realizar el login, e interactuar con el módulo de autentificación (retrollamadas), para ello implementará la interfaz `CallbackHandler` e implementará el método `handle()`.

```
import java.io.BufferedReader;
import java.io.IOException;
import java.io.InputStreamReader;

import javax.security.auth.Subject;
import javax.security.auth.callback.Callback;
import javax.security.auth.callback.CallbackHandler;
import javax.security.auth.callback.NameCallback;
import javax.security.auth.callback.PasswordCallback;
import javax.security.auth.callback.UnsupportedCallbackException;
import javax.security.auth.login.LoginContext;
import javax.security.auth.login.LoginException;

public class EjemploModuloAutentificacion implements Callback
Handler{

   public static void main(String[] args) {
      Subject sujeto=new Subject();
      try {
         LoginContext loginContext=
new LoginContext("EjemploModuloAutentificacion ",
new EjemploModuloAutentificacion ());
         loginContext.login();
         // ...
         loginContext.logout();
      } catch (LoginException e) {
         e.printStackTrace();
      }
   }
    public void handle(Callback[] callbacks)
      throws IOException, UnsupportedCallbackException {

    for (int i = 0; i < callbacks.length; i++) {
      if (callbacks[i] instanceof NameCallback) {

      NameCallback nc = (NameCallback)callbacks[i];
      System.err.print(nc.getPrompt());
      System.err.flush();
```

```
        nc.setName((new BufferedReader
          (new InputStreamReader(System.in))).readLine());

          } else if (callbacks[i] instanceof PasswordCallback) {


            PasswordCallback pc = (PasswordCallback)callbacks[i];
            String pw = getInput(pc.getPrompt());
            char[] passwd = new char[pw.length()];
            pw.getChars(0, passwd.length, passwd, 0);

           pc.setPassword(passwd);


         } else {
        throw new UnsupportedCallbackException
          (callbacks[i], "Desconocido el Callback");
         }
      }
       }

     private String getInput(String prompt) throws IOException {
         System.out.print(prompt);
         BufferedReader in = new BufferedReader(
             new InputStreamReader(System.in));
         return in.readLine();
           }

}
```

Nota:

En el ejemplo anterior podíamos haber utilizado cualquiera de los `CallbackHandler` *que incorpora el JDK (*`com.sun.security.auth.callback`*) para obtener el usuario y el password. Existen dos, uno de tipo texto y otro gráfico. El primero es el* `TextCallbackHandler` *y el de tipo gráfico es* `DialogCallbackHandler`*. En la figura 11.1, podemos ver el* `DialogCallbackHandler` *en ejecución, tan sólo deberemos modificar la línea siguiente en el ejemplo anterior:* `LoginContext loginContext=new LoginContext("Ejemplo ModuloAutenticacion",new DialogCallbackHandler());` *y eliminar la implementación del método* `handle()` *dentro de* `EjemploAutentificacion`*, ya que no se utilizaría.*

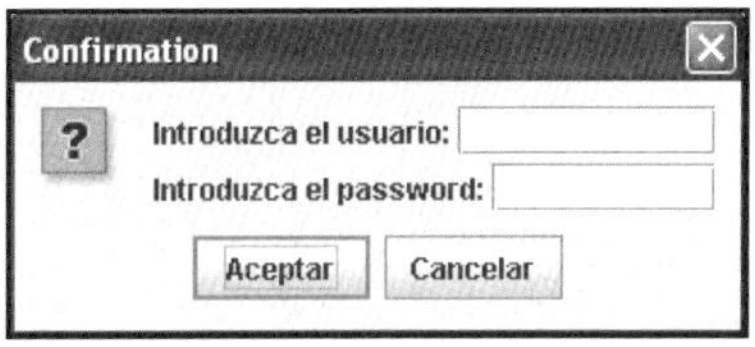

Figura 11.1.Uso de DialogCallbackHandler.

Autorización

JAAS provee mecanismos de autorización para permitir el acceso a un sujeto. Estos privilegios de acceso son configurados en un fichero llamado `policy` que define una lista de permisos.

Cada entrada del archivo, en donde se especifican las normas de seguridad en un dominio, empieza por `grant`, y contiene una o más definiciones de permisos.

Cada entrada de permiso empieza por `permission`, a continuación del permiso se establece la ruta completa de la clase de permiso.

Veamos un ejemplo de fichero `policy` (`java.policy`) del JDK, este fichero está situado en <JAVA_HOME>/jre/lib/security:

```
grant codeBase "file:${{java.ext.dirs}}/*" {
  permission java.security.AllPermission;
};
```

Estamos indicando que todo el código que esté situado en `java.ext.dirs` tiene el `grant AllPermission`.

Cada aplicación podrá definir su propio fichero `policy`, para ello, podremos incluir en el fichero `java.security`, visto anteriormente, nuestros propios ficheros, veamos el que incorpora el JDK:

```
policy.url.1=file:${java.home}/lib/security/java.policy
policy.url.2=file:${user.home}/.java.policy
```

También, al igual que ocurría en la autenticación, podemos pasarlo como parámetro a la máquina virtual (JVM): `-Djava.security.auth.policy=nombreFichero`.

Existen numerosos permisos que podemos establecer: `java.io.FilePermission`, `java.net.NetPermission`, `java.util.PropertyPermission`, etc. Cada uno de ellos definirá una serie de acciones a realizar, por ejemplo, `FilePermission` podrá establecer si el fichero es de solo lectura (`read`) o escritura (`write`), el `PropertyPermission` definirá la propiedad y también si es de sólo lectura, etc.

Veamos la definición por defecto para todos los dominios que realiza el JDK:

```
grant {
  permission java.lang.RuntimePermission "stopThread";
  permission java.net.SocketPermission "localhost:1024-", "listen";
  permission java.util.PropertyPermission "java.version", "read";
  permission java.util.PropertyPermission "java.vendor", "read";
  permission java.util.PropertyPermission "java.vendor.url", "read";
  permission java.util.PropertyPermission "java.class.version", "read";
  permission java.util.PropertyPermission "os.name", "read";
  permission java.util.PropertyPermission "os.version", "read";
  permission java.util.PropertyPermission "os.arch", "read";
  permission java.util.PropertyPermission "file.separator", "read";
  permission java.util.PropertyPermission "path.separator", "read";
  permission java.util.PropertyPermission "line.separator", "read";

  permission java.util.PropertyPermission "java.specification.
  version", "read";
  permission java.util.PropertyPermission "java.specification.
  vendor", "read";
  permission java.util.PropertyPermission "java.specification.
  name", "read";

  permission java.util.PropertyPermission "java.vm.specification.
  version", "read";
  permission java.util.PropertyPermission "java.vm.specification.
  vendor", "read";
  permission java.util.PropertyPermission "java.vm.specification.
  name", "read";
  permission java.util.PropertyPermission "java.vm.version", "read";
  permission java.util.PropertyPermission "java.vm.vendor", "read";
  permission java.util.PropertyPermission "java.vm.name", "read";
};
```

Capítulo 12

Maven

En este capítulo aprenderá a:

- La administración de proyectos con la herramienta Maven.
- Las características de la herramienta.
- La arquitectura de Maven.
- La creación de un proyecto.
- La definición de ejecución de procesos automáticos.
- El manejo de dependencias, y de repositorios.
- El uso de la herramienta desde el IDE Eclipse.
- La generación de documentación con Maven.

Introducción

Veremos en este capítulo cómo utilizar la herramienta Maven para realizar la administración de un proyecto. Nos centraremos en las características que nos aporta esta herramienta y cómo utilizarla dentro de nuestros proyectos, a modo de ejemplo, realizaremos la administración de la aplicación creada en el capítulo dedicado a Struts. Al final del capítulo, veremos la nueva versión de Maven, llamada Maven 2, y compararemos ambas versiones.

¿Qué es Maven?

Maven es una herramienta que nos permitirá realizar la administración de un proyecto. Inicialmente el proyecto Maven fue creado como un proyecto interno de Turbine (Jakarta), que es un *framework* Web. La principal funcionalidad de Maven en ese proyecto era simplificar la construcción de procesos, como puede ser la generación de documentación o la ejecución de pruebas unitarias.

Hasta ahora, cuando creamos un nuevo proyecto tenemos que crear nuestras propias tareas en Ant para poder automatizar la ejecución de los procesos, como por ejemplo, la construcción de un fichero JAR. En cada nuevo proyecto con Ant, tendríamos que crear las tareas en Ant, realizando una copia de dichas tareas de un proyecto a otro y modificando dichas tareas para adaptarlas al nuevo proyecto.

Con Maven lo que se intenta es evitar todo esto, teniendo tan sólo que definir el proyecto, y a partir de aquí, todas las tareas de automatización de procesos pueden ser compartidas entre los diferentes proyectos. Para ello, como veremos más adelante, Maven se basa en una arquitectura de plug-ins, a la que podemos incorporar nuestros propios plug-ins, compartiendo estos entre todos los proyectos.

Características

Para que podamos entender cuáles son las principales características de Maven vamos a ver primero cuáles son sus principales objetivos. Maven, desde un inicio, fue pensado para agilizar y mejorar la construcción automática de procesos.

Para ello se marcó los siguientes objetivos:

- Facilitar el proceso de construcción.
- Crear un sistema de construcción que permita heredarse entre todos los proyectos, generando, por tanto, un proceso de construcción uniforme.
- Tener en todo momento la posibilidad de generar toda la documentación necesaria para el proyecto, permitiendo tener un control de todo lo que se está generando en el día a día del proyecto. De esta forma se mejora la calidad de la documentación del proyecto.
- Ofrecer una guía para el desarrollo de proyectos, generando unas *best practices* (mejores prácticas) dentro del proyecto.
- Permitir una migración transparente hacía nuevas características, pudiendo en todo momento incorporar nuevos procesos automáticos de forma transparente.

Una vez que se tienen muy claros los objetivos de Maven hay que tener en cuenta que:

- Maven no es sólo una herramienta para la construcción de la documentación.
- Maven no es otra forma de construir procesos de forma automática como Ant, ni tampoco es una extensión de Ant, es más, en un inicio el mecanismo de construcción de Maven era Ant (cuando comenzó en el proyecto Turbine) pero, actualmente (para la versión 1.1), es Jelly el mecanismo que utiliza Maven para la construcción.
- Maven no es un conjunto de *scriplets* de Ant.

Una vez aclarado todo esto veremos las principales características de Maven. Maven permite la definición y creación de un proyecto de forma rápida y sencilla. Para ello, Maven crea una capa por encima, a la cual llama capa de proyecto. En ella se define el proyecto. De esta forma, se consigue:

- **Facilidad para la realización de construcciones básicas:** Basándose en los datos del proyecto, y sin realizar ningún tipo de *script*, podremos crear tipos de ficheros como pueden ser JAR, WAR o EAR.
- **Manejo de la información del proyecto:** Introduciendo toda la información relativa al proyecto podemos obtener una serie de informes que nos dará el estado de desarrollo del proyecto de una forma rápida y sencilla, mejorando la calidad de documentación del proyecto.
- **Publicación y distribución del proyecto:** Con la información del proyecto, Maven puede conectarse con el controlador de versiones que

estemos utilizando y administrar el proyecto, creando etiquetas o incluso *release* de la situación del proyecto. También podremos realizar una distribución, por ejemplo, de los artefactos (tipos de ficheros) que estemos generando en el proyecto a los repositorios remotos definidos dentro del proyecto.

- **Manejo de dependencias:** Maven permite mediante el uso de repositorios tener en todo momento un control sobre las dependencias del proyecto. De esta forma, Maven permite el compartimiento de dependencias entre diferentes proyectos, teniendo en todo momento controladas las dependencias del proyecto en la capa de proyecto.

Para poner en práctica todo lo visto hasta ahora, y antes de empezar a ver la arquitectura de Maven, vamos a instalar la herramienta.

Nota:

Siempre que hablemos de artefactos, estamos hablando de un tipo de fichero que contiene todos los componentes de un modulo o subsistema de proyecto. Por ejemplo, un artefacto de tipo JAR será aquel archivo `.jar` *que contiene las clases, fuentes, recursos, etc. de un modulo o subsistema de proyecto.*

Instalar Maven

Para realizar la instalación de la herramienta Maven hay que descargarla de la Web de la fundación de software Apache (*Apache Software Foundation,* ASF).

Concretamente la herramienta la podemos localizar en http://maven.apahce.org. Dentro del menú Getting Maven deberemos seleccionar Downloading.

Elegiremos la distribución apropiada para nuestra plataforma, a continuación detallaremos la instalación utilizando la plataforma Microsoft Windows.

Nota:

La versión de la herramienta Maven que se comenta es la última versión que existe a la hora de escribir este capítulo, y ésta es la 1.1 beta 1.

Una vez que instalamos la versión deberemos establecer las variables de entorno siguientes:

- `MAVEN_HOME`: Apuntando a la localización de la instalación de Maven. Por ejemplo, si hemos instalado Maven en el directorio por "`C:\Apache Software Fundation\Maven`" deberemos establecer dicha ruta dentro de la variable `MAVEN_HOME`.
- `PATH`: Dentro del `path` de búsqueda del sistema operativo deberemos incluir el directorio `bin` de Maven. Para ello, añadiremos el siguiente `path: %MAVEN_HOME%\bin`.

Para insertar y actualizar estas variables de entorno deberemos ir al Panel de Control>Sistema>Opciones Avanzadas y pulsar en "Variables de Entorno".

Una vez realizada la inserción de la variable `MAVEN_HOME` y actualizada la variable `PATH`, deberemos ir al menú Ejecutar, y ejecutar `cmd.exe` para abrir la consola de comandos. Dentro de la consola de comandos, ejecutaremos el comando `maven -v`. La salida de este comando tiene que ser la siguiente:

```
 __  __
|  \/  |__ _Apache__ ___
| |\/| / _` \ V / -_) ' \  ~ intelligent projects ~
|_|  |_\__,_|\_/\___|_||_|  v. 1.1-beta-1
```

Advertencia:

Si el sistema no encuentra el comando `maven -v`*, significa que no hemos definido correctamente la variable de entorno* `PATH`*, ya que deberá buscar el comando* `maven.bat` *definido dentro del directorio* `bin` *de la instalación de Maven.*

Descarga inicial

La primera vez que ejecutemos Maven descargará todos los plug-in necesarios para la ejecución de la herramienta, esta descarga sólo se realizará en la primera ejecución, sólo descargando plug-in cuando sea necesario y previamente no existan en el repositorio local del sistema. Nos adentraremos en este punto más adelante.

Si cuando ejecutamos Maven vemos que tenemos problemas de conexión, puede ser debido a que salgamos a Internet a través de un proxy. Para ello, deberemos configurar los ficheros de propiedades de Maven indicando los datos relativos al proxy.

- `maven.proxy.host`: La IP o dirección del proxy.
- `maven.proxy.port`: El puerto del proxy.
- `maven.proxy.user`: El usuario, si el proxy requiere autentificación.
- `maven.proxy.password`: El password del usuario, si el proxy requiere autentificación.

Esta información debe ser insertada dentro del fichero `build.properties` y deberá ser localizado en el directorio "`Documents and Settings\ usuario`", donde `usuario` será el usuario que tengamos definido dentro del sistema. Un ejemplo de fichero `build.properties`, con la configuración del proxy, sería el siguiente:

```
maven.proxy.host=proxy.anaya.es
maven.proxy.port=8080
maven.proxy.user=usuario1
maven.proxy.password=password1
```

Arquitectura

Maven está basado en un fichero XML que describe el proyecto POM (*Project Object Model*), concretamente, el fichero se llama `project.xml`. Para Maven todo directorio que contenga un fichero de este tipo lo tratará como un proyecto. Otro concepto en el que se basa Maven, es el de ejecución de procesos. Para ello, Maven genera lo que se llaman `goals`, que son ejecuciones de procesos. El concepto de `goal` es muy parecido al concepto de `target` en Ant. Para el procesamiento de los `goals` a ejecutar utiliza Jelly. Podremos, por tanto, generar nuestros propios `goals` dentro del proyecto. Para ello, utilizaremos el fichero `maven.xml`.

También podremos utilizar `goals` ya definidos y que pueden ser utilizados desde cualquier proyecto. Para ello, Maven se basa en un conjunto de plug-ins. Cada plug-in contendrá un conjunto de `goals`.

Los `goals` que están definidos en los plug-ins, que provee Maven, pueden ser utilizados por cualquier proyecto, es más, es muy posible que desde nuestro proyecto no requiramos generar ningún otro `goal`. Si no es así, podremos crearnos nuestros propios plug-ins, y publicar éstos para ser utilizados por otros proyectos.

Otro de los conceptos que utiliza Maven es el concepto de repositorio. Un repositorio en Maven será aquel lugar en donde localizaremos las dependencias de nuestro proyecto. Podremos compartir dependencias entre proyectos, incluso podremos realizar publicaciones de nuevas *releases* en estos repositorios. Existen dos tipos de repositorios: locales y remotos. El repositorio local es creado, por defecto, en el directorio "`.maven/repository`" dentro de la carpeta "`Documents and Settings\usuario`". El repositorio remoto es donde se localizarán todas las dependencias del proyecto. Como veremos más adelante, el repositorio local será un copia bajo demanda del repositorio remoto, actuando el repositorio local de caché del remoto.

Haciendo resumen, tenemos que Maven se basa en el fichero `project.xml` que contiene la descripción del proyecto, luego podemos tener un fichero llamado `maven.xml` con la definición de los `goals` del proyecto. También vemos que Maven tiene a su alrededor una conjunto de plug-ins, y que a su vez nos permite crear nuevos plug-ins. Ya, por último, para Maven existen dos tipos de repositorios: local y remoto. Todo esto lo podemos observar en la figura 12.1.

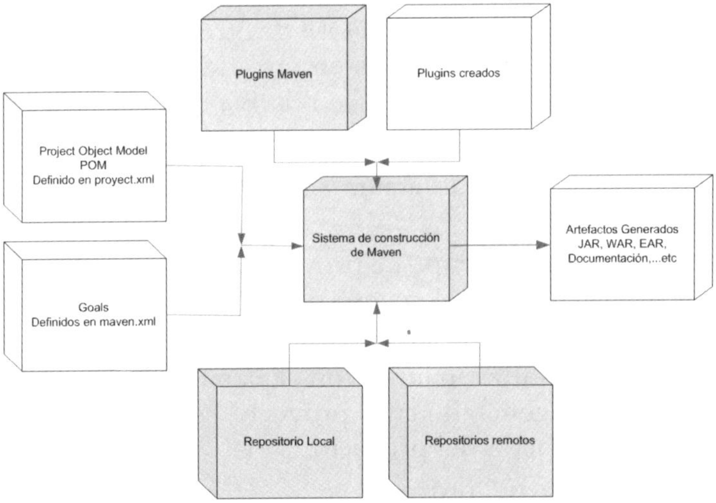

Figura 12.1. Arquitectura Maven.

POM - Project Object Model

Todo proyecto se deberá definir dentro de un fichero XML llamado `project.xml`.

Este fichero contendrá todos los datos del proyecto, y está dividido en cuatro secciones:

1. Definiciones para la administración del proyecto.
2. Dependencias existentes.
3. Construcciones a realizar.
4. Informes a obtener.

Estas cuatro secciones están incluidas bajo el elemento `<project>` que es el padre de todos los elementos.

Definiciones para la administración del proyecto

Veremos los elementos principales que componente la primera sección del POM. Ésta es sin duda la sección que más elementos tiene, ya que contiene la descripción del proyecto: nombre del proyecto, versión, desarrolladores, repositorios, etc.

- `extend`: El elemento `extend` nos permitirá generar herencia entre proyectos. Utilizando `extend` indicaremos que nuestro proyecto utiliza las propiedades definidas en el POM de otro proyecto, es decir, utilizando las propiedades definidas en otro fichero `project.xml`. Podremos indicar una ruta absoluta o relativa hacia el proyecto padre.

  ```
  <extend>${basedir}/../project.xml</extend>
  ```
- `pomVersion`: Indicará la versión actual del descriptor del proyecto utilizado por Maven.
- `groupId`: Identifica el grupo de proyecto. Cuando utilicemos un conjunto de proyectos, este elemento nos permitirá unificar los grupos mediante un identificador de grupo.
- `artifactId`: Es utilizado junto con el elemento `groupId` para identificar el artefacto generado en el proyecto, será utilizado a la hora de distribuir los artefactos del proyecto.
- `name`: Es el nombre del proyecto.
- `currentVersion`: Es la versión actual del proyecto.
- `shortDescription`: Es una descripción corta del proyecto.
- `description`: Es la descripción detallada del proyecto.
- `url`: El URL donde estará localizada la página de inicio del proyecto.
- `logo`: Es un URL donde estará localizado el logotipo del proyecto.
- `inceptionYear`: Es la fecha de creación o inicio del proyecto.

- `siteAddress`: El nombre del servidor Web donde está ubicado el proyecto.
- `siteDirectory`: El directorio en el servidor Web donde está ubicado el proyecto.
- `distributionSite`: El servidor en el que se realizarán las distribuciones.
- `distributionDirectory`: El directorio del servidor en dónde se realizarán las distribuciones.
- `mailingLists`: Contendrá la información relevante a la lista para el mantenimiento de subscripciones de emails del proyecto. Este elemento, a su vez, contiene los siguientes elementos: `name`, `subscribe`, `unsubscribe`, `post`, `archive` y `otherArchives`.
- `developers`: Contendrá la descripción de los desarrolladores del proyecto. Este elemento contiene, a su vez, los siguientes elementos: `id`, `name`, `email`, `url`, `organization`, `organizationUrl`, `roles`, `timezone`, `properties`.
- `contributors`: Contendrá la descripción de las personas que contribuyen en el proyecto. Este elemento contiene, a su vez, los siguientes elementos: `name`, `email`, `url`, `organization`, `organizationUrl`, `roles`, `timezone`, `properties`.
- `licenses`: Describe la licencia del proyecto.
- `organization`: La organización que ha creado el proyecto.

Veamos un ejemplo de un fichero POM.

```
<project>
  <pomVersion>1</pomVersion>
  <name>Capitulo 1 Manual Avanzado Java 2 v5.0</name>
  <groupId>librojava5-cp01</groupId>
  <artifactId>capitulo1</artifactId>
  <currentVersion>1</currentVersion>
  <description>Libro Manual Avanzado Java 2 v5.0</description>
  <developers>
     <developer>
        <name>Felipe Lima Díaz</name>
        <id>flima</id>
        <email>flima@dominio.es</email>
        <organization>NSN</organization>
        <roles/>
     </developer>
  </developers>
  <contributors/>
  <licenses/>
```

```
...
<project/>
```

Un fichero POM podrá ser utilizado en forma de objeto, realizando referencias al contenido del objeto POM dentro del propio fichero `project.xml`, e incluso dentro de los ficheros donde están definidos los `goals` (`maven.xml`).

```
currentVersion>${pom.pomVersion}</currentVersion>
```

Posteriormente, veremos cómo poder obtener información del proyecto utilizando el objeto POM dentro de los `goals` definidos en el fichero `maven.xml`.

Dependencias existentes

La sección dedicada a las dependencias permiten tener un control total sobre los artefactos que tiene que utilizar el proyecto. Todas las dependencias serán incluidas dentro del elemento `dependencies`. Dicho elemento contendrá, para cada dependencia existente, un elemento `dependecy`. A su vez, los elementos que puede contener el elemento `dependency` son:

- `groupId`: El identificador del grupo de la dependencia.
- `artifactId`: El nombre del artefacto.
- `version`: La versión de la dependencia.
- `url`: El URL en donde está localizada la dependencia, si se indica no se realizará una descarga del repositorio central de Maven.
- `jar`: Indicará el nombre del JAR. En vez de utilizar el cálculo del nombre del artefacto se utilizará el nombre definido en este elemento.
- `type`: Será el tipo de artefacto. Existen tres tipos de artefactos definidos: `jar`, `ejb`, `plugin`. Por defecto, es de tipo `jar`.
- `properties`: Las propiedades de la dependencia. Dependiendo del plug-in que estemos utilizando para la generación del proyecto, necesitaremos incluir una serie de propiedades de la dependencia. Por ejemplo, si fuese un proyecto Web, en el cual queremos generar un fichero WAR, deberemos indicar si la dependencia debe o no, incluirse en el WAR, para ello, utilizaremos la propiedad `war.bundle` a `true`.

Veamos un ejemplo de proyecto que contenga dependencias:

```
<dependencies>
  <dependency>
    <groupId>librojava5</groupId>
```

```
        <artifactId>struts</artifactId>
        <version>1.2</version>
        <type>jar</type>
    </dependency>
    <dependency>
        <groupId>librojava5</groupId>
        <artifactId>servlet-api</artifactId>
        <version>2.4</version>
        <type>jar</type>
    </dependency>
</dependencies>
```

Veamos ahora un ejemplo de un proyecto WAR.

```
<dependency>
  <groupId>librojava5</groupId>
  <artifactId>librojava5-webactions</artifactId>
  <version>1</version>
  <type>jar</type>
  <properties>
    <war.bundle>true</war.bundle>
  </properties>
</dependency>
<dependency>
  <groupId>librojava5</groupId>
  <artifactId>struts</artifactId>
  <version>1.2</version>
  <type>jar</type>
  <properties>
    <war.bundle>true</war.bundle>
  </properties>
</dependency>
```

Nota:

Más adelante, se describirá cómo Maven utiliza la descripción de las dependencias para calcular la localización de estas dependencias dentro del repositorio.

Construcciones a realizar

Incluiremos en esta sección toda la información relativa al entorno de construcción que tiene definido el proyecto. Esta sección está incluida dentro del elemento `build` que contiene los elementos siguientes:

- `nagEmailAddress`: Este elemento permite identificar el email de la persona a la que se tiene que notificar el estado del proyecto. Es un elemento muy importante si deseamos utilizar herramientas como CruiseControl o AntHill para realizar la integración continua (*continuos integration*).

- `sourceDirectory`: Contiene el directorio donde tenemos localizado el código fuente del proyecto.
- `unitTestSourceDirectory`: Contiene el directorio donde tenemos localizado el código de las pruebas unitarias.
- `defaultGoal`: Permite especificar el nombre del `goal` a ejecutar por defecto.
- `resources`: Nos permitirá indicar los recursos que queremos insertar dentro del proyecto una vez que se lance el proceso de construcción del artefacto para su publicación. Este elemento es muy útil a la hora de insertar los ficheros de propiedades dentro del producto final (artefacto).

A continuación podemos ver un ejemplo de esta sección:

```
<build>
  <sourceDirectory>src/main/java</sourceDirectory>
  <unitTestSourceDirectory>src/test/java</unitTestSourceDirectory>
  <resources>
     <resource>
        <directory>src/main/resources</directory>
        <includes>
              <include>*.properties</include>
        </includes>
     </resource>
  </resources>
</build>
```

Informes a obtener

Ya, por ultimo, definiremos qué documentación queremos sacar del proyecto. Para ello, incluiremos, en esta sección, todos los plug-ins que nos van a proveer esta documentación.

Dentro del elemento `reports` incluiremos los plug-ins. Más adelante, se describirán los plug-ins más utilizados para la generación de la documentación de un proyecto.

```
<reports>
  <report>maven-multiproject-plugin</report>
  <report>maven-changes-plugin</report>
  <report>maven-jdepend-plugin</report>
  <report>maven-checkstyle-plugin</report>
```

```
    <report>maven-pmd-plugin</report>
    <report>maven-junit-report-plugin</report>
    <report>maven-license-plugin</report>
    <report>maven-jxr-plugin</report>
    <report>maven-javadoc-plugin</report>
    <report>maven-tasklist-plugin</report>
    <report>maven-simian-plugin</report>
    <report>maven-faq-plugin</report>
  </reports>
```

Definición de Goals

La definición de los `goals` de un proyecto se realiza en el fichero `maven.xml`. Existen un gran número de `goals` definidos en los plug-ins de Maven. Para hacernos una idea de lo que es un `goal`, vamos a ver los `goals` que define el plug-in Maven Java Plug-in:

- `java:prepare-filesystem`: Crea los directorios necesarios para la compilación.
- `java:compile`: Compila los fuentes localizados en el elemento `sourceDirectory` del POM.
- `java:jar-resources`: Copia los recursos definidos en el elemento `resources` de la construcción (elemento `build`) del POM.

El `goal java:compile` compilará los fuentes, por tanto, si ejecutamos el comando `maven java:compile`, ejecutará el `goal` definido dentro del plug-in Maven Java Plug-in y compilará los fuentes. Este plug-in podrá utilizar otros plug-ins para realizar su tarea, pero para nosotros es transparente.

Todos los plug-ins están localizados, por defecto, en el directorio "`Documents and Settings\usuario \.maven\cache`". Cada plug-in contiene:

- Un fichero `poject.xml` que describe el plug-in.
- Un fichero `poject.properties` con las propiedades del proyecto.
- Un fichero `plugin.properties` con las propiedades del plug-in.
- Un fichero `plugin.jelly` con el *script* en Jelly.

Si vemos el *script* en Jelly del `goal java:prepare-filesystem` nos podemos hacer una idea de lo que es un `goal`:

```
<goal name="java:prepare-filesystem"
    description="Create the directory structure needed to compile">
```

```
    <ant:mkdir dir="${maven.build.dest}"/>
  </goal>
```

En este caso, el `goal` se basa en Ant para crear un directorio, es un `goal` bastante sencillo, pero, sin embargo, es posible utilizarlo desde cualquier tipo de proyecto.

Éste es el principal fundamento de Maven, realizar de una forma sencilla los procesos de un proyecto, y que, a su vez, puedan ser reutilizados desde otro proyecto sin tener que modificar el proceso.

Dentro de un `goal`, podemos utilizar cualquier propiedad del objeto POM, o de los ficheros de propiedades utilizando la siguiente sintaxis: `${variable}`, por ejemplo, si vemos el plug-in Maven JAR Plug-in, dentro del `goal` `jar:jar` se comprueba la existencia del elemento `currentVersion` del POM:

```
<j:choose>
   <j:when test="${pom.currentVersion == null}">
     <ant:fail>You must define currentVersion in your POM.</ant:fail>
   </j:when>
 </j:choose>
```

El elemento principal del fichero `maven.xml` es `<project>`, dentro de este elemento incluiremos los `goals` del proyecto.

Dentro del fichero POM (`project.xml`) podemos establecer un `goal` a ejecutar por defecto. Ésta es una nueva funcionalidad pensada más bien para Maven 2.

En Maven 1, dentro del fichero `maven.xml` podemos indicar cuál es el `goal` por defecto a ejecutar. El `goal` por defecto será aquél que se utilice si no se especifica qué `goal` queremos ejecutar, para ello, simplemente ejecutaremos el comando `maven` dentro de la carpeta del proyecto, sin especificar el `goal`. Para definir un `goal` por defecto deberemos especificar el atributo `default` dentro del elemento `project`:

```
<project default="java:compile" >
```

De esta forma, indicamos que por defecto compile el proyecto.

Truco:

Lo normal cuando creamos un nuevo proyecto con Maven, es definir unos `goals` *que serán* `goals` *de envoltura sobre* `goals` *ya existentes. Al realizar esta envoltura de unos* `goals` *sobre otros, podemos indicar de una forma más descriptiva qué es lo que hace el* `goal`.

Creación de Goals

Vamos a crearnos un `goal` que compile. Para ello, simplemente llamaremos al `goal` "`compilar`" y será una envoltura del `goal` "`java:compile`" del plug-in Maven Java Plug-in:

```
<project default="compilar">

<goal name="compilar" description="compilador del proyecto">
  <attainGoal name="java:compile" />
</goal>

</project>
```

Dentro del atributo `description`, indicaremos la descripción del `goal`.

Para realizar este proceso se ha utilizado `<attainGoal>` que nos va a permitir realizar llamadas a otros `goals`.

Dentro de un `goal`, podremos definir prerrequisitos. Estos prerrequisitos serán ejecutados antes de ejecutar el `goal`.

```
<goal name="compilar" prereqs=" preparar-compilacion " description=
"compilador del proyecto">
  <attainGoal name="java:compile" />
</goal>
```

Antes de ejecutar el `goal` "`compilar`", se llamará al `goal` "`preparar-compilacion`".

Existe otra forma de especificar los `goals` que deseamos ejecutar, antes y después de la ejecución del `goal`: `preGoal` y `postGoal`.

Advertencia:

No se suele utilizar `prereqs` *dentro de un* `goal`. *Se han de utilizar siempre los* `goals` *del tipo* `preGoal` *y* `postGoal`.

Vamos a crearnos un `preGoal` que antes de compilar realice una llamada a `ejbdoclet`:

```
<preGoal name="java:compile">
  <attainGoal name="xdoclet:ejbdoclet" />
</preGoal>
```

Un ejemplo de `postGoal` sería, que una vez finaliza la construcción del WAR de un proyecto realizase un despliegue el WAR en el servidor Web que estemos utilizando en el proyecto.

Visualización de Goals

Para visualizar los `goals` debemos ejecutar el comando `maven -g`. Cuando deseemos ver los `goals` definidos dentro de un plug-in utilizaremos el comando `maven -P`, por ejemplo, si deseamos ver los `goals` definidos en el plug-in Maven JAR Plug-in utilizaremos el comando `maven -P jar`.

```
Goals in jar
============

[jar]                Create the deliverable jar file.
deploy               Deploy a jar to the remote repository
deploy-snapshot      Deploy a snapshot jar to the remote repository
install              Install the jar in the local repository
install-snapshot     Install a snapshot jar in the local repository
jar                  Create the deliverable jar file.
snapshot             Create a snapshot jar, ie 'id-YYYYMMDD.hhmmss.jar'

Plugin for creating JAR files.
```

Truco:

Para poder ver todos los `goals` *definidos en Maven añadiremos al comando* `maven -g` *la pipa* `|more`*:* `maven -g | more`.

Cuando deseemos ver los `goals` definidos en un proyecto podemos utilizar el `goal console` del plug-in Maven Console. Mediante el uso de este `goal`, no sólo podemos listar los `goals` de un proyecto, sino que podremos ejecutar los `goals` desde la consola. Para ello, utilizaremos el comando `maven console`.

Nota:

Siempre que tengamos un problema con Maven, y deseemos realizar un proceso de debug *para ver que es lo que esta pasando, deberemos pasar el argumento* `-X` *al comando* `maven`.

Propiedades de un proyecto

Maven utiliza ficheros `properties` para configurar un proyecto o un plug-in. Existe una jerarquía de ficheros de propiedades, que permiten utilizar sobre-escritura de propiedades, dependiendo del nivel en el que se encuentre el fichero de propiedades. Existe 5 tipos niveles:

1. Propiedades procesadas por Maven durante la construcción: Son las definidas en el fichero `default.properties` de Maven y `plugin.properties` del plug-in.
2. `${basedir}/project.properties`: Son las propiedades del proyecto.
3. `${basedir/build.properties`: Son las propiedades de construcción del proyecto.
4. `${user.home}/build.properties`: Son las propiedades de construcción del usuario.
5. Propiedades del sistema: Son las propiedades pasadas en la línea de comandos utilizando `-D`.

El orden jerárquico es el establecido anteriormente. Las propiedades del sistema sobrescribirán todas las anteriores.

Uso de los ficheros de propiedades

Vamos a ver a continuación cómo y cuándo debemos utilizar cada uno de los ficheros de propiedades.

Propiedades del proyecto (project.properties)

Deberá contener las propiedades del proyecto Maven. Estas propiedades serán específicas del proyecto y deben ser compartidas. Para ello, este fichero deberá incluirse en el controlador de versiones que estemos utilizando, de esta forma, nos aseguramos que son compartidas por el resto del equipo. Al ser compartidas sólo deberá contener información relativa al proyecto, y nunca deberá contener información específica de la maquina o del usuario.

Propiedades de la construcción de un proyecto (build.properties)

Estas propiedades son específicas del proyecto, pero sólo son propiedades orientadas a la construcción. Estas propiedades de construcción sobrescribirán las propiedades de proyecto descritas anteriormente. Estas propiedades no deberán ser compartidas con el resto del equipo, por tanto, no deberán subirse al controlador de versiones que estemos utilizando. Podremos crear un fichero a modo de ejemplo con las propiedades de construcción y subirlo al repositorio. Este fichero podrá llamarse, por ejemplo, `build.properties.sample`.

Propiedades de construcción del Usuario (build.properties)

Contendrán todas las propiedades de construcción específicas para un usuario, y no para el proyecto. Un ejemplo de este tipo de propiedades es la configuración del proxy de Maven. Al igual que ocurre con las propiedades de construcción del proyecto (descritas anteriormente) no deberán subirse al controlador de versiones del proyecto.

Propiedades de construcción de Maven

Existen un gran numero de propiedades que utiliza Maven para el proceso de construcción. En la tabla 12.1 podemos ver las propiedades más importantes:

Tabla 12.1. Propiedades de Maven.

Propiedad	Descripción	Valor por defecto
maven.home.local	El directorio local donde residirán los plug-in y el repositorio de Maven.	${user.home}/.maven
maven.repo.local	El repositorio local.	${maven.home.local}/repository
basedir	El directorio base donde está localizado el proyecto.	-
maven.build.dir	El directorio donde se generará la salida: artefactos, documentación, etc.	${basedir}/target
maven.build.dest	El directorio donde se generarán las clases.	${maven.build.dir}/classes
maven.docs.dest	El directorio donde se generará la documentación en formato HTML.	${maven.build.dir}/docs
maven.docs.src	Donde residirá la documentación del proyecto.	${basedir}/xdocs
maven.gen.docs	El directorio donde residirán los xdocs para ser transformados en HTML.	${maven.build.dir}/generated-docs

Propiedad	Descripción	Valor por defecto
maven.mode.online	Si deseamos conectarnos a Internet o no.	true
maven.repo.remote	El repositorio remoto en donde se buscarán las dependencias del proyecto.	http://www.ibiblio.org/maven
maven.repo.remote.enabled	Si se utilizará o no un repositorio remoto	true
maven.proxy.host	La IP o nombre del equipo que actúa como proxy.	-
maven.proxy.port	El puerto del proxy.	-
maven.proxy.username	El usuario del proxy, si este necesita autentificación.	-
maven.proxy.password	El password del proxy, si este necesita autentificación.	-

Manejo de dependencias

Maven maneja las dependencias utilizando el fichero POM. En dicho fichero, incluiremos todas las dependencias del proyecto.

Estas dependencias serán utilizadas en la construcción del proyecto, serán añadidas al `Classpath` del proyecto y estarán localizadas en un repositorio.

El nombre del fichero de dependencias Maven lo calculará basándose en los elementos: `artifactID-version.type`.

Un ejemplo de dependencia es el siguiente:

```
<dependency>
  <groupId>librojava5</groupId>
  <artifactId>simplesql</artifactId>
  <version>1.2.3</version>
  <type>jar</type>
</dependency>
```

Concretamente Maven realizará la siguiente composición para obtener la dependencia:

```
${repositorio}/${groupId}/${type}s/${artifactId}-${version}.
${type}
```

A este cálculo o composición se le llama mapeo de dependencias en Maven. Hay que tener en cuenta que si se especifica el elemento `jar`, dentro del elemento `dependency` del POM, no se realizará este cálculo, ya que dicho elemento contendrá el nombre del artefacto final. Hay que intentar, en la medida de lo posible no utilizar este elemento, y siempre obtener las dependencias utilizando este cálculo o mapeo. En la figura 12.2 podemos ver de forma gráfica como Maven realiza el mapeo de las dependencias.

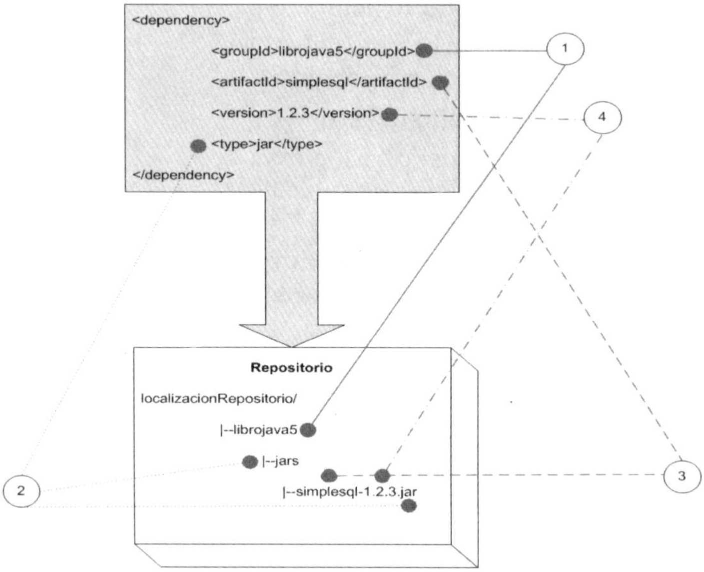

Figura 12.2. Mapeo de dependencias en Maven.

Búsqueda de dependencias

Para la búsqueda de dependencias, Maven sigue el proceso que podemos observar en la figura 12.3:

1. Maven busca las dependencias del proyecto en el POM (`project.xml`). En nuestro ejemplo, hemos incluido dos dependencias.
2. Una por una, todas las dependencias del proyecto primero son buscadas en el repositorio local. Si la dependencia no se encuentra se continúa con el proceso de búsqueda, por el contrarío, si la dependencia existe en el repositorio se analiza la siguiente dependencia.
3. Si no encuentra la dependencia en el repositorio local, Maven busca dicha dependencia en el repositorio remoto.

4. Una vez obtenida la dependencia se copia en el repositorio local. De esta forma, la próxima vez que Maven requiera la dependencia se quedará en el punto número 2.

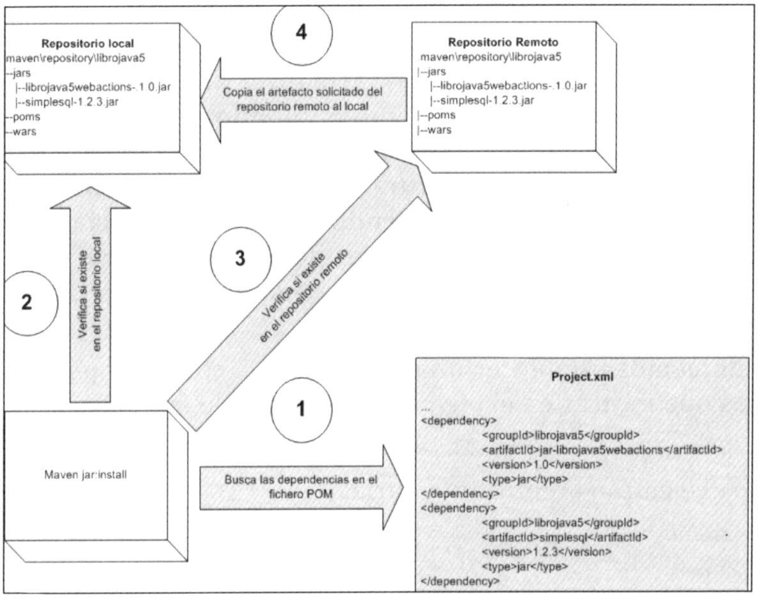

Figura 12.3. Búsqueda de dependencias.

Maven utiliza el repositorio local para no sobrecargar la red accediendo de forma continua al repositorio remoto. Este repositorio local será una caché del repositorio remoto.

Advertencia:

En la versión 1.0 de Maven se utilizaba el elemento `id` *para identificar la dependencia. A partir de la versión 1.1, se debe utilizar el elemento* `artifactId`.

Advertencia:

Si tenemos detectada una dependencia que, a su vez, depende de otra, debemos declarar las dos dependencias en el fichero de dependencias. Maven, en la versión 1, no permite tener dependencias transitivas. Por tanto, tendremos que declarar todas las dependencias del proyecto dentro del elemento `dependencies` *del POM. Esto está subsanado en Maven 2.*

Dependencias Snapshot

Cuando establecemos dependencias debemos, en todo momento, establecer la versión de la dependencia que queremos utilizar.

El problema radica cuando queremos utilizar dependencias que, continuamente, son versionadas, teniendo que actualizar dichas versiones en nuestro POM. Esto suele ocurrir, por ejemplo, cuando estamos utilizando una arquitectura de soporte que va evolucionando, en grandes proyectos se generan versiones de la arquitectura, según van cumpliendo con los requerimientos del cliente, estableciendo estas dependencias como beta, hasta que estén correctamente probadas pasando a ser candidatas a *release*. Para solucionar el problema del versionado se utilizan las dependencias del tipo snapshot.

Cuando deseemos establecer una dependencia como snapshot, tan sólo tendremos que indicar en el elemento `version` lo siguiente:

```
<version>SNAPSHOT</version>
```

Tomando el ejemplo anterior quedaría:

```
<dependency>
  <groupId>librojava5</groupId>
  <artifactId>simplesql</artifactId>
  <version>SNAPSHOT </version>
  <type>jar</type>
</dependency>
```

De esta forma, le estamos indicando a Maven que queremos utilizar la última versión de la dependencia que exista en el repositorio remoto.

Como hemos comentado anteriormente, esto es muy útil cuando el proyecto está, continuamente, generando nuevas versiones, pero hay que tener muy en cuenta que, en algún momento del ciclo de vida de un proyecto, las dependencias de tipo snapshot deben convertirse en `release` finales, pudiendo en ese momento volver a establecer la versión de la dependencia en el POM.

Nota:

Podemos indicar que deseamos obtener una dependencia snapshot a partir de una versión en concreto. Por ejemplo, si deseamos obtener una dependencia de tipo snapshot a partir de la versión 1.2 indicaremos: <version>1.2-SNAPSHOT</version>.

Repositorios

El uso de repositorios donde compartir los componentes o artefactos de un proyecto nos permite agilizar la construcción de nuestros proyectos de una forma sencilla y ordenada.

No es nada recomendable utilizar el controlador de versiones, como puede ser CVS, para insertar las dependencias de un proyecto. Un controlador de versiones es utilizado para controlar las versiones del código fuente y no aporta nada insertar en él artefactos que se generan en base a ese código fuente.

Para ello, Maven se basa en una capa de repositorios que, de forma transparente para el usuario, permite realizar la descarga y la subida de los artefactos a los repositorios.

Maven define dos tipos de repositorios: local y remoto. El repositorio local nos servirá de caché, ya que en él se almacenarán todas las dependencias existentes en el repositorio remoto una vez que son solicitadas en la construcción del artefacto.

Dentro de los repositorios remotos existen a su vez dos tipos de repositorios:

1. Repositorios para la descarga de dependencias (artefactos).
2. Repositorios para la publicación de artefactos.

Repositorios para la descarga de dependencias

Serán los repositorios desde donde descargaremos las dependencias del proyecto. Como ya hemos comentado, primero se busca en el repositorio local (caché) y si no existe la dependencia se buscará en el repositorio remoto.

Por defecto, y mientras que no se diga lo contrario, el repositorio remoto es Ibiblio (http://www.ibiblio.org/maven).

Para utilizar otros repositorios remotos se debe sobrescribir la propiedad `maven.repo.remote`. Vamos a incluir otro repositorio remoto aparte de Ibiblio.

```
maven.repo.remote=http://www.miservidor.com/maven/,
http://www.ibiblio.org/maven/
```

Siempre que deseemos desactivar el uso de repositorios remotos para la descarga de dependencias debemos establecer la propiedad `maven.repo.`

`remote.enabled` a `false`. Veamos un ejemplo de establecimiento de repositorios remotos utilizando el sistema de ficheros:

```
maven.repo.remote=file://X:\\repo_maven,  file://Z:\\repo_maven2
maven.repo.remote.enabled=true
```

También podemos eliminar el uso del repositorio remoto para la descarga de dependencias utilizando el parámetro `-o` en el comando `maven`, o también, pasándole la propiedad `-Dmaven.mode.online=false`:

```
maven -o java:compile
```

o

```
maven -Dmaven.mode.online=false java:compile
```

La propiedad `maven.mode.online` también la podremos utilizar dentro del fichero `build.properties`.

Si deseamos utilizar una dependencia (artefacto) de un URL, sin utilizar los repositorios remotos, debemos utilizar el elemento `url`.

```
<dependency>
  <groupId>xalan</groupId>
  <artifactId>xalan</artifactId>
  <version>2.3.1</version>
  <url>http://xml.apache.org/xalan/</url>
</dependency>
```

Repositorios para la publicación de artefactos

Siempre que publicamos un artefacto lo realizamos de forma privada, a no ser que estemos desarrollando un proyecto que requiera publicar artefactos de forma pública al resto del mundo.

Cuando publiquemos artefactos privados al proyecto, lo realizaremos a los repositorios internos que tengamos definidos. Puede darse el caso que la publicación se realice a varios repositorios a la vez, y que éstos usen, para la publicación, distintos protocolos de comunicación: file, HTTP, FTP, SFTP, etc. Para la configuración de los repositorios utilizaremos las propiedades definidas en la tabla 12.2.

Tabla 12.2. Propiedades para la publicación de artefactos en repositorios remotos.

Nombre de la propiedad	Descripción	Opcional
maven.repo.list	Contendrá una lista de todos los repositorios en los queremos realizar la	No

Nombre de la propiedad	Descripción	Opcional
	publicación del artefacto. Cada elemento de la lista tendrá que configurarse, por separado, con su protocolo de comunicación y su dirección.	
maven.repo.x	Específica el URL del repositorio remoto. Este URL contendrá el protocolo a utilizar.	No
maven.repo.x. directory:	Es el `path` en el sistema de ficheros remotos donde se publicarán los artefactos.	No
maven.repo.x. username:	El usuario que deberá utilizarse para realizar el proceso de autentificación en el repositorio remoto.	Sí
maven.repo.x. password:	El password del usuario que deberá utilizase para realizar el proceso de autentificación en el repositorio remoto.	Sí

Existen otras propiedades, dependientes del protocolo de comunicación que elijamos y del sistema operativo en el que trabajemos.

```
maven.repo.list=myrepo
maven.repo.myrepo=scp://repository.mycompany.com/
maven.repo.myrepo.directory=/www/repository.mycompany.com/
maven.repo.myrepo.username=${user.name}
```

Podremos indicar más de un repositorio.

```
#Lista de 2 repositorios: repo1 y repo2
maven.repo.list=repo1,repo2

#Configurando el repositorio repo1
maven.repo.repo1=file://X:\\repo_maven1
maven.repo.repo1.directory=maven1

#Configurando el repositorio repo2
maven.repo.repo2=file://Z:\\repo_maven2
maven.repo.repo2.directory=maven2
```

Para la publicación de artefactos se utilizan los tags definidos dentro del plug-in Maven Artifact Plug-in. A continuación, veremos cómo publicar artefactos en el repositorio local utilizando el tag `artifact:install`, y en el repositorio remoto utilizando el tag `artifact:deploy`. También veremos cómo publicar artefactos de tipo snapshot en el repositorio remoto utilizando el tag `artifact:deploy-snapshot`.

Publicación de un artefacto en el repositorio local

Para la publicación de artefactos en el repositorio local se utiliza el tag `artifact:install` ubicado dentro del plug-in Maven Artifact Plug-in.

Este tag será utilizado por todos los plug-in que deseen instalar un tipo de artefacto en el repositorio local.

Por ejemplo, los plug-in Maven JAR Plug-in y Maven WAR Plug-in definen los `goals` `jar:install` y `war:install` respectivamente, y su funcionamiento se basa en el tag `artifact:install`.

Veamos la implementación del `goal` `jar:install`:

```
<goal name="jar:install" prereqs="jar:jar"description="Install
the jar in the local repository">
   <artifact:install artifact="${maven.build.dir}/${maven.jar.
   final.name}"
      type="jar" project="${pom}" />
</goal>
```

Como se puede apreciar en el código del `goal`, lo único que realiza es una llamada al tag `artifact:install`, pasándole como parámetro el tipo de artefacto a generar: `type="jar"`.

Publicación de un artefacto en el repositorio remoto

Al igual que ocurre con la publicación en local, para la publicación en remoto, se utiliza un tag del plug-in Maven Artifact Plug-in, en concreto se utiliza el tag `artifact:deploy`.

Vamos a ver el contenido del `goal` `jar:deploy`:

```
<goal name="jar:deploy" prereqs="jar:jar"
description="Deploy a jar to the remote repository">
   <artifact:deploy artifact="${maven.build.dir}/${maven.jar.
   final.name}"
      type="jar" project="${pom}" />
</goal>
```

Este tag lo que realiza es una copia del artefacto, en cada uno de los repositorios remotos de publicación definidos en el proyecto.

Publicación snapshot

Cuando deseamos publicar un artefacto como snapshot debemos utilizar el tag `artifact:deploy-snapshot`.

El código del goal jar:deploy:snapshot es el siguiente:

```
<goal name="jar:deploy-snapshot" prereqs="jar:jar" description=
"Deploy a snapshot jar to the remote repository">
  <artifact:deploy-snapshot  artifact="${maven.build.dir}/
  ${maven.jar.final.name}"
    type="jar" project="${pom}" />
</goal>
```

Cuando ejecutamos un goal que utilice el tag artifact:deploy-snapshot estamos publicando los siguientes ficheros:

- El fichero de artefacto con una marca de tiempo, concretamente: artifactId-yyyyMMdd.hhmmss.jar.
- Los ficheros MD5 y SHA-1 del artefacto anterior generado.
- El fichero de artefacto marcado como SNAPSHOT.
- Los ficheros MD5 y SHA-1 del artefacto anterior marcado como SNAPSHOT.
- Crea un fichero: ${artifactId}-snapshot-version y sus correspondientes ficheros MD5 y SHA-1.

Por ejemplo, vamos a definir un proyecto cuyo artifactId es capitulo1, al ejecutar el goal jar:deploy-snapshot nos generará los siguientes ficheros:

- capitulo1-20050814.231654.jar.
- capitulo1-20050814.231654.jar.md5.
- capitulo1-20050814.231654.jar.sha1.
- capitulo1-SNAPSHOT.jar.
- capitulo1-SNAPSHOT.jar.md5.
- capitulo1-SNAPSHOT.jar.sha1.
- capitulo1-snapshot-version.
- capitulo1-snapshot-version.md5.
- capitulo1-snapshot-version.sha1.

Advertencia:

Los tags artifact:install-snapshot *y* artifact:deploy-snaphost *están deprecados debiéndose utilizar los tags* artifact:install *y* artifact:deploy *respectivamente, estableciendo la versión del POM* (project.xml) *a SNAPSHOT:* <currentVersion>SNAPSHOT</currentVersion>.

Maven y Eclipse

Dentro del plug-in Maven Eclipse Plug-in podemos encontrar los `goals` que nos permitirán convertir nuestro proyecto POM en un proyecto de eclipse.

El `goal` que necesitaremos utilizar es `eclipse`, por tanto, con tan sólo utilizar el comando `maven eclipse` estaremos generando los ficheros necesarios para que el IDE Eclipse pueda cargar nuestro proyecto.

Los ficheros que genera el `goal eclipse` son: `.project` y `.classpath`. El nombre del proyecto será el nombre del artefacto que tengamos definido dentro del POM (`artifactID`).

Una vez que hemos ejecutado el proyecto, vamos a importarlo desde el IDE Eclipse. Para ello, seguiremos los siguientes pasos:

- Ejecutar el IDE Eclipse.
- Ejecutaremos el comando Import del menú File.
- Seleccionaremos Existing Projects into Workspace y pulsaremos el botón **Next**.
- Mediante el botón **Browse** buscaremos el directorio donde este ubicado el proyecto a importar.
- Pulsaremos el botón **Finish** y ya tendremos importado el proyecto.

Ya, por último, tendremos que establecer la variable `MAVEN_REPO` en el *workspace*. Para ello, tan sólo tendremos que ejecutar el siguiente `goal` de Maven:

```
maven -Dmaven.eclipse.workspace=c:\eclipse\workspace eclipse:add-
maven-repo
```

También podemos establecer dicha variable desde Eclipse. Para ello, tendremos que ir al comando Preferences situado en el menú Windows. Desde aquí seleccionaremos Java>BuildPath>Classpath y añadiremos la nueva variable.

Si no queremos utilizar Eclipse como IDE de desarrollo, podemos utilizar cualquier otro IDE ya que Maven permite la creación de los ficheros para la importación del POM para los siguientes IDE: JBuilder, IntelliJIDEA y JDeveloper.

No solo podremos importar el proyecto desde Eclipse, también podremos lanzar `goals`, visualizar el repositorio y, lo mejor de todo, poder configurar el fichero POM de forma visual. Para ello, Eclipse tiene un plug-in llamado Mavenide que comentaremos posteriormente.

Mavenide

Este plug-in de Eclipse nos permitirá:

- Realizar sincronizaciones bidireccionales entre la herramienta Maven y Eclipse. Esto nos permitirá realizar modificaciones desde el IDE y desde Maven, pudiendo sincronizar dichas modificaciones.
- Lanzar `goals` de Maven: Los `goals` definidos dentro del proyecto y los existentes en Maven son incluidos dentro del IDE y pueden ser ejecutados con un simple clic de ratón.
- Editar el fichero POM de forma visual.
- Un Editor de Jelly.
- Wizards para la configuración de proyectos Maven.
- Búsqueda de artefactos en el repositorio.
- Visualización del repositorio.

Para la instalación de este plug-in debemos seguir los siguientes pasos:

- Una vez que tenemos el IDE ejecutándose seleccionaremos del menú Help>Software Update>Find and Install.
- En el cuadro de dialogo Install/Update seleccionaremos "Search for new features to Install" y pulsaremos el botón **Next**.
- En el cuadro de dialogo Install pulsaremos el botón **New Remote Site**.
- En el cuadro de dialogo New Update Site introduciremos en el campo **Name** el nombre del plug-in, en este caso, introduciremos Mavenide. En el campo **URL** introduciremos http://mevenide.codehaus.org/release/eclipse/update/site.xml.
- Una vez que tengamos seleccionado Mavenide pulsaremos el botón **Finish** y comenzará la descarga de actualizaciones, tan sólo tendremos que seleccionar qué versiones queremos descargar y comenzará la descarga.
- Por último, una vez que se descarga el plug-in debemos reiniciar el IDE Eclipse.

A partir de ahora, podremos mantener el fichero POM de forma visual tal y como muestra la figura 12.4.

También podremos visualizar el contenido del repositorio tal y como muestra la figura 12.5. Para poder visualizar el repositorio deberemos seleccionar Window>Show View>Other, y dentro de la carpeta Maven seleccionaremos **Repository Browser**.

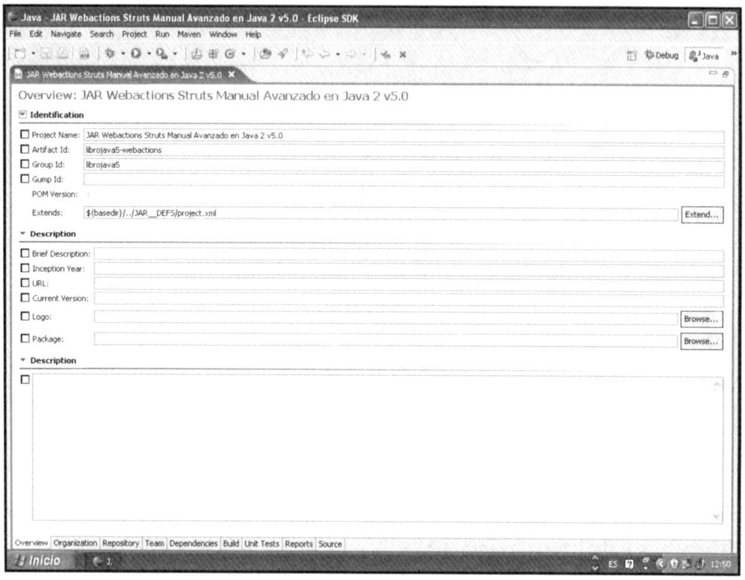

Figura 12.4. Modificación del POM de forma visual con el IDE Eclipse.

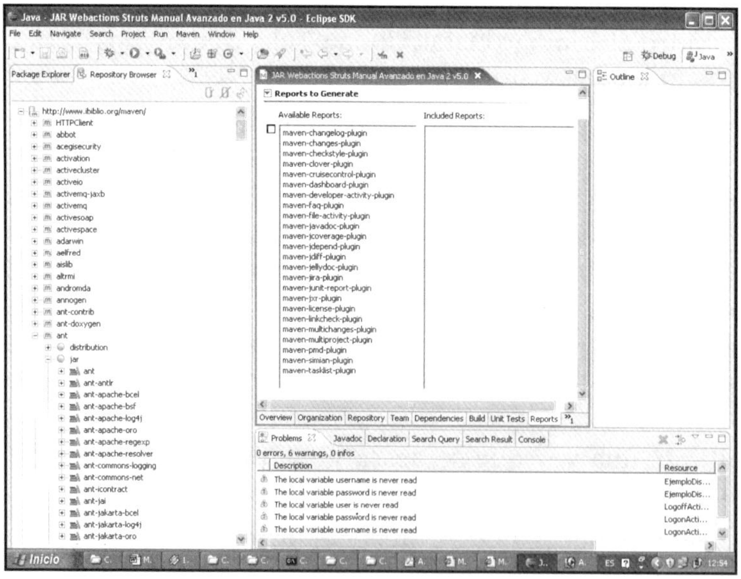

Figura 12.5. Visualización del repositorio con el IDE Eclipse.

En la figura 12.6 podemos ver cómo se visualizan la lista de todos los `goals` existentes en el proyecto.

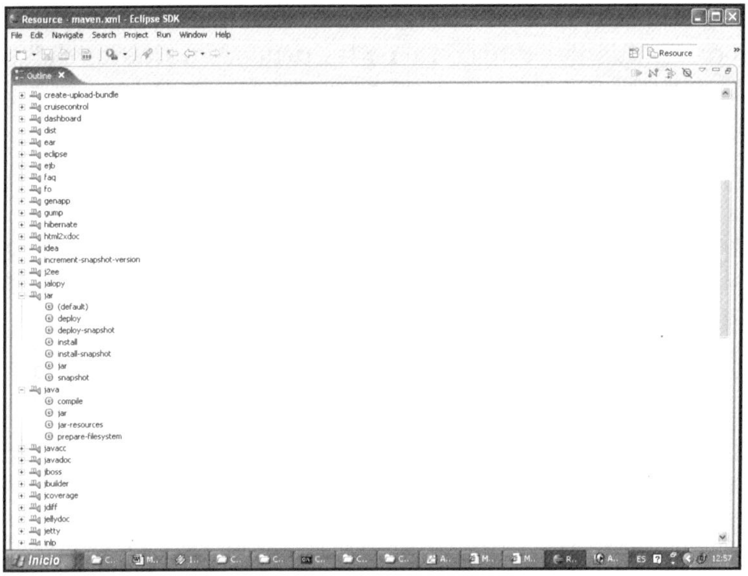

Figura 12.6. Visualización de toda la lista de goals definidos en el proyecto en el IDE Eclipse.

Ejecución de pruebas unitarias

Maven nos permitirá ejecutar las pruebas unitarias definidas dentro de nuestro proyecto. Estas pruebas unitarias estarán definidas en el POM dentro del elemento `unitTest`. Este elemento, como vimos en el apartado dedicado al POM, está situado dentro del elemento de construcción `build`. Veamos un ejemplo en el cual se incluyen las pruebas unitarias de un proyecto:

```
<build>
 ...
<unitTestSourceDirectory>src/test/java</unitTestSourceDirectory>
  <unitTest>
    <includes>
      <include>**/*Test.java</include>
    </includes>
    <excludes>
      <exclude>**/NaughtyTest.java</exclude>
    </excludes>
  </unitTest>
  ...
</build>
```

Dentro del elemento unitTestSourceDirectory, se indica cuál es la situación de los fuentes que contiene las pruebas unitarias del proyecto.

Una vez que tenemos configuradas las pruebas unitarias en nuestro proyecto, tan sólo tenemos que ejecutar el goal test:test: maven test:test.

Siempre que generemos un artefacto se compilaran y ejecutarán las pruebas unitarias. Si no deseamos ejecutar las pruebas unitarias, debemos establecer el valor a true dentro de la propiedad maven.test.skip:

```
maven.test.skip=true
```

o

```
maven -Dmaven.test.skip=true jar:jar
```

Dentro del plug-in Maven Test Plug-in se define una serie de goals que nos permitirán ejecutar las pruebas unitarias. Los goals más importantes son:

- test:compile: Compila los casos de prueba (TestCase) y las suites de pruebas (TestSuites).
- test:test: Realiza las pruebas unitarias de la aplicación.
- test:ui: Lanza la aplicación gráfica para el tratamiento de las pruebas unitarias. Concretamente lanza el TestRunner en modo swing.

Generación de la documentación de un proyecto

Para la generación de la documentación de un proyecto utilizaremos el goal site. Dentro de este goal se generarán todos los informes que tengamos establecidos para el proyecto.

Los informes a generar se incluyen dentro del elemento reports del POM.

Un ejemplo de informes a incluir en un proyecto es:

```
<reports>
  <report>maven-multiproject-plugin</report>
  <report>maven-changes-plugin</report>
  <report>maven-jdepend-plugin</report>
  <report>maven-checkstyle-plugin</report>
  <report>maven-pmd-plugin</report>
  <report>maven-junit-report-plugin</report>
  <report>maven-license-plugin</report>
  <report>maven-jxr-plugin</report>
```

```
    <report>maven-javadoc-plugin</report>
    <report>maven-tasklist-plugin</report>
    <report>maven-simian-plugin</report>
    <report>maven-faq-plugin</report>
  </reports>
```

Podemos, en todo momento, incluir nuevos informes dentro de nuestro proyecto, simplemente, tendremos que añadir dicho informe (plug-in) en el POM.

En la tabla 12.3 podemos ver una descripción de los principales informes existentes en Maven.

Tabla 12.3. Informes en Maven.

Informe	Descripción
maven-changes-plugin	Convierte el documento `changes.xml` localizado en el directorio `xdocs` en formato HTML.
maven-jdepend-plugin	Genera un informe con las dependencias del proyecto.
maven-checkstyle-plugin	Genera un informe con el chequeo del estilo del código generado en el proyecto. Este estilo lo podremos particularizar para cada proyecto.
maven-pmd-plugin	Genera un informe basado en PMD como analizador de código. PMD lo que intenta es localizar: variables sin usar, bloques `catch` vacíos, parámetros y métodos sin utilizar, sentencias `if/while` vacías, clases que podrían ser singletons, etc.
maven-junit-report-plugin	Genera un informe de las pruebas unitarias ejecutadas.
maven-license-plugin	Incluye un link con la licencia del proyecto.
maven-jxr-plugin	Permite establecer referencias entre las anotaciones y el código fuente en Java.
maven-javadoc-plugin	Genera la documentación en formato `javadoc`.
maven-tasklist-plugin	Genera documentación de las tareas que quedan por finalizar. Para ello busca el tag `@todo` dentro del código fuente del proyecto.
maven-simian-plugin	Genera un informe con la duplicidad del código existente en nuestro proyecto.
maven-faq-plugin	Convierte el documento `faq.tml` localizado en el directorio `xdocs` en formato HTML con la FAQ del proyecto.

Cada uno de los informes están contenidos en un plug-in. Pero podemos ejecutar los informes de forma separada sin tener que ejecutar el `goal site`. Por ejemplo, si deseamos sacar el informe de la documentación del proyecto ejecutaremos el `goal javadoc: maven javadoc`.

A continuación, veremos como mantener actualizado nuestro proyecto con los plug-ins existentes dentro y fuera del proyecto Maven.

Descarga y actualización de plug-ins

Los plug-ins de Maven están localizados en http://maven.apache.org/reference/plugings/index.html. También podemos encontrar plug-ins en las siguientes direcciones:

- **Sandbox:** http://maven.apache.org/plugins-sandbox/index.html.
- **SourceForge:** http://maven-plugins.sourceforge.net.
- **Otros:** http://maven.apache.org/reference/3rdparty.html.

Podremos instalar un plug-in de forma manual o utilizando el `goal plugin:download`.

Para realizarlo de forma manual, tan sólo, tendremos que descargarnos el plug-in y copiarlo en la carpeta `MAVEN_HOME/plugins`.

Maven define el `goal plugin:download` que nos permitirá descargarnos el plug-in y olvidarnos de su ubicación. La gran mayoría de plug-ins describe como realizar esta operación. Por lo general siguen el siguiente patrón:

```
maven plugin:download  -DartifactId=[artifactId] -
DgroupId=[groupId]     -Dversion=[version]
Por ejemplo:
maven plugin:download  -DartifactId=maven-statcvs-plugin -
DgroupId=statcvs       -Dversion=2.4
```

Manejo de múltiples proyectos

Maven soporta la posibilidad de generar un proyecto que contenga múltiples proyectos. De una forma muy sencilla, podremos manejar un proyecto de este tipo como si se tratase de un solo proyecto.

El soporte multiproyecto lo realiza basándose en los `reactor`. De esta forma, permite definir un proyecto que contenga múltiples proyectos (multiproyecto). Los `reactor` nos permitirán ejecutar las tareas de un proyecto en cadena sobre el resto de proyectos, teniendo un control de las dependencias de todos los proyectos, y ejecutando los `goals` de los proyectos en el orden que determine las dependencias de estos.

El plug-in `multiproject` nos permite ejecutar `reactor` de forma encapsulada, siendo muy sencillo su uso. A continuación y, antes de ver lo que es un `reactor`, se comentará el plug-in `multiproject`.

Plug-in multiproject

Para el uso de este plug-in tan sólo tendremos que situarnos sobre el proyecto padre y ejecutarlo, el se encargará de ejecutar el resto de `goals` definidos en los POM de los subproyectos (`maven.xml`).

Para la configuración de este plug-in tenemos que establecer qué proyectos queremos analizar. Esto lo realizamos con las propiedades `maven.multiproject.includes` y `maven.multiproject.excludes`. También mediante la propiedad `maven.multiproject.basedir` establecemos desde donde queremos comenzar a ejecutar el plug-in.

Vamos a ver un ejemplo en el cual tendremos dentro el directorio `APP` la configuración de la aplicación principal y, que en la raíz del proyecto, tenemos los siguientes proyectos:

```
APPßProyecto principal
   |--project.xml
   |--project.properies //Con las propiedades de multiproject
jar_modelodominio
   |--project.xml
   |--maven.xml
jar_webactions
   |--project.xml
   |--maven.xml
```

Configuraremos las variables del plug-in para que se ejecuten todos los proyectos incluidos a partir de la raíz, y que comiencen por `jar_`. También indicaremos que no se ejecute el proyecto padre incluido dentro de la carpeta `APP`.

```
maven.multiproject.basedir  = ${basedir}/../
maven.multiproject.includes = jar_*/project.xml
maven.multiproject.excludes = APP*/project.xml
```

Ahora, tan sólo tendremos que ejecutar `maven multiproject:site` para la generación de los *sites* de todos los proyectos incluidos. También podríamos haber utilizado el `goal multiproject:install` o el `goal multiproject:deploy`.

Por defecto, el tipo de artefacto que genera este plug-in es de tipo JAR, si deseamos establecer que sea, por ejemplo, un WAR debemos modificar la variable `maven.multiproject.type=war`.

Podemos ejecutar los `goals` definidos en los plug-in de Maven, o en los ficheros `maven.xml` de cada uno de los proyectos utilizando el goal `multiproject:goal`:

```
maven multiproject:goal -Dgoal=goal1,goal2
```

Uso de reactor

Siempre es aconsejable utilizar el plug-in `multiproject`. Pero sin embargo, existen ocasiones en las cuales este plug-in no cumple con las necesidades del proyecto. Para esto, están definidos los `reactor`.

Un `reactor` lo podemos ver como un `goal` que es capaz de ejecutar `goals` en todos los proyectos que le indiquemos. El potencial del `reactor` nos permitirá poder definir el mismo `goal` para todos los proyectos, pero dependiendo del proyecto, el `goal` realizará unas funciones u otras.

Vamos a pensar que tenemos un proyecto que contiene múltiples proyectos, cada uno de estos proyectos genera un tipo de artefacto distinto, uno generará un JAR, otro un EAR, y otro generará un WAR. Podemos definir un `goal` que se llame `generar-proyecto` y, dentro de cada uno de los proyectos este `goal` llamará al `goal jar:install`, al `goal war:install` y el otro al `goal ear:install`. De esta forma, podemos decir que el `goal generar-proyecto` tiene polimorfismo, ya que cada uno de los subproyectos implementará el goal dependiendo del tipo que sea.

Lo primero que realizaremos será generar el `reactor` en el proyecto padre (`APP`) dentro del fichero `maven.xml`:

```
<maven:reactor
  includes="**/project.xml"
  excludes=""
  banner="Generando proyecto"
  goals="generar-proyecto"
  ignoreFailures="false"
/>
```

El atributo `includes` nos permite indicar qué patrón de búsqueda de proyectos vamos a utilizar, en nuestro caso, buscaremos todos los proyectos que incluyan el fichero `project.xml`. El atributo `excludes` realizará lo contrario al atributo `includes`. El atributo `banner` nos permitirá indicar que texto queremos lanzar cuando se este ejecutando el `reactor`. El atributo `goals` nos permitirá indicar qué `goals` vamos a ejecutar en los proyectos incluidos (`includes`). Se podrá indicar más de un `goal`: `goals=goal1, goal2`.

Ahora dentro del `maven.xml` de los proyectos de tipo JAR incluiremos lo siguiente:

```
<goal name=" generar-proyecto ">
  <attainGoal name="jar:install" />
</goal>
```

Dentro del proyecto de tipo EAR crearemos el mismo `goal` (dentro de su correspondiente fichero `maven.xml`), pero en vez de llamar a `jar:install`, llamará al `ear:install`, igual pasará en el de tipo WAR que llamará a `war:install`.

Una vez que ejecutamos el `reactor`, éste ordenará los proyectos teniendo en cuentas las dependencias de estos, es decir, lanzará primero el goal `generar-proyecto` sobre el proyecto que no tenga ninguna dependencia con el resto, luego el que haya tenido una dependencia con el anterior y así sucesivamente. De esta forma el `reactor` nos asegura que todos los proyectos serán ejecutados siguiendo un orden de dependencias.

Según se ejecuta el `reactor`, podemos ver el orden que seguirá para la generación del proyecto, ya que visualiza inicialmente los nombres de los proyectos.

La variable `ignoreFailures` nos permite establecer, qué es lo que realizará el `reactor` en el caso de encontrar un error en el proceso de uno de los proyectos. Si establecemos esta propiedad a `true`, estamos indicando que el `reactor` se parará si encuentra un error en alguno de los procesos.

Cuando termina la ejecución, el `reactor` sitúa en la variable `${failedProjects}`, los proyectos que hayan sufrido algún fallo en la ejecución.

Veamos un ejemplo de creación de un `reactor`, que recorrerá todos los proyectos, y ejecutará el `goal eclipse` para configurar los proyectos para el IDE Eclipse:

```
<goal name="configurar_eclipse">
  <m:reactor basedir="${basedir}/../"
    includes="**/project.xml"
    goals="eclipse"
    banner="Generamos Configuracion de Eclipse: "
    ignoreFailures="false"/>
</goal>
```

Controlador de versiones

Para el trabajo con el controlador de versiones, Maven provee una serie de plug-ins que realizará la labor de mantenimiento del código fuente en los controladores de versiones. A su vez, provee funcionalidad para obtener informes en base al controlador de versiones.

Actualmente, el soporte con los controladores de versiones se lleva en el subproyecto Maven SCM. Dicho proyecto provee los siguientes controladores: CVS, ClearCase, Subversion, Perforce, StarTeam y VisualSourceSafe. Solamente los controladores del tipo CVS y Subversion están completamente implementados. Dentro del elemento `repository`, concretamente en el elemento `connection` del POM podremos establecer la conexión con el controlador de versiones que vayamos a utilizar. A partir de aquí, los informes que se basan en los controladores de versiones obtendrá toda la información necesaria para posteriormente publicar. Veamos un ejemplo de conexión con el controlador de versiones de StartTeam:

```
<repository>
  <connection>scm:starteam:user:password@192.168.96.160:49501/
  jar_webactions</connection>
</repository>
```

Para CVS sería:

```
<repository>
  <connection>scm:cvs:pserver:user@host:/cvs/root:module-name</
  connection>
</repository>
```

Los principales informes que provee Maven para ser utilizados con el controlador de versiones son:

- `maven-changelog-plugin`: Crea un informe con los cambios más recientes existentes en el controlador de versiones.
- `maven-file-activity-plugin`: Crea un informe con la actividad de cada uno de los ficheros existentes en el proyecto.
- `maven-developer-activity-plugin`: Crea un informe con la actividad de cada un de los desarrolladores del proyecto.

Mejores Prácticas

A continuación, se detallarán un conjunto de recomendaciones a la hora de crear un proyecto con Maven.

Convenciones

Siempre que creemos proyectos, es muy recomendable que éstos los creemos siguiendo un grupo de convenciones, como son del nombre de los artefactos y de la estructura de los directorios. Lo primero que realizaremos es agrupar los artefactos, o proyectos (POM), utilizando el elemento `groupId` y `artifactID`. Estos dos elementos deberán estar siempre compuestos sólo por caracteres en minúsculas, dígitos, y guiones.

El elemento `groupId` contendrá la descripción entera del producto y el `artifactId` el nombre de los ficheros que generará el proyecto. Por ejemplo, si estamos desarrollando un proyecto para Anaya el `groupId` podrá ser: `anaya-proyecto` y los `artifactId` contendrán los nombres de los artefactos que generemos: `core`, `modelodominio`, etc. La estructura de directorios que propone Maven la podemos observar en la figura 12.7.

Figura 12.7. Estructura de directorios.

En la raíz, localizaremos los ficheros: `project.xml`, `README.txt` y `LICENSE.txt`.

Nota:

Maven en la versión 1.1 rompe esta estructura ya que sitúa el directorio `xdocs` *en el directorio padre. En un futuro será movida a la carpeta* `src/site/xdocs`.

Construcciones reproducibles

Para poder generar construcciones reproducibles por todos los miembros de un proyecto, se tienen que realizar lo siguiente:

- Evitar en la medida de lo posible el uso de propiedades en los ficheros `build.properties`. Sólo dejando incluir la configuración del proxy.
- No usar rutas absolutas en los *scripts* que creemos.
- Todas las variables propias de un desarrollador deberán incluirse dentro del fichero `build.properties` del proyecto, pero nunca deben ser compartidas utilizando el controlador de versiones.
- Deberemos tener, en todo momento, controlado los plug-ins que tenemos instalados con Maven. Para ello, podemos ejecutar el comando `maven -info`.

Existen otras recomendaciones para garantizar la reproducibilidad de nuestro proyecto, pero lo óptimo, es utilizar una maquina que no tenga nada instalado del entorno de trabajo y lanzar desde ella los `goals` que generen nuestros artefactos. Si desde esta máquina, configurando lo mínimo (proxy), logramos obtener los artefactos estamos asegurando la reproducibilidad del proyecto.

Generación de scripts

Cuando utilicemos Maven deberemos evitar, en la medida de lo posible, generar *scripts*, para ello, nos podemos proponer no utilizar el fichero `maven.xml`. Una recomendación es sólo utilizar el fichero `maven.xml` para generar `goals` que encapsulen a los `goals` definidos en los plug-ins. De esta forma, creamos una capa por encima que permite, de una forma transparente para el desarrollador, utilizar `goals` de plug-ins. Por ejemplo, en vez de utilizar el goal `java:compile` podemos definirnos un `goal` llamado `compilar` dentro del fichero `maven.xml` que realice la llamada al `goal java:compile`. Si logramos no utilizar el fichero `maven.xml`, aseguramos que nuestro proyecto puede ser utilizado desde Maven sin necesidad de generar un proceso nuevo.

Escribir nuestros propios plug-ins

Siempre que podamos, es aconsejable, escribir nuestros propios plug-ins. De esta forma, estamos extendiendo Maven y pudiendo compartir estos plug-ins entre todos los proyectos que tengamos, o vayamos a tener.

Si escribimos nuestros propios plug-ins tenemos que tener en cuenta que no debemos utilizar, en la medida de lo posible, los `goals` del tipo `preGoal` y `postGoal` dentro del plug-in.

Lo que tenemos que realizar cuando escribimos un plug-in, es intentar determinar las responsabilidades del plug-in, intentando no realizar llamadas a otro plug-in. Ya que si el plug-in llamado sufre algún cambio, la funcionalidad de nuestro plug-in se puede ver afectada.

Otras recomendaciones

Todos los productos que generemos deben estar documentados, una recomendación de Maven es mantener en todo momento la documentación actualizada. Para ello, se deben mantener los documentos incluidos en la carpeta `xdocs`.

Si no tenemos definidos los documentos que podemos mantener, mediante el `goal plugin:generate-docs`, se generarán todos los ficheros en formato XML que podemos utilizar para mantener la documentación del proyecto.

Deberemos incluir dentro de la carpeta `xdocs` el fichero `faq.fml` que nos permitirá generar un informe con las preguntas y respuestas más habituales. Este fichero está en formato FML, que es el utilizado por las FAQ. El informe definido en el plugin `maven-faq-plugin` utilizará este fichero para generar la FAQ del proyecto. Un ejemplo de este fichero es:

```
<faqs title="Frequently Asked Questions">
 <part id="general">
   <title>FAQ de mi proyecto</title>
  <faq id="cuestion1">
     <question><b>Cuestion 1?</b>
     </question>
     <answer>
       <p>Respuesta 1</p>
   </answer>
 </faq>
</part>
</faqs>
```

Ejemplo creación de un proyecto

Vamos a ver un ejemplo de uso de Maven para la administración de un proyecto.

Para ello, vamos a coger los ejemplos del capítulo dedicado a Struts y vamos a crear nuestro primer proyecto (POM).

El capítulo de Struts define como crear una aplicación Web utilizando el *framework* de Struts. Lo primero que realizaremos, será crearnos un proyecto que contenga los ejemplos de este capítulo.

Dividiremos los ejemplos en dos subsistemas diferentes. Cada subsistema será un artefacto que generaremos. Los subproyectos que queremos generar son:

1. Proyecto con las acciones y formularios de Struts.
2. Proyecto que contendrá las paginas Web (JSP) de la aplicación.

El primer proyecto será un artefacto del tipo JAR y el segundo un fichero WAR que contendrá el artefacto JAR.

Definiremos un directorio llamado `APP_DEFS` que contendrá todas las definiciones globales de la aplicación.

Aunque para este ejemplo sólo tenemos un subproyecto que contiene un artefacto del tipo JAR, generaremos una carpeta llamada `JAR__DEFS` con la definición de todos los artefactos de tipo JAR que existan en el proyecto.

Ahora crearemos el directorio `jar_librojava5webactions` que contendrá la definición del proyecto para ese subproyecto.

Por último, crearemos un directorio llamado `WAR` en el que incluiremos todas las páginas JSP y todos los ficheros necesarios para la generación del fichero WAR.

La estructura de directorios con sus correspondientes ficheros quedaría de la siguiente forma:

```
APP
   |--project.xml
   |--maven.xml
APP_DEFS
   |--project.xml
   |--project.properties
JAR__DEFS
   |--project.xml
   |--maven.xml
jar_librojava5webactions
   |--src
      |--main
         |--java
         |--resources
      |--test
```

```
    |--project.xml
WAR
    |--src
          |--main
             |--java
             |--resources
          |--test
    |--project.xml
    |--maven.xml
```

Deberemos crear herencia entre proyectos. El subproyecto `jar_libro java5webactions` deberá heredar de `JAR__DEFS`:

```
<project>
  <extend>${basedir}/../JAR__DEFS/project.xml</extend>
  ...
</project>
```

A su vez, el proyecto `JAR__DEFS` deberá heredar del proyecto principal que es `APP_DEFS`:

```
<project>
  <extend>${basedir}/../APP_DEFS/project.xml</extend>
</project>
```

Manejo del proyecto con Maven

Para el manejo del proyecto con Maven, se ha creado una carpeta que contendrá todos los `goals` de tipo `reactor` que permitirán realizar la compilación y construcción de artefactos. Esta carpeta se llama `APP` y contiene el siguiente fichero `maven.xml`:

```
<project default="libro-instalar"
  xmlns:ant="jelly:ant"
  xmlns:m="jelly:maven">
<goal name="libro-instalar">
  <m:reactor basedir="${basedir}/../"
  includes="jar_*/project.xml,WAR/project.xml"
  excludes= "JAR__*/project.xml"
  goals="libro-instalar"
  banner="Construimos: "
  ignoreFailures="false"/>
</goal>
</project>
```

El `reactor` "`libro-instalar`" ejecutará el `goal` "`libro-instalar`", en todos los proyectos cuya estructura de directorios sea "`jar_*`" y "`WAR`", no incluyendo los directorios "`JAR__`".

Creando dependencias

El proyecto `jar_librojava5webactions` deberá contener las dependencias al artefacto de tipo JAR que contenga el *framework* Struts y al artefacto de tipo JAR que contenga el API para el desarrollo de Servlets. Estos JAR han sido incluidos dentro del repositorio remoto de forma manual, de esta forma, no tenemos que conectarnos a Internet para descargarnos las dependencias. En concreto han sido almacenados dentro de la carpeta ".maven\repository\librojava5\jars.

```
<dependencies>
 <dependency>
   <groupId>librojava5</groupId>
   <artifactId>struts</artifactId>
   <version>1.2</version>
   <type>jar</type>
 </dependency>
 <dependency>
   <groupId>librojava5</groupId>
   <artifactId>servlet-api</artifactId>
   <version>2.4</version>
   <type>jar</type>
 </dependency>
</dependencies>
```

Nota:

Como vimos anteriormente, las dependencias (`dependencies`*) se incluyen en una de las secciones del POM (*`project.xml`*).*

Las dependencias del proyecto WAR son las siguientes:

```
<dependencies>
 <dependency>
   <groupId>librojava5</groupId>
   <artifactId>librojava5-webactions</artifactId>
   <version>1</version>
   <type>jar</type>
   <properties>
     <war.bundle>true</war.bundle>
   </properties>
 </dependency>
 <dependency>
   <groupId>librojava5</groupId>
   <artifactId>struts</artifactId>
   <version>1.2</version>
```

```
        <type>jar</type>
      <properties>
        <war.bundle>true</war.bundle>
      </properties>
    </dependency>
  </dependencies>
```

Compilar e instalar de la aplicación

Para realizar la compilación e instalación de la aplicación utilizaremos el `goal reactor` definido en `APP` "`libro-instalar`". Para ello, debemos definir dentro del fichero `maven.xml` de `JAR__DEFS` y `WAR` el `goal libro-instalar`.

La definición del `goal libro-instalar` dentro de `JAR__DEFS` es la siguiente:

```
<goal name="libro-instalar">
  <attainGoal name="jar:install" />
</goal>
```

La definición del `goal libro-instalar` dentro del `WAR` es la siguiente:

```
<goal name="libro-instalar">
  <attainGoal name="war:install" />
</goal>
```

Ahora, tan sólo, nos tendremos que situar dentro de la carpeta `APP` y ejecutar `maven libro-instalar`, o cómo es un `goal` definido por defecto, ejecutar `maven`.

También podíamos haber ejecutado el `goal libro-instalar` sin utilizar el `reactor`, simplemente deberíamos haber ejecutado el comando:

```
maven -Dgoal=libro-instalar multiproject:goal
```

Para generar la documentación tendremos que ejecutar el `goal site`.

Dentro del ejemplo existen más `reactor` y `goals` definidos, por ejemplo, dentro del `WAR` existe un `goal` que nos permitirá copiar el fichero `.war` en el directorio de despliegue de Tomcat:

```
<goal name="deploy-tomcat">
<ant:copy todir="${tomcat.deploy.dir}/webapps"
file="${maven.build.dir}/${pom.artifactId}.war"/>
</goal>
```

Tan sólo tendremos que apuntar la variable `tomcat.deploy.dir` al directorio en donde tengamos instalado Tomcat. Existe un plug-in dentro de Maven para trabajar con Tomcat, en concreto el plug-in es `maven-tomcat-plugin`.

Nos lo podremos descargar de la siguiente forma:

```
maven -DartifactId=maven-tomcat-plugin -DgroupId=codeczar-
tomcat -Dversion=1.1 plugin:download
```

Los `goals` definidos dentro de este plug-in son: `tomcat:deploy`, `tomcat:redeploy`, `tomcat:unploy`, `tomcat:install`, `tomcat:reload`, `tomcat:remove`, `tomcat:start`, `tomcat:stop`, `tomcat:jspc` y `tomcat:mergexml`.

Maven 2

Se puede decir que Maven 2 es una sobre-escritura de Maven 1. El *core* de Maven 2 ha sido totalmente sobrescrito, siendo mucho más fácil extender la funcionalidad de Maven 2 que de Maven 1.

El paso de Maven 1 a Maven 2 no significa perder todos los conceptos de administración de proyectos adquiridos en Maven 1, pero si existirán diferencias a la hora de realizar esa administración.

Las principales diferencias entre Maven 1 y Maven 2 son:

- El *core* es más rápido y pequeño.
- Define un ciclo de vida, eliminando los `prereqs`, `preGolas` y `postGoals` existentes en Maven 1.
- Simplificación del manejo de construcciones en múltiples proyectos.
- Incluye un mejor manejo de las dependencias de tipo SNAPSHOT, pudiendo indicar en todo momento, cada cuanto tiempo deseamos descargar las dependencias de este tipo: una vez por construcción, en un intervalo o nunca.
- Desaparecen los ficheros de propiedades, incluyendo todas las propiedades en elementos dentro del fichero POM, que pasará a llamarse en Maven 2 `pom.xml`.
- Desaparecen los ficheros `maven.xml`, esto es debido a que los plug-in son más fáciles de construir y de integrar.
- No utilizará más Jelly. Los plug-ins serán escritos en Java, aunque se dará soporte para la ejecución de lenguajes de *script*.
- Mejora en la capa de repositorios, dando más profundidad de directorios y mejorando así su estructuración.
- Superior manejo de dependencias, pudiendo declarar dependencias transitivas.

A pesar de todas las mejoras descritas actualmente, la versión 2.0 de Maven 2 no provee toda la funcionalidad que existe en la versión 1.1 de Maven 1.

Si de algo puede presumir Maven 1, es de la cantidad de plug-ins que existen a su alrededor, por tanto, el paso de Maven 1 a Maven 2 se deberá dar cuando todos los plug-ins de Maven 1 sean accesibles por Maven 2.

Nota:

*Si tenemos en cuenta las recomendaciones (*best practices*) de Maven 1, nos será mucho más fácil migrar nuestras aplicaciones de Maven 1 a Maven 2.*

Capítulo 13

Struts

En este capítulo aprenderá a:

- La arquitectura del *framework* Struts.
- Las clases principales que componen Struts.
- La configuración del *framework*.
- La creación de una aplicación utilizando Struts.

Introducción

Hasta ahora, si recordamos lo que hemos visto en los capítulos dedicados a los Servlets y JSP, es que existen según SUN dos modelos de desarrollo Web, y que el modelo 2 de SUN es el que implementa el patrón MVC (`Model-View-Controler`).

Sin embargo, como vimos, el implementar desde cero dicho patrón tiene sus complicaciones, dichas complicaciones derivan en un incremento sustancial del tiempo de desarrollo de cualquier proyecto, ya que tenemos que diferenciar la lógica de presentación del modelo, para ello, tendríamos que generar el corazón central que sería el controlador, sin duda alguna, la pieza más compleja, no sólo de desarrollar, sino de probar.

En Struts se ha logrado construir un framework que une la funcionalidad de los Servlets, las JSP y los Java Beans para realizar una implementación siguiendo el patrón MVC. Al ser un *framewok* nos permite heredar, ampliar y modificar la funcionalidad desarrollada dentro del *framework*. La versión de Struts que utilizaremos en este capítulo es la 1.2.7.

El uso de Struts disminuye notablemente el esfuerzo de construcción de una aplicación que siga hoy en día el modelo 2 de desarrollo en Web, si a esto le unimos que es de código abierto (*Open Source*) y que la gran mayoría de los proyectos Web siguen este modelo (patrón), obtenemos la razón por la cual Struts es el framework más utilizando hoy en día en el mundo Java.

Nota:

Como es lógico, existen otros frameworks *que implementan el patrón MVC, no vamos a entrar en si son mejores o peores que Struts, simplemente comentar que hoy en día Struts es el más utilizado.*

Arquitectura

Veamos las principales características y ventajas de Struts.

- Simplifica notablemente la implementación de una arquitectura según el patrón MVC.
- Contiene un control de flujo (*workflow*) que permite separar la lógica de objetos de negocio de la presentación. Para tomar decisiones de con-

trol de flujo, fuera de la capa de presentación, se basa en `ActionForwards` y `ActionMappings`.

- El controlador ya esta implementado, éste por supuesto, se podría adaptar a las necesidades de un proyecto en concreto, heredando del que trae por defecto e implementando la nueva funcionalidad. El controlador, por defecto en Struts es `ActionServlet`.
- Las acciones que se ejecutarán sobre el modelo de objetos se implementan basándose en clases predefinidas por el *framework*. Estas acciones son parte del controlador, y por tanto interactúan con él, indicándole, por ejemplo, la siguiente vista a visualizar.
- Construcción de un buffer intermedio entre la capa de presentación y las acciones (`ActionForm`).
- La generación de la interfaz se soporta mediante un conjunto de `Tags`.
- Internacionalización mediante el uso de ficheros de recursos (`MessageResources`).

Si juntamos todo podemos ver las tres partes diferenciadas en la tabla 13.1.

Tabla 13.1. Componentes MVC Struts.

Vista	Controlador	Modelo
Extensiones JSP Tag	ActionForwards (Flujo)	API y Servicios de Usuario
-	ActionMappings (Flujo)	-
-	ActionServlet (Controlador)	-
-	Action (Acciones)	-
-	ActionForm (Buffer)	-
-	ActionMessages (Mensajes)	-
-	MessageResources (Internacionalización)	-

De esta forma, diferenciamos claramente cada uno de los componentes que forman el MVC. La capa de presentación (vista) interactúa con la capa controladora, utilizando los mecanismos de comunicación de los Servlets y JSP, esto son: la petición (`request`), la sesión (`session`) o el contexto de aplicación generado.

La capa modelo no conocerá o no interactuará con la capa vista. Esta capa contendrá las API y servicios del usuario.

Capa Controlador

Vamos a ver, uno por uno, todos los componentes que existen en esta capa dentro de Struts.

Nota:

Toda la configuración del framework se realiza en uno o más ficheros de configuración. El fichero `struts-config.xml` *permitirá establecer el comportamiento de cada uno de los componentes de la aplicación, sin tener que incluir dicho comportamiento dentro de los componentes (*hardcoded*).*

ActionServlet

El `ActionServlet` es el controlador que trae por defecto Struts, y por tanto es el corazón del MVC. Será el encargado de recibir las peticiones del cliente y dirigirlas a donde sea necesario.

Este componente sigue el patrón `Front Controller` y al ser un *servlet* también sigue el patrón `Singleton`. El patrón `Front Controller` nos permite centralizar todas las peticiones de un usuario en un único punto, en este caso, dicho punto será nuestro *servlet* `ActionServlet`.

El *servlet* `ActionServlet` esta configurado para recibir una serie de mapeos (`ActionMapping`) que indican que acción debe ejecutar el controlador por cada petición. Esta acción a ejecutar será una clase del tipo `Action`, y será la encargada de encapsular la lógica de negocio, interpretar la salida, y por último, despachar el control al componente de la capa vista apropiado. El nombre de la acción es incluido en la petición, concretamente es incluida en la URI. La URI es parseada por el controlador, y este obtiene la acción a invocar, si la acción es la primera vez que se invoca, la creará, sin embargo, si ésta ya existiese, utilizará la instancia ya creada.

Si se ha definido un mapeo entre la acción y un formulario (objeto del tipo `ActionForm`), se creará el formulario y se rellenarán todos lo campos del mismo con los datos de la JSP. Cuando los datos son transferidos de la JSP al formulario, se llamará al método `validate()` del formulario, siempre y cuando no se haya establecido en el mapeo que el formulario no se debe validar. Este método será el encargado de validar los campos introducidos en la JSP, si todo es correcto pasará el control a la acción, sino es correcto, pasará de nuevo el control a la JSP origen.

Una vez que el control lo tiene la acción, el controlador llamará al método `execute()` de la acción. La acción realizara un *forward* al componente (JSP) que considere oportuno. Como ya se ha comentado anteriormente, si deseamos eliminar o ampliar alguna funcionalidad del controlador, podemos realizar una extensión del *servlet* `ActionServlet`, e incorporar nuestra funcionalidad específica, por ejemplo, de control de flujo.

En la figura 13.1, podemos ver el diagrama de flujo a realizar por parte del controlador cada vez que se recibe una petición del usuario.

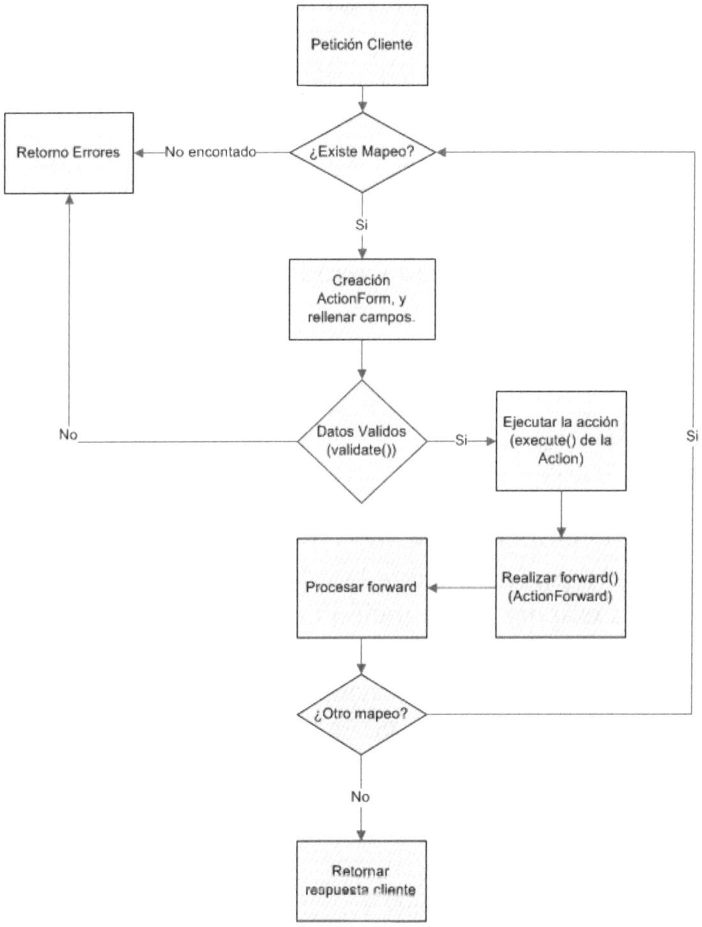

Figura 13.1. Diagrama de flujo controlador.

A continuación, veremos más a fondo, cada uno de los componentes que utiliza el controlador.

Nota:

*URI (*Uniform Resource Identifier, *Identificador único de recursos) es el texto corto que identifica unívocamente cualquier recurso (servicio, página, documento, etc.).*

RequestProcessor

El procesamiento de la petición anteriormente comentada recae sobre la clase `RequestProcessor`, ésta va a realizar las siguientes acciones:

- Obtener y retornar el *bean* `ActionForm` asociado al mapeo, creará uno si fuese necesario.
- Rellenar el `ActionForm` con los campos de entrada del formulario HTML, para ello utiliza el método `populate`() de las utilidades de petición (`org.apache.struts.util.RequestUtils`).
- Validar los campos de entrada, dando la posibilidad de generar errores en dichas validaciones.
- Llama al método `execute`() de la acción.

ActionMapping

El controlador necesita tener conocimiento de la ruta que tiene que seguir una petición, para ello utiliza la clase `ActionMapping`.

La clase `ActionMapping` incluye la información que el controlador necesita saber para mapear una petición del cliente con la acción a ejecutar.

Para hacernos una idea de lo que es un mapeo, veamos uno que vamos a incluir en el ejemplo de autentificación. Para ello, realizaremos el mapeo de la acción `LogonAction` con el `ActionForm` `logonForm`. Más adelante veremos cómo declarar el `ActionForm` dentro del fichero `struts-config.xml`.

```
<action-mappings>
   <!-- Logon -->
      <action path="/logon"
       type="com.anaya.java5.actions.LogonAction"
       name="logonForm"
       scope="request"
```

```
        input="/logon.jsp" >
    <forward name="success" path="/index.jsp" />
      </action>
   </action-mappings>
```

Le estamos indicando al controlador:

- `path`: Es el `path` URI usado para seleccionar este mapeo, toda petición que venga de esta URI utilizará este mapeo.
- `type`: Es el nombre completo de la clase en Java (`Action`) que será la responsable de ejecutar la acción.
- `name`: Especificará el nombre del `ActionForm` asociado a la acción.
- `scope`: Indicará el alcance asignado, éste podrá ser de sesión o de petición. Veremos más adelante este punto.
- `input`: Es el punto de entrada al mapeo (*path* URI), en caso de existir un error en el `validate()` del `ActionForm` será retornado a este punto.
- `forward`: Especificará el *forward* (`ActionForward`) a realizar en caso de que la acción indique o pase un `"success"` en el método `findForward()` sobre el mapeo.

Action

La acción (`Action`) será el punto de paso a la capa de negocio de nuestro proyecto, por tanto, es donde realizaremos el desarrollo principal sobre el *framework*.

La clase `Action` permite enlazar una petición con una operación de tipo `Action`, más adelante veremos cómo realizar varias operaciones sobre la misma clase utilizando `DispathAction`.

Una vez que el controlador determina la clase `Action` a ejecutar, realizará una llamada al método `processActionPerform()` de la clase `RequestProcessor`:

```
protected ActionForward
   processActionPerform(HttpServletRequest  request,
                        HttpServletResponse response,
                        Action action,
                        ActionForm form,
                        ActionMapping mapping)
   throws IOException, ServletException {

   try {
      return (action.execute(mapping, form, request, response));
   } catch (Exception e) {
```

```
        return (processException(request, response,
            e, form, mapping));
    }
```

Como se puede observar en el listado, este método llama al método `execute()` de la acción. Dentro de la clase `Action` existen dos métodos `execute()`, uno toma una petición/respuesta y el otro toma una petición/respuesta HTTP. Normalmente utilizaremos la segunda opción:

```
  public ActionForward execute(
        ActionMapping mapping,
        ActionForm form,
        ServletRequest request,
        ServletResponse response)
        throws Exception {
    ...
    }

    }

    public ActionForward execute(
          ActionMapping mapping,
          ActionForm form,
          HttpServletRequest request,
          HttpServletResponse response)
          throws Exception {

    ...

    }
```

En nuestra aplicación será necesario extender esta clase e implementar el método `execute()`. Veamos un ejemplo de acción de tipo `Action` que realizará la autentificación de un usuario. La acción se llama `LogonAction`:

```
  import javax.servlet.http.HttpServletRequest;
  import javax.servlet.http.HttpServletResponse;
  import javax.servlet.http.HttpSession;

  import org.apache.struts.action.Action;
  import org.apache.struts.action.ActionForm;
  import org.apache.struts.action.ActionForward;
  import org.apache.struts.action.ActionMapping;

  import com.anaya.java5.comun.Constants;
  import com.anaya.java5.forms.LogonForm;

  public final class LogonAction extends Action {

    @Override
```

```
  public   ActionForward execute(
           ActionMapping mapping,
           ActionForm form,
           HttpServletRequest request,
           HttpServletResponse response)
 throws Exception {

 String username = ((LogonForm) form).getUsername();
 String password = ((LogonForm) form).getPassword();

 //Realizamos la validación
 // ....
 // Para este ejemplo siempre autenticamos al usuario.

 HttpSession session = request.getSession();
 session.setAttribute(Constants.USER_KEY, form);

 return (mapping.findForward("success"));
 }
```

Como observamos en el ejemplo, dentro del método `execute()` obtenemos el `ActionForm` que contendrá los datos de autenticación del usuario, al ser un ejemplo, la autenticación siempre es correcta, e insertamos los datos del cliente en la sesión, por último realizamos una llamada al `findForward()` del mapeo, indicando que todo ha ido correcto (`success`).

Al pasar "`success`" estamos desacoplando la acción del componente vista a visualizar, ya que este lo hemos incluido a nivel de acción dentro del mapeo en el `struts-config.xml`:

```
<forward name="success" path="/index.jsp" />
```

Truco:

Debido a que hay que implementar el método `execute()` *en la* `Action`*, si nos equivocamos en la definición del método nos podemos volver locos a la hora de ver donde esta el error, ya que nunca sería llamado dicho método, y sin embargo, la aplicación seguiría funcionando pero sin salir nada en la pantalla. Para solucionar este problema, podemos utilizar la anotación* `@Override` *incluidas en Java 2 v5.0, que en tiempo de compilación nos indicará si estamos cometiendo un error al definir el método* `execute()` *en la* `Action`.

La acción sigue el patrón `Singleton`, por tanto, sólo una instancia de la clase será creada para cada aplicación, todas las peticiones de todos los clientes comparten la misma instancia e invocan al método `execute()`.

Debemos asegurarnos de que nuestra acción es "*thread-safe*", y que por tanto, no utiliza variables de instancia que almacenen estados específicos de un cliente, ya que serán compartidos por todos los clientes.

Nota:

El `RequestProcessor` *contiene un* `HashMap`, *cuyas claves son los nombres de las clases* `Action` *que se especifiquen en el fichero de configuración, el valor será la instancia de la clase, al ser un* `HashMap` *esta instancia será única por cada clase. Cuando se solicita una clase* `Action` *al* `RequestProcessor`, *éste mira si existe en la* `HashMap`, *si es así retorna la instancia, en caso contrario crear la instancia y la almacena en la* `HashMap`.

DispatchAction

Una clase de este tipo nos permitirá ejecutar más de una operación dentro de la acción (clase de tipo `Action`). Para utilizar una clase de este tipo, necesitaremos configurar la acción para poder incluir los diferentes comportamientos que tendrá la acción *dispatch* (`DispatchAction`).

Deberemos indicar como parámetro, en el mapeo de la acción, el indicador del traspaso de información, para diferenciar a que método de la acción se va a llamar.

Veamos un ejemplo de mapeo de una acción de este tipo, para ello daremos "`metodo`" al nombre del parámetro para indicar el método que deberemos de ejecutar.

```
<action path="/logonDispatch"
      type="com.anaya.java5.actions.EjemploDispatchAction"
      name="logonForm"
      parameter="metodo"
      scope="request"
      input="/logon.jsp"
      validate="true">
</action>
```

De esta forma cuando queramos llamar a la acción *dispatch*, deberemos pasar un nuevo parámetro llamado "`metodo`" dentro de la petición.

```
http://localhost:8080/EjemploStruts/logonDispatch?metodo=logon
```

El método `execute()` de la clase `DispatchAction` por *Reflection* llamará al método `logon()` de la nueva clase `EjemploDispatchAction`, por tanto, deberemos tener implementado dicho método.

Este tipo de acción nos permite tener centralizados operaciones que contengan la misma funcionalidad. Pensemos en una aplicación que tenga que realizar un sencillo mantenimiento, por ejemplo, un carrito de la compra, podríamos insertar la funcionalidad de inserción y eliminación de los elementos del carrito dentro de una acción de tipo `DispatchAction`.

Crearemos la clase `EjemploDispatchAction` que heredará de `DispatchAction`:

```
public class EjemploDispatchAction extends DispatchAction{

    public ActionForward logon(
            ActionMapping mapping,
            ActionForm form,
            HttpServletRequest request,
            HttpServletResponse response)
            throws Exception {

    String username = ((LogonForm) form).getUsername();
    String password = ((LogonForm) form).getPassword();

    //Realizamos la validación
    // ....
    // Para este ejemplo siempre autenticamos al usuario.
    HttpSession session = request.getSession();
    session.setAttribute(Constants.USER_KEY, form);

    return (mapping.findForward("success"));
    }
```

LookupDispatchAction

Esta clase es un subclase de la clase `DispathAction`. La funcionalidad que implementa este tipo de acción es muy parecida, hasta cierto punto, a la que realiza la acción `DispathAction`. Al igual que ocurre con `DispatchAction`, la clase `LookupDispatchAction` permite implementar varios métodos, llamándose éstos en función de un parámetro de entrada.

Sin embargo, en las acciones de tipo `DispathAction` el parámetro es pasado en la definición del mapeo de la acción y el método a utilizar es obtenido a partir del parámetro. En las acciones de tipo `LookupDispatchAction` se usa el valor del parámetro de la petición para realizar una búsqueda en una colección de recursos, usando el valor del parámetro. El dato obtenido de la colección será el nombre del método de la acción a ejecutar. Para realizar todo esto, la clase `LookupDisplachAction` define un método abstracto llamado `getKeyMethodMap()`, este método retorna un objeto del tipo `Map`, deberemos implementar este método para poder realizar el mapeo del método a llamar. Veamos un ejemplo, vamos a crear una página sencilla que permita la inserción o borrado de un artículo dentro del carrito de la compra:

```
<%@ page language="java" %>
<%@ taglib uri="/tags/struts-bean.tld" prefix="bean" %>
<%@ taglib uri="/tags/struts-html.tld" prefix="html" %>
<html>
<head>
<title>Ejemplo LookUpDispatchAction</title>
</head>
<body>
<html:errors/>
<html:form action="/carrito">
<table border="0" width="100%">
 <tr>
   <th align="right">
     Articulo 1
   </th>
   <td align="left">
     100 euros
   </td>
 </tr>

 <tr>
   <td align="right">
     <html:submit property="metodo">
    <bean:message key="boton.add"/>
    </html:submit>
   </td>
   <td align="left">
     <html:submit property="metodo">
    <bean:message key="boton.delete"/>
    </html:submit>
   </td>
 </tr>
</table>
</html:form>
</body>
</html>
```

Como vemos vamos a utilizar dos `html:submit` con la propiedad "`metodo`", y en función de la clave del botón queremos realizar una función u otra. Para poder realizar esto deberemos de implementar el método `getKeyMethodMap`():

```
@Override
protected Map getKeyMethodMap()
{
   Map map=new HashMap();
```

```
        map.put("boton.add","add");
        map.put("boton.delete","delete");
        return map;
    }
```

Ahora crearemos la clase encargada de realizar esta funcionalidad, dicha clase deberá contener al menos dos métodos: `add()` y `delete()`:

```
public class EjemploLookupDispatchAction extends
LookupDispatchAction{

    public ActionForward add(ActionMapping mapping,
            ActionForm form,
            HttpServletRequest request,
            HttpServletResponse response)
            throws IOException, ServletException {
        return mapping.findForward("success");
    }

    public ActionForward delete(ActionMapping mapping,
            ActionForm form,
            HttpServletRequest request,
            HttpServletResponse response)
            throws IOException, ServletException {
        return mapping.findForward("success");
    }

    @Override
    protected Map getKeyMethodMap()
    {
        Map map=new HashMap();
        map.put("boton.add","add");
        map.put("boton.delete","delete");
        return map;
    }
}
```

Por ultimo, definimos el mapeo en el fichero `struts-config.xml`:

```
<action path="/carrito"
 type="com.anaya.java5.actions.EjemploLookupDispatchAction"
 parameter="metodo"
 name="carritoForm"
 validate="false"
 scope="request">
 <forward name="success" path="/carrito.jsp" />
</action>
```

ForwardAction

Existen muchas ocasiones en las cuales deseamos realizar un *forward* de una página JSP a otra, sin necesidad de pasar por una acción (`Action`). Si pasamos de una JSP a otra sin pasar a través del controlador estamos realizando una labor que va en contra de las responsabilidades marcadas en el patrón MVC. Para poder realizar todo esto sin tener que pasar por una `Action`, y a su vez se mantengan las responsabilidades definidas en MVC, Struts nos aporta la clase `ForwardAction` que realiza un simple *forward* a una URI, configurada en el atributo `parameter`:

```
<action
 input="/index.jsp"
 name="logonForm"
 path="/logonForward"
 parameter="/logon.jsp"
 scope="request"
 type="org.apache.struts.actions.ForwardAction"
 validate="false">
</action>
```

DownloadAction

Este tipo de acción nos permitirá descargar ficheros o recursos, para ello deberemos crear una clase que extienda a la clase abstracta `DownloadAction` e implementar el método `getStreamInfo()`. Este método retornará un objeto del tipo `StreamInfo`.

`DownloadAction` provee dos tipos diferentes de `StreamInfo`:

- `FileStreamInfo`: Se encarga de obtener un fichero del sistema de ficheros, para ello utiliza la clase `java.io.File` como argumento en la construcción de un objeto del tipo `FileStreamInfo`.
- `ResoruceStreamInfo`: Permite descargar un recurso Web, para ello es necesario pasarle el contexto del servidor (`ServletContext`), la ruta y el tipo de contenido. Con este tipo de acción podremos descargar imágenes desde una acción de Struts.

Vamos a ver un ejemplo de acción para la descarga de una imagen. Para ello, crearemos una clase llamada `EjemploDescargaRecursos` que extenderá de la clase `DownloadAction`:

```
public class EjemploDescargaRecurso extends DownloadAction{

  @Override
  protected StreamInfo getStreamInfo(ActionMapping mapping,
  ActionForm form,
        HttpServletRequest request, HttpServletResponse response)
  throws Exception
  {
    String tipo="image/jpeg";
    String path=mapping.getParameter();
```

```
        ServletContext  aplicacion=servlet.getServletContext();
        StreamInfo  resource=new  ResourceStreamInfo(tipo,
        aplicacion,path);
        return resource;
    }
}
```

Como vemos, dentro del código es necesario pasar el `path` como parámetro en el mapeo, a continuación veremos cómo realizar este paso:

```
<action
 path="/decargarImagen"
 type="com.anaya.java5.actions.EjemploDescargaRecurso"
 parameter="/imagenes/imagen.jpg">
</action>
```

Desde cualquier página podremos descargar esta imagen, llamando para ello a la acción definida como "`descargarImagen`":

```
<html:img action="/decargarImagen" alt="Mi imagen" height="400"
width="300"/>
```

En la figura 13.2 podemos ver el resultado del uso de `DownloadAction`.

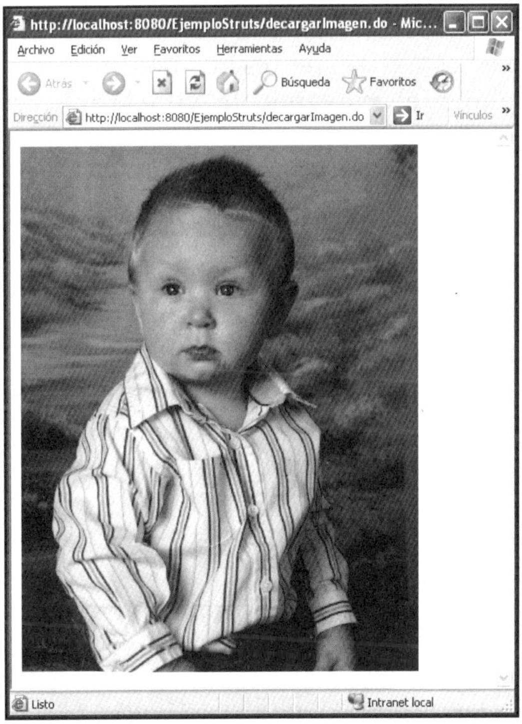

Figura 13.2. Imagen descargada con DownloadAction.

IncludeAction

Permite especificar la inclusión de un *servlet* dentro de nuestra aplicación, es muy parecida a la acción de tipo `ForwardAction`, sólo varía en el tipo y en el método `parameter`, que en la clase `IncludeAction` indicará la ruta del *servlet* a llamar.

```
<action
 input="/index.jsp"
 name="logonForm"
 path="/logonForward"
 parameter="/ruta del servlet a llamar/"
 scope="request"
 type="org.apache.struts.actions.IncludeAction">
</action>
```

ActionForward

Como ya hemos visto, todo método `execute()` tiene que retornar un objeto del tipo `ActionForward`. Este tipo de objetos representa el destino que tiene que seguir el control de flujo del controlador principal (`ActionServlet`), puede ser un URL estática, una JSP, una plantilla o incluso un *servlet*. Una instancia de esta clase, representa una abstracción del recurso, de esta forma disminuimos el acoplamiento entre la aplicación y el recurso.

Este recurso, como hemos podido ver en las declaraciones de acciones anteriores, se representa en el fichero de configuración `struts-config.xml`. En el elemento `forward` se deberá de incluir el nombre de la acción `forward (name)`, y la ruta hacia donde deber redirigirse el controlador (`path`). Dependiendo del atributo `redirect` realizará un `HttpServletResponse.sendRedirect()` si el atributo `redirect` es `true`, y un `RequestDispatcher.forward()` si es `false`.

Para el retorno del método `execute()`, podemos crear de forma dinámica un objeto del tipo `ActionForward`, o sencillamente, usar el mapeo de los `forwards` declarados a nivel de acción, o globales que existan dentro del fichero `struts-config.xml`.

Advertencia:

Si el método `findForward()` *no encuentra el* `forward`, *éste no lanzará ningún tipo de excepción, y retornará* `null`, *con lo cual el usuario final recibirá una página en blanco dado que ninguna salida será escrita en la respuesta.*

Nota:

Si existen dos mapeos de tipo `forward` con el mismo nombre, dentro de la acción y en el `global-forwards`, el `Action-Mapping` primero realiza una llamada al `findForwardCon-fig()` a nivel de acción, y después irá a buscarlo a nivel de módulo (`global-forwards` a nivel de módulo)

```
public ActionForward findForward(String name) {
   ForwardConfig config = findForwardConfig(name);
   if (config == null) {
      config = getModuleConfig().findForwardConfig(name);
   }
   return ((ActionForward) config);
}
```

ActionRedirect

Es una subclase de `ActionForward`, y simplemente permite realizar una redirección de una petición. En esta redirección podremos incluir parámetros en tiempo de ejecución.

```
public ActionForward execute(ActionMapping mapping,
      ActionForm form,
      HttpServletRequest request,
      HttpServletResponse response)
    throws Exception {
  ActionRedirect redirect =
    new ActionRedirect(mapping.findForward("doRedirect"));
  redirect.addParameter("param1","value1");
  redirect.addParameter("param2","2");
  redirect.addParameter("param3","3.0");
  return redirect;
}
```

Formularios

Para la gestión de formularios Struts define dos tipos:

1. `ActionForm`: Representa el contenedor de los datos que son establecidos o actualizados desde el formulario HTML.
2. `DynaActionForm`: Es una subclase de `ActionForm`, que permite la creación de forma dinámica de los `ActionForm`, para ello Struts utiliza las librerías `common.beanutils`.

A continuación, comentaremos con más detalle estos tipos.

ActionForm

Cualquier aplicación Web debe permitir la entrada de datos desde cualquier formulario HTML. Struts nos ofrece un mecanismo desde el cual, podemos enviar los datos de entrada del usuario desde el formulario a un Java Bean. Este Java Bean será el `ActionForm`, que a su vez será el contenedor de datos a la hora de ejecutar la acción, recuperando esta los datos introducidos por el cliente.

Cuando creamos un objeto del tipo `ActionForm`, estamos generando un buffer intermedio entre el navegador y la acción a ejecutar, si los datos introducidos por el cliente son incorrectos, el `ActionForm` tiene la posibilidad de validarlos antes de que estos lleguen a la acción correspondiente. Se puede decir que se comporta como un *firewall*, llegando a la acción sólo cuando, nosotros consideremos que los datos son correctos.

Para realizar la validación, el `ActionForm` posee un método llamado `validate`().

Alcance

Un `ActionForm` puede tener dos tipos de alcance: petición y sesión.

Si el alcance se establece a nivel de petición, el `ActionForm` estará sólo disponible hasta el final del ciclo petición/respuesta HTTP. Por ejemplo, cuando realizamos una petición de un formulario, si éste es declarado con alcance petición, cuando retornemos la petición al cliente, dicho formulario ya no estará disponible.

Si establecemos el alcance a nivel de sesión, el formulario estará disponible durante toda la vida de la sesión, y por tanto, estará disponible durante más de una petición.

Advertencia:

Cuando declaramos un `ActionForm` *a nivel de sesión, el* framework *Struts no tiene ningún mecanismo de limpieza de formularios, delegando la responsabilidad del borrado a la aplicación, cuando esta ya no lo necesite. Si no se especifica lo contrario, todos los* `ActionForm` *tienen alcance sesión.*

Ciclo de vida

El ciclo de vida de un `ActionForm` vendrá, por tanto, predeterminado por la configuración de la acción.

Los pasos a seguir serán:

1. Petición recibida por el controlador.
2. Creación o reciclaje del `ActionForm`, dependiendo del alcance.
3. Llamada al método `reset()` del `ActionForm`.
4. Guardar el `ActionForm` (dependiendo del alcance) en la petición (`request`) o en la sesión.
5. Pasar los datos del formulario HTML al `ActionForm` (`populate`)
6. Llamar al método `validate()`, si fuese necesario.

Si en el punto seis existiese algún error, se volverá de nuevo a la pagina establecida como entrada (`input`), retornando los errores de validación. En caso contrario (no existen errores), se enviaría el `ActionForm` a la acción (`Action`) definida en el mapeo.

Veamos un ejemplo de `ActionForm` para recoger los datos del formulario de autentificación.

```
public final class LogonForm extends ActionForm {
  private String password = null;
  private String username = null;

  public String getPassword(){
    return (this.password);
  }
  public void setPassword(String password) {
    this.password = password;
  }

  public String getUsername() {
    return (this.username);
  }

  public void setUsername(String username) {
    this.username = username;
  }

  // ----------------------------------------------------
  @Override
  public void reset(ActionMapping mapping, HttpServletRequest
  request) {

    this.password = null;
    this.username = null;
  }

  @Override
```

```
    public ActionErrors validate(ActionMapping mapping,
         HttpServletRequest request) {

      ActionErrors errors = new ActionErrors();
      if ((username == null) || (username.length() < 6))
      errors.add("usuario", new ActionMessage("error.usuario.
      requerido"));
      if ((password == null) || (password.length() < 6))
      errors.add("password", new ActionMessage("error.password.
      requerido"));

      return errors;
    }
  }
```

El `Action` encargado de la ejecución de la acción será el siguiente:

```
public final class LogonAction extends Action {

  @Override
  public ActionForward execute(
         ActionMapping mapping,
         ActionForm form,
         HttpServletRequest request,
         HttpServletResponse response)
         throws Exception {

  String username  = ((LogonForm) form).getUsername();
  String password  = ((LogonForm) form).getPassword();

  //Realizamos la validación
  // ....
  // Para este ejemplo siempre autenticamos al usuario.
  HttpSession session = request.getSession();
  session.setAttribute(Constants.USER_KEY, form);

  return (mapping.findForward("success"));
  }
}
```

La definición del mapeo en el fichero `struts-config.xml` es la siguiente:

```
   <global-forwards type="org.apache.struts.action.ActionForward">
    <forward name="logon" path="/logon.jsp" />
    <forward name="success" path="/index.jsp" />
    </global-forwards>
   <action
    path="/logon"
    type="com.anaya.java5.actions.LogonAction"
    name="logonForm"
    scope="request"
```

```
  input="/logon.jsp"
  validate="true">
</action>
```

Truco:

El método `validate()` *devolverá un objeto del tipo* `ActionErrors`, *si vemos que no existen errores, podemos retornar* `null`, *de esta forma nos podemos ahorrar un instancia de la clase* `ActionErrors` *si no existen errores.*

El método `reset()`, como hemos podido ver en el ciclo de vida, es llamada una vez por petición, independientemente del alcance del `ActionForm`, y siempre es llamado antes de que el `ActionForm` sea rellenado desde la petición (`populate`). Es necesario, implementar este método, sobre todo, cuando el alcance del `ActionForm` es a nivel de sesión, ya que nos permitirá volver a establecer los valores por defecto al `ActionForm`.

Declaración de formularios

Una vez que tenemos creada la clase `ActionForm`, debemos declararla en el fichero `struts-config.xml`.

```
<form-beans ">
  <!-- Logon form bean -->
  <form-bean
     name="logonForm"
     type="com.anaya.java5.forms.LogonForm"  />
</form-beans>
```

Truco:

Debido a que todos los parámetros de una petición son enviados por el navegador como objetos `String`, *deberemos crear nuestro* `ActionForm` *con objetos de tipo* `String` *para todos los campos que vamos a validar. Esto es debido a que debemos mostrar al usuario el texto original que ha introducido, sin ningún tipo de conversión.*

DynaActionForm

Es un tipo de `ActionForm`, y por tanto una subclase de este. Permite al desarrollador la creación de `ActionForms` de forma dinámica, obteniendo los datos del ActionForm de forma dinámica a través de un fichero de configuración.

Struts ofrece, por tanto, un mecanismo que nos permitirá declarar acciones que contengan ActionForm sin tener que generar la clase ActionForm. La generación de los objetos de tipo ActionForm lo realizará haciendo uso del objeto DynaBean del proyecto *Apache Commons*.

El DynaActionForm es definido en el fichero struts-config.xml usando las etiquetas <form-bean> y <form-property>. Veamos un ejemplo, partiendo del ejemplo anterior, utilizando DynaActionForm.

```
<form-bean
  name="logonFormDina"
  type="org.apache.struts.action.DynaActionForm">
  <form-property name="username" initial="Daniel" type="java.
  lang.String"/>
  <form-property name="password" type="java.lang.String"/>
</form-bean>

<!-- Logon Dinamico -->
<action
path="/logon"
type="com.anaya.java5.actions.LogonActionDinamico"
  name="logonFormDina"
  scope="request"
  input="/index.jsp">
</action>
```

Crearemos una clase muy parecida a LogonAction, pero recuperando los datos del DynaActionForm.

```
public final class LogonActionDinamico extends Action {

    @Override
    public ActionForward execute(
            ActionMapping mapping,
            ActionForm form,
            HttpServletRequest request,
            HttpServletResponse response)
            throws Exception {

    String username = ((DynaActionForm) form).getString("username");
    String password = ((DynaActionForm) form).getString("password");

    //Realizamos la validación
    // ....
    // Para este ejemplo siempre autenticamos al usuario.
    HttpSession session = request.getSession();
    session.setAttribute(Constants.USER_KEY, form);
```

```
    return  (mapping.findForward("success"));
    }
}
```

Como podemos observar, podemos establecer valores iniciales, sin embargo, no tenemos la posibilidad de realizar validaciones, ni de establecer valores iniciales mediante el método `reset()`. Lo que realiza el *framework* es establecer todos lo datos primitivos a cero, y los objetos a `null`, salvo que establezcamos algún valor inicial (por defecto).

Nota:

Para realizar las validaciones debemos usar el `DynaValidatorForm` *que está en el* framework *de validación de Struts.*

Mensajes y Errores

Los mensajes y errores que retornamos en el método `validate()`, nos permitirán informar al usuario de lo que está pasando con su petición. Estos mensajes podrán ser enviados en el método `validate()` del formulario (`ActionForm`), y también en el método `execute()` de la acción (`Action`).

La principal diferencia viene determinada por el nombre, los `ActionErrors` nos permitirán informar de errores, y los `ActionMessages` de mensajes de advertencia, o de simples mensajes que queremos retornar al cliente.

ActionError

Esta clase deriva de `ActionMessage`, por tanto siempre que hablemos de `ActionError`, estamos hablando también de `ActionMessage`.

Cuando creamos un objeto de tipo `ActionError` lo insertamos dentro de un objeto del tipo `ActionErrors`, que será la colección de errores que retornará el método `validate()`. Esta colección de errores viajará en la petición hasta el cliente final.

Para la construcción de un `ActionError` tendremos que pasar como parámetro una clave (*key*) del fichero de recursos donde esta localizado el mensaje a visualizar por el usuario. El mensaje seguirá la misma sintaxis definida en la clase `MessageFormat` del JDK.

Podremos definir el siguiente mensaje:

```
global.error.login.requeridoCampo=<li>El campo {0} es necesario,
y su longitud debe ser superior a {1} caracteres</li>
```

Nota:

En el punto dedicado a la internacionalización se comentará cómo generar el fichero de recursos.

El constructor del `ActionError` permite pasar hasta cuatro argumentos, si necesitamos pasar más de cuatro argumentos, deberemos de utilizar el constructor:

```
public ActionError(String key, Object[] values) {…}
```

Veamos un ejemplo de uso de este tipo de `ActionError`.

```
@Override
  public ActionErrors validate(ActionMapping mapping,
        HttpServletRequest request) {

    ActionErrors errors = new ActionErrors();
    if ((username == null) || (username.length() < 6))
      errors.add("usuario", new ActionMessage("global.error.
      login.requeridoCampo","usuario","4"));
    if ((password == null) || (password.length() < 6))
    errors.add("password", new ActionMessage("global.error.login.
    requeridoCampo","password","6"));

    return errors;
  }
```

Desde la acción podemos utilizar el método `saveErrors()` para almacenar los errores que encontremos en la ejecución de la acción (dentro del método `execute()`).

ActionMessage

Las clases `ActionMessage` y `ActionMessages` trabajan de la misma forma que las clases `ActionError` y `ActionErrors` respectivamente.

Se crearon con el objetivo de no inducir a errores al desarrollador a la hora de retornar un error a la capa de presentación. Es más lógico utilizar una instancia de tipo `ActionMessage` para indicar al usuario de una advertencia, información, etc. Desde la acción podemos utilizar el método `saveMessages()` para almacenar los mensajes que deseemos en la ejecución de la acción (dentro del método `execute()`).

Manejo de excepciones

El *framework* nos permite manejar las excepciones a nivel de acción o a nivel de módulo. Para manejar las excepciones a nivel de acción, debemos utilizar `<exception>` y a nivel de módulo las declararemos en `<global-exceptions>`. Al igual que ocurría con las etiquetas `forward`, en caso de producirse una excepción el sistema busca el manejador de la excepción primero a nivel de acción, y luego a nivel de módulo.

Vamos a crearnos un componente `<exception>` a nivel de módulo:

```
<global-exceptions>
<exception
 type="com.anaya.java5.excepciones.EjemploExcepcion"
 key="error.excepcion"
 path="/error.jsp" />
</global-exceptions>
```

Estamos indicando a nivel de módulo, si se produce una excepción del tipo `EjemploExcepcion`, el manejador, por defecto, será el encargado de crear un objeto del tipo `ActionError` utilizando el `key` definido para la excepción, y de realizar un `ActionForward` a la ruta (`path`) establecida. La JSP `error.jsp` será la encargada de visualizar el error, si no hubiésemos establecido esta ruta, sería el componente asociado al valor del parámetro `input` de la acción.

Podemos establecer el manejo de una excepción a un componente en concreto, por defecto, el manejador de excepciones es `ExceptionHandler`, si deseamos crear nuestro propio manejador deberemos extender esta clase, e implementar el método `execute()`:

```
public ActionForward execute(
   Exception ex,
   ExceptionConfig ae,
   ActionMapping mapping,
   ActionForm formInstance,
   HttpServletRequest request,
   HttpServletResponse response)
   throws ServletException { ...}
```

Configuración Struts

Como ya hemos visto a lo largo del capítulo, Struts utiliza uno o más ficheros de configuración para ser capaz de crear y cargar los componentes específicos de la aplicación. El fichero de configuración esta en formato XML y puede ser validado con el DTD de Struts: `struts-config_1_2.dtd`. Cada módulo de aplicación contendrá un fichero de configuración (`struts-config.xml`), por tanto, cada módulo contendrá su configuración personalizada, y será independiente del resto de módulos.

Se generará un objeto del tipo `ModuleConfig` por cada módulo de aplicación. Este objeto será el que contenga toda la información de configuración de Struts para un módulo en concreto.

A lo largo de este capitulo, hemos visto la gran mayoría de los componentes del fichero `struts-config.xml`. Todos los componentes de este fichero los podemos obtener del DTD, y de la documentación oficial de Struts (http://struts.apache.org).

Visualización del fichero struts-config

A la hora de construir el fichero `struts-config.xml`, si la aplicación contiene numerosas acciones, formularios, `forward`, excepciones, etc., el mantenimiento se convierte en una locura, y es bastante delicado, ya que un fallo en la construcción del fichero implica un arranque incorrecto de la aplicación. Existen numerosas aplicaciones que permiten realizar un mantenimiento del fichero de configuración de forma visual. Una de ellas es `StrutsConsole`.

`StrutsConsole` es una herramienta gratuita basada en *swing*, que permite al desarrollador realizar modificaciones del fichero de configuración de Struts de forma visual. Esta herramienta puede ser incorporada a la gran mayoría de los IDE disponibles hoy en día en el mercado. En la figura 13.3, podemos observar la herramienta en ejecución dentro de Eclipse.

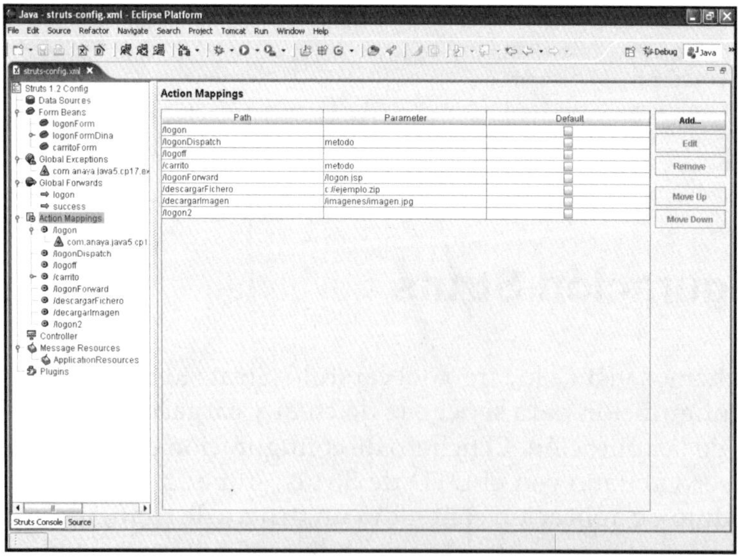

Figura 13.3. Struts Console con Eclipse.

Internacionalización

Struts utiliza la plataforma Java para construir aplicaciones internacionalizadas y localizadas. Para crear una aplicación internacionalizada, deberemos seguir los mismos pasos descritos en el documento de Internacionalización del paquete de documentación del JDK. Deberemos, por tanto, crear un fichero de recursos para cada idioma. Estos ficheros de recursos deben estar localizados en el mismo lugar. Lo primero que realizaremos será crear el fichero de recurso con el idioma por defecto.

En nuestro caso, crearemos un fichero de recursos llamado `ApplicationResources.properties`, y lo situaremos en el directorio raíz donde residen las clases (`.class`) de la aplicación.

El fichero `ApplicationResources.properties` que utilizaremos para este ejemplo es el siguiente:

```
errors.footer=</ul><hr>
errors.header=<h3><font color="red">Error de Validacion</font></
h3>Debes de corregir los errores siguientes:<ul>
error.usuario.requerido=<li>El Usuario es necesario, y su longitud
debe ser superior a 6 caracteres</li>
error.password.requerido=<li>El Password es necesario,y su longitud
debe ser superior a 6 caracteres</li>
mensaje.bienvenido=Bienvenido
mensaje.inicio=Bienvenido a nuestra web
mensaje.login=Login
mensaje.salir=Salir
prompt.username=Usuario:
prompt.password=Password:
boton.login=Login
boton.reset=Limpiar
boton.add=Añadir
boton.delete=Eliminar
global.error.login.requeridoCampo=<li>El campo {0} es necesario,
y su longitud debe ser superior a {1} caracteres</li>
error.excepcion=Excepción lanzada.
```

El fichero `ApplicationResources.properties`, está compuesto por un conjunto de mensajes con sus claves (*keys*) correspondientes.

Incluiremos dentro del fichero `struts-config.xml` el elemento `messages-resources` por defecto:

```
<message-resources parameter="ApplicationResources" />
```

Luego crearemos tanto ficheros como idiomas queramos tener en la aplicación.

El patrón para la creación del resto de ficheros es: `ApplicationResources_xx.properties`, donde `xx` es el código de idioma ISO. Por ejemplo, si queremos crear un fichero de recursos cuyo idioma sea el inglés, deberemos crear el fichero `ApplicationResources_en.properties`. Ahora sólo tendríamos que establecer el idioma en el navegador, y automáticamente nos mostraría un texto u otro.

Nota:

Si deseamos modificar el idioma en tiempo de ejecución, debemos modificar el atributo `Action.LOCALE_KEY` *de la sesión:* `session.setAttribute(Action.LOCALE_KEY, new java.util.Locale(country, language)` *donde* `country` *y* `language` *serán el país y el idioma a establecer.*

Etiquetas (Tags)

Las etiquetas o *tags* son los componentes pertenecientes a la capa de presentación. Dentro de las tags creadas en Struts, podemos diferenciar tres grupos principales, aunque no son los únicos:

1. `Bean Tags`. Tratamiento de Java Beans. Ver http://struts.apache.org/userGuide/dev_bean.html.
2. `HTML Tags`. Creación de formularios HTML que interactúan con el *framework*, y HTML *tags*. Ver http://struts.apache.org/userGuide/dev_html.html.
3. `Logic Tags`. Permiten establecer condicionantes de salida, bucles para tratar colecciones, etc. Ver http://struts.apache.org/userGuide/dev_logic.html.

Dentro de estos grupos existen numerosas etiquetas.

Etiquetas más usadas

Vamos a comentar una serie de etiquetas útiles para crear presentaciones.

- `logic:iterate`: Se repetirá el cuerpo de la etiqueta una vez por cada elemento de una colección especifica.
- `logic:present`: Permite ejecutar el contenido de la etiqueta si uno de los valores pasado como parámetro existe, y por tanto, está presente.

- `logic:noPresent`: Realiza la función contraria a la anterior, si el valor pasado como parámetro no existe ejecuta el contenido de la etiqueta.
- `html:link`: Genera un elemento de tipo `<a>` en HTML, generando por tanto una enlace o un hiperenlace a una URL.
- `html:img`: Genera un elemento del tipo `<img>` en HTML.
- `html:errors`: Visualiza los errores retornados en `ActionErrors`.
- `html:messages`: Visualiza los errores retornados en `ActionMessages`.
- `html:form`: Permite definir un formulario HTML.
- `html:html`: Genera un elemento del tipo `<html>` en HTML.
- `html:submit`: Genera un elemento `<input>` de tipo `submit` en HTML.
- `html:text`: Genera un elemento `<input>` tipo `text` en HTML.
- `html:password`: Genera un objeto de entrada de texto de tipo `password`.
- `html:reset`: Genera un elemento `<input>` de tipo reset en HTML.
- `bean:message`: Permite visualizar el contenido de un texto, pudiendo en todo momento obtener el texto del fichero de recurso, utilizando para ello el parámetro `key`, de esta forma, visualizamos el texto internacionalizado.
- `bean:parameter`: recupera el valor de parámetro solicitado.

Si deseamos ampliar nuestros conocimientos sobre estas etiquetas deberemos de acudir a la documentación de cada una de ellas en http://struts.apache.org/userGuide.

Capítulo 14

Pruebas Unitarias (JUnit)

En este capítulo aprenderá a:

- La creación de pruebas unitarias utilizando el *framework* JUnit.
- Las características de JUnit.
- La forma de automatizar las pruebas unitarias.
- Las recomendaciones de uso de JUnit.
- La generación de pruebas unitarias de forma automática utilizando JUnitDoclet.

Introducción

JUnit es un*framework* que nos permitirá desarrollar pruebas unitarias para los componentes construidos en un proyecto. Estas pruebas unitarias, como veremos a lo largo del capítulo, se podrán ejecutar de forma automática, permitiendo al desarrollador implementar la prueba unitaria sobre un componente y ejecutarla de forma automática según realiza un desarrollo correctivo o evolutivo del componente.

JUnit es la herramienta más popular para testeo de componentes (pruebas unitarias) Java debido a su facilidad de uso, construcción y ejecución. Su principal característica es su sencillez, por tanto, el tiempo de aprendizaje e introducción en cualquier proyecto Java es muy "corto".

JUnit es una herramienta gratuita que podemos obtener de la dirección Web www.junit.org. La gran mayoría de los IDE incluyen la posibilidad de construir pruebas unitarias con JUnit. En este capítulo, veremos cómo construir pruebas unitarias con Eclipse.

Toda prueba unitaria que se construye o desarrolla sobre un componente se conoce como unidad de prueba. Existe una herramienta llamada JUnitDoclet que nos permitirá de forma automática generar las unidades de prueba sobre el componente.

Nota:

Una prueba unitaria es una forma de comprobar un módulo de código. Para ello se tendrá que probar cada método del módulo de forma independiente. El objetivo de una prueba unitaria es aislar cada parte del programa y mostrar que las partes individuales sean correctas. El uso de las pruebas unitarias se ha convertido en una técnica imprescindible en el desarrollo de software.

Características principales de JUnit

En todo proyecto que requiera un mínimo de calidad, debería de incorporarse, en la fase de construcción y pruebas unitarias, el *framework* JUnit. Cuando construimos pruebas unitarias sobre un componente, podemos desarrollar o continuar desarrollando el componente, teniendo en cuenta que las pruebas unitarias nos aseguraran la ejecución correcta del componente en el desarrollo evolutivo y correctivo del mismo.

Nota:

Al construir pruebas automáticas con JUnit, las pruebas unitarias están desarrolladas de una manera que nos permitirán su ejecución y reejecución de forma automática, durante el ciclo de vida del componente, a esto se conoce como pruebas de regresión (bugs que se pensaban ya reparados, pero que debido a las modificaciones, podrían volver a aparecer).

Ayuda al desarrollo

Hay que darse cuenta que JUnit nos proporcionará una ayuda a la hora del desarrollo de una aplicación, y no un retraso en el tiempo debido a que es necesario emplear un tiempo en la construcción de la prueba unitaria. Si logramos eliminar este último pensamiento (que es el más complicado de eliminar) y pensar que la utilización de JUnit es para el aseguramiento de la calidad y no es un retraso en la construcción, nos permitirá recortar tiempos a lo largo de la vida del proyecto, ya que construiremos y evolucionaremos de una forma más rápida y, por supuesto, con menos errores y de forma más controlada.

Cuando utilizamos JUnit tenemos que tener en cuenta que es una herramienta que debe utilizar el desarrollador basándose en la "experiencia", inicialmente construirá unidades de prueba que le testearan parte de un componente, y que a lo largo del desarrollo, basándose en el análisis de fallos anteriores (experiencia), generará pruebas unitarias robustas que le facilitarán la extensión del componente olvidándose de los posibles errores que se generen debidos a dicha extensión (proceso evolutivo).

Si cuando el desarrollador al realizar, por ejemplo, una refactorización sobre el código del componente, y ésta origina un error de testeo, es fácil encontrar o localizar dónde se ha producido el error. Para ello, como ya se verá a lo largo del capítulo, utilizaremos herramientas para el testeo automático de pruebas unitarias. A esto se le llama ejecución automatizada de pruebas unitarias.

Simplicidad

Como se comentó en el punto anterior, a la hora de escribir una prueba unitaria, ésta debe desarrollarse de una forma fácil y sencilla, ya que de lo contrario obligamos al desarrollador a emplear un tiempo extra en el desarrollo de la prueba unitaria, y esto, por lo general, es imposible de realizar en la gran mayoría de los proyecto, debido a que los tiempos de diseño, desarrollo y pruebas están muy ajustados.

JUnit de lo que puede presumir es sin duda de su simplicidad. Basándose en dos patrones de diseño como son el *Command* y el *Composite*, permite la construcción de pruebas unitarias simples y que pueden evolucionar a lo largo de la vida del componente de una forma sencilla, precisa y elegante.

Una vez que tenemos escritos las pruebas unitarias podemos ejecutar éstas a lo largo de la vida del desarrollo de un componente. Podríamos perfectamente utilizar una herramienta que cada cierto tiempo ejecute las pruebas unitarias según se van desarrollando, de esta forma, la detección y corrección de errores es inmediata.

De una forma sencilla, podemos tomar la validación de las pruebas unitarias como una segunda fase, que siempre se realizará cuando construyamos componentes software. La primera fase será la compilación de nuestro código fuente, y la segunda, será la validación de nuestro código generado. Esta segunda validación será la ejecución de las pruebas unitarias, comprobando que la integridad de nuestro código se mantiene.

Informes de auditoría

De una forma rápida y sencilla podemos obtener un resultado de la ejecución de las pruebas unitarias. Este resultado nos mostrará dónde ha fallado una prueba unitaria, y qué es lo que ha fallado.

A su vez, también podemos generar de una forma automática informes de auditoría, en lo cuales se reflejen qué componentes han provocado fallos y nos permita, por ejemplo, tener una idea del impacto de la no ejecución de las pruebas unitarias sobre la planificación de un proyecto.

Podremos obtener estos informes de forma automática y publicarlos para que el resto del equipo pueda ver en todo momento cómo evolucionan sus componentes ejecutando las pruebas unitarias.

Lanzamiento conjunto de pruebas unitarias

Otra de las principales características de JUnit es la posibilidad de agrupar un conjunto de pruebas unitarias, realizando una ejecución del conjunto como si se tratase de la ejecución de una sola prueba unitaria. A la creación de un conjunto de pruebas unitarias se le conoce como *suite* de pruebas unitarias, podremos ejecutar el conjunto, e incluso podemos ejecutar de forma separada pruebas unitarias que formen parte del conjunto.

La ejecución del conjunto de pruebas se realiza sin sobre esfuerzo y con menos coste para el desarrollador. Como ya veremos, el desarrollador define las pruebas unitarias, y después, si lo requiere, las podrá agrupar en un conjunto para su ejecución de forma agrupada. La generación del conjunto seguirá el patrón de sencillez adoptado por JUnit.

Estabilidad de un proyecto

Como ya hemos comentado anteriormente, la generación y ejecución de pruebas unitarias nos permitirán tener una estabilidad en el proyecto, a la hora de realizar procesos evolutivos y correctivos de los componentes.

Cuantas más unidades de pruebas se escriban, mayor estabilidad existirá. Con esto no estamos diciendo que a la hora de escribir un componente nos volvamos locos realizando pruebas unitarias, sino que a lo largo de la evolución de un componente se deberá de ir incrementando la generación de pruebas unitarias que nos aseguren esa evolución de una forma controlada.

De esta forma generamos una estabilidad en el proyecto, que nos permitirá evolucionarlo, y acabarlo, en un tiempo muy inferior al tiempo que necesitaríamos sino tuviésemos pruebas unitarias.

Nota:

Lo que hay que lograr es que con la construcción de las pruebas unitarias consigamos tener el aseguramiento de que el software que estamos construyendo es robusto, y que una modificación de un componente no va a romper la integridad del software construido.

A lo largo del capítulo iremos viendo una serie de recomendaciones a tener en cuenta cuándo diseñamos y desarrollamos pruebas unitarias.

Ejemplo de uso con JUnit

Una vez que ya hemos visto las principales características del uso de JUnit vamos a ver un ejemplo de uso.

Creación de una prueba unitaria (TestCase)

Lo primero a tener en cuenta, es que toda prueba unitaria desarrollada con JUnit, debe de extender de la clase `TestCase`. Esta clase sigue el patrón *Command*. Dentro de nuestra clase de prueba unitaria, utilizaremos los métodos `testXXX`() para indicar el número de pruebas unitarias (pruebas de *test*) que queremos ejecutar. Dentro de estos métodos utilizaremos el método `assert`() para comprobar el resultado obtenido (real) y compararlo con el resultado esperado.

Dentro de una prueba unitaria, lo primero que debemos realizar es la preparación de dicha prueba. Para ello, deberemos tener un método que nos permita obtener los recursos necesarios para la ejecución de la prueba, este método en JUnit es `setUp`().

Al igual que tenemos un método que nos permite obtener los recursos, una vez que finalizamos la ejecución de la prueba unitaria necesitamos otro método que nos libere dichos recursos, para ello JUnit tiene el método `tearDown`().

Antes y después de la ejecución de cada método de `testXXX`(), se realizará una llamada a los métodos `setUp`() y `tearDown`(), para que no existan efectos colaterales entre diferentes ejecuciones de pruebas unitarias sobre el mismo componente.

Los métodos `testXXX`() serán las pruebas unitarias, una clase contendrá tantas pruebas unitarias como métodos `testXXX`() contenga.

Ejemplo

Veamos un ejemplo, para ello vamos a crearnos un sencillo componente que nos permita realizar cálculos, concretamente crearemos un componente que nos permita realizar sumas y restas de números enteros. A este componente le llamaremos `Calculadora`.

El componente `Calculadora` tendrá dos métodos públicos que nos permitirán interactuar con él, serán los métodos de `suma`() y `resta`().

```
public class Calculadora {

   private int calculo=0;

   Calculadora(){
      this.inicializar();
   }
   public void inicializar(){
      this.calculo=0;
```

```
    }
    public void suma(int cantidad){
        this.calculo+=cantidad;
    }
    public void resta(int cantidad){
        this.calculo-=cantidad;
    }
    public int getCalculo(){
        return this.calculo;
    }
}
```

Nuestro interés es realizar pruebas unitarias para verificar que las funcionalidades, o responsabilidades asignadas al componente `Calculadora`, funcionan tal y como se solicitaron, la funcionalidad suma, realizará una suma de un numero entero, y la funcionalidad resta, realizará la resta de un número entero. Para la construcción de nuestra prueba unitaria vamos a seguir una serie de pasos.

Pasos a seguir para la construcción de la prueba unitaria

Veremos a continuación los pasos a seguir para realizar la construcción de una prueba unitaria.

1. Crear una clase que extienda o herede de la clase TestCase

```
public class CalculadoraTest extends TestCase { … }
```

De esta forma, estamos indicando que la clase `CalculadoraTest` contendrá pruebas unitarias, es decir, estamos indicando que `CalculadoraTest` es un caso de prueba.

2. Implementar método setUp()

Sobrescribir, si es necesario, el método `setUp()` para la inicialización de los datos que serán empleados en las pruebas.

```
protected void setUp() throws Exception {
    super.setUp();
    calculadora=new Calculadora();
    calculadora.inicializar();
}
```

3. Definir los métodos testXXX()

Definiremos los métodos `testXXX()` necesarios para validar que la funcionalidad implementada en el componente es correcta.

```
public void testSuma() {
    calculadora.suma(20);
```

```
        assertEquals(20,calculadora.getCalculo());
        assertTrue((calculadora.getCalculo()==20));
    }
    public void testResta() {
    calculadora.suma(100);
        calculadora.resta(20);
        assertEquals(80,calculadora.getCalculo());
        assertTrue((calculadora.getCalculo()==80));
    }
```

En nuestro ejemplo hemos implementado dos métodos de prueba: `testSuma()` y `testResta()`. Estos métodos de prueba se basan en la utilización de los métodos `assert()` para verificar el resultado de la ejecución obtenido. Existen los métodos: `assertTrue(...)`, `assertFalse(...)`, `assertSame(...)`, `assertNull(...)`, etc.

Dentro de los métodos `testSuma()` y `testResta()` podemos ver que se han incluido dos llamadas `assert()`, una de tipo `Equals` y otra de tipo `True`. Una de las dos sobraría ya que realizan la misma comprobación, se han puesto sólo como ejemplo.

Advertencia:

A la hora de realizar comprobaciones de cálculo es más útil realizar una llamada al método `assertEquals(...)` *que realizar la comprobación* `assertTrue(...)` *o* `assertFalse(...)`*, ya que estas sólo indican que la ejecución ha sido incorrecta, pero no informan del resultado obtenido* versus *resultado esperado.*

4. Implementación del método tearDown()

Liberación de recurso sobrescribiendo el método `tearDown()`.

```
    protected void tearDown() throws Exception {
        super.tearDown();
        calculadora=null;
    }
```

5. Ejecución del caso de prueba

Para la ejecución del caso de prueba implementaremos dentro del método `main()` la llamada al método `run()` de la clase `TestRunner`, que nos permitirá ejecutar la prueba unitaria.

JUnit nos proporciona tres tipos de ejecución, una en modo texto y los otras dos en modo gráfico. Los tres tipos de ejecución nos informarán del resultado obtenido por la ejecución de las pruebas unitarias.

El modo texto es el que esta incluido dentro del paquete `junit.textui`. Nos indicará un *Ok* con el número de pruebas ejecutadas, si todas las pruebas se ejecutan correctamente, y en caso de existir algún error de ejecución, nos informará del error, dándonos un tipo de información de ejecución que será dependiente del método `assert()` que ha provocado el error. También nos mostrará el tiempo que ha tardado en la ejecución de las pruebas unitarias.

Dentro del modo gráfico, JUnit contempla la posibilidad de visualizar la información de ejecución de las pruebas utilizando swing o AWT.

Para visualizar la ejecución con *swing* utiliza el paquete `junit.swingui`. En la figura 14.1, podemos observar una ejecución en modo gráfico con *swing*. Ésta es la versión más completa ya que nos permite ejecutar todas las pruebas, o ejecutar una prueba en concreto. Nos informará con una línea verde si la ejecución ha sido correcta, y con una línea roja si ha sido incorrecta. Vamos a modificar el método `testSuma()` para que provoque un error en el método `assert()`, y así podamos ver que información nos da la herramienta:

```
public void testSuma() {
   calculadora.suma(21);
   assertEquals(20,calculadora.getCalculo());
   assertTrue((calculadora.getCalculo()==20));
}
```

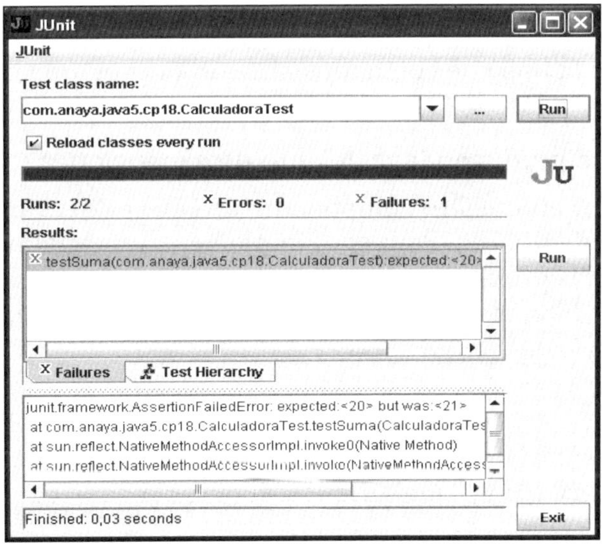

Figura 14.1. Ejecución TestRunner en modo gráfico (swing).

Para visualizar la ejecución con swing utiliza el paquete `junit. awtui`, en la figura 14.2 podemos observar una ejecución en modo grafico con AWT.

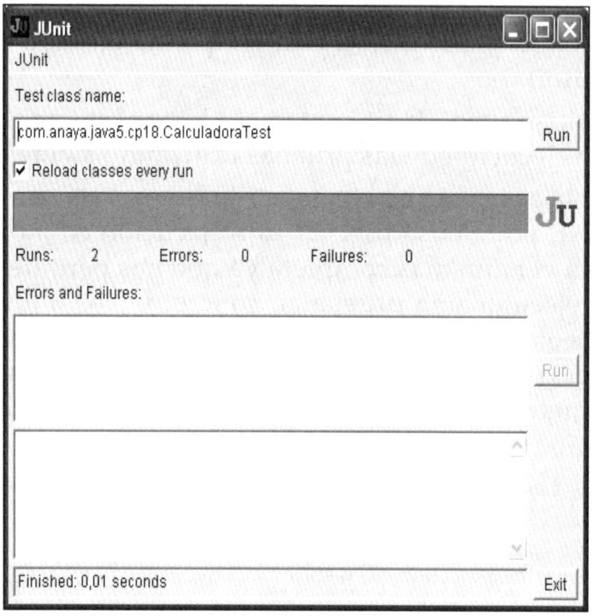

Figura 14.2. Ejecución TestRunner en modo grafico (AWT).

Alternativamente podemos ejecutar los casos de prueba, realizando una llamada desde la línea de comandos al `TestRunner` que nos interese:

```
java junit.textui.TestRunner CalculadoraTest
```

6. Pruebas que producen lanzamiento de excepciones

Vamos a incluir en nuestro componente `Calculadora`, una nueva funcionalidad, la de dividir. Para ello, implementaremos el método `dividir()`. Una de las pruebas lógicas sería comprobar que pasa si realizamos la división por cero, el método `dividir()` quedaría de la siguiente forma:

```
public void dividir(int div) {
   this.calculo/=div;
}
```

Ahora incrementaríamos nuestro caso de prueba unitaria incluyendo el método `testDividir()` que sería el responsable de ejecutar la prueba de división:

```
public void testDividir(){
```

```
    try{
      calculadora.dividir(0);
      fail("Debería lanzar una excepcion.");
    }
    catch(ArithmeticException e){
    }
  }
```

Utilizaremos el método `fail()` de `TestCase` para visualizar un fallo en la prueba unitaria, si la división no diese una excepción del tipo `ArithmeticException`.

Ejemplo completo

```
public class CalculadoraTest extends TestCase {

  private Calculadora calculadora=null;

  public CalculadoraTest(String name) {
    super(name);
  }

  protected void setUp() throws Exception {
    super.setUp();
    calculadora=new Calculadora();
    calculadora.inicializar();
  }

  protected void tearDown() throws Exception {
    super.tearDown();
    calculadora=null;
  }

  public void testSuma() {
    calculadora.suma(20);
    assertEquals(20,calculadora.getCalculo());
    assertTrue((calculadora.getCalculo()==20));
  }

public void testDividir(){
    try{
      calculadora.dividir(0);
      fail("Debería lanzar una excepción.");
    }
    catch(ArithmeticException e){
    }

  }

  public void testResta() {
```

```
        calculadora.suma(100);
        calculadora.resta(20);
        assertEquals(80,calculadora.getCalculo());
        assertTrue((calculadora.getCalculo()==80));
    }

    public static void main(String[] args) {
        //Modo texto
        junit.textui.TestRunner.run(CalculadoraTest.class);
        //Modo gráfico con swing
        junit.swingui.TestRunner.run(CalculadoraTest.class);
        //Modo gráfico con awt
        junit.awtui.TestRunner.run(CalculadoraTest.class);
    }

}
```

Creación de un conjunto de pruebas unitarias (TestSuite)

Podemos agrupar los casos de prueba en una `suite`, para posteriormente tratar a esa *suite* como si fuese una única prueba unitaria. Podemos generar *suites* de *suites*, incluyendo una *suite* dentro de otra.

Retomando el ejemplo anterior, vamos a realizar una suite de pruebas que se encargue de realizar las pruebas de todas las funcionalidades de tipo suma que se puedan comprobar, para ello, y a modo de ejemplo, incluiremos un nuevo método llamado `testSumaCero`(), que verifica que ocurriría, si se suma cero al calculo actual.

Nos crearemos una suite llamada `AllTestSuma`, que será la responsable de la ejecución de las pruebas unitarias que tengan que ver con las sumas.

```
public class AllTestSuma {
    public static Test suite() {
        TestSuite suiteCalculadora=new TestSuite("Pruebas Calculadora");
        TestSuite suiteSuma = new TestSuite("Pruebas Suma");
        suiteSuma.addTest(new CalculadoraTest("testSuma"));
        suiteSuma.addTest(new CalculadoraTest("testSumaCero"));
        suiteCalculadora.addTest(suiteSuma);
        return suiteCalculadora;
    }
    public static void main(String[] args) {
        junit.swingui.TestRunner.run(AllTestSuma.class);
    }
}
```

Como podemos observar en el listado, hemos utilizado el `TestRunner` para la ejecución de las *suite* de la misma forma que para la ejecución de las pruebas unitarias. El resultado de la ejecución de la prueba unitaria se ve en la figura 14.3, en ella, podemos apreciar la jerarquía de llamadas que se ha realizado dentro de la *suite* "`Pruebas Suma`".

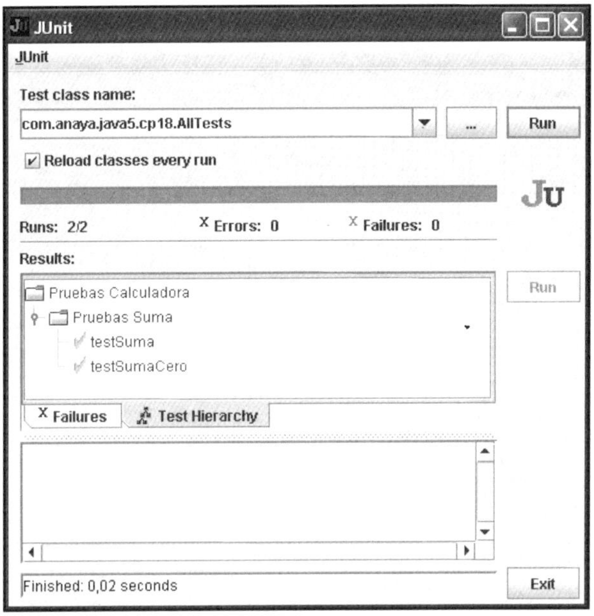

Figura 14.3. Ejecución `TestRunner` en modo grafico (swing) de una suite.

Eclipse y JUnit

Para la construcción de pruebas unitarias podemos elegir cualquier tipo de IDE, ya que la gran mayoría incluyen JUnit como *framework* de pruebas unitarias.

Vamos a ver cómo se comporta Eclipse para la creación de pruebas unitarias.

Creación de un prueba unitaria

Vamos a ver como crear la clase `CalculadoraTest`, comentada anteriormente, a partir de la clase `Calculadora` utilizando Eclipse. Como se ha comentado anteriormente, una prueba unitaria es para JUnit una clase que extienda de `TestCase`.

Para ello, desde Eclipse seleccionaremos File>New>Other, o pulsaremos las teclas **Control-N**. Dentro de la carpeta JUnit podemos elegir entre crear una prueba unitaria, o crear una *suite* (`Test Case` y `Test Suite`). En la figura 14.4 podemos ver esta pantalla de selección:

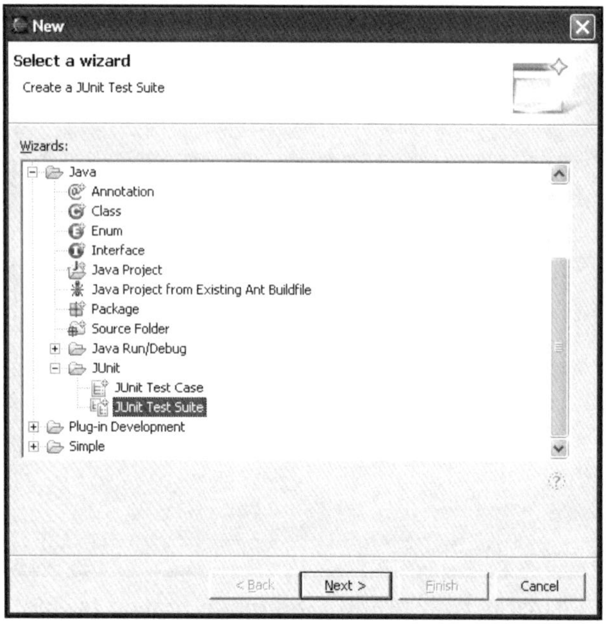

Figura 14.4. Elección de una prueba unitaria o suite en Eclipse.

Seleccionaremos la prueba unitaria (`Test Case`), posteriormente y tal y como se ve en la figura 14.5, indicaremos el nombre de la clase, los métodos que deseamos implementar (`setUp()`, `tearDown()`, etc.) y lo más importante, sobre qué clase vamos a construir nuestra clase de pruebas.

En nuestro caso elegiremos la clase `Calculadora`. La clase `Calculadora` no extiende de ninguna otra clase, por tanto, sólo hereda, por defecto, de la clase `Object`.

Podremos elegir que métodos de ambas clases deseamos crear para implementar posteriormente nuestros casos de prueba.

Seleccionaremos los métodos `suma()` y `resta()`, tal y como aparece en la figura 14.6, y pulsaremos el botón **Finish**.

Eclipse ha creado la siguiente clase:

```
public class CalculadoraTest extends TestCase {

   public static void main(String[] args) {
      junit.textui.TestRunner.run(CalculadoraTest.class);
   }

   public CalculadoraTest(String name) {
      super(name);
   }

   protected void setUp() throws Exception {
      super.setUp();
   }

   protected void tearDown() throws Exception {
      super.tearDown();
   }

   public void testSuma() {
   }

   public void testResta() {
   }
}
```

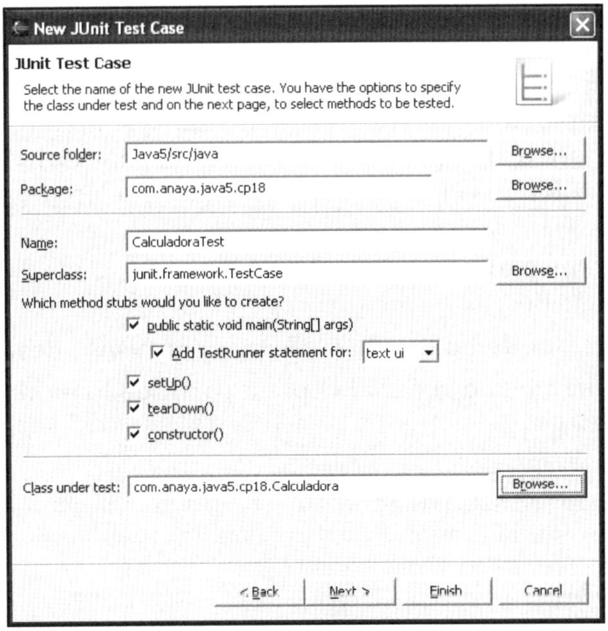

Figura 14.5. Configuración de las pruebas unitarias en CalculadoraTest.

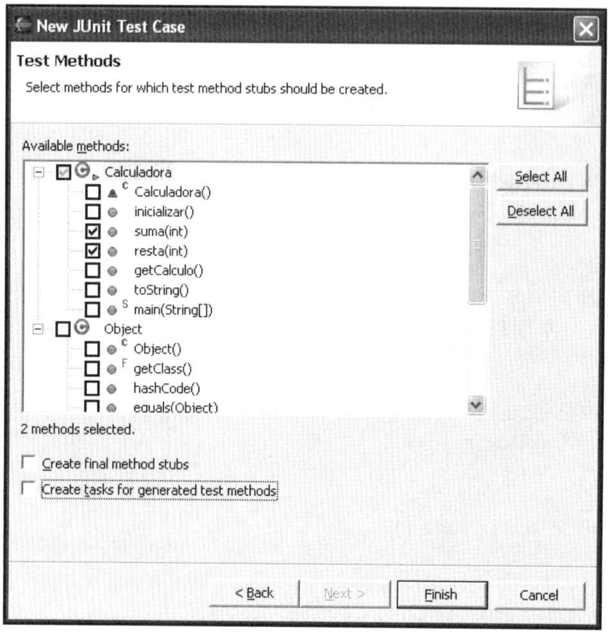

Figura 14.6. Elección de los métodos a controlar por nuestras pruebas unitarias.

Creación de una suite

Eclipse nos proporciona la creación de una *suite* de una forma muy parecida a la creación de una prueba unitaria, vista anteriormente. Pulsando **Control-N** o mediante el menú File>New>Other, seleccionaremos `JUnit Test Suite`.

Pulsando el botón **Next** seleccionaremos el nombre de la clase y las pruebas unitarias que deseamos incluir.

En la figura 14.7, podemos ver la creación de una *suite* desde Eclipse.

El código resultante que genera Eclipse a partir de lo indicado en la pantalla 14.7 es:

```
public class AllTests {
public static Test suite() {
   TestSuite suite = new TestSuite("Test for com.anaya.java5.cp14");
   suite.addTestSuite(CalculadoraTest.class);
return suite;
}
}
```

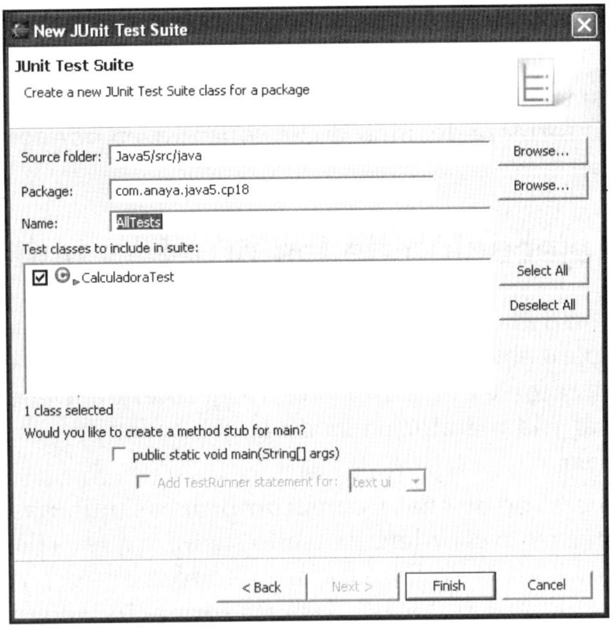

Figura 14.7. Creación suite desde Eclipse.

Recomendaciones

Siempre que utilizamos un *framework* para el desarrollo de cualquier tipo de aplicación debemos tener en cuenta una serie de recomendaciones de uso (*best practices*). Estas recomendaciones nos van a permitir utilizar JUnit para generar un conjunto de pruebas unitarias que permitan construir un software robusto.

Hay que tener muy en cuenta, que no sólo por generar pruebas unitarias tendremos un software de calidad y robusto, esto se obtiene cuando las pruebas unitarias se orientan y construyen siguiendo las siguientes recomendaciones.

Inicialización de las pruebas unitarias

Siempre hay que utilizar el método `setUp()` para la inicialización de las pruebas unitarias. Nunca debemos utilizar el constructor de la clase para inicializar las pruebas. Si incluimos la inicialización dentro del constructor de la clase y esta inicialización da una excepción, es muy difícil determinar por qué se ha producido la excepción, ya que el `TestRunner` nos proporcionará una excepción a nivel de clase.

Sin embargo, si la excepción se localizase en el método `setUp()`, el `TestRunner` nos informará del método en concreto, en donde se ha producido la excepción.

Orden de ejecución de las pruebas unitarias

Para la ejecución de las pruebas unitarias la clase `TestCase` se basa en el API *Reflection* para obtener los métodos `testXXX()` incluidos dentro de la clase. Para ello, recorre uno a uno y los va ejecutando. Dependiendo de la maquina virtual y la plataforma sobre la que se lance, el orden de ejecución podrá variar.

Por tanto, es necesario diseñar y construir pruebas unitarias independientes, sin tener en cuenta el orden. Para ello siempre que se llama a un método del tipo `testXXX()` se llamará al método `setUp()` y al final de la ejecución al método `tearDown()`. De esta forma, independizamos la ejecución de las pruebas unitarias, y eliminamos el acoplamiento que pudiese existir entre varias pruebas unitarias.

Métodos setUp() y tearDown()

Una de las recomendaciones que debemos realizar de forma obligatoria, es la de implementar los métodos `setUp()` y `tearDown()`, llamando siempre a los métodos correspondientes en la superclase.

```
protected void setUp() throws Exception {
   super.setUp();
   … //Inicialización
   }

protected void tearDown() throws Exception {
   super.tearDown();
… //Liberación de recursos
}
```

Documentación de los casos de prueba

Siempre hay que considerar que un producto es un producto software cuando: está desarrollado, probado y documentado. Este concepto es muy importante, no es lógico tener un producto que esté desarrollado y probado, ya que si no está documentado no es un producto software, es algo, que funciona pero no se sabe cómo funciona.

Para ello, siempre que desarrollemos pruebas unitarias debemos documentarlas. Todo producto software evoluciona adaptándose a nuevas necesidades (proceso evolutivo), y siempre es posible encontrar una corrección a realizar (proceso correctivo). Para ambos procesos es necesario tener una documentación que permita analizar qué es lo que está hecho, y cómo se ha hecho, para así poder realizar modificaciones, en un momento determinado, en el producto software construido.

Rápidos y sencillos

Como hemos podido ver a lo largo del capítulo, una de las principales características de JUnit es la rapidez y sencillez con la cual podemos desarrollar una prueba unitaria, ejecutarla y ver los resultado de dicha ejecución.

Cuando desarrollamos pruebas unitarias, nos tendremos que basar en este principio, para ello siempre que deseemos construir una prueba que realice un gran numero de pruebas, por ejemplo, pruebas de stress, deberemos localizar dichas pruebas fuera del alcance de ejecución de las pruebas unitarias.

Localización de las clases de prueba

Existe un problema de recomendación a la hora de decidir donde debemos localizar las clases de prueba. En principio, el sitio más lógico es junto a las propias clases, ya que de esta forma tenemos localizadas las clases de los componentes y sus correspondientes pruebas unitarias, además al estar en el mismo paquete podemos utilizar los atributos y métodos con visibilidad de paquete, que aunque no es obligatorio, sí puede ser necesario.

El problema deriva en el deseo de incluir las clases de prueba junto con nuestros componentes, existen multitud de proyectos, en los cuales, las clases de prueba pertenecen a la fase de desarrollo dentro del ciclo de vida, cuando esta fase es superada, las clases de prueba no deben estar incluidas junto con los componentes, en la gran mayoría de los casos cuando estamos en la fase, por ejemplo de integración, las pruebas unitarias no están, o no deben de incluirse en el código. Casi nunca se le entregan al cliente final las pruebas unitarias, a no ser que por contrato se pacte dicha entrega. De este punto se deduce, que para no complicar la gestión de la configuración, las clases de pruebas unitarias están separadas de las fuentes. Por tanto, dependiendo del proyecto y del cliente, las clases de prueba se incluirán junto a los componentes o en localizaciones diferentes.

JUnitDoclet

Hasta ahora, hemos visto las principales características de JUnit, sin embargo, el desarrollador pueden encontrar una excusa para seguir sin usarlo, pudiendo insinuar que el uso de JUnit implica un aumento en el esfuerzo de construcción del componente.

Para evitar esta situación, hay que buscar herramientas que permitan disminuir el esfuerzo de construcción de pruebas unitarias al máximo. Hoy por hoy, JUnitDoclet se perfila como la herramienta líder en la generación de forma automática de pruebas unitarias basadas en JUnit.

JUnitDoclet está construido como un *plug-in* (*doclet*) de la herramienta `javadoc` de SUN. Esta herramienta, como bien sabemos todos, nos permite generar la documentación de un proyecto en formato HTML. El *doclet* de JUnitDoclet en vez de generar la documentación en HTML genera las clases de pruebas asociadas a los componentes (clases java).

Ventajas

- Al ser un *doclet* de `javadoc` nos permitirá independizarnos del IDE que estemos utilizando, aunque JUnitDoclet es posible utilizarlo desde cualquier IDE actual.
- Puede ser automatizado, pudiendo por tanto, ejecutarse en paralelo a la construcción de la aplicación.
- Puede generar un conjunto de clases y métodos de prueba para una jerarquía de paquetes completa.
- Generación incremental de las pruebas unitarias a lo largo de la evolución del componente. Esta función, como veremos más adelante, la realiza mediante operaciones de tipo *merge* evolucionando las pruebas unitarias según evoluciona el componente.
- Permite adaptar toda la generación de pruebas unitarias a gusto del usuario, pudiendo el usuario, por ejemplo, establecer la nomenclatura o la paquetización de los componentes.
- Al ser *Open Source*, tenemos la posibilidad de tener el código fuente.

Uso de JUnitDoclet

Veamos un ejemplo de uso de JUnitDoclet, para ello, tomaremos como base el componente `Calculadora` de este capítulo, y generaremos con la herramienta la prueba unitaria y la *suite*.

Para la ejecución de la prueba deberemos descargarnos la última versión de la Web http://www.junitdoclet.org. Vamos a tomar la decisión, para este ejemplo, de separar el código fuente de las pruebas unitarias, para ello nos crearemos una carpeta que llamaremos `junit`, en dicha carpeta situaremos los casos de prueba generados de forma automática por JUnitDoclet.

Una vez creada la carpeta deberemos ejecutar el siguiente comando:

```
javadoc -docletpath %DOCLETPATH% -doclet com.objectfab.tools.
junitdoclet.JUnitDoclet -sourcepath .\src -d .\junit
com.anaya.java5.cp14
```

En este caso, indicamos que queremos generar las pruebas unitarias para todos lo componentes situados dentro del paquete `com.anaya.java5.cp14`. Estas pruebas unitarias serán creadas siguiendo el mismo sistema de paquetes dentro de la carpeta `junit`.

A continuación veremos la prueba unitaria (`TestCase`) y la *suite* generada por JUnitDoclet.

```
package com.anaya.java5.cp14;

import junit.framework.TestCase;
// JUnitDoclet begin import
import com.anaya.java5.cp14.Calculadora;
// JUnitDoclet end import

/**
* Generated by JUnitDoclet, a tool provided by
* ObjectFab GmbH under LGPL.
* Please see www.junitdoclet.org, www.gnu.org
* and www.objectfab.de for informations about
* the tool, the licence and the authors.
*/


public class CalculadoraTest
// JUnitDoclet begin extends_implements
extends TestCase
// JUnitDoclet end extends_implements
{
  // JUnitDoclet begin class
```

```
com.anaya.java5.cp14.Calculadora calculadora = null;
// JUnitDoclet end class

public CalculadoraTest(String name) {
  // JUnitDoclet begin method CalculadoraTest
  super(name);
  // JUnitDoclet end method CalculadoraTest
}

public com.anaya.java5.cp14.Calculadora createInstance() throws
Exception {
  // JUnitDoclet begin method testcase.createInstance
  return new com.anaya.java5.cp14.Calculadora();
  // JUnitDoclet end method testcase.createInstance
}

protected void setUp() throws Exception {
  // JUnitDoclet begin method testcase.setUp
  super.setUp();
  calculadora = createInstance();
  // JUnitDoclet end method testcase.setUp
}

protected void tearDown() throws Exception {
  // JUnitDoclet begin method testcase.tearDown
  calculadora = null;
  super.tearDown();
  // JUnitDoclet end method testcase.tearDown
}

public void testInicializar() throws Exception {
  // JUnitDoclet begin method inicializar
  // JUnitDoclet end method inicializar
}

public void testSuma() throws Exception {
  // JUnitDoclet begin method suma
  // JUnitDoclet end method suma
}

public void testResta() throws Exception {
  // JUnitDoclet begin method resta
  // JUnitDoclet end method resta
}

public void testDividir() throws Exception {
  // JUnitDoclet begin method dividir
  // JUnitDoclet end method dividir
}

public void testGetCalculo() throws Exception {
```

```
    // JUnitDoclet begin method getCalculo
    // JUnitDoclet end method getCalculo
  }

  public void testToString() throws Exception {
    // JUnitDoclet begin method toString
    // JUnitDoclet end method toString
  }

  public void testMain() throws Exception {
    // JUnitDoclet begin method main
    // JUnitDoclet end method main
  }

  /**
  * JUnitDoclet moves marker to this method, if there is not match
  * for them in the regenerated code and if the marker is not empty.
  * This way, no test gets lost when regenerating after renaming.
  * Method testVault is supposed to be empty.
  */
  public void testVault() throws Exception {
    // JUnitDoclet begin method testcase.testVault
    // JUnitDoclet end method testcase.testVault
  }

  public static void main(String[] args) {
    // JUnitDoclet begin method testcase.main
     junit.textui.TestRunner.run(CalculadoraTest.class);
    // JUnitDoclet end method testcase.main
  }
}
```

La *suite* generada sería la siguiente:

```
import  junit.framework.TestSuite;

// JUnitDoclet begin import
// JUnitDoclet end import

/**
* Generated by JUnitDoclet, a tool provided by
* ObjectFab GmbH under LGPL.
* Please see www.junitdoclet.org, www.gnu.org
* and www.objectfab.de for informations about
* the tool, the licence and the authors.
*/


public class Cp14Suite
// JUnitDoclet begin extends_implements
```

```
// JUnitDoclet end extends_implements
{
  // JUnitDoclet begin class
  // JUnitDoclet end class

  public static TestSuite suite() {

    TestSuite suite;

    suite = new TestSuite("com.anaya.java5.cp14");

    suite.addTestSuite(com.anaya.java5.cp14.
     CalculadoraTest.class);


    // JUnitDoclet begin method suite
    // JUnitDoclet end method suite

    return suite;
  }

  public static void main(String[] args) {
    // JUnitDoclet begin method testsuite.main
    junit.textui.TestRunner.run(suite());
    // JUnitDoclet end method testsuite.main
  }
}
```

En el siguiente punto analizaremos para que sirven las marcas `begin` y `end` que genera JUnitDoclet, y que pasa si realizamos modificaciones sobre el componente `Calculadora` y ejecutamos de nuevo la herramienta.

Refactoring

Como hemos podido observar en el punto anterior, JUnitDoclet genera un método `testXXX()` por cada método público, y una instancia de la clase fuente en el método `setUp()`. También es curioso como automáticamente genera un método`main()`, y un método `testVault()`, en donde `JUnitDoclet` almacenará las implementación de funciones que han sido eliminadas o modificadas. Las marcas que realizar JUnitDoclet mediante los comentarios "`JUnitDoclet begin`" y "`JUnitDoclet end`" permiten establecer áreas protegidas para que JUnitDoclet en ejecuciones posteriores, mantenga, y por tanto, no modifique su contenido. El *refactoring* que aplicaremos a lo largo de la vida de un componente podrá ser:

- **Adición de nuevos métodos:** Para ello JUnitDoclet generará un nuevo método `testXXX()`.

- **Borrado de un método:** El correspondiente método testXXX() no se generará en la próxima ejecución, y la implementación (si existiese) dentro de las marcas begin y end de este método se moverán al método testVault (). Este proceso que realiza JUnitDoclet nos permitirá tener una copia de seguridad de la implementación de la prueba unitaria, por si posteriormente decidimos recuperar el método eliminado del componente original.
- **Renombrar un método:** Para realizar este proceso, lo que realiza JUnitDoclet es emular que el método es nuevo y genera un nuevo método testXXX(), posteriormente elimina el anterior, y al igual que ocurría en el borrado, pasa el contenido del mismo al método testVault().
- **Cambio de signatura y sobrecarga de métodos:** En este caso, JUnitDoclet no generará ningún cambio, debido a que los métodos sólo son identificados por sus nombres.

Veamos un ejemplo de refactorización, vamos a eliminar del componente Calculadora el método dividir() y vamos a incluir un propiedad nueva que nos dará la versión del componente, para ello, incluiremos sus métodos setters y getters correspondientes.

Vamos a modificar la prueba unitaria (CalculadoraTest) de la división generada anteriormente:

```
public void testDividir() throws Exception {
    // JUnitDoclet begin method dividir
  try{
     calculadora.dividir(0);
     fail("Debería lanzar una excepcion.");
  }
  catch(ArithmeticException e){
  }
    // JUnitDoclet end method dividir
  }
```

Ahora eliminaremos el método dividir() del componente Calculadora y ejecutaremos de nuevo la herramienta JUnitDoclet. El resultado se puede visualizar en el siguiente listado:

```
package com.anaya.java5.cp14;

import junit.framework.TestCase;
// JUnitDoclet begin import
import com.anaya.java5.cp14.Calculadora;
// JUnitDoclet end import

/**
```

```
* Generated by JUnitDoclet, a tool provided by
* ObjectFab GmbH under LGPL.
* Please see www.junitdoclet.org, www.gnu.org
* and www.objectfab.de for informations about
* the tool, the licence and the authors.
*/


public class CalculadoraTest
// JUnitDoclet begin extends_implements
extends TestCase
// JUnitDoclet end extends_implements
{
  // JUnitDoclet begin class
  com.anaya.java5.cp14.Calculadora calculadora = null;
  // JUnitDoclet end class

  public CalculadoraTest(String name) {
    // JUnitDoclet begin method CalculadoraTest
    super(name);
    // JUnitDoclet end method CalculadoraTest
  }

  public com.anaya.java5.cp14.Calculadora createInstance() throws
  Exception {
    // JUnitDoclet begin method testcase.createInstance
    return new com.anaya.java5.cp14.Calculadora();
    // JUnitDoclet end method testcase.createInstance
  }

  protected void setUp() throws Exception {
    // JUnitDoclet begin method testcase.setUp
    super.setUp();
    calculadora = createInstance();
    // JUnitDoclet end method testcase.setUp
  }

  protected void tearDown() throws Exception {
    // JUnitDoclet begin method testcase.tearDown
    calculadora = null;
    super.tearDown();
    // JUnitDoclet end method testcase.tearDown
  }

  public void testInicializar() throws Exception {
    // JUnitDoclet begin method inicializar
    // JUnitDoclet end method inicializar
  }

  public void testSetGetVersion() throws Exception {
```

```
    // JUnitDoclet begin method setVersion getVersion
    String[] tests = {new String(), null};

    for (int i = 0; i < tests.length; i++) {
      calculadora.setVersion(tests[i]);
      assertEquals(tests[i], calculadora.getVersion());
    }
    // JUnitDoclet end method setVersion getVersion
  }

  public void testSuma() throws Exception {
    // JUnitDoclet begin method suma
    // JUnitDoclet end method suma
  }

  public void testResta() throws Exception {
    // JUnitDoclet begin method resta
    // JUnitDoclet end method resta
  }

  public void testGetCalculo() throws Exception {
    // JUnitDoclet begin method getCalculo
    // JUnitDoclet end method getCalculo
  }

  public void testToString() throws Exception {
    // JUnitDoclet begin method toString
    // JUnitDoclet end method toString
  }
```

Capítulo 15

RMI

En este capítulo aprenderá a:

- El concepto de aplicación distribuida.
- La arquitectura RMI (*Remote Method Invocation*).
- Los beneficios del uso de RMI.
- La creación de aplicaciones distribuidas.

Introducción

La idea de una red en la cual coexistan un número importante de ordenadores, todos ellos corriendo bajo plataformas diferentes, plantea a cualquier arquitecto de software, el desarrollo de una aplicación que se distribuya entre los diferentes equipos, como si de una sola aplicación se tratase, sacando todo el potencial que ofrece el conjunto de equipos y especializando un grupo de equipos en una funcionalidad concreta. Todo ello puede significar una aplicación impresionante, totalmente escalable ya que si puede correr en x equipos también lo puede hacer en x+1.

Por el contrario, el pensar en una gran aplicación corriendo en un gran servidor puede dar los siguientes problemas:

1. Si el servidor se cae, se pierde totalmente el procesamiento que esté realizando la aplicación en ese momento, con lo cual la empresa no podrá ofrecer los servicios a sus clientes hasta que el servicio se reanude, imagínate un banco, o una empresa de bolsa (*broker* de bolsa), la cantidad de dinero que perderían durante la caída del servidor.
2. Si la aplicación, por ejemplo, alcanzase el número máximo de usuarios tendríamos que instalar una máquina aun más grande y tirar o desechar la que actualmente tenemos, por tanto, la escalabilidad es nula y es el error más común que existe en cualquier empresa hoy en día. Las empresas gastan bastante dinero en ampliar las máquinas existentes, en comprar otras, hasta el punto de que ya no pueden hacer nada más y tienen que recurrir a un nuevo desarrollo con lo que el coste total de la operación aumenta considerablemente. Esto por desgracia, al igual que el punto anterior, ocurre en un gran número de empresas.
3. Si se desea actualizar la aplicación se debe de actualizar entera y volverla a instalar. Hoy en día existen empresas que realizan actualizaciones semanales con el consiguiente tiempo perdido. Al realizar aplicaciones distribuidas tan sólo se debe cambiar la interfaz que se desea actualizar.

Actualmente continúan existiendo dos tendencias, el desarrollo de aplicaciones cliente/servidor y el desarrollo de aplicaciones basadas en la Web. La primera tendencia consiste en la creación de una aplicación conformada en capas.

La mayoría de las aplicaciones cliente/servidor se rigen por el modelo de tres capas: la capa de interfaz de usuario, la capa de negocio y la capa de datos.

Al contrario, las aplicaciones basadas en la Web, aún apoyándose en el paradigma cliente/servidor, se construyen basándose en sistemas distribuidos y, por tanto, sacan el provecho de las principales características que ofrecen las aplicaciones distribuidas. Entre ellas, podemos señalar la mayor tolerancia a fallos, debido a que permiten conectarse simultáneamente a diferentes servidores, la escalabilidad, etc.

Java es, por tanto, el lenguaje idóneo para desarrollar aplicaciones distribuidas debido a que es, casi por definición, un lenguaje orientado a Internet y, si a esto le unimos que Internet es una red pensada exclusivamente para aplicaciones distribuidas tenemos el cóctel perfecto.

Ahora la pregunta es: ¿Cómo podemos realizar todo esto en Java? Existen varias formas de implementar una aplicación distribuida en Java nosotros utilizaremos RMI debido a que se incluye en el JDK, más en concreto, se empezó a incluir en el JDK a partir de la versión 1.1, por tanto, es gratuito y es muy fácil de implementar. Podríamos, sin embargo, utilizar Java IDL, que sigue más el modelo CORBA que RMI, pero tiene unos costes asociados, costes económicos y costes de tiempo de implementación.

Objetos Remotos en Java

RMI es la ampliación de las RPC (*Remote Procedure Call*) que son las llamadas a procedimientos remoto. Lo que se realiza con RMI es invocar a un método remoto como si el método se estuviese ejecutando en local, con lo cual es algo bastante potente y se diferencia en gran medida de las llamadas a procedimientos remotos.

Las RPC lo que realizan es crear una cola de mensajes para la comunicación entre los objetos remotos, por lo tanto, no se realizaba una invocación sino una llamada. Mediante RMI realizamos una invocación siendo transparente totalmente al usuario, ya que no puede diferenciar si la llamada se está realizando a un objeto remoto o a un objeto local.

Una de las características que ofrecen los objetos distribuidos (en nuestro caso RMI) es la posibilidad de invocar un objeto remoto sin conocer la ubicación de este, es decir, sin saber en que servidor se está ejecutando. Para realizar este proceso, como veremos más adelante, se utiliza una resolución de nombre (*naming*) que permiten al desarrollador invocar objetos por su nombre y no por la máquina en la que se encuentren. Para ello se realiza un registro en el servidor que asocia el objeto remoto con un nombre.

Pero concretamente la mayor diferencia, o mejor dicho, la mejor característica con respecto a RPC es la posibilidad de poder pasar una referencia a un objeto remoto como parámetro en nuestras funciones locales y, a su vez, de que pueda el objeto remoto retornar un nuevo objeto creado en la llamada remota. Por ejemplo:

```
Resultado=MiObjetoRemoto.metodo1(ObjetoRemoto)
```

o

```
Resultado=MiObjetoLocal.metodo(ObjetoRemoto)
```

De aquí, obtenemos que la mayor diferencia que existe sobre RPC es el permitir el paso de objetos entre el servidor y el cliente.

Podemos, por tanto, definir un objeto remoto Java como aquel objeto que se puede ejecutar en otra máquina virtual que, o bien está localizado en la misma máquina, o bien, en otra máquina que esté situada en otro punto de la red.

Los objetos remotos deben implementar las interfaces remotas definidas en Java para la ejecución de métodos remotos. Veremos dichas interfaces más adelante.

Arquitectura RMI

La arquitectura de RMI es un modelo de objetos distribuidos. Podemos desarrollar aplicaciones distribuidas utilizando un modelo distribuido pero no orientado a objetos.

Ya conocemos las principales diferencias entre el desarrollo orientado a objetos y el desarrollo sin objetos. Todas estas diferencias pueden ser aplicables a los modelos distribuidos orientados o no a objetos: la herencia, la encapsulación, etc.

Para comprender mejor cuál es el funcionamiento interno de RMI veamos primero la figura 15.1.

Como se puede ver en la figura el funcionamiento de RMI se basa en tres capas: capa de enlace, capa de referencia y capa de transporte.

Capa de enlace

Esta capa ofrece una interfaz entre los clientes y los servidores. Una vez que el cliente efectúa una referencia a la capa de enlace del cliente, le asegura la llamada remota y pasa esa referencia a la capa siguiente que será la encargada de gestionar esa referencia.

A la capa de enlace del cliente se le conoce como *stub* y a la capa de enlace del servidor como *skeleton*.

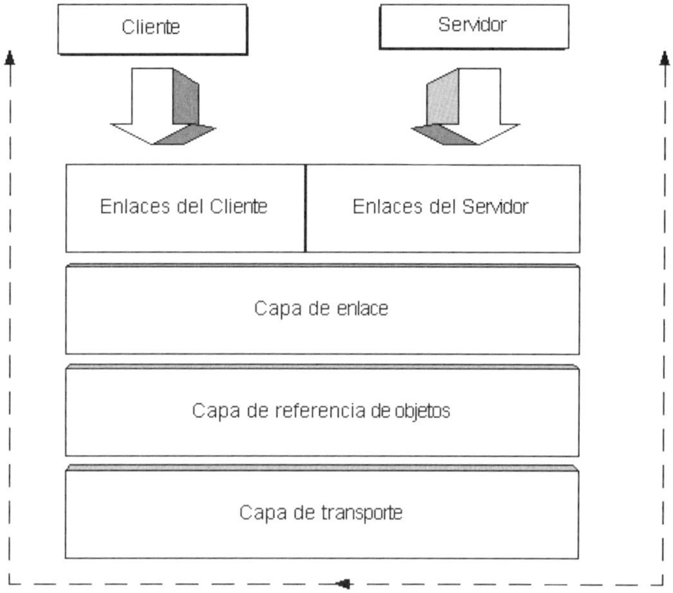

Figura 15.1. Arquitectura RMI.

Capa de referencia

Es la encargada de asegurar el funcionamiento de la referencia pasada en la capa de enlace. También se encarga de arrancar un nuevo servicio en el servidor, si fuese preciso y si el objeto ya existe, será la encargada de ejecutarlo.

Capa de transporte

Como su nombre indica, esta capa será la encargada de mantener la conexión entre el cliente y el servidor, por tanto, mantiene la conexión entre las dos máquinas virtuales que se utilizan.

La tabla de objetos remotos disponibles es creada y mantenida en esta capa. Si se crea un nuevo objeto remoto se debe insertar mediante esta capa en la tabla y notificárselo a la capa de referencia para que la puedan instanciar los objetos de las capas superiores.

Advertencia:

En Java, los objetos son pasados siempre por referencia, pero en RMI son pasados por copia, y no por referencia, debido a que la comunicación se realiza entre dos máquinas virtuales diferentes.

Nota:

*Los objetos en RMI son limpiados automáticamente por el recolector de basura (*garbage collector*), por tanto, nos despreocuparemos de la limpieza de estos en nuestros desarrollos.*

Búsqueda de enlaces

Utilizando RMI podremos crear clases que utilicen enlaces sin que estos, en ese momento, estén disponibles en la compilación. Esto es algo que facilita el desarrollo, ya que no tenemos porque tener cargados los enlaces para poder desarrollar la clase, pues RMI permite la carga dinámica de un enlace en forma de bytecode que la maquina virtual Java (JVM) del cliente es capaz de interpretar.

Tan sólo tenemos que tener la interfaz que, como bien sabemos, sólo cuenta con la descripción de los métodos y parámetros para poder desarrollar y compilar el código generado que utiliza la invocación de métodos remotos (RMI).

Eso sí, la interfaz para llamar a los métodos remotos tendrá que poder encontrar los enlaces para poder ejecutarlos.

El proceso que sigue la interfaz para buscar el enlace que le permita ejecutar el método remoto, es que busca ese objeto en local y, si no lo encuentra, es cuando busca el objeto que necesita para el enlace en una máquina servidora, que será en donde se encuentre el objeto, que permite la invocación del método de forma remota.

El enlace del servidor encontrado será remitido al cliente que es quien utiliza entonces el objeto. El proceso de búsqueda del enlace lo podemos apreciar en la figuras 15.2, 15.3, 15.4 y 15.5.

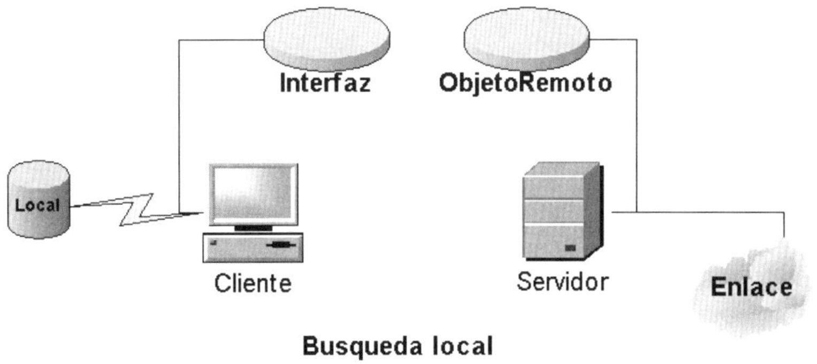

Figura 15.2. Búsqueda del enlace en local.

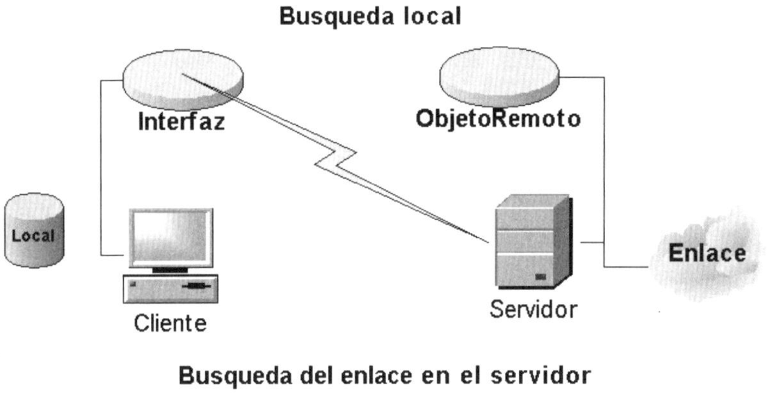

Figura 15.3. Búsqueda del enlace en el servidor.

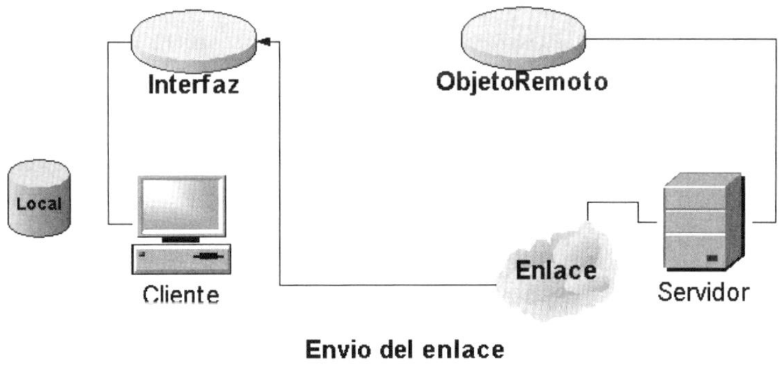

Figura 15.4. Envío del enlace.

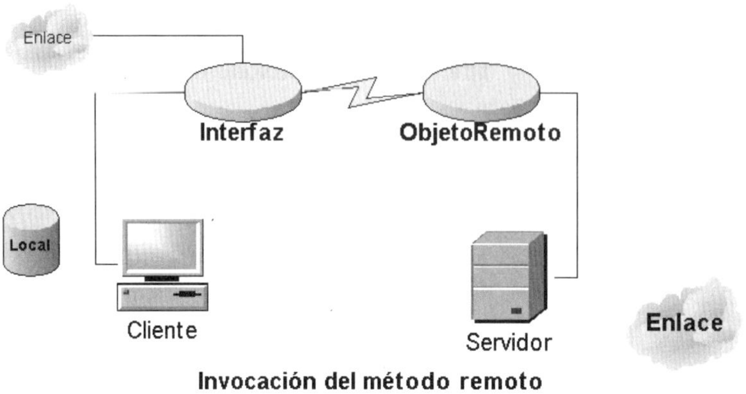

Figura 15.5. Invocación del método remoto.

Nota:

*Como hemos comentado, la diferencia entre RMI y RPC es la posibilidad de pasar como parámetro y obtener como resultado de la llamada un objeto. Para ello, Java utiliza un mecanismo de serialización que consiste en transformar un objeto, en una tira de bytes que es transportada a través de la red (*Marshalling*) y que posteriormente, en el destino, se vuelve a transformar en el objeto inicial* Unmarshalling*).*

La interfaz Remota

Como bien hemos comentado, para que un objeto pueda ser accedido, necesita utilizar una interfaz remota, por tanto, debe implementar dicha interfaz remota. Dentro del cuerpo de esta interfaz se debe declarar todo los métodos que puedan ser invocados de forma remota.

Como es una interfaz que va a ser accedida por objetos que están corriendo en otras máquinas debe ser declarada como pública. Si no declaramos una interfaz remota como pública, ningún objeto que desee acceder a ella lo podrá realizar.

RMI, para declarar una interfaz como remota, necesita que se "marque" de alguna manera. Para ello, utiliza la interfaz `java.rmi.Remote`. Si cogemos el código de la interfaz `java.rmi.Remote` podremos observar que tan sólo es una interfaz vacía y que no contiene ninguna declaración de métodos, ni parámetros. A estos tipos de interfaz se les conoce como interfaces de marcación.

Código de la interfaz Remote:

```
interface Remote{}
```

A todos los métodos que se incluyan en la interfaz remota tiene que especificar en la cláusula `throws` la excepción `java.rmi.RemoteException`. Esta excepción será lanzada si la conexión se pierde, o bien si en el momento de localizar el enlace no está el enlace en el servidor, bien porque esté el objeto remoto fuera de servicio o porque exista un error en la definición del enlace.

La clase del objeto remoto debe de cumplir una serie de normas:

1. Debe implementar al menos una interfaz remota, pudiendo, claro está, implementar más de una.
2. Debe heredar de la clase `UnicastRemoteObject` para definir un objeto no replicado y persistente, es decir, que se puedan invocar todos sus métodos remotos durante todo el periodo de tiempo en que esté el objeto remoto ejecutándose.
3. Puede heredar de una clase remota, por lo tanto, podemos tener una herencia distribuida.
4. Debe tener un constructor que será el encargado de llamar al constructor de la clase heredada (`UnicastRemoteObject`) para que éste pueda realizar las características descritas en el punto 2.
5. Se debe definir, claro está, el código de los métodos remotos.

Hasta ahora hemos visto la teoría de RMI, ahora pasaremos a la acción viendo cómo se implementa la interfaz remota, la clase remota y cómo desde un cliente, podemos efectuar una invocación de un método de forma remota.

Vamos a crear un ejemplo, que pasándole como parámetro a un objeto remoto nuestro `id` nos indique sobre qué máquina está ejecutándose el objeto remoto.

Lo primero que realizaremos será la interfaz remota:

```
import java.rmi.Remote;
import java.rmi.RemoteException;

public interface Identificacion extends Remote{
   public String identificar(String s) throws RemoteException;
}
```

Como se ve, el método remoto a invocar es `identificar()`, al cual se le pasa como parámetro un `String`. El Objeto que nos retorna es de tipo `String`. Si deseamos que retorne otro objeto, éste debe poder ser serializable, por tanto, si definimos un objeto de retorno nos debemos asegurar que es serializable, en otras palabras, que implemente la interfaz `java.io.Serializable` o `java.io.Externalizable` (si deseamos realizar la serialización dentro de la clase). La clase `String` implementa la interfaz `java.io.Serializable` y, por tanto, puede utilizarse como parámetro de un método remoto. Al final del capítulo, veremos más detalladamente estas dos interfaces.

Veamos ahora el código de la clase que implementa la interfaz remota.

```
import java.rmi.RemoteException;
import java.rmi.server.UnicastRemoteObject;

public class ObjetoIdentificador extends UnicastRemoteObject
   implements Identificacion {

   public ObjetoIdentificador() throws RemoteException{
      super();
   }

   public String identificar(String sujeto) throws
RemoteException{
      return " Se identifico al " + sujeto;
   }
}
```

La clase `ObjetoIdentificador` hereda de `UnicastRemoteObject` y, por tanto, en la clase se debe definir un constructor que realice una llamada al constructor de la superclase, que es `UnicastRemoteObject`, para que el objeto remoto sea capaz de poder aceptar peticiones de los clientes. La implementación del método `identificar()` es bastantes simple, ya que tan sólo retorna una cadena. Ya tenemos definida la interfaz remota y el objeto remoto que implementa dicha interfaz. Necesitamos tener un "servidor" del objeto remoto. Para ello, debemos implementar una clase aparte o bien incluir en el objeto remoto los métodos necesarios para que sean visibles por los clientes.

El código de la clase "servidor" que hemos llamado `ServidorIdentificación` es el siguiente:

```
import java.rmi.Naming;
import java.rmi.RMISecurityManager;

public class ServidorIdentificacion {

   public static void main(String args[]){
```

```
        System.setSecurityManager(new RMISecurityManager());
        try{
          ObjetoIdentificador objetoidentificador =
            new ObjetoIdentificador();
          Naming.rebind("//127.0.0.1/SerIdent", objetoidentificador);
          System.out.println("Se ha registrado el objeto servidor de
          identificacion");
        }
        catch(Exception e){
          e.printStackTrace();
        }
      }
    }
```

La máquina virtual de Java utiliza un mecanismo de seguridad para controlar la ejecución de los objetos remotos. El mecanismo se basa en el `SecurityManager`. En nuestro ejemplo se realiza una instanciación de la clase `RMISecurityManager` cuya función es controlar la invocación de los métodos remotos verificando las operaciones que éstos realizan.

Como hemos comentado, los clientes, cuando necesitan llamar a un objeto remoto, solicitan ese objeto remoto mediante un nombre. Este objeto debe estar registrado con ese nombre para que pueda ser llamado. RMI utiliza un registro para poder realizar el enlace entre el nombre del objeto y el objeto, para ello utiliza una base de datos de registro que es modificada cada vez que se desea dar de alta o baja a un objeto remoto.

Para poder relacionar el nombre del objeto con el objeto se utiliza el método `rebind()` de la clase `Naming`. Su sintaxis es la siguiente:

```
Naming.rebind(String url,Object nombre)
```

El parámetro `url` debe de ser un URL y debe de tener el siguiente formato:

```
[//host[:puerto]/]nombre
```

El parámetro `nombre` es el nombre que se le quiere dar al objeto, que no tiene nada que ver con la clase del objeto. Podemos darle cualquier nombre ya que para lo único que sirve es para asociar dicho nombre con el objeto remoto. El código correspondiente al registro en el ejemplo anterior es el siguiente:

```
Naming.rebind("//127.0.0.1/SerIdent", objetoidentificador);
```

Se ha asociado el nombre `"SerIdent"` con el objeto `objetoIdentificador`, que es el objeto remoto. Ya sólo nos queda implementar el código del cliente que realiza la invocación remota.

```
import java.rmi.Naming;
import java.rmi.RMISecurityManager;
```

```
public class ClienteID{

   public ClienteID(){
   }

   public static void main(String args[]){
      System.setSecurityManager(new RMISecurityManager());
      try{
         Identificacion oi = (Identificacion)Naming.lookup("//
         127.0.0.1/SerIdent");
         System.out.println("El servidor respondio: " +
         oi.identificar("Cliente 123"));
      }
      catch(Exception e) {
         System.out.println("El servidor no respondio");
         e.printStackTrace();
      }
   }
}
```

Como vemos, también debemos establecer un `SercurityManager` en el cliente. La forma de obtener un enlace con el objeto remoto es invocando al método `lookup()` de la clase `Naming` al cual se le pasa como parámetro el nombre del objeto remoto a utilizar. El formato del nombre es idéntico al del método `rebind()` que utilizaba la clase `ServidorIdentificacion` para registrar el objeto remoto. El proceso que se genera una vez que el objeto `ClienteID` realiza una invocación al método remoto `identificar()` es el siguiente:

1. El cliente realiza una referencia al `ObjetoIdentificador`, para ello, se lo solicita al registro RMI mediante el nombre "`SerIden`".
2. Se serializa el parámetro de entrada al método `identificar()` y se invoca al método remoto pasándole antes al cliente el enlace o referencia al método remoto.
3. Se ejecuta el método remoto en la máquina en donde está situado.
4. Se realiza el retorno y se devuelve hasta la referencia o enlace obtenido por el cliente en el paso 2.

Como es natural, existen otros muchos pasos que no he comentado, pero la ejecución de la invocación remota se puede reducir a estos cuatro pasos, para que así se vea mejor su funcionalidad.

Compilar

Una vez generadas los fuentes necesarios para el ejemplo, debemos compilar los fuentes.

Para el proceso de compilación debemos utilizar estas dos herramientas:

1. Compilador `javac`. Si estamos utilizando un IDE, compilaremos con el IDE.
2. Compilador `rmic`.

Lo primero que realizaremos será la compilación de los archivos fuentes que hemos desarrollado. Para ello, utilizaremos el compilador `javac`, compilaremos la interfaz remota, el objeto remoto, el cliente y el servidor.

Posteriormente, utilizaremos el compilador `rmic` para generar el fichero `stub` y el fichero `skeleton`. El fichero `stub` es la capa de enlace del cliente y el fichero `skeleton` es la capa de enlace del servidor.

Nota:

Desde la versión Java 2 v5.0 ya no es necesario utilizar la herramienta `rmic`*, ya que esta versión soporta la generación dinámica de las clases* `stub` *(se ha comentado, por si necesitamos crear aplicaciones con RMI anteriores a esta versión). Las clases* `skeleton` *desaparecieron en la versión 1.2 de Java, también se han comentado para tener constancia de las capas de enlace de cliente y servidor.*

En la parte cliente, se ha de situar la interfaz remota (`Identificacion`), la clase cliente (`ClienteID`) y el enlace del cliente o `stub` del cliente (`ObjetoIdentificador_Stub`), si utilizamos una versión anterior a Java 2 v5.0.

En la parte servidor debe situarse la interfaz remota (`Identificacion`) el objetoRemoto (`ObjetoIdentificador`) y la clase servidor (`ServidorIdentificacion`). Para versiones anteriores a 1.2 deberemos localizar el enlace del servidor o `skeleton` del servidor (`Objeto Identificador_Skel`).

Ejecutar el objeto remoto

Para la puesta en marcha del objeto remoto debemos utilizar alguna herramienta que nos permita el registro del objeto en el servidor. La herramienta que utiliza Java para el realizar el registro en RMI es `rmiregistry`.

El registro RMI, por defecto, escucha en el puerto `1099`. En ese puerto, recibirá el registro de objeto por parte de los servidores y permitirá a los clientes obtener la referencia de ese objeto a partir del nombre registrado. Su sintaxis es la siguiente:

```
rmiregistry [puerto]
```

Si deseamos que el registro RMI escuche en otro puerto se lo debemos especificar en el parámetro `puerto`.

Advertencia:

Para la ejecución de la herramienta `rmiregistry` *debemos tener instalado en nuestra máquina los servicios de red. De lo contrario, nos dará una excepción indicándonos que no es posible utilizar el registro en el servidor.*

Tenemos que tener en cuenta una cosa fundamental y es que la herramienta rmiregistry busca las clases de los objetos remotos mediante la variable de entorno `classpath`, si no lo encuentra no podrá acceder a la clase.

Una vez que tenemos el registro instanciado debemos lanzar la aplicación que inserta el objeto remoto en el registro y permite su instanciación desde el cliente, en nuestro caso es el `ServidorIdentificacion`.

Ya tan sólo nos queda lanzar el cliente que solicitará el objeto remoto utilizando el método `lookup()` de la clase `Naming`, en nuestro caso es la clase cliente es ClienteID.

Existe un problema en la ejecución de las clases `ClienteID` y `ServidorIdentificación` (en las clases del cliente y del servidor) y es que instancian a la clase `RMISecurityManager` y, por tanto, a partir de la versión 1.2 de Java (Java 2) se necesita utilizar un fichero que genere las políticas de seguridad para el registro de objetos remotos.

El fichero de políticas de seguridad tiene el nombre de `java.policy`. Este fichero contendrá las restricciones de seguridad que se deseen implementar.

El fichero utilizado en nuestro ejemplo es el siguiente:

```
grant
{  permission java.net.SocketPermission "*:1024-65535",   "connect,
accept";};
```

Como se puede apreciar se generan todas las políticas de seguridad utilizando `grant` y encerrando las reglas de seguridad entre los corchetes. En nuestro caso, vamos a permitir la conexión desde cualquier servidor (*) en el rango de puertos del 1024 al 65535.

Para indicarle a una aplicación que debe utilizar un fichero de políticas de seguridad se debe utilizar el parámetro `-D` del interprete (`java`). Para lanzar la aplicación del cliente y del servidor se debe ejecutar el intérprete con los siguientes parámetros:

```
java  -Djava.security.policy=<localizacion>java.policy  ClienteID
java -Djava.security.policy=< localizacion >java.policy Servidor
Identificacion
```

El parámetro `localizacion` será aquélla en la que esté ubicado el fichero `java.policy`.

Nota:

Para que funcione correctamente el ejemplo debemos modificar la variable de entorno `CLASSPATH`*, e indicarle donde están las clases compiladas antes de ejecutar la herramienta* `rmiregistry`*. Deberemos pasarle al intérprete* `java` *la ubicación del fichero* `java.policy`*. Si utilizamos un IDE como Eclipse, le indicaremos en los argumentos de la VM (*Virtual Machine*) con el parámetro* `-D` *la ubicación del fichero* `java.policy`*.*

Comunicación del cliente al servidor

Hasta ahora, hemos visto cómo un cliente puede realizar una invocación de un método remoto a un servidor. Pero hay veces que necesitamos que exista una comunicación entre el cliente y el servidor, por tanto, debemos crear los métodos remotos en el cliente para que desde un servidor se puedan invocar.

RMI utiliza un mecanismo que permite la invocación de métodos remotos desde un servidor a un cliente, para ello, debemos definir una serie de pasos:

1. Debemos definir la interfaz remota del cliente igual que la que hemos realizado hasta ahora en el servidor.
2. Se ha de llamar al método `exportObject()` de la clase `UnicastRemoteObject` pasándole como parámetro el objeto cliente en el que están implementados los métodos remotos.
3. Implementar los métodos remotos en el cliente.

El paso más importante es el segundo, ya que mediante una llamada al método `exportObject()` conseguimos que el servidor de objetos remoto sepa que existe el cliente remoto y, que por tanto, se puede obtener una referencia del objeto remoto del cliente, a partir de la referencia que obtuvo éste anteriormente, y realizar la llamada a los métodos remotos del cliente. La llamada al método `exportObject()` dentro de la aplicación cliente sería la siguiente:

```
UnicastRemoteObject.exportObject(this);
```

De esta forma podemos realizar aplicaciones, punto a punto, para la comunicación entre un servidor y un cliente de forma distribuida.

Serialización

Como hemos comentado, el mecanismo de serialización nos permite el envío de objetos distribuidos entre un servidor y un cliente. Este mecanismo transforma un objeto en una tira de bytes y viceversa.

Una vez generada la tira de bytes, podemos enviarla a través de la red, o bien, guardarla en un dispositivo de almacenamiento para después recuperar al objeto.

Por tanto, el mecanismo de serialización no sólo nos permite que los objetos puedan ser transportados a través de una red, sino que también exista persistencia en los objetos.

Para la serialización, se utiliza la clase `ObjectOutputStream`, que genera el flujo de serialización, y al mismo tiempo, para generar la deserialización se utiliza la clase `ObjectInputStream`.

La clase que deseemos serializar debe implementar, bien la interfaz `Serializable`, o bien la interfaz `Externalizable`. La interfaz `Serializable` realiza una serialización estándar mientras la interfaz `Externalizable` permite al desarrollador establecer cómo se va a crear el flujo a serializar y cómo debe reconstruirse.

Al igual que pasaba con la interfaz `Remote` la interfaz `Serializable` es una interfaz vacía y que tan sólo permite marcar la clase que la implementa como serializable. Sin embargo, la interfaz `Externalizable` obliga a la clase a implementar los métodos `writeExternal()` y `readExternal()`. El código de la interfaz `Externalizable` es el siguiente:

```
public interface Externalizable{
public void writeExternal (ObjectOutput out) throws IOException;
public void readExternal(ObjectInput in) throws IOException;
}
```

Si no deseamos serializar un miembro de una clase, debemos especificar que éste es del tipo `transient`. Supongamos, por ejemplo, que deseamos serializar una clase en la cual vamos a guardar los datos de un usuario y entre ellos está su código y password de entrada al sistema. Como se puede intuir en ningún caso nos interesará guardar el password de entrada. En este caso, podemos hacer dos cosas: una de ellas sería que la clase implementase la interfaz `Externalizable` y no serializar el password del usuario, o bien podemos declarar la variable password como `transient`.

Advertencia:

Si deseamos generar una clase que implemente la interfaz `Externalizable` *se debe implementar el constructor de la clase, ya que sin él no se podrá efectuar la lectura del objeto utilizando el método* `readExternal()` *desde la clase que desea deserializar el objeto.*

Veamos un ejemplo en el cual crearemos una clase `Persona` que será la que serializemos y deserializemos.

Desarrollaremos dos clases `Persona` una que implemente la interfaz `Serializable` y proteja los miembros que no se desean serializar utilizando `transient`, y otra clase `Persona` que implemente la interfaz `Externalizable`. La clase `Persona` que implementa la interfaz `Serializable` es la siguiente:

```
import java.io.Serializable;

public class Persona implements Serializable{

   private String nombre;
   private transient String password;

   Persona(String n,String p){
      this.nombre=n;
      this.password=p;
   }
   public String toString(){
      return "Nombre: "+nombre+" >>>>>>>>>  password: "+password;
   }
}
```

Como se puede observar la clase `Persona` tiene dos variables: `nombre` y `password`.

La variable nombre será serializable mientrás que la variable password no lo será.

Para serializar la clase Persona utilizaremos una clase llamada GuardarPersona que serializará el objeto. La implementación de la clase se muestra a continuación:

```
import java.io.FileOutputStream;
import java.io.ObjectOutputStream;

public class GuardarPersona{
   public static void main(String args[]){
      Persona persona=new Persona("Maria Jesus","miPassword");
      System.out.println("Antes de serializar: "+persona.toString());
      try{
         ObjectOutputStream obj=new ObjectOutputStream(
              new FileOutputStream("entrada01.log"));
         obj.writeObject(persona);
         obj.close();
      }
      catch(Exception e){
         e.printStackTrace();
      }
   }
}
```

Se realiza una instancia de la clase Persona y se guarda en el disco duro realizando una instancia de ObjectOutputStream. Mediante el método writeObject() escribimos el objeto "persona" que es de tipo Persona.

Cuando deseemos deserializar el objeto veremos que la variable password es nula ya que no se ha serializado. Para realizar la deserialización del objeto utilizamos la clase CargarPersona. Esta clase realizará el proceso inverso a GuardarPersona, es decir, instanciará un objeto de la clase ObjectInputStream y, para leer el objeto, utilizará el método readObject().

```
import java.io.FileInputStream;
import java.io.ObjectInputStream;

public class CargarPersona{
   public static void main(String args[]){
      try{
         ObjectInputStream input=new ObjectInputStream(
              new FileInputStream("entrada01.log"));
         Persona persona=(Persona)input.readObject();
         input.close();
```

```
            System.out.printf("Despues de deserializar: %s",persona.
            toString());
        }
        catch(Exception e){
            e.printStackTrace();
        }
    }
}
```

Como se puede apreciar, no existe ningún mecanismo para serializar un objeto de la clase `Persona` ya que al implementar la interfaz `Serializable` el mecanismo de serialización se realiza de forma automática.

Vamos a ver ahora una clase `Persona` que implementa la interfaz `Externalizable`.

```
import java.io.Externalizable;
import java.io.IOException;
import java.io.ObjectInput;
import java.io.ObjectOutput;

public class PersonaExternializable implements Externalizable{

    private String nombre;
    private String password;

    public PersonaExternializable(){
    }

    public PersonaExternializable(String nombre,String password){
        System.out.println("ejecutando constructor");
        this.nombre=nombre;
        this.password=password;
    }

    public String toString(){
        return "Nombre: "+nombre+" >>>>>>>>> password: "+password;
    }

    public void writeExternal(ObjectOutput out) throws
IOException{
        System.out.println("ejecutando write external");
        out.writeObject((String)nombre);
    }
    public void readExternal(ObjectInput in)
        throws IOException,ClassNotFoundException{
        System.out.println("ejecutando read external");
        nombre=(String)in.readObject();
    }
}
```

Aquí tenemos que definir en los métodos `writeExternal()` y `readExternal()` qué es lo que se debe serializar. Si no se guarda nada no se serializa ninguna propiedad del objeto. Si serializamos algo en un orden, se debe deserializar en ese mismo orden, en otras palabras los métodos `writeExternal()` y `readExternal()` deben guardar y leer los objetos en el mismo orden.

Como se ve, estamos obligados a incluir un constructor a la clase, en nuestro caso hemos puesto uno que no realiza ninguna función.

Si se realiza una prueba sin el constructor se podrá serializar el objeto pero no se podrá deserializar ya que el método `readExternal()` nos producirá una excepción del tipo `InvalidClassException`.

Para realizar una prueba con la nueva clase `PersonaExternializable` que implementa la interfaz `Externalizable`, vamos a crearnos dos clases muy parecidas a las clases `GuardarPersona` y `CargarPersona` descritas anteriormente. Estas dos nuevas clases se llamarán `GuardarPersonaExternializable` y `CargarPersonaExternializable`:

```
import java.io.FileOutputStream;
import java.io.ObjectOutputStream;

public class GuardarPersonaExternializable{

   public static void main(String args[]){
      PersonaExternializable persona=
new PersonaExternializable("Maria Jesus","miPassword");
      System.out.println("Antes de serializar: "+persona.toString());
      try{
         ObjectOutputStream obj=new ObjectOutputStream(
               new FileOutputStream("entrada02.log"));
         obj.writeObject(persona);
         obj.close();
      }
      catch(Exception e){
         e.printStackTrace();
      }
   }
}
import java.io.FileInputStream;
import java.io.ObjectInputStream;

public class CargarPersonaExternializable {
   public static void main(String args[]){
      try{
         ObjectInputStream input=new ObjectInputStream(
               new FileInputStream("entrada02.log"));
```

```
            PersonaExternializable  persona=(PersonaExternializable)
            input.readObject();
            input.close();
            System.out.printf("Despues de deserializar: %s",persona.
            toString());
        }
        catch(Exception e){
            e.printStackTrace();
        }
    }
}
```

Capítulo 16

Enterpise JavaBeans (EJB)

En este capítulo aprenderá a:

- Las características de un EJB.
- La arquitectura de un EJB.
- Los diferentes tipos de EJB que existen.
- Los componentes de un EJB.
- La creación de aplicaciones con EJB.

Introducción

La tecnología EJB, al igual que las tecnologías JSP y Servlet, se integran en la plataforma Java 2 Enterprise Edition (J2EE o próximamente Java EE). Sun Microsystems, mediante los componentes EJB apuesta por la incorporación de Java en el lado del servidor.

Los Entreprise JavaBeans son objetos distribuidos que se ejecutan dentro de un contenedor de EJB. El contenedor EJB estará incluido en un servidor de aplicaciones. Existen muchos servidores de aplicaciones que siguen el estándar EJB definido por Sun, nosotros utilizaremos el servidor de aplicaciones JBoss como contenedor EJB.

Los servidores de aplicaciones permitirán realizar el despliegue de EJB (*deploy*) y, serán los encargados de manejar la escalabilidad, la transaccionalidad y la seguridad de los componentes desplegados.

Los servidores de aplicaciones que sigan el estándar de Sun, permiten a un desarrollador crear un EJB que va a ser totalmente exportable de un servidor de aplicaciones a otro, esto claro está cumple con la filosofía de Sun "*Write Once, Run Anywhere*".

Como hemos comentado anteriormente, un EJB es un objeto desplegado en un servidor de aplicaciones, que ofrecerá sus servicios de forma distribuida. Con RMI podíamos tener también objetos distribuidos, la diferencia principal entre un objeto RMI y un objeto EJB, es que la transaccionalidad y la seguridad son implementadas dentro del contenedor de EJB, mientras que en un objeto RMI deberíamos implementarlas. Si no utilizamos ninguna de las características que nos ofrece el servidor de aplicaciones, podemos perfectamente utilizar objetos RMI. Hay que tener en cuenta que los EJB son distribuidos, porque son accedidos vía RMI.

Características

A continuación se incluyen las principales características de un componente EJB:

1. **Distribuidos:** Debido a que son objetos distribuidos, el rendimiento es bastante bueno y dependerá principalmente del servidor de aplicaciones que estemos utilizando, o sea del contenedor donde se esté ejecutando el EJB.

2. **Escalabilidad:** Un EJB, por ser distribuido, es totalmente escalable. Si un servidor no puede dar soporte a un determinado número de clientes, se añaden más máquinas a la arquitectura y ya tenemos solucionado el problema.
3. **Seguridad:** A un EJB se le pueden asignar usuarios y roles de acceso.
4. **Transacciones:** El EJB puede realizar perfectamente transacciones distribuidas.
5. **Reutilización:** Como hemos comentado anteriormente, un componente EJB (un objeto distribuido) puede ser usado en diferentes servidores de aplicaciones (contenedores).
6. **Balanceo de carga:** Si una máquina en algún momento está sobrecargada o esta apagada (por cualquier motivo), los clientes podrán acceder a otra máquina que contenga los EJB que desean utilizar.

Arquitectura multicapa

En los sistemas distribuidos podemos encontrar el desarrollo dividido en varias capas, concretamente se divide en tres capas principales:

1. **Capa de presentación:** Es, como su nombre indica, la capa que interacciona directamente con el usuario: páginas JSP, Servlets, Swing, AWT, etc.
2. **Capa para la lógica del negocio:** Es sin duda la capa más importante, y en ella se implementan las principales funcionalidades de la aplicación. Dentro de esta capa, se encuentran los componentes EJB que serán los encargados de llevar toda la lógica de negocio de la aplicación, o por lo menos, serán los responsables de ejecutar esa lógica de negocio.
3. **Capa de datos:** En esta capa se incluyen los componentes de acceso a las bases de datos, que contendrá toda la información de la aplicación: JDBC, Hibernate, etc.

En la figura 16.1 podemos ver el gráfico de una arquitectura multicapa.

Siempre que desarrollemos aplicaciones distribuidas basándonos en el paradigma cliente/servidor y lo hagamos utilizando varias capas bien definidas, obtendremos unos rendimientos muy buenos, ya que lo que hacemos es convertir un problema grande en procesos pequeños dentro de la aplicación distribuida.

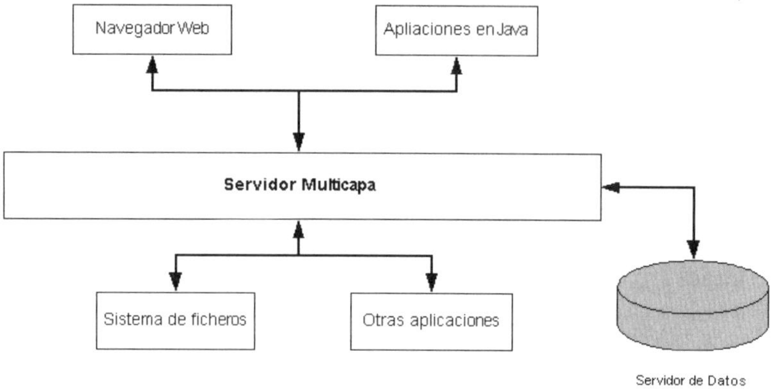

Figura 16.1. Arquitectura multicapa.

En la figura 16.2 se puede apreciar el diseño de una arquitectura de tres capas que cumple con la normativa de la arquitectura J2EE.

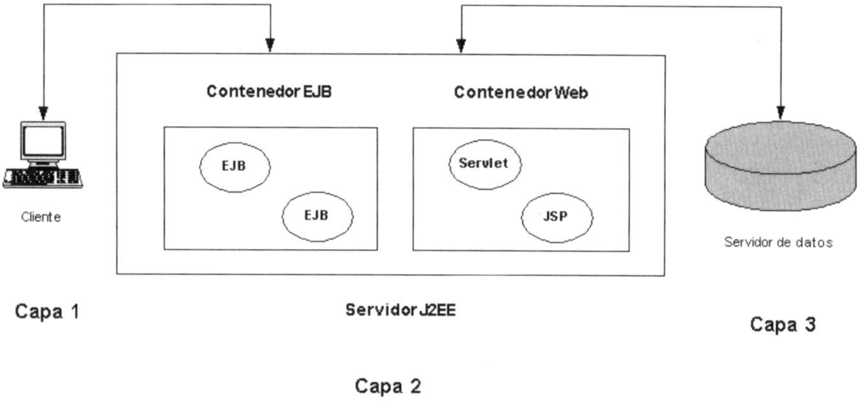

Figura 16.2. Arquitectura de tres capas.

Arquitectura EJB

Como veremos más adelante, existen tres tipos de EJB, los EJB de entidad (*Entity Beans*), los EJB de sesión (*Session Bean*) y los EJB orientados a mensajes (*Message Driven*). Como su nombre bien indica, los EJB de sesión están pensados para mantener los datos de un proceso durante el periodo de tiempo que dure una sesión. Esta sesión la creará un cliente y luego se destruirá, con lo cual también se destruirá el EJB.

Esta destrucción podrá venir dada por muchas circunstancias, una de ellas podría ser la caída del servidor de aplicaciones, con lo cual los datos del EJB se perderían.

Los EJB entidad no tienen asociada ninguna sesión, sino que están almacenados en un sistema persistente (base de datos), por lo tanto, una caída del sistema no les afectaría, ya que, como veremos más adelante, se recuperaría su estado después de la última transacción efectuada.

Los EJB de sesión están asociados a un cliente, y por tanto, son utilizados por este, sin embargo, los EJB entidad suelen ser utilizados por más de un cliente.

Los EJB entidad están relacionados, en la mayoría de las aplicaciones distribuidas, con los EJB de sesión, ya que los clientes se comunican con un EJB de sesión y éstos se comunican a su vez con los EJB entidad.

Al igual que cuando desarrollábamos un objeto RMI, los EJB deben llevar una serie de clases e interfaces asociadas:

1. **Interfaz Remote:** Es la interfaz remota que define al EJB y es, por tanto, la interfaz que instancia el cliente. Esta interfaz se sitúa entre el cliente y el EJB, y es la encargada de gestionar la seguridad y las transacciones.
2. **Interfaz Home:** Es la interfaz que realiza el proceso de creación del EJB, retornando al cliente que la utilice la interfaz remota asociada.
3. **Bean:** Es la clase que implementa los métodos del EJB, por tanto, contendrá todos los métodos que realicen el proceso de la lógica del negocio de la aplicación.

Truco:

Como recomendación, debemos utilizar los EJB sólo cuando deseemos tener transacciones distribuidas entre diferentes aplicaciones (servidores de aplicaciones), y las características de los EJB cumplan con los requerimientos de la arquitectura: escalabilidad, transaccionalidad, seguridad, uso de objetos distribuidos y portabilidad. De lo contrario, debemos utilizar otra alternativa. Con esto lo que se intenta es advertir que no confundamos J2EE con EJB, ni EJB con J2EE.

4. **Descriptor de despliegue (*deployment descriptor*):** Contiene el fichero de descripción del EJB. Es un fichero XML. JBoss utiliza dos ficheros como descriptores de despliegue: `ejb-jar.xml` y `jboss.xml`. El primero cumple el estándar y es compatible con otros servidores de aplicaciones, y el segundo es específico de JBoss y no es compatible con otros servidores de aplicaciones. Dentro de este fichero se pueden incluir: el tipo de transacción que va a realizar cada método del EJB, si deseamos que el contenedor de EJB controle las transacciones, los roles de acceso, etc.

EJB de Sesión (Session Bean)

Los EJB de sesión son los encargados de interactuar con el cliente, son en realidad la capa de comunicación del cliente con el servidor de aplicaciones. Existen dos tipos de EJB de sesión: los EJB de sesión sin estado y los EJB de sesión con estado.

Los EJB de sesión sin estado (*stateless*) son EJB que no tienen ningún estado asociado y, por tanto, no guardan ningún estado entre invocaciones del mismo cliente. Una de sus principales ventajas con respecto a los EJB de sesión con estado (*statefull*), es que son más eficientes, debido a que no guardan ningún estado.

Los EJB de sesión con estado (*statefull*) están pensados para guardar un estado y, por tanto, están pensados para ser utilizados por un solo cliente que desea usar la misma instancia del EJB en más de una ocasión. Cuando un EJB de este tipo lleva mucho tiempo sin utilizarse, el contenedor de EJB realiza un mecanismo de pasivación. Este mecanismo lo que realiza es una serialización del objeto para liberarlo de la memoria y, por tanto, todo EJB con estado debe ser serializable. Cuando el EJB se va a serializar, se llama al método `ejbPassivate()` y se serializan todos aquellos miembros que deseemos serializar.

Si el EJB no es serializable, la llamada al método `ejbPassivate()` destruirá el EJB.

Cuando se desea activar el EJB, es decir, establecer de nuevo su estado, se llama al método `ejbActivate()`.

En el momento en que un EJB de sesión es creado, se llama al método `ejbCreate()`, cuando se destruye el EJB, se llama al método `ejbRemove()`.

En las figuras 16.3 y 16.4 podemos observar los ciclos de vida de un EJB de sesión con estado y de un EJB de sesión sin estado respectivamente.

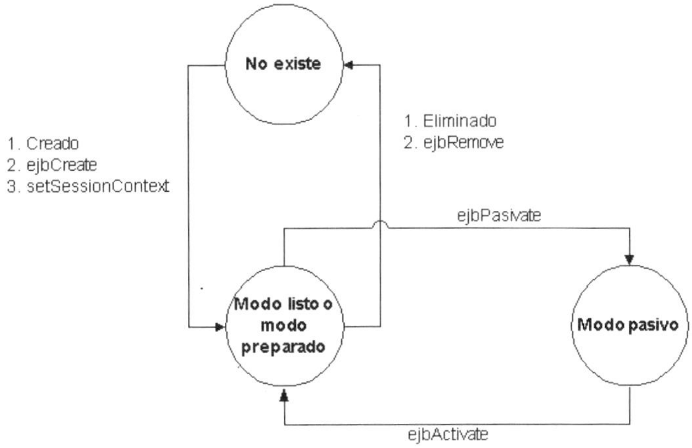

Figura 16.3. Ciclo de vida de un EJB de sesión con estado.

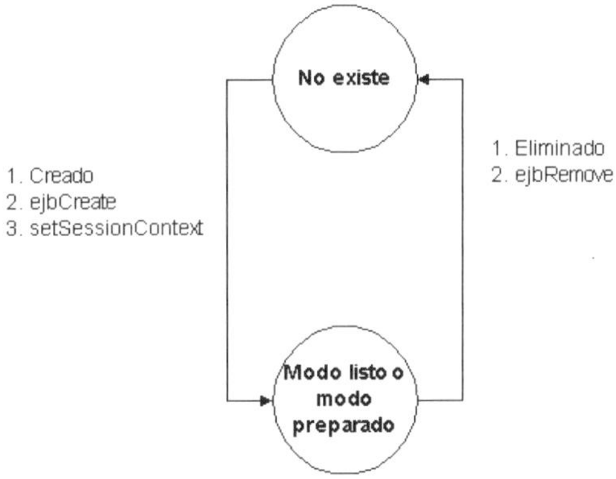

Figura 16.4. Ciclo de vida de un EJB de sesión sin estado.

EJB Entidad (Entity Bean)

Los EJB entidad o (*entity bean*) son aquellos que se guardan en una base de datos y, por tanto, son totalmente persistentes. La ventaja frente a un EJB de sesión es que, si por causas ajenas (por ejemplo un corte de luz) el servidor de aplicaciones se para, los EJB de sesión que actualmente se estén ejecutando se destruyen y, por tanto, pierden su contenido, sin embargo, los EJB entidad al guardarse en una sistema persistente no pierden nunca su contenido, sino que, cuando se vuelva a lanzar el servidor de aplicaciones, el EJB entidad recuperará la información desde la última transacción realizada.

La forma en la que se guardan en la base de datos depende de cada servidor de aplicaciones, lo normal es que se guarden dentro de una tabla en una base de datos relacional. En este caso cada EJB será una tabla dentro de la tabla, y a cada uno de ellos se le asignará una clave primaria (*primary key*) para que los clientes (como puede ser un EJB de sesión) puedan acceder a ellos y obtener sus datos.

Debido a que los EJB entidad se guardan en una tabla con una clave primaria, si intentamos crear un EJB entidad con un identificador que ya esté incluido en la tabla, obtendremos una excepción del tipo `DuplicateKeyException`. Una vez que tenemos insertado el EJB dentro de la tabla, lo podrán obtener los clientes que lo deseen utilizado el método `findByPrimaryKey()`:

```
EJBObject findByPrimaryKey(Object identificadorEJB)
```

La persistencia dentro de la base de datos nos la genera el servidor de aplicaciones, aunque, como es normal, también podemos implementarla nosotros, para ello, debemos implementar los métodos `ejbLoad()` y `ejbStore()`.

El ciclo de vida de un EJB entidad lo podemos observar en la figura 16.5:

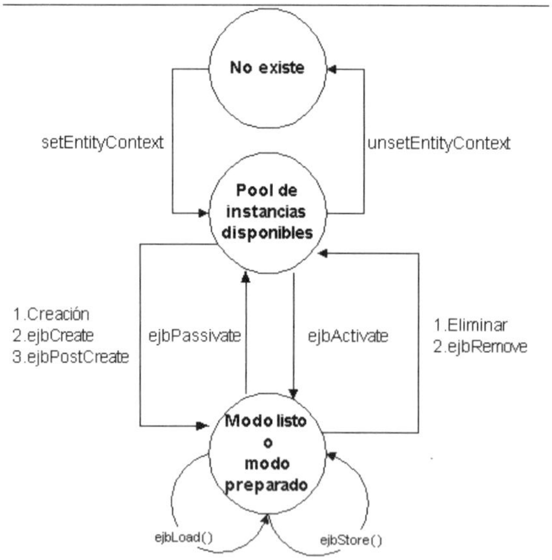

Figura 16.5. Ciclo de vida de un EJB entidad (Entity Bean).

Como comentamos anteriormente, una de las características de un EJB son las transacciones, que pueden ser controladas por el contenedor o manualmente.

Si deseamos controlar las transacciones, debemos obtener del contexto del EJB la interfaz `UserTransaction` mediante el método `getUserTransaction()`, que está incluido en la interfaz `EJBContext`. En la interfaz `UserTransaction` se definen los métodos necesarios para trabajar con transacciones: `begin()`, `commit()`, `getStatus()`, `rollback()`, `setRollbackOnly()` y `setTransactionTimeout()`. Si deseamos que sea el contenedor el encargado de controlar las transacciones, debemos especificárselo en el descriptor de despliegue del EJB, indicándole cómo se debe comportar cada método del EJB para realizar las transacciones: si se desea una transacción nueva, si no puede usar transacciones, etc. Veamos un ejemplo, en el cual, dentro del método `setSessionContext (SessionContext)` obtengamos una referencia privada del contexto del EJB:

```
private SessionContext contextoSesion;
public void setSessionContext(SessionContext contextosesion){
  this.contextoSesion=contextosesion;
}
...
Transaction miTransacion=contextSesion.getUserTransaction();
...
//Invalidamos la transacción
miTransacion.setRollbackOnly();
```

EJB orientados a Mensajes

Este tipo de EJB recibirá mensajes de otro sistema de forma asíncrona, por tanto, se quedará a la esperar de recibir mensajes.

Los EJB orientados a mensajes se llaman *Message Driven*, y son invocados y manejados por el contenedor de EJB. Cuando desde un cliente se genera un mensaje, el contenedor es el responsable de activar el EJB y, de forma asíncrona transportará el mensaje al EJB.

Ejemplo uso EJB de sesión

Veamos ahora un ejemplo de creación de un EJB de sesión sin estado. Para ello vamos a crearnos un gestor de órdenes que será el responsable de:

- Enviar una orden.
- Generar un identificador de orden, una vez que esta es procesada.
- Identificar qué gestor de órdenes ha procesado la orden.

Creación del EJB de sesión

Para realizar la funcionalidad del ejemplo, lo primero que crearemos es un EJB de Sesión. Esta creación conlleva crear los siguientes ficheros:

- **Interfaz EJBHome:** Crearemos la interfaz `GestorOrdenesHome`.
- **Interfaz EJBObject:** Crearemos la interfaz `GestorOrdenes`, que contendrá el método `insertarOrden()`.
- **Creación del Bean de Sesión:** Crearemos el Bean de sesión (EJB de sesión) `GestorOrdenesBean`.

Nota:

Para la creación del ejemplo, debemos añadir la librería `jboss-j2ee.jar`*, incluida en el directorio* `$JBOSS_HOME/serverer/default/lib` *del servidor de aplicaciones JBoss, dentro del IDE con el que desarrollemos. Esta librería incluye la implementación J2EE de las clases necesarias para el ejemplo.*

Creación de la interfaz EJBHome

Para crear la interfaz `GestorOrdenesHome`, debemos extender de la clase `EJBHome`, ya que es la que definirá los métodos `create()` para construir nuestro EJB. Una vez que tenemos creada la interfaz, el cliente ya podrá efectuar las llamadas al método `create()`, utilizando el mecanismo JNDI (*Java Naming and Directory Interface*).

El código de esta interfaz es el siguiente:

```
import java.rmi.RemoteException;
import javax.ejb.CreateException;
import javax.ejb.EJBHome;

public interface GestorOrdenesHome extends EJBHome{
   public GestorOrdenes create() throws CreateException,Remote
   Exception;
}
```

En nuestro caso sólo se ha implementado un método `create()`, pero podíamos haber implementado más de un método `create()`.

Creación de la interfaz EJBObject

La clase `EJBObject` es la que contiene todos los métodos que forman la lógica del negocio que vayamos a utilizar. La interfaz que hereda de la clase `EJBOjbect` se llama `GestorOrdenes`. En nuestro caso contendrá sólo el método `insertarOrden()`, que será el responsable de insertar la orden en el sistema, rellenar el campo de identificación de la orden, e insertar el identificador del gestor que ha procesado la orden.

El código de la clase `GestorOrdenes` es el siguiente:

```
import java.rmi.RemoteException;
import javax.ejb.EJBObject;

public interface GestorOrdenes extends EJBObject{
  public Orden insertarOrden(Orden orden) throws RemoteException;

}
```

El cliente utilizará esta interfaz remota como si el EJB estuviese situado en local, siendo totalmente transparente para él la localización exacta del EJB.

El código del objeto `Orden` es el siguiente:

```
import java.io.Serializable;

public class Orden implements Serializable{

  private long idOrden;
  private int clienteId;
  private double valor;
  private String gestorId;

  public int getClienteId() {
    return clienteId;
  }
  public void setClienteId(int clienteId) {
    this.clienteId = clienteId;
  }
  public long getIdOrden() {
    return idOrden;
  }
  public void setIdOrden(long idOrden) {
    this.idOrden = idOrden;
  }
  public double getValor() {
    return valor;
  }
  public void setValor(double valor) {
    this.valor = valor;
  }
  public String getGestorId() {
    return gestorId;
  }
```

```
      public void setGestorId(String gestorId) {
         this.gestorId = gestorId;
      }

   }
```

Creación del EJB de sesión

Para finalizar el EJB de sesión `GestorOrdenes` debemos crear el EJB que contenga la implementación de los métodos que componen la lógica del negocio.

A esta clase se le ha llamado `GestorOrdenesBean` y se ha implementado el método `ejbCreate()` y los métodos definido en la interfaz `EJBObject`, descrita en el punto anterior.

Dentro del método `ejbCreate()` se ha obtenido el identificador del gestor de órdenes del descriptor de despliegue (fichero `ejb-jar.xml`), que comentaremos más adelante.

El código de esta clase es el siguiente:

```
   import javax.ejb.CreateException;
   import javax.ejb.SessionBean;
   import javax.ejb.SessionContext;
   import javax.naming.InitialContext;
   import javax.naming.NamingException;

   public class GestorOrdenesBean implements SessionBean{

      private String gestorId; //Identificador del gestor de ordenes.

      public void ejbCreate() throws CreateException{
         try{
            this.gestorId=(String)
   new InitialContext().lookup("java:comp/env/GestorOrdenes");
         }
         catch(NamingException e){
            throw new CreateException("Identificador del Gestor no
            obtenido.");
         }

      }

      public Orden insertarOrden(Orden orden){
         //Establecemos el Identificador del Gestor.
         orden.setGestorId(this.gestorId);
         //Establecemos el número de orden.
         orden.setIdOrden(System.currentTimeMillis());
```

```
        return orden;
    }


    public void setSessionContext(SessionContext ctx) {}
    public void ejbRemove() {}
    public void ejbActivate() {}
    public void ejbPassivate() {}

}
```

Como se puede ver, hay muchos métodos a los que no se ha incluido ninguna implementación, debido a que para este ejemplo no es necesario.

Para obtener el contexto del servidor utilizamos una instancia de la clase `InitialContext`, de esta forma podemos obtener los objetos existentes dentro del contenedor utilizando JNDI, para ello, realizaremos una búsqueda mediante el método `lookup()`. Dentro del método `ejbCreate()` hemos buscado "`java:comp/env/GestorOrdenes`" que es la propiedad que identifica el gestor de órdenes.

Nota:

Al igual que ocurría en RMI, los objetos son pasados por copia y no por referencia, de ahí que en vez de modificar el objeto `Orden`*, lo retornemos.*

Creación del descriptor de despliegue

El descriptor de despliegue es utilizado por el contenedor para identificar que objetos se quieren dar de alta, y con que propiedades. Debemos indicar dónde están localizadas las clases del gestor de órdenes, la seguridad, si tiene o no transaccionalidad, etc.

El fichero descriptor de despliegue es el siguiente:

```
<ejb-jar>
 <description>Gestor de Ordenes</description>
 <display-name>GestorOrdenes de ejemplo</display-name>
 <enterprise-beans>
   <session>
     <ejb-name>GestorOrdenes</ejb-name>
     <home>com.anaya.java5.cp16.GestorOrdenesHome</home>
     <remote>com.anaya.java5.cp16.GestorOrdenes</remote>
     <ejb-class>com.anaya.java5.cp16.GestorOrdenesBean</ejb-
     class>
```

```
          <session-type>Stateless</session-type>
          <transaction-type>Container</transaction-type>
          <env-entry>
             <env-entry-name>GestorOrdenes</env-entry-name>
             <env-entry-type>java.lang.String</env-entry-type>
             <env-entry-value>Gestor  1</env-entry-value>
          </env-entry>
       </session>
    </enterprise-beans>
    <assembly-descriptor>
       <security-role>
          <role-name>guest</role-name>
       </security-role>
       <method-permission>
          <description>Acceso usuario guest al metodo insertarOrden()</
          description>
          <role-name>guest</role-name>
          <method>
             <ejb-name>GestorOrdenes</ejb-name>
             <method-name>insertarOrden</method-name>
          </method>
       </method-permission>
       <container-transaction>
          <description> Transacciones EJB Gestor Ordenes</description>
          <method>
             <ejb-name>GestorOrdenes</ejb-name>
             <method-name>insertarOrden</method-name>
          </method>
          <trans-attribute>Supports</trans-attribute>
       </container-transaction>
    </assembly-descriptor>
  </ejb-jar>
```

Dentro de la etiqueta "`env-entry`" insertaremos el identificador del gestor de órdenes, que posteriormente será obtenido dentro del método `ejbCreate()` del EJB.

Este fichero lo llamaremos `ejb-jar.xml` y lo incluiremos dentro de la carpeta `META-INF`, quedando la siguiente estructura de carpetas:

```
com  -- contendrá las clases
   --com.anaya.java5.cp16.GestorOrdenes.class
   --  com.anaya.java5.cp16.GestorOrdenesHome.class
   --  com.anaya.java5.cp16.GestorOrdenesBean.class
   --  com.anaya.java5.cp16.Orden.class
META-INF -- contendrá el fichero ejb-jar.xml
```

Comprimiremos las dos carpetas (`com` y `META-INF`), y crearemos el fichero JAR que llamaremos `GestorOrdenes.jar`.

Ejecución en JBoss

Una vez que hemos descargado el servidor de aplicaciones de la Web www.jboss.org y lo hemos instalado, para realizar el despliegue tan sólo tendremos que ubicar el fichero `GestorOrdenes.jar` dentro del directorio `$JBOSS_HOME/server/default/deploy` y arrancar el servidor de aplicaciones. Existen otros servidores de aplicaciones que utilizan, o poseen, herramientas para realizar el despliegue (*deploy*) como son: IONA, Weblogic, WebSphere, etc.

Creación del cliente

Una vez que hemos creado el EJB, y lo hemos desplegado (*deploy*) en el servidor de aplicaciones JBoss, vamos a crear un cliente que realice una llamada al servidor de aplicaciones, envíe una orden y muestre los identificadores modificados por el gestor de órdenes (EJB de sesión):

```
import java.util.Properties;
import javax.naming.InitialContext;
import javax.rmi.PortableRemoteObject;

public class ClienteEnvioOrdenes {

   public static void main(String[] args){
      Properties env = new Properties();
      //Definimos las propiedades JNDI
      env.setProperty("java.naming.factory.initial",
           "org.jnp.interfaces.NamingContextFactory");
      env.setProperty("java.naming.provider.url",    "localhost:
      1099");
      try{
         //Obtenemos el contexto.
         InitialContext jndiContext = new InitialContext(env);
         //Obtenemos la referencia al EJB
         Object ref  = jndiContext.lookup("GestorOrdenes");

         //Obtenemos la interfaz Home.
         GestorOrdenesHome home = (GestorOrdenesHome)
         PortableRemoteObject.narrow (ref, GestorOrdenesHome.class);

         //Crear el objeto GestorOrdenes.
         GestorOrdenes gestor = home.create();

         //Rellenamos la Orden.
         Orden orden=new Orden();
```

```
            orden.setClienteId(120340);
            orden.setValor(1000);

            // Llamamos a la función insertarOrden().
            //El objeto es pasado por copia, por tanto, asignamos el
            retorno a orden
            //para tener de nuevo la referencia del objeto.
            orden=gestor.insertarOrden(orden);

            //Visualizamos el identificador del Gestor de Ordenes.
            System.out.printf("Identificador del Gestor: %s\n",orden.get
            GestorId());

            //Visualizamos el identificador de la orden retornado por
            el EJB.
            System.out.printf("Identificador de la orden: %s",orden.get
            IdOrden());

          }catch(Exception e){
            e.printStackTrace();
            }
        }

    }
```

Mediante el objeto `env`, que es de tipo `Properties`, definimos las propiedades de conexión al servidor de aplicaciones. Tendremos que utilizar, al igual que ocurría en el método `ejbCreate()` del EJB, una instancia de `InitialContext` pasándole dichos parámetros, y luego, vía JNDI obtendremos el objeto `GestorOrdenes` del servidor de aplicaciones, utilizando el método `lookup()`.

Advertencia:

Uno de los parámetros fundamentales para la búsqueda del contexto es "`java.naming.factory.initial`", *en nuestro caso hemos especificado la clase* "`org.jnp.interfaces.NamingContextFactory`", *por tanto, tenemos que tener incluida la clase en nuestro proyecto antes de lanzar el cliente, de lo contrario nos dará una excepción del tipo* `javax.naming.NotInitialContextException`, *indicándonos que no ha encontrado la clase* `org.jnp.interfaces.NamingContextFactory`. *Esta clase está situada dentro de la librería* `jbossall-client.jar` *localizada en el directorio* `$JBOSS_HOME/client`.

Apéndice

Contenido del CD-ROM

Con este libro se incluye un CD-ROM en el cual se encuentra el código de los ejemplos utilizados en cada uno de los capítulos y un gran número de aplicaciones.

A continuación, se describirá la estructuración de los directorios y, una por una, se verán todas las aplicaciones que se incluyen en el CD-ROM.

Contenido del CD-ROM

Dentro del CD- ROM existen los siguientes directorios:

- **Ejemplos:** En él se encuentran todos los ejemplos que hemos desarrollado en los diferentes capítulos de los que consta el libro.
- **Frameworks:** En él se han insertado los *frameworks* comentados en este libro: Struts y JUnit.
- **Herramientas:** Aquí se encuentran las herramientas Maven y JUnitDoclet.
- **IDE:** Se ha incluido como IDE el popular Eclipse. También se adjuntan dos plug-ins muy útiles para el desarrollo de algunos de los capítulos de este libro.
- **JDK:** Se encuentran el *kit* de desarrollo (JDK – J2SE) 1.5 update 4 para la plataforma Microsoft Windows y para Linux, junto con su documentación. También se ha incluido la versión 1.4.02 del *kit* de desarrollo para J2EE.
- **Servidores:** En esta carpeta se incluyen tres servidores:
    1. **Servidor de aplicaciones:** Se ha incluido la versión 4.0.2 de JBoss como servidor de aplicaciones. También se ha incluido el IDE JBoss 1.5M1 basado en Eclipse.
    2. **Servidor Web:** Se ha incluido la versión 5.5.9 del servidor Web Apache Tomcat.
    3. **Servidor de base de datos:** Se ha incluido la versión 1.2.3 del sistema gestor de base de datos SimpleSQL.

Ejemplos

Todos los ejemplos de los capítulos de este libro se han incluido dentro de la carpeta Ejemplos.

Cada capítulo se ha incluido dentro de una carpeta. Todos ellos, a excepción del capítulo dedicado a JNI, pueden ser administrados con la herramienta Maven, para ello, se ha creado, un fichero `project.xml` que describe el contenido y estructuración de cada capítulo.

Para el capítulo dedicado a JNI, se han creado unos ficheros por lotes (.bat), que permiten realizar los procesos de compilación y ejecución.

Frameworks

Dentro de los capítulos dedicados a Struts y JUnit, se describen los *frameworks* incluidos dentro de esta carpeta.

Se ha incluido la versión 1.2.7 del *framework* Struts, para ello, se han incluido en tres ficheros zip: el *framework*, las fuentes y las librerías.

La versión del *framework* JUnit es la 3.8.1, ésta se ha incluido dentro de un zip que contiene el *framework* y las fuentes.

Herramientas

Dentro del capítulo dedicado a JUnit, se utiliza la herramienta JUnitDoclet para automatizar el proceso de creación de pruebas unitarias. Se ha incluido dentro de esta carpeta la versión 1.0.2 de esta herramienta.

En el capítulo dedicado a Maven, se utiliza la herramienta Maven para la administración de proyectos. También se ha utilizado esta herramienta para la administración de todos los ejemplos incluidos en el libro. En la actualizad existen dos versiones de esta herramienta:

- **Maven 1.1 beta 1:** Incluyen la última versión de Maven.
- **Maven 2.0 alpha 3:** Incluye la última versión de Maven 2 ("m2").

En el capítulo dedicado a Maven se describe cómo instalar esta herramienta.

IDE

Eclipse es una herramienta de desarrollo que surge como resultado de un proyecto de código libre (*open source*) con el objetivo de desarrollar una herramienta para desarrolladores. Se ha incluido dentro de esta carpeta la versión 3.1 de Eclipse.

Dentro de la carpeta eclipse, podemos encontrar el archivo "`eclipse-SDK-3.1-win32.zip`", que contiene el IDE de eclipse para la plataforma Microsoft Windows. Simplemente tendremos que descomprimir el archivo y ejecutar el fichero "`eclipse.exe`".

También se adjuntan en esta carpeta los plug-ins:

- **Struts Console:** Descrito en el capítulo dedicado a Struts. Este *plug-in* nos permitirá administrar el archivo `struts-config.xml` de forma visual.
- **Tomcat Plug-in:** Un *plug-in* muy útil para realizar la administración de Tomcat desde IDE Eclipse. Nos servirá para los capítulos dedicados a Servlets, JSP y Struts. Esto es debido a que estos capítulos utilizan Tomcat como servidor Web.

JDK

Se encuentran, dentro de este capítulo, los siguientes *kits* de desarrollo:

- El JDK con la versión 1.5.0 update 4 para la plataforma Microsoft Windows.
- El JDK con la versión 1.5.0 update 4 para Linux.
- El JDK para J2EE con la versión 1.4.02 para la plataforma Microsoft Windows.

Servidores

Dentro de esta carpeta, se han incluido los diferentes servidores utilizados en los capítulos de este libro, concretamente los siguientes:

- **Servidor de aplicaciones J2EE:** Dentro de la carpeta jboss se encuentra la versión 4.0.2 del servidor de aplicaciones J2EE. También se ha incluido el IDE de JBoss, basado en Eclipse, para la plataforma Microsoft Windows.
- **Gestor de base de datos:** Se ha utilizado en este libro el gestor de base de datos SimpleSQL, que es un motor de base de datos ligero y sencillo. Dentro de la carpeta simplesql, encontrará la versión 1.2.3 del gestor de base de datos SimpleSQL escrito en Java.
- **Servidor Web:** Se ha incluido dentro de la carpeta tomcat la versión 5.5.9 del servidor Web Apache Tomcat para la plataforma Microsoft Windows.

Índice alfabético

B

C

D

E

F

G

H

I

J

K

L

M

T

U

V

W

X